Veröffentlichungen
der Europäischen Märchengesellschaft
Band 17

Im Auftrag der Europäischen Märchengesellschaft
herausgegeben von Wolfgang Kuhlmann und Lutz Röhrich
Bildredaktion von Helga Zitzlsperger

Witz, Humor und Komik im Volksmärchen

Erich Röth Verlag Regensburg

CIP-Titelaufnahme der Deutschen Bibliothek
Witz, Humor und Komik im Volksmärchen / im Auftrag der Europäischen Märchengesellschaft hrsgg. von Wolfgang Kuhlmann und Lutz Röhrich, Bildredaktion von Helga Zitzlsperger.
Regensburg: Röth, 1993
[Veröffentlichungen der europäischen Märchengesellschaft Bd. 17]
ISBN 3-87680-363-2
NE: Kuhlmann, Wolfgang [Hrsg.]; Europäische Märchengesellschaft: Veröffentlichungen der Europäischen Märchengesellschaft

Satz und Repro : PUBLIX Schönach (Quark XPress 3.11 auf Apple®)
Schriften : Rotis Serif und Rotis Semi Serif v. Otl Aicher (†1991), (Umschlag: Times)

Printed in Hungary
ISBN 3-87680-363-2

Schutzumschlag : gestaltet von Udo Scheider nach einer Idee von Klaus Karlitzky aufgrund von Motiven der Märchenwochen der Stadt Buxtehude und der Fremdenverkehrswerbung der Stadt Freiburg

INHALT

Wolfgang Kuhlmann

WITZ, HUMOR UND KOMIK IN MÄRCHEN UND SCHWÄNKEN

Einführung

> „Ein Mensch muß auch der
> Narr von Verstand sein,
> damit er sagen kann:
> Narrisch Welt!
> Schön Welt!"
>
> Georg Büchner (Woyzeck)

Wie Dionysos, der griechische Gott des Weines und des daraus fließenden Frohsinns, die heilige Zahl der olympischen Zwölfgötter sprengte[1] und, im Verein mit dem hinkenden Götterschmied Hephaistos, sie zu dem sprichwörtlich gewordenen „homerischen Gelächter" (–das „unauslöschliche / unermeßliche / nicht enden wollende Gelächter der seligen Götter" in Ilias I, 599 und Odyssee VIII, 326) inspirierte, so auch scheinen „Witz, Humor und Komik im Volksmärchen" – dies ist nicht nur Titel und Thema dieses Buches, sondern ebenso des vorausgegangenen Internationalen Kongresses[2] – die Erzählform und Literaturgattung Märchen aus ihren von Volkskunde, Germanistik und Literaturwissenschaft geschaffenen Angeln zu heben.

Mehrfach wird in den Beiträgen zu diesem Sammelwerk der Hinweis gegeben, daß Schneewittchen, Rotkäppchen und Aschenputtel sowie ihre männlichen Pendants, die Dummlinge, über lange Strecken erst einmal gar nichts zu lachen haben. Aber wir wissen ja: Wer zuletzt lacht, der lacht am besten. Und das tun zum Schluß nicht nur die Heldinnen und Helden der Märchen, sondern auch alle die, denen sie erzählt werden. So entsprechen die Reaktionen der Zuhörer den Aggregatszuständen der Märchen. Doch bevor hierzu einiges Weitere gesagt werden muß, soll der eingangs genommene Reflex auf das Lachen der Antike noch einmal aufgegriffen werden: Denn kaum ein Volk hat die Kunst zu lachen so echt verstanden wie die alten Griechen. Selbst ihre Götter wurden Zielscheiben dieser Kunst und sind, nicht selten bis an die Grenzen der religiösen und sexuellen Tabus, wenn die Hellenen denn solche akzeptierten, für allerlei Witz, Schnitz und Schabernack stets zu haben.

Mit Hermes begegnet uns der göttliche Schelm[3], ruhmreicher Erfinder des Knöchelspiels und Meisterdieb, der schon als Wickelkind seinem Bruder Apollon eine ganze Rinderherde stiehlt und als geistiger Vater all der Proteuse, Picaros, Eulenspiegel, Trickster, Narren, Schelme und scheinbaren Dummlinge zu gelten hat, die es faustdick hinter den Ohren haben, Schlitzohren sind. Wie die Olympischen „unermeßlich" lachen über die beim Ehebruch ertappten und von Hephaistos mit einem kunstreichen unsichtbaren Netz in flagranti fixierten Götter Ares und Aphrodite – das entsprechend alptraumhafte Kleb-an-Motiv findet sich nicht selten in Märchen und Schwänken wie etwa der „Goldenen Gans"[4] –, so läßt Homer die Helden der Ilias über die grotesk lächerliche Gestalt des Thersites lachen, der somit als früheste literarische Karikatur betrachtet werden darf.

Nicht selten aber ist bei den Alten das Lachen eine Abwehr des Daimonischen; in Mythos und Volksglauben der Griechen kannte man die daimonhaften, teils noch tiergestaltigen Begleiter des Dionysos – Silene und Satyrn, Kentauren, Nymphen und Mainaden –, deren drastisches Treiben zur wichtigsten Wurzel der attischen Komödie wurde. Nicht wunder deshalb, daß alles, was wir heute mit Witz, Esprit, Humor, Komik, Drastik, Groteske, Karikatur, Scherz, Spott, Satire[5], Ironie, Mimos, Parodie und Travestie, List[6] und Lüge, Lakonie, Zynismus und Sarkasmus bezeichnen, schon in der Antike in frühe Formen der Performanz wie auch in eine reiche und befruchtende schriftliche, mündliche, bildhafte und gegenständliche Tradierung einging.

*

Ohne das Lebensgefühl der griechischen Antike verklären zu wollen, kann jedenfalls aus den von unserer Generation selbst gemachten und sich gegenwärtig stetig erneuernden Erfahrungen heraus gesagt werden, daß wir heutigen Zeitgenossen immer mehr dazu neigen, Witz, Humor und Komik nur noch als Ventil, letzten Ausweg und Befreiung aus mißlichen Zuständen zu sehen – ein Humor zweiter Klasse sozusagen. Das „Trotzdemlachen" ist sprichwörtlich geworden in einem Jahrhundert, in dem auch das „nackte Überleben" redensartlich wurde – die Komik als Schwester der Tragik oder die Tragik als Voraussetzung der Komik; Humor als Allheilmittel[7], mit einem grimmigen Alltag fertigzuwerden; als der Löffel Zucker, die bitteren Medizinen den Lebens zu schlucken: Lachen im Schmerz, beinahe schon ein eigenes Thema ...

Doch das Lachen als selbstverständliches Lebensgefühl, das nicht immer einen Anlaß, einen Grund braucht, sondern als Ausdruck einer heiteren Seele, ohne weitere Legitimation einfach existiert, scheint selten geworden zu sein wie das Weinenkönnen. Das Volksmärchen –

wie eine Reihe anderer traditioneller Erzählgattungen auch – vermag jene optimistische Grundeinstellung der Menschen früherer Tage, die materiell meist schlechter lebten als wir heute, vielleicht noch am besten wiederzugeben. Allerdings soll nicht verkannt sein, daß es auch früher Epochen – etwa die Zeit des Dreißigjährigen Krieges – gab, in denen dieses positive Lebensgefühl nachhaltig durch tiefen Fatalismus abgelöst wurde. Kein Zweifel, daß manche Märchen auch das erkennen lassen, doch jedenfalls nicht ohne den hoffnungsvollen, allfällig märchentypischen Ausgang.

Das Thema dieses Sammelwerkes und jenes schon erwähnten Kongresses ist bisher noch wenig erforscht. Es zwingt zu – so entgegengesetzt zur Untersuchungsmaterie es klingen mag: ernsthafter Auseinandersetzung und erlaubt kaum ein Zurückgreifen auf probate Voruntersuchungen größeren Umfangs. Dabei ist diese angesprochene heitere Seite des Märchens, wenn sie zum Durchbruch kommt, eines der untrüglichen Unterscheidungsmerkmale zu einer anderen klassischen Erzähl- und Literaturgattung, zur Volkssage: In der Sage gibt es wohl dumpfe Vorahnung, tragisches Geschehen, unausweichliche Schicksalsmächte, Erschreckliches und Unerhörtes, aber weder Humor noch Witz, noch Komik, noch Spott, noch Schadenfreude. Doch alle diese Lebenselixiere menschlicher Existenz gibt es im Märchen und wollen aufgespürt werden. Nicht zufällig unterliegt – neben Sprichwort und Volkslied – das Märchen so stark der Parodierung und Karikierung, von denen die beiden Beiträge von Joseph Hoymann und Lutz Röhrich am Schluß des Buches handeln. Auch ist der Schwank ein Weggenosse des Märchens, ja wir nennen manche Märchen Schwankmärchen; wir kennen das Dummlingsmärchen, das lustige Aufzähl- und Kettenmärchen, das sich genüßlich wiederholt oder vervielfältigt und sich dann, wie am Faden gezogen, zum guten Schluß in Gelächter und Wohlgefallen auflöst – kantapper, kantapper ...

Hybris, Sturz und Schadenfreude, die Diskrepanz zwischen Schein und Sein, Paradoxes, scheinbar Paradoxes und Motive der verkehrten Welt, Mutterwitz des Dummlings – oft aber von reichlich visköser Art –, Vorwitz, Irrwitz, Aberwitz beherrschen viele Märchen ebenso wie gewollte oder eben unfreiwillige Komik. Eulenspieglerisches Augenzwinkern, hintergründiger bis schwarzer Humor, blutiger Sarkasmus führen direkt oder auf Umwegen zur Befreiung der Protagonisten von drückendem Schicksal, unglückseliger Verkettung, zynischer Unterdrückung und boshafter Verfolgung.

Selbst das Gruseln, im Märchen nicht unbekannt, scheint weniger tragischem Geschehen und dumpfer Verzweiflung als vielmehr kontrapunktisch dem Witz (dem Wissen) zugeordnet zu sein. Nur wer weiß, kann sich gruseln. Der Witz überwindet gleichzeitig das Gruseln, das im Märchen bis zum äußersten übertrieben oder aber durch Understatement geleugnet wird, wie auch der Witz als Kleinform (die selbst Märchenwitze hervorbringt[8]) durch Über- und Untertreibung seine Pointe herausarbeitet.

Humor und Witz sind die Konfliktbewältigungsstrategien der Verstandeshelden. Schon in der Antike werden die Schwertgötter und -helden, namentlich Ares und Achilleus, mit List und Witz eines Hermes und eines Odysseus konterkariert. Witz, Humor und Komik, das sei nicht vergessen, liegen letztendlich zu einem guten Teil in der Hand der Erzählenden und Zuhörenden, der „Erzählgemeinschaft", die damit das notwendige Pendant zur jeweiligen Aggregatsform des Märchens – sei es im Gedächtnis verankert, auf einem Tonträger, in einem Druckwerk festgehalten – bilden. So ist das Arbeitsfeld dieses Buches nicht wörtlich auf die drei Begriffe des Titelthemas oder gar nur das Lachen im Märchen unmittelbar selbst beschränkt.

*

Die für dieses Sammelwerk leider nicht zustande gekommene Untersuchung der Gattungskette „Zaubermärchen – Märchen mit schwankhaften Zügen – Dummlingsmärchen – Summier- und Kettenmärchen – Schwankmärchen / Märchenschwank – Schwank – schwankhaftes Volksbuch (am Beispiel Till Eulenspiegel[9])" hat aber durch die hier versammelten Beiträge, teils verstreut, teils ausdrücklich in gattungsorientierten Beiträgen (Wilhelm Solms/Schwank, Renate Zelger/Predigt- und Ostermärlein, Rainer Wehse/Lügenmärchen), ausreichend Ersatz gefunden.

Ein unerfülltes Desiderat blieb der Beitrag etwa eines Romanisten oder Kenners der französischen Literatur mit dem Thema „Esprit und Witz in Perraults Märchen". – Die doppelbödigen Märchen Perraults wenden sich an Kinder und Jugendliche, ebenso aber an Erwachsene, nur eben mit einem von Kindern nicht verstandenen Augenzwinkern. Wie überhaupt einmal gesagt sein muß: Kinder reagieren auf nicht verstandene, allzu pointierte Witze, Anspielungen und vor allem Ironie mit Aufgeregtheit und energischem Protest, was aus ihrer Verunsicherung resultiert – ihr Feld sind deshalb eher der Humor und die fröhliche Schadenfreude in ihrer unbefangenen Ausprägung. Sehr erfrischend ist bei Perrault, etwa in „Cendrillon", „La belle au bois dormant" oder „Le petit Chaperon rouge", der im Vergleich zu den

Grimmschen Fassungen sich barock abhebende Humor. Manieristischer Barock im eigentlichen Sinne findet sich jedoch überspielt durch verschiedene Formen des absichtsvollen Witzes, der auch Distanz zur erwachsenen Gesellschaft signalisiert und besser noch – wie beim „Chat botté" – mit Gewitztsein und Schlagfertigkeit umschrieben ist. Perrault hebt ab auf den „Salon" als das eloquente gesellschaftliche Zentrum und Forum seiner Zeit, sich zu zeigen und zu „parlieren", und schwimmt auf der dort modischen Märchenwelle. Seine Art des erzählenden Schreibens, das Präferieren bestimmter Wendungen und schließlich die Schluß-Moralités übersteigen das, was wir gemeinhin mit „Witz" bezeichnen: Esprit – das ist die größere und eben auch „französischere" Kategorie, der Lutz Röhrich im nachfolgenden Eröffnungsbeitrag eine längere Passage widmet.

Keinen gesonderten Platz gefunden hat in diesem Buch, von punktueller Bezugnahme abgesehen, eine Erörterung der von Max Lüthi so bezeichneten „Märchenscherzbücher"[10] und ähnlicher Rezeptionsfälle des Märchens, womit er besonders „Iring Fetscher: Wer hat Dornröschen wachgeküßt? Das Märchenverwirrbuch"[11] und „Hans Traxler: Die Wahrheit über Hänsel und Gretel. Die Dokumentation des Märchens der Gebrüder Grimm"[12] anspricht. Traxler ist mit diesem seinem Buch (- ein genialer Wurf) populär geworden als Begründer der sogenannten „Märchenarchäologie", die natürlich nicht ernsthaft gemeint sein kann; handelt es sich doch bei dem Erfolgsbuch, das, erstmals erschienen bei Bärmeier und Nikel, dem Verlag des legendären Satiremagazins „pardon", inzwischen viele Auflagen und Ausgaben gezeitigt hat und selbst eine lange Rezeptionsgeschichte hinter sich herzieht[13], um eine höchst gelungene, in unnachahmlich professoralem Ton daherkommende Edelsatire reinsten Wassers. Dies zu erkennen, ist offenbar vielen schwergefallen[14]. Lüthi scheint ihre Brillanz anzuerkennen, bezeichnet aber die Wirkungen als verwirrend und schädlich[15]. Fetscher akzeptiert er jedoch, weil die Satire erkennbar bleibt[16]. Der insoweit konkludenten Forderung Lüthis nach Erkennbarkeit von Satire kann auch im Sinne des Märchens schwerlich zugestimmt werden. In Konsequenz müßte ein solches Postulat den Niedergang des als Korrektiv menschlicher Geltungsbedürfnisse notwendigen Genres der Satire einläuten. Satire läßt sich nicht bloß auf gewitzte Unterhaltung reduzieren. Nach einem Wort von Heinrich Böll, das dem allgemeinen Verständnis wohl entspricht, ist Satire vielmehr eine „Ätztechnik"[17], und wer diese wie Hans Traxler so meisterhaft versteht, daß er damit die Zeitgenossen reihenweise und über drei Jahrzehnte hinweg aufs Glatteis führt, sollte unbehelligt bleiben, ja man muß neidlos sagen: Das war gut! Wer auf solch exzellente Satire hereinfällt, und das kann schließlich jedem passieren und sollte es auch, damit man einmal wieder herzhaft (über sich selbst) lachen kann, der sollte weder mit dem Urheber noch mit sich selbst hadern, sondern sich damit trösten, daß in Gesellschaft und Politik beinahe täglich Realsatiren produziert werden, die jeweils zu durchschauen selbst dem hellsten Geist nicht stets gelingen kann, ja ihren Produzenten nicht einmal immer bewußt sind. – So haben Märchenscherze[18] durchaus ihre (über Parodie und Travestie hinausgehende) „blitzableitende" oder phantasieanregende Funktion und Berechtigung. Ihre Qualität ist in der Praxis – wie bei jeglicher Form von Dichtung und Erdichtung – allerdings denkbar unterschiedlich.

*

Betrachten wir die einzelnen Beiträge dieses Bandes, so beschäftigen sich rund die Hälfte davon mehr oder weniger intensiv mit Schwänken oder den damit verwandten Predigtmärlein; ferner ein Beitrag mit den Lügengeschichten. Aus der Sicht der Erzähl- und Literaturgattungen kommen dem verlegerischen Ratschluß, es bei diesem Sammelwerk im Buchtitel beim „Volksmärchen" zu belassen (wie auch im Kongreß) und nicht „Schwank" hinzuzufügen, zweifellos die Brüder Grimm zuhilfe, die den gesamten, in sich durchaus nicht homogenen Textkorpus (vgl. den Gattungsüberblick mit Quantifizierung bei Wilhelm Solms in diesem Buch) mit „Kinder- und Hausmärchen" (KHM) übertiteln und lediglich die zehn letzten Erzählungen als „Kinderlegenden" abgrenzen. Die Praxis lehrt, wenn nicht gerade besondere Befunde erhoben werden wollen, hier Großzügigkeit walten zu lassen. So ist es, namentlich angesichts der bewußt interdisziplinären Zusammenstellung der Beiträge dieses Werkes, für den Psychoanalytiker[19] obsolet, sich darüber den Kopf zu zerbrechen, ob er etwa die oben schon erwähnte „Goldene Gans" (KHM 64) als einen Schwank (so bei Mackensen[20]), einen Märchenschwank oder ein Schwankmärchen (so bei Bolte-Polívka[21]) betrachtet – oder sich aus allem heraushält und mit der Grimmschen Allgattung Märchen vorliebnimmt.

Dennoch kann nicht darüber hinweggesehen werden, und hier kommen wir auf die Eingangsworte vom „Sprengen der Gattung" zurück: daß nicht überall, wo im Volksmärchen gelacht wird oder Komik durchbricht, sich schon gleich der innere Widerspruch zwischen Märchen und Schwank auftut. Vielmehr verursachen, wie viele

Feldforscher und Erzähler berichten können, die von Max Lüthi für das „eigentliche“ (Zauber-) Märchen postulierten wichtigen Merkmale des Märchenstils - nämlich Eindimensionalität, Flächenhaftigkeit, Isolation und Allverbundenheit, Entwirklichung (Sublimation) - beim Zuhörer eine zwischen Nachdenklichkeit und Heiterkeit liegende, jedenfalls stets zum Lächeln und Lachen bereite Stimmung.

Die Zuhörer *lächeln,* wenn in dem gerade erzählten Märchen das Reale mit dem Magischen so selbstverständlich verfließt (so selbstverständlich, wie es Herman Grimm in seinen Erinnerungen für die Kinder beschrieben hat[22]), daß beides nicht mehr trennbar ist, und bei solcher Selbstverständlichkeit des Wunderbaren führt gesteigerte Phantastik zwanglos zur Komik. Sie *lächeln* beim Wiederhören bekannter Märchenmotive und -floskeln, oder wenn sie schon im Ansatz zu einer Episode erkennen: „Aha, das passiert jetzt mit Sicherheit *dreimal* ...“ Sie *lachen,* wenn ein ganz besonders geradliniger Dummling, der - wie der junge, tumbe, (noch) nicht verstehende Parzival - auf der Vorstufe zum Helden lebt (so lange, bis ihm die finale Reifung widerfährt), die wildesten Abenteuer besteht und Aufgaben bewältigt, schrecklichen Todesgefahren gleich in Serie begegnet, aber das alles gleichsam stoisch, lakonisch, ohne überkommende Gefühlsregung hintersichbringt. - Oder sie *lachen,* wenn einer wie eben dieser „reine Tor“ Parzival versonnen und irgendwie verzaubert auf drei Blutstropfen im Schnee starrt, während er in kurzen Intermezzi, höchst beiläufig und wie in Trance die hochgerüsteten gegnerischen Ritter, einen nach dem anderen, von ihren Pferden und zu Boden rammt ...

Indem also alle Zauber-, Wunder- und Glücksmärchen ungeachtet ihrer inneren Wahrheitsgehalte, ihrer Symbolhaftigkeit und gewinnbringenen Interpretationsmöglichkeiten ontologisch, naturwissenschaftlich und real gesehen prinzipiell unglaubwürdig sind - von daher die unter Märchenliebhabern verhaßte Rede vom „Lügenmärchen“[23], von daher der Slogan „Erzähl' mir doch keine Märchen!“ und von daher die Binsenweisheit, daß Politiker und Journalisten[24] immer „Märchen“ erzählen - ergeben sich aus der Sicht der Märchenrezipienten entsprechende Gefälle und Diskrepanzen zwischen äußerem Geschehen und innerer Wahrheit, die je nach ihrer Ausgestaltung zum Lachen reizen. So ist es keine nur gelegentliche Erfahrung beim Märchenerzählen, daß Zuhörer nach der Aufnahme selbst abgefeimtester Greueltaten wie befreit auflachen, ja klatschen, etwa wenn nach dramatischem Geschehen ein bündiger, alles in allem gerechter Schluß eingeläutet wird und man sich nach diesem tollkühnen Ausflug der Phantasie wieder in Sicherheit weiß. Ist dann die/der

Erzählende noch so gewitzt, einer stereotypen, oft überraschend schnell kommenden Schlußformel durch eine geringfügige Abänderung noch einen besonderen Pfiff mitzugeben, kann sie/er sich trotz Verabfolgung stärksten Tobacs der Lacher sicher sein. War das erzählte Stück aber einmal gar nicht so umwerfend oder einfach zu oft gehört, kann das Schlußlachen mitunter ein lediglich pflichtschuldiges werden – ähnlich wie im Falle eines Witzes, bei dem die Pointe verspielt oder der schon zu oft erzählt wurde. – Die in mehreren Beiträgen dieses Bandes – vielleicht zu häufig – gemachte Feststellung: „Im Zaubermärchen gibt es nichts zu lachen“[25], bezieht sich somit stringent nur auf den Handlungsablauf und Wortlaut selbst, und nur so versteht sich die von Heinz Rölleke in seinem Beitrag hier im probaten Rahmen des Grimmschen KHM-Textkorpus' quantifizierende Sicht des Lachens. Und man müßte hinzufügen: Im Schwank selbst wird noch einmal weniger gelacht, aber er ist geradezu auf das Lachen der Hörer angelegt.

*

Von dem bis hierher Gesagten aus und aus den Erkenntnissen, die die Beiträge dieses Buches und der vorausgegangene Kongreß gebracht haben, läßt sich nun die Arbeitshypothese und Frage stellen, ob nicht Witz, Humor, Komik, Spott, „Mundus inversus“ und alle die anderen schon genannten subversiven Techniken in den Märchen, wie sie früher über das Erzählen vermittelt wurden, beim Akt der Überführung in die Schriftform (von der noch fast wortgetreuen Hilfsaufzeichnung bis zum durch alle Redaktions-, Satz- und Druckvorgänge gelaufenen literarischen Buchmärchen) – etwa durch beflissene Germanisten, Literaten und Juristen (wie Jacob Grimm einer war) – ganz oder graduell verloren gehen können oder aber in allen möglichen Schattierungen von „bewußt“ bis „unbewußt“ eine Umformung erfahren. – Die Literarisierung des Märchens: ein prinzipiell oder latent humorfeindlicher Vorgang also?[26]

Auch eine Arbeitshypothese stellt man nicht ohne alle Indizien auf:

- So ist es eine in Erzählstunden gemachte Erfahrung, daß selbst bei recht ernst erscheinenden „Märchendramen“ durch Techniken, die sich oft nur durch Mimik und Gestik vermitteln, in Form von Übertreibung wie Understatement komische Effekte ausgelöst werden, die im Buch prompt untergingen.
- Andererseits scheint das gedruckte und publizierte Wort eben durch

den Vorgang des Buchverlegens ein anderes Gewicht zu bekommen, die äußeren Geschehnisse geraten vom Status als reine „Transportmittel“ der Handlung in eine suggestive Form „äußerlicher“ Wahrheit, die gar nicht gewollt sein kann, denn es soll ja auf innere Wahrheit ankommen und es könnten die äußeren Vorgänge genausogut andere sein oder variieren. Hier geht es mit anderen Worten also um die zweifellos suggestive Kraft des gedruckten Wortes, die man mit gewissem Recht den Journalisten und Publizisten gelegentlich vor allem dann ankreidet, wenn sie schlampig recherchiert haben sollten: „Es stand in der Zeitung, also stimmt es.“[27]

- In welchem Maße ein humorvolles Märchen subversiv bleibt und Nebentöne auch bei Veröffentlichung, „Verschriftlichung“ erhalten bleiben, scheint unterschiedlich zu sein. So haben die von Katalin Horn in ihrem Beitrag hier angezogenen ungarischen Märchen ungleich mehr die Beziehung zur Erzählform als die voll literarisierten und sind in ihrem Humorbestand erhalten. Auf diesem Felde müßte durch systematische Textvergleiche zwischen verschiedenen Auflagen wie auch Märchensammlern und -herausgebern (angefangen bei Grimm/Bechstein), durch biographische und zeitgeschichtliche Zeugnisse, Briefliteratur der „Buchmärchenurheber“ und so fort noch weiter Beweis angetreten werden.
- Ein weiteres, nicht ungewichtiges Indiz könnte schließlich vom mundartlichen Erzählen gewonnen werden. Hier ist die Nähe zum Lachen (nicht notwendig auch zum Lächerlichen) spürbar größer. So war es eindrucksvoll, bei einem Kongreß 1989 in Salzburg zum Thema „Tod und Wandel im Märchen“[28] zu erleben, wie der mundartliche Erzählvortrag des Berufserzählers (!) Helmut Wittmann aus Steinbach/Österreich zum Topos „Tod“ zugleich das Thema „Witz ...“ einlöste, über das erst 1990 in Freiburg getagt wurde.[29]

Der Feldforscher Felix Karlinger hat in einem rezenten Brief, der mit seiner Zustimmung hier im Auszug wiedergegeben wird, zu den obigen Fragen, soweit sie die Erzählsituation betreffen, einige an dieser Stelle gut passende Ausführungen gemacht:

„Das Märchen hat sehr viel gemeinsam mit der *commedia dell'arte:* Beide leben von der Improvisation, vom Extempore ... Zutreffend auch, daß für die Wirkung primär Mimik und Gestik, auch sprechtechnische Tricks oder Requisiten, von Bedeutung sind. Sie lassen sich notfalls filmen, hingegen kaum besprechen. Zumal in unserer vom Eidetischen her akzentuierten Welt sind Verbalisierungen von Gesten teils mühsam, teils stumpf. Die Erzählsituation steht vor und über dem Text. Nur von hieraus scheint oft ein Ansatz auf die Komik eines

Märchens möglich, wenn auch die einheitliche Realität kaum beschreibbar ist. Die Erzählsituation ist ja für den Leser eines gedruckten Märchens nicht rekonstruierbar, und sie ist dort, wo sie unmittelbar erlebt wird, nur begrenzt deutbar. Man kann in einem Vortrag derlei noch notdürftig durch Imitation des Erlebten schaubar machen, aber man kann es nicht ins Schriftliche umsetzen. Wo ein nachgeahmter Rülpser etwa die Zuschauer zum Lachen bringt – und Geräusche mancherlei Art spielen in drastischen Szenen eine sehr große Rolle – bleibt die Erwähnung des Geräusches witzlos. Selbst wenn man meisterhaft transponieren könnte, bliebe es doch (nach Hans Pfitzner) nur ein ‚gemaltes Mittagessen' – oder ein Kochrezept ohne die nötigen Zutaten."

*

Witz, Humor und Komik bieten ein subversives, revolutionäres, anarchisches, autoritätsunterlaufendes Potential[30] – Lachen also ein Kind des Widerspruchs und geeignet, Wichtigtuer („mehr scheinen als sein") zu entlarven! Max Lüthi hat die Stimmen und Kontroversen zur Subversivität der Märchen überhaupt repräsentativ referiert.[31] Wenn die modernen Kritiker des Märchens mit ihrer Argumentation zur Repressivität und Gewaltstimulation durch das Märchen inzwischen schlechter abschneiden als zu der Zeit, als diese Kritik vor allem aus der Sicht der Jugendliteratur en vogue war[32], so ist es aus der summarischen Sicht sicher richtig zu schlußfolgern, daß Witz, Humor und Komik einerseits und Märchen andererseits sich in ihrer Subversivität und Progressivität potenzieren.

Nicht selten kann dem Erzählen und Hören von Märchen konspirativer, subversiver Charakter zuwachsen. Ein in seiner Art einzigartiges Zeugnis hiervon, von dem unschätzbaren Wert und der Macht des Erzählens uralter Menschheitsgeschichten in ausweglos erscheinenden Situationen ist „Homers Odyssee des Lagers 437"[33], die in russischer Kriegsgefangenschaft in einem Lager zwischen Moskau und dem Weißen Meer von zwei Gefangenen für ihre 6000 Mitgefangenen aufgeschrieben und zwischen 1946 und 1948 fast dreihundertmal erzählt oder vorgelesen wurde. – Die Odyssee mit ihren teils märchenartigen Episoden: Was müssen die Kriegsgefangenen in ihrer Situation empfunden haben, wenn ihnen etwa das Entweichen des Odysseus und seiner Gefährten – in die Felle der Schafe gekrallt und unter denselben hängend – aus der Höhle des Polyphemos erzählt wurde!

Am Schluß dieses Abschnittes und dieser Themeneinführung insgesamt sollen einige Bezugnahmen und Zitate aus dem gehobenen Kriminal- und Bestsellerroman von Umberto Eco „Der Name der Rose“[34] stehen. Eco schildert in diesem Roman verschiedene geheimnisvolle Morde, die in einem mittelalterlichen Kloster in den Bergen des Apennin verübt werden. Grund ist die Suche nach einem Buch des Aristoteles über das Lachen – vorgestellt als verschollener „zweiter Band seiner Poetik“ und unter Verschluß gehalten durch den blinden Klosterbibliothekar in einem wahren Labyrinth von Büchern. – Dieses Buch ist subversiv, bedeutet größte Gefahr, denn Lachen bedeutet Loswerden von der Angst, durch die der Mensch beherrschbar erscheint. Und aus diesem Buch auch könnte leicht der luziferische Funke aufspringen, der die ganze Welt in Brand setzt, „und dann würde das Lachen zu einer neuen Kunst, die selbst dem Prometheus noch unbekannt war: zur Kunst der Vernichtung von Angst.“

Der Romanheld, ein Mönch progressiver Bewußtseinshaltung, von einiger Selbstachtung (und zudem mit kriminalistischem Spürsinn ausgestattet), verteidigt das Lachen: Der Bibliothekar „fürchtet jenes zweite Buch des Aristoteles, weil es vielleicht wirklich lehrte, das Antlitz der Wahrheit zu entstellen, damit wir nicht zu Sklaven unserer Einbildung werden. Vielleicht gibt es am Ende nur eins zu tun, wenn man die Menschen liebt: sie über die Wahrheit zum Lachen zu bringen, die Wahrheit zum Lachen bringen ...“[35] Am Ende ist es so, wie man schon geahnt hat: der fanatische Klosterbibliothekar hat die Morde lanciert; um die Suche nach dem Buch oder die heimliche Lektüre daraus zu unterbinden – in einem heiligen Krieg gegen das Lachen.

– Diese Sätze Ecos richten sich gegen alle fanatischen Fundamentalisten, von denen unsere Zeit und die Welt mehr denn je voll sind und denen das aufklärende Element des Lachens fehlt. Lachen bedeutet Erkenntnis und heitere Wahrheit[36]. Und Lachen über sich selbst bedeutet Erkenntnis der Wahrheit über sich selbst, bedeutet zugleich Überwindung aller Hybris.

Anmerkungen: siehe Seiten 18 bis 20

Anmerkungen

1 Unter Bezugnahme auf die alkoholische Wirkung des Weines heißt es in der Überlieferung der Antike: Er verwirrte die Zwölfzahl. Auf dem Parthenonfries tritt Dionysos für Hestia in den Zwölfzahlzyklos ein. Die Griechen kannten neben den sechs paarweisen Zwölfgötteraltären noch den „Altar des Mitleids", Asylon; oder Eleos, Personifikation des Mitleids, trat als 13. Gott hinzu. – Dieser exkursweise Hinweis will dartun, daß die Störung einer heiligen oder magischen Zahl (vgl. die zwölf bzw. dreizehn weisen Frauen in Dornröschen, KHM 50) im Mythos schon seine Vorbilder hat.

2 25.-29.09.1990, Internationaler Kongreß in Freiburg im Breisgau der Europäischen Märchengesellschaft 4400 Rheine und des Instituts für Volkskunde der Albert-Ludwigs-Universität 7800 Freiburg, unter Leitung von Lutz Röhrich und Wolfgang Kuhlmann.

3 Vgl. Paul Radin, Karl Kerényi, C. G. Jung: Der göttliche Schelm. Ein indianischer Mythen-Zyklus. Hildesheim 1979. Siehe hier besonders zu „Hermes" Karl Kerényi: Mythologische Epilegomena. S.155-181.

4 Lutz Mackensen (Hrsg.): Handwörterbuch des deutschen Märchens. Bd. 2. Berlin und Leipzig 1934/1940. S. 311, 314 ff.

5 Entgegen verbreiteter Ansicht hängt „Satire" nicht unmittelbar mit „Satyr" und „Satyrspiel" zusammen; eher mit der „lanx satura", der mit verschiedenen Früchten („Allerlei", „Potpourri", „Mixed pickles") der Ceres (Demeter) dargebrachten Schüssel (ausführlich: Carl Andresen u. a. [Hrsg.]: Lexikon der alten Welt. Zürich/Stuttgart 1965. Spalte 2704).

6 Hier muß man unbedingt die „chinesische Antike" einbeziehen, vgl. Harro von Senger: Strategeme – Lebens- und Überlebenslisten aus 3 Jahrtausenden. 6. Aufl. ([1]1988). München 1991. Übersetzungen ins Italienische, Holländische, Englische, Französische, Russische.

7 Zu „Lachen als Medizin" und „somatische Wirkungen" s. den Beitrag von Dieter Goergen in diesem Buch. Aus der Badischen Zeitung v. 23.6.1992 stammt die Nachricht, daß Patienten mit psychosomatischen Beschwerden in Birmingham/Großbritannien eine „Lachtherapie auf Krankenschein" machen können (auch: Ärzte Zeitung [Datum unbekannt], so daß angenommen werden kann, daß es sich nicht um eine Zeitungsente handelt).

8 Beispiel aus HÖRZU 3/10.01.1992 (S.3):
Schneewittchen trifft im Wald drei kleine Männchen und fragt:
„Wer seid denn ihr?" – „Die sieben Zwerge!" – „Wieso denn sieben? Ihr seid doch nur drei!" – „Personalmangel!"
Hier wird, wie häufig im Witz, eine moderne Zeiterscheinung veralbert, aber nebenbei auch mit den magischen Zahlen des Märchens gespielt.

9 Von dem Eulenspiegel-Fachmann Wunderlich stammt folgender Aufsatz, der zu dieser Gestalt einen aktuellen Überblick des Forschungsstandes gibt: Ein Schalk, der Böses dabei denkt: Till Eulenspiegel. In: Werner Wunderlich (Hrsg.): Literarische Symbolfiguren (Facetten deutscher Literatur. St. Galler Studien. Bd. 1). St. Gallen 1988. S. 119-140.

10 Max Lüthi: Märchen, 7. Aufl. ([1]1962). Stuttgart 1979. S. 93, 121/122.

11 Hamburg/Düsseldorf 1972.

12 Frankfurt 1963.

13 Vgl. zuletzt: Mord an der Knusperhexe, Hänsel und Gretel: Zwei Wirtschaftsspione? In: Geschichte mit Pfiff. Heft 3/1993 (Nürnberg). S. 46 ff.

14 Vgl. Margarete Rathmann: Nürnberger Lebkuchen.
Die Entschleierung eines Märchens. In: neuform-Kurier. Heft 12/1987 (Bad Homburg). S. 25-27. – (Wohl fehlgeschlagener) Richtigstellungsversuch in: neuform-Kurier. Heft 3/1988. S. 26. – Die Autorin versuchte in dem Artikel, das

Märchen als Vertuschung eines nachgewiesenen Hexenwahnfalles und antifeministischen Akts (Knusperhexe) darzustellen, was indessen mehr auf Spekulatius denn auf Lebkuchen hinauslaufen mußte ...

15 Max Lüthi, a. a. O., S. 121/122.

16 A. a. O., S. 122.

17 Zur Herkunft des Böll-Zitates vgl. genauer Wolfgang Kuhlmann: Der Badeort Salzloch ... Über den Satiriker Dr. Heinrich Hoffmann. In: Regio-Magazin. Heft 7/Mai 1985 (Staufen/ab 1986: Teningen). S. 43-45 (43).

18 Weitere repräsentative Beispiele für Märchenscherzbücher sind: Iring Fetscher: Der Nulltarif der Wichtelmänner. Märchen- und andere Verwirrspiele. Düsseldorf 1982. / Klaus Peter Schreiner: Null Bock und die sieben Geißlein. Deutsche Haus- und Hofmärchen, ausgegraben und neu eingekleidet von ... Lahr/Schwarzwald 1985. / Uta Claus, Rolf Kutschera: Total tote Hose: 12 bockstarke Märchen. Frankfurt am Main 1984. / Johann Friedrich Konrad: Hexen-Memoiren. Märchen entwirrt und neu erzählt von ... Mit einem weiteren Märchen von Wulf Goebel. Reinbeck 1986. / Jörg Michael Günther: Der Fall Rotkäppchen. Juristisches Gutachten über die Umtriebe der sittenlosen Helden der Brüder Grimm zur Warnung für Eltern und Pädagogen. Frankfurt am Main 1991 (In gleicher Machart sind erschienen: Der Fall Struwwelpeter / Der Fall Max & Moritz. – Die Idee geht jedoch zurück auf Ernst von Pidde: Richard Wagners „Ring der Nibelungen“ im Lichte des deutschen Strafrechts. Hamburg 1979).
Vgl. auch: Hans Ritz (d. i. Ulrich Erckenbrecht): Die Geschichte vom Rotkäppchen. Ursprünge, Analysen, Parodien eines Märchens. 10. (erw.) Aufl. (^{1}1981). Kassel 1992. / WP Fahrenberg, Armin Klein: Der Grimm auf Märchen. Motive Grimmscher Volksmärchen und Märchenhaftes in den aktuellen Künsten. Marburg 1985/1986.

19 Siehe in diesem Buch den Beitrag von Wolfram Ellwanger „Sieben an einer Gans“.

20 Wie Anm. (4).

21 Johannes Bolte/Georg Polívka: Anmerkungen zu den Kinder- und Hausmärchen der Brüder Grimm. 2. Bd. 2. Aufl. Hildesheim 1963. S. 40 /Anm. 1.

22 In: Kinder- und Hausmärchen, gesammelt durch die Brüder Grimm. Darmstadt 1963. S. 5-27 (26). – Vgl. dazu Wolfgang Kuhlmann: Das Bild des Vogels in den Kinder- und Hausmärchen der Brüder Grimm. In: kindergarten heute. zeitschrift für erziehung im vorschulalter. Heft 1-2/1993 (Freiburg). S. 60-68 (62).

23 Gemeint hier als (tendenziell aufzufassendes) Synonym für das „Märchen“ nach gängiger volkskundlich-germanistischer Begriffsauffassung. – Das „Lügenmärchen“ dagegen im Sinne des Beitrags von Rainer Wehse in diesem Buch steht konträr zum Märchenbegriff und ist gerade kein Märchen, sondern fällt unter die Lügengeschichten, Münchhausiaden usw. Gleichwohl ist auch für diese die Bezeichnung „Lügenmärchen“ so gut wie festgeschrieben.

24 Vgl. zu Thematik „Märchen als journalistische Falschmeldung“ als Beispiel in gelungener märchentypischer Aufmachung: Das Märchen über den Katalysator. In: ADAC motorwelt. Heft 3/1992 (München). S. 51.

25 Beispiele für die Pressereaktionen:
1) Gabriele Schoder: Warum hat Rotkäppchen nichts zu lachen? Badische Zeitung v. 28.09.1990.
2) Christine Richard: Das Rotkäppchen hatte nichts zu lachen. Basler Zeitung v. 29.09.1990.
3) Ulla Bettge: Rumpelstilzchen hat nichts zu lachen. Die Neue Ärztliche v. 18.10.1990.

26 Vgl. hierzu Wolfgang Kuhlmann: Witz, Humor und Komik im Volksmärchen. Kongreßbericht. In: Märchenspiegel. Informationen der Märchen-Stiftung Walter Kahn. Heft Oktober 1990 (Freiburg). S. 2/3.

27 Vgl. hierzu Wolfgang Kuhlmann: Druck macht alles platt. Märchenerzählen – ein Mittel gegen literarische Papierflut? In: kindergarten heute. Heft 5/1991 (Freiburg).

S. 20-22 (22).

28 14.-17.09.1989, Internationaler Märchenkongreß in Salzburg der Europäischen Märchengesellschaft, des Salzburger Landesinstituts für Volkskunde, des Katholischen Bildungshauses St. Virgil, der Salzburger Volkshochschule, unter Leitung von Ulrike Kammerhofer und Irmtraut Froschauer.

29 Nach Mitteilung der Erzählerin Margarete Möckel/Pommersfelden finden sich – nach ihrer subjektiv-summarischen Erfahrung – in exotischen Märchen deutlich mehr Stücke mit Witz, Humor und Komik als in den sonst bekannten Sammlungen.

30 Nachweise im Beitrag von Sabine Wienker-Piepho in diesem Buch unter Anm. 24.

31 Max Lüthi, a. a. O., S. 90-95.

32 Verfasser dieser Einführung gehörte „1968" zu den Kritikern der Märchen aus der Sicht der Jugendliteratur und aus Protest gegen das seinerzeit einseitige Standardangebot des Verlagsbuchhandels.

33 Heinz Schwitzke: Irrfahrt und Heimkehr. Homers Odyssee nach dem Text des Lagers 437. Olten/Freiburg 1960.

34 Originalausgabe: Il nome della rosa. Milano 1980. Deutschsprachige Ausgabe: München/Wien 1982.
Die Publikation ist in diesem Buch unter dem Aspekt des „Lachtabus" in dem Beitrag von Sabine Wienker-Piepho behandelt.

35 Vgl. die beiden Kapitel „Nacht"/Siebenter Tag in „Der Name der Rose", a. a. O.

36 Vgl. hierzu profund in diesem Buch den Beitrag von Franz Vonessen.

Marie Frey Richter „Die Bremer Stadtmusikanten“

Marie Frey-Richter

(Berlin 08.08.1905 - Freiburg 05.08.1990)

Da ihre Mutter Malerin war (Schülerin bei Käthe Kollwitz) und ihr Vater Architekt, kam sie früh zur Kunst. Nach dem Lyzeum bereitete sie sich im Atelier von Frau Professor Marks in Berlin auf die Kunstakademie vor. Bei den Professoren Erdmann und Jaeckel (Mitglied der „Brücke") lernte sie Aktzeichnen. Publikationen: Ein Buch über Rom mit Scherenschnitten. Dann selbstverfaßte Märchen mit Illustrationen in dieser Kunstart. Eine Mappe mit Scherenschnitten zu den Märchen der Brüder Grimm im Novalis Verlag. Weitere Märchen- und Scherenschnittbücher bei den Verlagen Ladischnikow und Zabern. Mitglied in der GEDOK Freiburg und in der EMG. Ehrungen: Euromedaille in Gold des Europäischen Kulturkreises Baden-Baden, Diplome vom International Art Boulettin. Ausstellungen u. a. in: Aachen, Baden-Baden, Bonn, Freiburg, Friedberg, Köln, Monaco, Paris, Rom, Straßburg, Wien, mehrmals in den USA, speziell Kalifornien, zuletzt wieder Freiburg (posthum zum Kongreß „Witz, Humor und Komik im Volksmärchen" 1990).

*

„Schaffen aus dem Schatten - doch nicht im Schatten der Kunst", so möchte man das Werk von Marie Frey-Richter umreißen, denn sie hat die uralte Kunst des Schattenrisses neu belebt. Die Qualität ihrer Scherenschnittechnik läßt sich in Europa messen an der der Biedermeierzeit: Ihre Brillanz übertrifft die guten, alten Exemplare weit. - Das Schattenbild läßt der Phantasie offenen Raum. Im Westen hatte man sich lange davon abgekehrt, doch im Fernen Osten wird die Silhouettenkunst in ungebrochener Überlieferung sowohl in herkömmlicher als auch moderner Auffassung gepflegt. Sie geht auf das alte Persien zurück. In Indien kannte man das „orientalische Schattentheater". In Europa lassen sich seit dem 18. Jahrhundert aus schwarzem Papier geschnittene Silhouetten nachweisen.

Lutz Röhrich

DAS MÄRCHEN UND DAS LACHEN

Märchen und Lachen gehören nicht notwendigerweise zusammen. Zumal dem Zaubermärchen ist das schallende Gelächter fremd: Rotkäppchen, Dornröschen, Blaubart und die Sieben Zwerge lachen nicht. Die Pechmarie hat nichts zu lachen, aber auch die Goldmarie lacht nicht. Die Märchenhelden lachen selbst dort nicht, wo sie – wie in den Märchen-Cartoons und -Comics – Gegenstand unseres Lachens sind, weil unser Lachen dabei oft das der Schadenfreude ist. Rumpelstilzchen ist „lächerlich", aber es hat nichts zu lachen. Und wer lacht schon, wenn der Widersacher in der Nageltonne endet, dem Drachen der Kopf abgeschlagen wird und die böse Stiefmutter-Hexe in glühenden Pantoffeln sich zu Tode tanzen muß? Es gibt ja auch genug Märchen, bei denen einem das Lachen vergehen oder im Halse steckenbleiben kann. Dabei ist gar nicht nur an Märchen mit grausamen Szenen zu denken, sondern auch an die eindringlichen Märchenschilderungen von Hunger und Not wie in „Hänsel und Gretel" oder bei den „Beiden Wanderern". Zu Recht hat man mehr über die Ängste gesprochen[1], die Märchen auslösen können, als über das Lachen, das sie erregen. Ganz offensichtlich gehört das Zaubermärchen nicht in die Kategorie des Komischen, sondern zu den ernsten Gattungen, und es teilt diese Ernsthaftigkeit mit anderen Genres wie dem Mythos, der Sage, der Ballade. Auch in der Legende wird nicht gelacht, ebensowenig im Exempel. Offenbar scheiden sich an der Frage des Lachens die verschiedenen Gattungen der Prosa-Folklore.

Per definitionem gehört dagegen der Witz zu den lachenerregenden Gattungen[2]. Wenn man auf einen erzählten Witz nicht lacht, ist die ganze Erzählung mißglückt, und es entsteht ein für Erzähler wie Zuhörer gleichermaßen peinliches Gefühl. Die lachenerregende Pointe, die man von einem Witz erwartet, gehört jedoch nicht zur Gattungsbeschreibung des Märchens. Zum Witz gehört das Überraschende, aber gerade dies gehört ebenfalls nicht zum Wesen des Märchens, dem man eher mit einer konventionellen Erwartungshaltung begegnet. Natürlich kann man ein Märchen zu einem Witz umfunktionieren. Eine ganze Richtung von Märchenliteratur versucht mit verfremdeten Märchen zum Lachen zu bringen. Hier wären ebenso Iring Fetschers „Märchenverwirrbücher"[3] zu nennen wie Traxlers „Wahrheit über Hänsel und Gretel"[4], oder auch Buchtitel wie „Kein Hänsel ohne

Gretel. Da lachen selbst die Grimms im Grab", „Grimmige Märchen", „Bockstarke Märchen" oder Eva Hellers Cartoons für Frauen mit dem Titel: „Küß mich, ich bin eine verzauberte Geschirrspülmaschine!"[5].

Als eine nur halbkomische Geschichte erscheint das Märchen von „Hase und Igel" (KHM 187). Da gibt es einige komische Elemente: Daß ausgerechnet der langsame und krummbeinige Igel und seine genauso krummbeinige und langsame Igelfrau Sieger im Wettlauf werden, ohne überhaupt zu laufen, hat schon etwas Groteskes. Die Erzählung gehört zur Komik der verkehrten Welt, zur List- und Trickstermotivik. Nur – für den Hasen nimmt dieser Wettlauf kein gutes Ende: Er bricht tot zusammen. Allerdings nehmen wir diese Tragik kaum wahr. Wir identifizieren uns nämlich lieber mit dem Sieger und übersehen darum den Untergang des Verlierers. Wer zuletzt lacht, lacht am besten. Bei den Brüdern Grimm bekommt die Geschichte dann tatsächlich noch einen heiter-belehrenden Schlußakzent:

De Lehre aver uut disser Geschicht is erstens, datt keener, un wenn he sick ook noch so vörnehm dücht, sick sall bikommen laten, övern geringen Mann sick lustig to maken, un wöört ook man'n Swinegel. Un tweetens, datt et gerahden is, wenn eener freet, datt he sick'ne Fro uut sienem Stande nimmt, un de jüst so uutsüht as he sülwst. Wer also en Swinegel is, de mutt tosehn, datt siene Fro ook en Swinegel is, un so wieder.

Nicht zuletzt geben die plattdeutsche Mundart und die Lokalisierung des Stücks auf die Buxtehuder Heide der Swinegel-Geschichte einen komischen Hintergrund.

Es ist gar keine Frage, daß die wenigen in Mundart – sei es niederdeutsch, alemannisch oder bayrisch – notierten Märchen der Grimm-Sammlung in ihrem Humor uns sehr viel mehr berühren als die hochdeutschen Buchmärchen. Die Komik liegt nämlich bei den Grimms ganz wesentlich im sprachlichen Detail. Eine der witzigsten Erzählungen der Grimmmsammlung in dieser Hinsicht ist Nr. 172 „Die Scholle". Witzig ist hier nicht nur, daß die Scholle als Plattfisch auch plattdeutsch spricht („Wen ist vör?" – „de nackte Hiring"), sondern daß der neidischen, hämischen Scholle wegen ihrer boshaften Rede oder Plattitüden zur Strafe auch noch das Maul schief stehen bleibt.

Aber selten genug wird wirklich gelacht bei den Grimms. Allenfalls heißt es einmal: „Sie waren lustig und guter Dinge" (KHM 106). „Und er lebte mit ihr vergnügt wie eine Heidelerche", heißt es vom „Klugen Schneiderlein" (KHM 114). Manchmal wird auch vor Freude geweint. Selbst im „Bruder Lustig" (KHM 81) – nomen non semper est omen – wird nicht gelacht. Die böse Behauptung, die Märchen der Brüder

Grimm und überhaupt die deutschen Märchen seien humorlos[6], läßt sich zwar widerlegen. Aber es ist natürlich auch richtig, daß sich unsere heutigen Ansprüche an eine lachenerregende Geschichte verändert haben. Zündende Witze sind meist Wortwitze, beruhen auf sprachlicher Doppel- und Mehrdeutigkeit[7]. Die reine Handlungs- und Situationskomik des älteren Schwanks ist weit weniger komisch. Und wenn es unter den Kinder- und Hausmärchen nur ganz wenige ausgesprochene Lachstücke gibt, so hängt es eben damit zusammen, daß die Komik im Grimmschen Märchen vorzugsweise noch Handlungs- und Situationskomik ist.

Erheiternd mutet es z. B. an, wenn im Märchen vom „Teufel mit den drei goldenen Haaren" (KHM 29) der Teufel seinen Kopf in den Schoß seiner Ellermutter legt und sagt, sie solle ihn ein wenig lausen. Mindestens für die heutige Phase des Zivilisationsprozesses wirkt das sehr komisch. Oder wenn der Teufel während dieser Prozedur einschläft und schnarcht – kein Theaterregisseur wird sich diese im Originaltext vorgegebene Szene entgehen lassen.

Im Ehebruchschwank vom „Alten Hildebrand" (KHM 95) sitzt der Bauer Hildebrand in einem Tragkorb, der an der Wand hängt, und beobachtet von diesem Versteck aus, wie es seine Frau mit dem Pfarrer treibt. Das ganze läuft sogar mit Singeversen ab – ursprünglich eine Komödienszene, wie wir heute wissen[8]. Im Schwank wird der betrogene Ehemann belacht, der zum Schaden noch den Spott zu tragen hat. Nicht zufällig sprechen wir vom „lachenden Dritten".

Eine oft abgebildete Szene ist schließlich der Schluß von KHM 19, wo es heißt, daß der Fischer und sine Fru „all weder in'n Pißpott" sitzen. „Door setten se noch betup hüüt un düssen Dag". Ein Nachttopf oder gar ein plattdeutscher „Pisspott" ist immer komisch, weil er zu einer sehr privaten, tabuierten Intimsphäre gehört, die normalerweise nicht bloßgestellt wird.

Komik im Grimmschen Märchen wird oft noch dadurch verstärkt, daß Tiere in menschlichen Funktionen agieren. Es ist schon grotesk, wenn man sich vorstellt, wie eine Maus, ein Vogel und eine Bratwurst einen gemeinsamen Haushalt führen (KHM 23). Und in KHM 30 leben gar „Läuschen und Flöhchen" zusammen in einem Haushalt und brauen das Bier in einer Eierschale. Das gleiche gilt im Grunde auch für die Interessengemeinschaft der „Bremer Stadtmusikanten" (KHM 27): einen Esel, einen Hund, eine Katze und einen Hahn. Schon im mittelalterlichen „Asinarius" empfand man den Laute schlagenden Esel, wie er auch im „Eselein" (KHM 144) vorkommt, ausgesprochen komisch, zumal man den Esel sonst nicht gerade wegen seiner Musikalität und seiner schönen Stimme zu rühmen pflegt.

Ebenso komisch – weil normwidrig – ist es, wenn die Dingwelt handelt wie im „Lumpengesindel" (KHM 10), wo zum Schluß der habgierige Wirt von dem Lumpengesindel bestraft wird. Als er sich abtrocknen will, fährt ihm die Stecknadel über das Gesicht und macht ihm einen roten Strich von einem Ohr zum andern. Die Nähnadel sticht ihn in den Hintern in dem Augenblick, als er sich auf seinen Großvaterstuhl niederlassen will. Das alles ist relativ harmloser Schabernack, aber daß man sich nun deshalb vor Lachen ausschütten oder gar Tränen oder sich „krumm und bucklig" lachen müßte – das kann heutzutage doch kein Erzähler von seinen Zuhörern erwarten.

Sicher mangelt es den Grimmschen Märchen ebensosehr an derbdeftiger Komik wie an pfiffigem Witz und an Esprit. Das läßt sich leicht nachweisen, wenn man Grimmnummern mit motiv- und typengleichen Stücken anderer Sammlungen vergleicht. „Der Arme und der Reiche" z. B. ist bei den Brüdern Grimm ein exemplarisches Legendenmärchen (KHM 87): Zum Dank für empfangene Gastfreundschaft verleiht der liebe Gott dem frommen Ehepaar die ewige Seligkeit, Gesundheit in diesem Leben und zuletzt noch ein schönes neues Haus. Das ungastliche Ehepaar kommt zu Schaden und vertut die drei Wünsche. Entschieden komischer als das Festsitzen auf dem Sattel ist schon in Johann Peter Hebels „Drei Wünschen" die an der Nase angewachsene Wurst. Und erst recht strotzt die Version des Hans Sachs aus dem grobianischen 16. Jahrhundert von derb-skatologischer Komik: In ihrer Gier nach einem eigenen Wunsch wünscht sich die Bäuerin „die schönste Hechel im ganzen Land". Und augenblicklich geht dieser Wunsch in Erfüllung. In seinem Zorn über diesen vertanen Wunsch verflucht sie der Bauer und sagt:

„Ich wolt, das dir die hechel doch
Zw hinterst steck in dem arsloch!"
Die hechel, weil er redet noch,
ir in der kerben stacke.
Die pewrin hart erschracke,
Sie stachen hart die hechel zen,
Kunt darfor weder sten noch gen,
Was sie sich theten vntersten,
Kunten sis nit raus pringen.
Den driten wunsch der pawer sprach:
„So sey der hechel freye!"
Zwhant die hechel heraus fuer.

So in von den drey wunschen nuer
Ain peschissene hechel wuer
Vnd ain kerben zerstochen[9].

Die Prüderie des bürgerlichen 19. Jahrhunderts und auch die gutbürgerliche Erziehung der Brüder Grimm hätte eine solche Anal- und Fäkalkomik kaum zugelassen, während uns heute die Verletzung dieser Schamgrenze schon eher wieder komisch vorkommt.

Ein anderes Beispiel, das nun schon mehr in die verbale Komik überleitet, bietet das Märchen „Die drei Schlangenblätter" (KHM 16), bei den Grimms eine ernste, im Grunde tragische Geschichte; in den Märchen von 1001 Nacht aber eine witzig-frivole Erzählung von makabrer Komik.

Solche Unterschiede kann man auch beim Vergleich der Kinder- und Hausmärchen mit den Erzählungen eines Charles Perrault herausarbeiten, und zwar gerade dort, wo Typengleichheit vorliegt. Kein Zweifel, daß der französische Märchenklassiker die Lacher mehr auf seiner Seite hat als die Brüder Grimm. Perrault entwirft ein ganz anderes Menschenbild. Seine Märchenhelden sind keine Muster an Tugend, sondern mit manchen kleinen Schwächen gekennzeichnet. Aber gerade diese bringen sie dem Hörer menschlich näher. Das deutsche Dornröschen ist am Tage seiner Erweckung so alt wie am Tage des Einschlafens, und es käme dem deutschen Erzähler nicht in den Sinn, die 100 Jahre Zauberschlaf hinzuzurechnen. Ganz anders Perrault: „La Belle au bois dormant" hat hier eine harte Haut, weil sie doch nun schon 120 Jahre alt ist, „und man hätte im Tiergarten wohl kaum ein Tier gefunden, dessen Haut so hart war wie die ihre". Die erwachenden Musikinstrumente spielen hundertjährige Weisen, und Dornröschen selbst trägt ein altmodisches Kleid: „Der Prinz hütete sich aber, ihr zu sagen, daß sie wie seine Großmutter angezogen war und ein hochgeschlossenes Kleid trug". In der Hochzeitsnacht schläft die Prinzessin wenig, denn sie hatte sich ja vorher gründlich und lange genug ausgeschlafen. Bei der Erweckung weiß Dornröschen sofort, daß sie hundert Jahre geschlafen hat und daß sie sozusagen ein „spätes Mädchen" ist, denn ihre ersten Worte nach dem Erwachen sind: „Sind Sie es, mein Prinz, Sie haben lange auf sich warten lassen!" – er war verlegener als sie ... Sie hatte aber auch Zeit gehabt, darüber nachzudenken (!), was sie ihm sagen würde, denn offenbar hatte die gute Fee – obwohl die Geschichte darüber nichts berichtet – ihr während dieses langen Schlafes angenehme Träume verschafft".

Ironisch ist schließlich auch die Schlußmoral, die Perrault dem Ganzen gibt:

Zu warten eine Weile auf den Mann,
der reich ist, schön, galant und sanft,
ist wohl natürlich auf der Welt;
doch hundert Jahre schlafend auszuharren!
Man findet keine Mädchen mehr,
die so in Ruhe schlafen können!

Perrault betont immer wieder die Kluft zwischen der Quelle, den „Märchen aus alter Zeit“ und dem modernen aufgeklärten Erzähler. Uns erscheinen diese Autorenkommentare, die Schluß-Moralités, aber auch der in der Art des Erzählens anzutreffende Esprit als „witzig“.

Immer sucht Perrault zu erklären, so z. B. auch am Anfang des Däumlingsmärchens („Le Petit Poucet“), wo es nicht ohne Ironie heißt:

„Es waren einmal ein Holzhacker und seine Frau; die hatten sieben Kinder, lauter Buben. Der älteste war erst zehn Jahre alt und der Jüngste erst sieben. Man wird staunen, daß der Holzhacker so viele Kinder in so kurzer Zeit gehabt hatte. Das kam daher, daß seine Frau so rasch beim Geschäft war und es nicht unter zwei aufs Mal tat.“

Dem französischen Erzähler fehlt die Ehrfurcht vor dem Märchen. Satirische Spitzen bringen eine ironische Note in die Erzählung. Als letztes Perrault-Beispiel mögen noch einige Passagen aus „Peau d'ane“ dienen, das dem Grimmschen „Allerleirauh“ entspricht. Am Anfang des Märchens ist die Rede vom Tod der Königin-Mutter und der neuen Partnerwahl des verwitweten Königs. Wie Perrault hier die Trauer des in seine Tochter verliebten Witwers inszeniert, grenzt schon an die Bereiche des Schwarzen Humors:

„Der König, in Tränen aufgelöst, beschwor alles, was die Königin verlangte. Sie starb in seinen Armen, und niemals hat ein Ehemann solch ein Klagegeschrei erhoben. Da man ihn Tag und Nacht schluchzen hörte, glaubte man indes, seine Trauer könne nicht von Dauer sein, er weine seiner verblichenen Liebe nach wie ein Mann, der es eilig habe, diese Sache hinter sich zu bringen.

Man täuschte sich nicht: Schon nach wenigen Monaten wollte der König sich wieder eine Frau wählen ... Er entbrannte in so heftiger Liebe zu seiner eigenen Tochter, daß er besessen war von dem Wunsch, sie zu heiraten. Er fand sogar einen Geistlichen, der meinte, daß der Fall sich begründen ließe.“

Man hat gesagt, das Märchen spräche nicht von Gefühlen. Bei Perrault ist aber sehr wohl von Gefühlen die Rede, sogar von sehr starken Gefühlen: von tiefer Trauer und von außergewöhnlicher Liebe. Aber der Erzähler sieht durchaus auch die Realitäten, denen sich die Gefühle unterordnen müssen. Und so distanziert er sich auf eine ironisch-rationalistische Weise. Diese Märchen sind keine Kindermärchen, sondern sie wenden sich mit einem Augenzwinkern an die Gesellschaft der Erwachsenen: Seht, so ist die Welt in Wirklichkeit, auch im Märchen mit seinen veralteten oder idealistischen Vorstellungen. Bei Perrault ist nicht eine Identifikation des Lesers mit dem Schicksal der Figuren beabsichtigt, sondern Distanz, zumindest bei der Erwachsenenleserschaft. Dazu dient aller Witz. Wahrscheinlich paßt der Begriff „Esprit" besser, auch zur damaligen Gesellschaft. Es handelt sich um Gewitztsein, um Schlagfertigkeit. Wer Esprit hatte, kam besser durchs Leben.

Halten wir fest: Auch bei Perrault lachen nicht die Figuren, aber der Zuhörer hat doch etwas zu lachen, weil der Erzähler beständig zwischen dem übernatürlichen Geschehen des Märchens und einer aufgeklärt-rationalistischen Einstellung vermitteln muß. Dadurch entstehen Ironie und Komik. Grundsätzlich muß ja unterschieden werden zwischen dem Lachen im Märchen, dem Lachen seiner Helden oder Gegenspieler und andererseits dem Lachen der Märchenhörer oder -leser.

Fragt man nach dem Lachen in Volkserzählungen selbst, so stößt man zunächst auf Erzählungen, in denen nicht gelacht werden darf oder kann. In manchen Erzählungen gibt es geradezu eine Art „Lach-Tabu": So darf z. B. im Märchentyp von den „Zwölf Brüdern" (KHM 9) die Schwester mehrere Jahre weder ein Wort reden noch lachen, damit sie ihre zu Raben verwandelten Brüder erlösen kann. In Wilhelm Hauffs Märchen von „Kalif Storch" hat das Lachen eine ähnliche Funktion. In dem von dem Kalifen gefundenen lateinischen Zauberpapyrus heißt es: „Aber hüte dich, wenn du verwandelt bist, daß du nicht lachest, sonst verschwindet das Zauberwort („mutabor") gänzlich aus deinem Gedächtnis, und du bleibst ein Tier!". Aber als der Kalif und sein Großwesir die anderen Störche sehen, „da konnten sich die beiden nicht mehr halten! ein unaufhaltsames Gelächter brach aus ihren Schnäbeln hervor, von dem sie sich erst nach langer Zeit erholten". Und so waren der Kalif und sein Wezir Störche und blieben Störche.

In KHM 39 wird von einer Mutter erzählt, der die Zwerge ein Kind aus der Wiege geholt und statt dessen einen Wechselbalg mit dickem Kopf und starren Augen hineingelegt hatten, der nichts als essen und trinken wollte. Die Nachbarin gibt den Rat, man solle den Wechselbalg in die Küche tragen, auf den Herd setzen, Feuer anmachen und in zwei Eierschalen Wasser kochen: das bringe den Wechselbalg zum Lachen, und wenn er lache, dann sei es aus mit ihm. Durch das Lachen wird der Wechselbalg zum sprechenden Menschen. Das Lachen ist etwas zutiefst Menschliches.

Nicht lachen dürfen oder auch nicht lachen können, ist ein Motiv von großem innerem Gewicht. Darum ist es kein Zufall, daß es auch von der Dichtung wiederholt aufgegriffen wurde. Mörikes „Schöne Lau" lebt im Blautopf bei Blaubeuren und ist immer traurig, weil sie keine Kinder bekommen kann. Ihr war geweissagt worden, sie könne erst dann ein Kind zur Welt bringen, wenn sie fünfmal von Herzen gelacht haben würde. Als sie beim Abtrocknen ihrer Füße gekitzelt wird, lacht sie zum ersten Mal. Das zweite Mal lacht sie, als sie ein Kind auf dem Töpfchen sitzen sieht. Das dritte Mal aufgrund eines Traumes, als sie sieht, wie der Abt des Klosters sein Käppchen verliert, weil er einer Frau nachstellt. Das vierte Mal stolpert sie über den Zungenbrecher „Glei bei Blaubeure leit a Klötzle Blei". Das Lachen ist auch hier ein Zeichen von Menschlichkeit, von Kommunikation, von Fruchtbarkeit, von Leben und Lebensfreude.

Solche Szenen kennt schon der antike Mythos. Im alten Griechenland erzählte man, Persephone, die Tochter der Getreidegöttin Demeter, sei beim Blumenpflücken vom Herrn der Unterwelt (Hades) geraubt worden. Die Mutter irrte traurig umher, um ihre Tochter zu suchen, und alles Wachstum welkte dahin. Der Grieche nannte die trauernde Demeter „Agelastos", d. h. sie lacht nicht mehr. Erst als sie durch derbe Späße zum Lachen gebracht worden und somit ihre Trauer gebrochen war, zog der Frühling wieder ins Land.

In einem frühen Weltbild sind alle wesentlichen Phänomene mythisch verankert. So auch das Lachen. In einem anderen antiken Mythos stieg Parmeniskos in die Höhle des Orakels von Trophonien hinab, das seine Antworten auf die Fragen inmitten solcher Schrecken gab, daß die Besucher der Fähigkeit des Lachens verlustig gingen. Parmeniskos verlor das Lachen. Er wandte sich an das Delphische Orakel um Hilfe und begann nach dessen Rat das Bild der Leto (Latona), der Mutter des Apollon, zu suchen. Dem Parmeniskos, der erwartet hatte, die Statue einer schönen Frau zu sehen, wurde anstelle der Mutter des Apoll – ein mißgestalteter Klotz gezeigt. Die Worte des Delphischen Orakels trafen ein: Parmeniskos begann zu lachen[10].

Auch in der germanischen Mythologie findet sich ein ähnliches Beispiel von Erheiterung durch Lachen. Es handelt von der nordgermanischen Göttin Skadi. Sie trauert um ihren erschlagenen Vater. Unter anderem stellt sie die Forderung, man solle sie zum Lachen bringen. Da verknüpft Loki den Bart einer Ziege mit seinen Hoden durch eine Schnur, und während Loki und die Ziege hin und her ziehen, schneidet er solche Grimassen und wirft sich endlich in den Schoß der Skadi, daß diese laut auflachen muß. So wird Skadi hier dem Leben wiedergegeben. Vor diesem Hintergrund haben wir auch die Erzählungen von der Prinzessin, die nicht lachen konnte, zu sehen. Nicht lachen zu können ist eine schwere Krankheit. In einem Beitrag in der „Freundesgabe“ hat Dieter Goergen schon 1972 mit interessanten Beispielen auf die „heilende Kraft des Komischen“ hingewiesen[11]. Diese Vorstellungen kulminieren in dem Märchen von der kranken Prinzessin, die zum Lachen gebracht wird. Insgesamt zweimal ist dieser Typus in der Grimmsammlung vertreten. Das Märchen „Die goldene Gans“ (KHM 64) bringt das wohl bekannteste Beispiel für die heilende Kraft des Lachens. Es ist interessant, wodurch die Königstochter in den zahlreichen über ganz Europa verbreiteten Varianten dieses Märchens jeweils zum Lachen gebracht wird. Die Märchenerzähler haben sich dazu allerlei komische Situationen ausgedacht. In der Rahmenerzählung bei Basile hebt ein altes Weib den Rock und bringt die Prinzessin dadurch zum Lachen. Im Grimmschen Märchen vom „Guten Handel“ (KHM 7) wird die Königstochter durch Worte zum Lachen gebracht, und zwar durch die weitläufig-umständliche Erzählung eines Bauern, die noch nicht einmal im Wortlaut vorgeführt wird. Zum Schluß heißt es: „Darüber fing die Königstochter laut an zu lachen, und der König sprach zu ihm: Du sollst meine Tochter zur Frau haben: Ihr Lebtag hat sie noch nicht gelacht als eben über euch, und ich habe sie dem versprochen, der sie zum Lachen brächte. Du kannst Gott für dein Glück danken“. Zum Lachen kommt der Märchenhörer allerdings erst danach, denn die Glücksvorstellungen unseres Bauern laufen in eine ganz andere Richtung. Er antwortet auf das Angebot des Königs: „Oh ich will sie gar nicht; ich habe daheim eine Frau, und die ist mir schon zuviel!“ Diese Argumentation erscheint viel witziger als die nicht mitgeteilte Rede, durch die die Prinzessin angeblich zum Lachen gebracht wurde.

Warum und worüber lachen nun eigentlich die traurigen Prinzessinnen? In der „Goldenen Gans“ lacht die Königstochter im Grunde aus Schadenfreude über all die Leute, die an der magischen Gans festkleben und sich nicht befreien können. Diese Beobachtung kann man verallgemeinern: Das Lachen – auch das Lachen im Märchen – entspricht keineswegs immer nur den edelsten Triebkräften. Ganz im Gegenteil. Das Lachen aus Schadenfreude, das spöttische, das verspottende Auslachen ist fast die Regel. Das arme „Aschenputtel“ (KHM 21) wird von seinen bösen Stiefschwestern ausgelacht. Die zwei älteren Brüder lachen über ihren jüngsten Bruder, den Dummling

(KHM 63, „Die drei Federn"). Gelacht wird über den Goldener, den Gärtnerjungen, der auf seinem dreibeinigen Pferd, scheinbar ein underdog, in Wirklichkeit aber ein Königssohn ist (KHM 136). Von der Hexe in „Hänsel und Gretel" heißt es (KHM 15): „...da lachte sie boshaft und sprach höhnisch". Die böse Königin (KHM 53) betrachtet das wie tot daliegende Sneewittchen „mit grausigen Blicken und lachte überlaut". Ein schadenfrohes Lachen gibt es wohl auch in der sadistisch-antisemitischen Erzählung vom „Juden im Dorn" (KHM 110), wo der Knecht, wie es heißt, aus reinem „Mutwillen" mit seiner magischen Fiedel den Juden in der Dornhecke tanzen läßt, wodurch nicht nur dessen schäbiger Rock zerrissen wird, sondern die Dornen ihn am ganzen Leib zerstechen.

Die Anlässe, bei denen im Grimmschen Märchen gelacht wird, sind also alles andere als erfreulich. Es lachen die Bösewichter, und sie lachen vorzugsweise aus Schadenfreude. Es gibt durchaus die „Freude am Bösen"[12]. Das Lachen ist – nicht nur – wie häufig im Witz nicht die Waffe der Ohnmächtigen über die Starken, sondern man lacht im Märchen – Gott sei's geklagt – oft genug über den Schwachen. Ja, es gibt sogar das Lachen über Behinderte, über körperliche Gebrechen, über Häßliche oder Mißgestaltete[13]. Nicht nur über das Aussehen des Königs Drosselbart wird spöttisch und höhnisch gelacht (KHM 52). Der Giftzwerg in „Schneeweißchen und Rosenrot", der seinen Bart in eine Baumspalte eingeklemmt hat, fühlt sich ausgelacht (KHM 161). Über den kleinen Muck (Wilhelm Hauff) wird gelacht, weil er ein verwachsener, zwergenwüchsiger Mensch ist, und er wird deshalb von den Kindern mit einem Vers verspottet:

Kleiner Muck, kleiner Muck,
Wohnst in einem großen Haus,
Gehst nur all vier Wochen aus,
Bist ein braver, kleiner Zwerg,
Hast ein Köpflein wie ein Berg.

Der „Zwerg Nase" wird gleichermaßen verlacht. „Wieherndes Gelächter erfüllte die Stube", wo er auftauchte. Jahrhundertelang hat man über den verkrüppelten, zwergenwüchsigen Hofnarren gelacht, und Fürsten hielten sich Liliputaner zu ihrer Belustigung. Jeder kennt das berühmte Lied aus „Hoffmanns Erzählungen":

Es war einmal am Hofe Eisenak
Ein winziger Zwerg, der nannte sich Klein Zack...
Die Nase schwarz von Schnupftabak,
Mit dem Kopfe, dem Kopfe, da gings clique claque.

Das Opernpublikum lacht noch heute auf Kosten des zwergenhaften Hofnarren, und solche Scherze treibt man noch in der Gegenwart bis zum sogenannten „Zwergen-Bowling" in Las Vegas. „Lachen verhindert Mitleid" – „Lachen und Verlachtwerden sind Nachbarn", heißt es im Sprichwort.

Hinzuweisen wäre auch auf die Gebrestenkomik der drei Spinnerinnen in KHM 14 (breiter Fuß, Hängelippe, breiter Daumen). Aber mehr noch als über körperliche Defekte lacht man über intellektuelle und charakterliche. Man lacht z. B. über den Misanthropen „Meister Pfriem" (KHM 178), diesen unleidlichen Besserwisser. Auch der Geizhals verfällt dem Spott[14]. Man lacht über „des Teufels rußigen Bruder" (KHM 100), der sich während sieben Jahren nicht waschen, kämmen, keine Nägel und Haare schneiden darf, ein Vorläufer des Struwwelpeter oder der Pilzköpfe. Oder: Es werden extreme Fälle von Faulheit vorgeführt (z. B. KHM 151 „Die drei Faulen"). Gelacht wird natürlich auch über alle Formen der Dummheit, wie in den Auseinandersetzungen mit den tölpelhaften Riesen, z. B. im „Tapferen Schneiderlein" (KHM 20). Die Geschichte vom „Katherlieschen" (KHM 59) steht schon recht nahe am Idiotenwitz, und erst recht die „Kluge Else" (KHM 34), die Geschichte einer Chaotin, die nur Schaden anrichtet. Sie endet im Wahnsinn und kann sich schließlich selbst nicht mehr identifizieren.

Ein wichtiger Anlaß zum Lachen sind Normabweichungen. Einen Paradefall bietet das Märchen von dem Einfältigen, der immer nur das wörtlich sagt, was ihm aufgetragen wurde, aber dies dann immer an der unpassendsten Stelle und zur Unzeit los wird (KHM 143 „Up Reisen gohn"). Eine dänische Variante[15] beginnt:

Es war einmal eine Frau, die hatte einen großen Sohn, aber er war nicht recht bei Verstand, und sie konnte ihn nirgends hinschicken mit einem Auftrag, denn er konnte sich nie merken, was man ihm gesagt hatte. Eines Tages wollte sie gerne zwei Scheffel Buchweizen aus der Mühle haben und dachte, das könne er doch wenigstens besorgen, und sagte zu ihm: „Kannst du mir aus der Mühle zwei Scheffel Buchweizen holen?" – „Ja, freilich," sagte er. „Aber vergiß es nicht!" sagte sie. Nein, er wolle es nicht vergessen, sagte er, denn er gab immer pünktlich Antwort. „Du solltest es unterwegs immer vor dich hinsagen!" Also ging er hin und sprach immer vor sich hin: „Zwei Scheffel. Zwei Scheffel. Zwei Scheffel." Aber schließlich sprach er so laut, daß jeder es hören konnte. Da kam er an einem Mann vorbei, der Korn säte. Als der hörte, was der Bursche sagte, ärgerte er sich, denn er hatte sieben Tonnen gesät, und nun schien ihm der Bursche vorauszusagen, daß er nur zwei Scheffel ernten würde. „Du Lausekerl, ich will dir helfen!" –

und damit gab er ihm etliche Hiebe. „Untersteh dich, so zu sagen!“ – „Ja, was soll ich denn sonst sagen?“ – „Du sollst sagen: Gott, gib hundertfach!“ Das war ihm recht, und er ging seiner Wege und sagte in einem fort: „Gott, gib hundertfach! Gott, gib hundertfach!“ Da kam er an einem Gehöft vorbei, wo man eben Jagd auf die Ratten machte. Als ihn da die Leute so rufen hörten, wurden sie ganz wütend, weil er ihnen das Hundertfache wünschte, und so bekam er wieder einen Buckel voll Schläge. „Halt dein Maul, du Lausekerl, mit solchem Gerede!“ sagten sie, als sie ihn losließen. „Ach ja, ich will schon“, sagte der Bursche und flennte jämmerlich, „aber, was soll ich denn sagen?“ – „Du sollst sagen: Weg mit dem Teufelszeug!“ – Dazu war er wohl bereit und ging weiter und rief, wie er gehört hatte: „Weg mit dem Teufelszeug! Weg mit dem Teufelszeug!“. Da kam er bald darauf an einem Leichenzug vorbei. Als die Leute hörten, was der Bursche rief und was er da über den Toten sagte, wurden sie so zornig, daß sie ihn am Schlafittchen packten und gehörig versohlten. „So darfst du nicht sagen, du Lump!“ schrien sie und zogen ihm noch ein paar „tüchtige“ über. Da fragte er ganz jämmerlich, was er denn eigentlich sagen sollte? „So trägt man einen Toten zu Grab!“ sagten sie ihm. Dazu war er bereit und ging wieder seines Weges weiter, aber nun rief er: „So trägt man einen Toten zu Grab! So trägt man einen Toten zu Grab!“ ...

Da kam er an einen Hof, wo man eben die Tochter auf einen Wagen hob. Sie war als Hochzeiterin gekleidet und fuhr zur Trauung in die Kirche. Als die Leute hörten, was der Bursche rief, packten sie ihn und prügelten ihn fürchterlich und gaben ihm zu verstehen, daß er nur nicht probieren sollte, seinen Ruf zu wiederholen.

Nach einer Kette von weiteren Mißverständnissen und Prügeln kehrt der Unheld wieder zu seiner Mutter zurück. Der Erzähltyp AaTh 1696 „What should I have said“ zeigt einen wichtigen Lachanlaß, das Normwidrige. Der Dumme tut bei gegebenen Anlässen immer wieder das Ungehörige, wenn bei den einzelnen Stationen immer die falsche Formel gesagt wird: bei der Hochzeit die Kondolation, bei der Beerdigung oder der Feuersbrunst der Glückwunsch usw. „Dummheit lacht!“ sagt das Sprichwort. Aber dies ist unpräzise: Der Dumme selbst hat ja nichts zu lachen, sondern er ist Gegenstand unseres schadenfrohen Gelächters. Wir dünken uns klüger, und das gibt uns ein willkommenes Überlegenheitsgefühl. Wir lachen über den Dummen, weil wir uns von ihm distanzieren möchten. Aber wir lachen über den Listigen, über den Trickster, weil wir uns gerne mit ihm identifizieren. Diese Parteinahme für Schelme, Schlitzohren und Trickster kann man im

Märchen und Schwankmärchen leicht nachempfinden bei Figuren wie dem „Tapferen Schneiderlein“ (KHM 20), dem „Bürle“ (KHM 61), dem „Meisterdieb“ (KHM 192) oder schließlich beim „Hirtenbüblein“ (KHM 152), dessen pfiffige Antworten den Hörer zum Lachen bringen. Immer hat der Listige die Lacher auf seiner Seite.

Es ist sicher kein Zufall, daß gerade der Schwankmärchentyp von „Kaiser und Abt“ (AaTh 922) zu den Dauerbrennern der humoristischen Erzählungen gehört. Die Komik kulminiert in Gottfried August Bürgers Balladenversion dieses Stoffes. Hier ist es auch der Sieg des Mutterwitzes des einfachen Mannes über die bloße Stubengelehrtheit der Geistlichkeit. Der Abt fürchtet Schande und Blamage, weil er die Fragen des Kaisers nicht beantworten kann und sucht Rat und Hilfe bei seinem Schäfer Hans Bendix[16]:

„Und kann ich ihm diese drei Fragen nicht lösen,
So bin ich die längste Zeit Abt hier gewesen;
So läßt er mich führen zu Esel durchs Land,
Verkehrt, statt des Zaumes den Schwanz in der Hand.“
„Nichts weiter?“ erwidert Hans Bendix mit Lachen.
„Herr, gebt Euch zufrieden! Das will ich schon machen.
Nur borgt mir Eu'r Käppchen, Eu'r Kreuzchen und Kleid,
So will ich schon geben den rechten Bescheid.
Versteh' ich gleich nichts von lateinischen Brocken,
So weiß ich den Hund doch vom Ofen zu locken.
Was Ihr Euch, Gelehrte, für Geld nicht erwerbt,
Das hab' ich von meiner Mutter geerbt.“
Da sprang wie ein Böcklein der Abt vor Behagen.
Mit Käppchen und Kreuzchen, mit Mantel und Kragen
Ward stattlich Hans Bendix zum Abte geschmückt
Und hurtig zum Kaiser nach Hofe geschickt.
Hier thronte der Kaiser im fürstlichen Rate,
Hoch prangt' er mit Zepter und Kron' im Ornate.
„Nun sagt mir, Herr Abt, als ein treuer Wardein,
Wieviel ich wohl wert bis zum Heller mag sein.“
„Für dreißig Reichsgulden ward Christus verschachert,
Drum gäb' ich, so sehr Ihr auch pochet und prachert,
Für Euch keinen Deut mehr als zwanzig und neun;
Denn einen müßt Ihr wohl minder wert sein.“
„Hm“, sagte der Kaiser, „der Grund läßt sich hören
Und mag den durchlauchtigsten Stolz wohl bekehren.
Nie hätt' ich bei meiner hochfürstlichen Ehr‘,
Geglaubt, daß so spottwohlfeil ich wär‘.

Nun aber sollst du mir berechnen und sagen,
Wie bald ich zu Rosse die Welt mag umjagen;
Um keine Minute zu wenig und viel!
Ist dir der Bescheid darauf auch nur ein Spiel?"
„Herr, wenn mit der Sonn' Ihr früh sattelt und reitet
Und stets sie in einerlei Tempo begleitet,
So setz' ich mein Kreuz und mein Käppchen daran,
In zweimal zwölf Stunden ist alles getan."
„Ha!" lachte der Kaiser, „vortrefflicher Haber!
Ihr füttert die Pferde mit wenn und mit aber.
Der Mann, der das Wenn und das Aber erdacht,
Hat sicher aus Häckerling Gold schon gemacht.
Nun aber zum dritten, nun nimm dich zusammen!
Sonst muß ich dich dennoch zum Esel verdammen.
Was denk' ich, das falsch ist? das bringe heraus!
Nur bleib' mir mit wenn und mit aber zu Haus!"
„Ihr denket, ich sei der Herr Abt von St. Gallen."
„Ganz recht! und das kann von der Wahrheit nicht fallen."
„Sein Diener, Herr Kaiser! Euch trüget Eu'r Sinn;
Denn wißt, daß ich Bendix, sein Schäfer, nur bin!"
„Was Henker! du bist nicht der Abt von St.Gallen?"
Rief hurtig, als wär' er vom Himmel gefallen,
Der Kaiser mit frohem Erstaunen darein.
„Wohlan denn, so sollst du von nun an es sein!"

Hier werden soziale Normen verletzt, die Subordinationsverhältnisse Kaiser und Abt, Abt und Schäfer, die im Triumph des einfachen Mannes zur fiktiven Umkehr der Hierarchie und Rangordnung führen.

Lachen erregende Normverstöße sind zahleich im Märchen. Ein Paradebeispiel ist Hans Christian Andersens Erzählung von „Des Kaisers neuen Kleidern". Norm wäre, daß ein Kaiser in den vornehmsten Gewändern einherschreitet und nicht nackt herumstolziert. Norm ist auch, daß über Respektspersonen nicht gelacht werden darf, sondern daß man sich in ihrer Gegenwart angemessen und würdig verhält. Die erstgenannte Norm verletzt der Kaiser selbst, und die zweite Norm verletzt ein kleines Kind. Alles versucht, ernst zu bleiben, bis schließlich das Lachen herausplatzt. Es gefährdet die Lebenslüge des Herrschers.

Das Lachen über den sogenannten „unanständigen Witz" beruht auf dem Lustgewinn aus der Normabweichung von dem, was sich „anständigerweise" gehört. Ungebührliches Verhalten ist lachenerregend. Dieses Tabu liegt über der Nacktheit ebenso wie über dem Anal-

und Fäkalbereich. Doch dieses Tabu wird nicht nur im Witz, sondern gelegentlich auch im Märchen durchbrochen. In der Sammlung griechischer Märchen von Marianne Klaar[17] gibt es eine Erzählung unter dem vielversprechenden Titel „Das Land, wo keiner einen fahren läßt". Dieses Mißgeschick widerfährt just der Königin selbst. Sie läßt einen „fahren, daß es krachte". Der König ist darüber sehr erbost. Er verläßt seine Frau und zieht in andere Reiche, eben in „das Land, wo keiner einen fahren läßt", wo er erst nach langer Suchwanderung von seiner Familie wieder aufgefunden wird. Erst vermutete ich, ein einfacher Mann hätte der großen Freiburger Feldforscherin in diabolischer Freude diese Story untergejubelt, um ihre gute Erziehung auf die Probe zu stellen. Aber Frau Klaar hat mir berichtet, daß „eine Dame aus guter Familie" ihr dieses Märchen erzählt habe. Seien wir froh jedenfalls - und das sei auch dem Verleger gedankt -, daß heutige Feldforschung solche Erzählungen nicht nur auf dem Tonband festhält, sondern auch veröffentlicht.

Bislang war nur von Inhalten des Märchens die Rede. Es gibt aber auch bestimmte Formen des Erzählens, die per se eine komische Wirkung auslösen. Es gibt sozusagen eine Grammatik des lustigen Erzählens. Dazu gehört z. B. die Kettentechnik. Zu den berühmten Beispielen rechnet etwa die Historie vom Pfannkuchen, der nicht aufgegessen werden will und aus der Pfanne herausspringt, losrennt und nun den verschiedensten Personen begegnet, dem Großvater, dem Hahn, der Ente, der Gans, bis er schließlich von einem Schwein aufgefressen wird[18]. Ebenso eindrucksvoll ist die Erzählung von der Katze, die von zu Hause wegläuft, weil sie nie genug bekommen kann. So frißt sie zuerst den Hausherrn auf, dann die Hausfrau, dann einen Fuchs, eine Kuh, einen Hasen, ein Wiesel. Und immer erklärt sie hinterher, eigentlich noch fast nüchtern zu sein. Schließlich frißt sie einen ganzen Brautzug auf: erst Braut und Bräutigam, dann auch die Musikanten und Pferde usw. Hinterher noch einen Leichenzug, endlich den Mond und die Sonne. Zum Schluß begegnet die Katze einem Geißbock, der sie mit seinen Hörnern stößt[19].

Köstlichen Humor zeigt auch ein slowenisches Kettenmärchen[20]:
Ein Mäuslein ging durch einen Zaun und zerriß sich das Schwänzchen. Und dann ging es zum Schuster und sagte: „Würdest du mir das Schwänzchen annähen?" Aber der Schuster sagte: „Gib mir Fett!" Und dann ging es zur Sau und sagte: „Sau, gib mir Fett!" Aber die Sau sagte: „Gib mir Milch!" Und dann ging es zur Kuh und sagte: „Kuh, gib mir Milch!" Aber die Kuh sagte: „Gib mir Futter!" Und es ging zu den Mähern und sagte: „Mäher, gebt mir Futter!" Die Mäher

sagten: „Gib uns Krapfen!“ Dann ging es zur Hausfrau und sagte: „Hausfrau, gebt mir Krapfen!“ Aber die Hausfrau sagte: „Bring mir Mehl!“ Und dann ging es zum Müller und sagte: „Gib mir Mehl!“ Der Müller sagte: „Bring mir Getreide!“ Und dann ging es zum Acker und sagte: „Acker, gib mir Getreide!“ Aber der Acker sagte: „Gib mir Dünger!“ Und es schiß darauf und das Getreide wuchs heran.

Und das Getreide brachte es dem Müller und der Müller gab ihm Mehl; das Mehl brachte es der Hausfrau, die Hausfrau gab ihm Krapfen; die Krapfen brachte es den Mähern, die Mäher gaben ihm Futter; das Futter brachte es der Kuh, die Kuh gab ihm Milch; die Milch brachte es der Sau, die Sau gab ihm Fett; das Fett brachte es dem Schuster, dieser aber nähte ihm das Schwänzchen an.

Es sind mehrere formale und inhaltliche Elemente, die im Kettenmärchen zum Lachen reizen. Da ist zunächst die immer länger werdende Kette, die von Glied zu Glied das Memorieren schwerer macht. Wer beim Erzählen die Kette reißen läßt, blamiert sich und wird ausgelacht. Inhaltlich kommt aber auch der gewisse surrealistische Nonsens dazu, durch die Übertreibung, die diese Märchen auszeichnet, vor allem, wenn es um die Dingwelt oder Tierwelt geht: der Pfannkuchen auf Wanderschaft; die Katze, deren Appetit selbst vor Sonne und Mond nicht haltmacht; die Maus, die ihr abgerissenes Schwänzchen wieder angenäht haben möchte. Schon in der formelhaften Wiederholung, die zu jedem Märchen gehört, liegt etwas Stupid-Komisches, sobald die obligate Dreizahl überschritten wird. Ein gutes Beispiel bietet der Schwank vom „Alten Hildebrand“ (KHM 95), dem einzigen bayrischen und einem der besterzählten und witzigsten Stücke der Grimmsammlung überhaupt. Immer wieder wird der Inhalt der Wallfahrtspredigt des buhlerischen Pfarrers wiederholt, was den Eindruck einer etwas dumpfen und formalen ländlichen Frömmigkeit hinterläßt.

Das Märchenerzählen kann aber auch ungewollt komische Wirkungen zeitigen, die vom Erzähler keineswegs beabsichtigt sind. Vom Erhabenen zum Lächerlichen ist dabei oft nur ein kleiner Schritt. Der bekannte Kinderbuchautor Otfried Preußler schrieb einen Artikel mit dem Titel: „Von den zwei Arten, Märchen zu erzählen“[21], und er beginnt mit einem Beispiel:

Es war einmal eine alte Dame, sehr hochgewachsen, sehr rank und schlank, von sehr aufrechter Haltung; ihr Gesicht, oder sollte es besser heißen: ihr Antlitz war von gestrenger Schönheit und Ebenmäßigkeit; große ausdrucksvolle Augen, die Stirn einer Königin. Als sie den Raum betrat, verstummten alsbald die letzten, flüsternd geführten

Gespräche. Empfangen vom andächtigen Schweigen der Versammelten durchschritt, nein durchmaß sie den Saal und erstieg das mit einem einsamen Tischchen bestückte Podium. Nunmehr wandte sie sich den Wartenden zu. Die Hände in Brusthöhe kreuzweise übereinandergelegt, verharrte sie eine Weile gesenkten Hauptes in jener weihevollen und zugleich Ehrfurcht erheischenden Art, wie man sie von der Priesterin eines hehren Kultes in heidnischer Vorzeit hätte erwarten dürfen. Nach zehn, zwölf Atemzügen der Sammlung ließ sie die Hände sinken, hob den Blick und öffnete die Lippen, um nur ein einziges Wort in den Raum zu stellen: ASCHENPUTTEL. Das kam nun beinahe einer Verkündigung gleich. Nie zuvor hatte ich den vertrauten Namen so bedeutungsvoll, so gewichtig aussprechen hören, auch niemals so kunstvoll, mit solcher Emphase, die Vokale sehr deutlich artikuliert, die behauchbaren Konsonanten unüberhörbar behaucht: ASCHENPUTTEL. Dann wiederum, gesenkten Hauptes, ein paar Atemzüge gesammelten Schweigens. Danach erst hob die alte Dame, ihres Zeichens Märchenerzählerin, zu sprechen an: „Einem reichen Manne, dem wurde einmal die Frau krank...“ Was sie vortrug (es widerstrebt mir, in diesem Zusammenhang von Erzählen zu sprechen), war das bekannte Märchen Numero 34 der Brüder Grimm, wortgetreu memoriert und auf höchst artifizielle Weise dargeboten. Da saß jede Pause, da stimmten jede Geste, jede Phase des Mienenspiels mit dem Text überein. Wohl einstudiert war dies alles, bis hin zu den letzten Feinheiten von Tempo und Stimmlage, nicht zu vergessen den Singsang des „Bäumchen, rüttel dich“-Zaubers und den gurrenden Zuruf der beiden Täubchen, sitzend auf dem Haselbäumchen neben der Mutter Grab:

„rucke die guck, rucke di guck,
Blut ist im Schuck“.

Stille im Auditorium. Man folgt der Darbietung konzentriert und andächtig. Schade, daß ich keine Stecknadel zur Hand habe. Die alte Dame, nun wirklich ganz Hohepriesterin, zelebriert die Darbietung des Märchens vom Aschenputtel wie unter Selbsthypnose. Ein Unglücksrabe, der sich verspätet hat, öffnet leise die Tür, kommt auf Zehenspitzen hereingeschlichen – und wird ertappt. Mitten im Satz bricht die Märchenpriesterin ab und verstummt. Ein gramvoller Blick zur Decke, ein strafender für den Übeltäter. Ich kann mir vorstellen, wie es ihm kalt und heiß wird. Dann greift sich die Priesterin an die Stirn. Mit der Hand die Augen beschattend, ist sie darum bemüht, sich wieder zu sammeln und einzustimmen nach diesem höchst unerquicklichen Zwischenfall.

Otfried Preußler behauptet im folgenden, er habe von jenem Märchenabend berichet, „ohne zu übertreiben, ganz ohne jeden Spott". Doch war Preußler wohl nicht der ideale Wunschzuhörer für die professionelle Märchenerzählerin, die eine Märchenweihestunde zelebrieren wollte. Auch die Erzähler können sich nämlich in ihrem Publikum täuschen.

Nach diesem fiktiven Bericht noch ein höchst realer, der sich wirklich zugetragen hat: In ihrem Erinnerungsbuch „Das Märchen und unsere Welt" berichtet Vilma Mönckeberg von einem für sie denkwürdigen Erlebnis[22]:

Eines Tages – vor mir saßen wieder mehrere hundert Kinder – passierte mir etwas Merkwürdiges. Ich erzählte eines der großartigsten Märchen aus der Grimmschen Sammlung – nämlich den „Machandelbaum" –, aber als ich an die Stelle kam, wo dem Vater das eigene Kind „in Sauer gekocht" vorgesetzt wurde, da schoß mir plötzlich durch den Kopf, so etwas Gräßliches kann man doch unmöglich Kindern zumuten. Aber ich mußte ja weitersprechen und versuchte möglichst schnell über die Stelle hinwegzukommen, als mir ein herzliches Gelächter entgegenschlug.

Vilma Mönckeberg zieht daraus den Schluß, daß dieses Märchen – wie viele andere – nicht für Kinder bestimmt sei, womit sie sicher recht hat.

Der Vorfall ist jedenfalls von der Seite der Zuhörer her zu beurteilen. Ob nämlich gelacht wird oder nicht, hängt sowohl von den Fähigkeiten des Erzählers wie auch von der Disposition der Zuhörer ab. Über die Vortragskunst eines Erzählers kann man u. U. lachen, wenn dieser die Theatralik überzieht und den Text zu pathetisch zelebriert. Es kommt aber auch vor, daß über ganz schlimme und grausame Märchenvorgänge gelacht wird; gerade bei Kindern. Wenn die Spannung zu groß wird, befreien sie sich durch Gelächter. Aber das Lachen als Reaktion auf Schlimmes und Schreckliches ist eine nicht nur für Kinder typische Reaktion. Es gibt das „irre Lachen" auf eine Schreckensnachricht. Wenn der Mensch an die Grenze kommt, wo er etwas nicht mehr ertragen kann, lacht er. Das Grauenerregende schlägt in Komik um. Man kann das auch ablesen an der Publikumsreaktion in Gespenster- und Horrorfilmen, z. B. im „Exorzisten". Oder man denke an die verfilmte Welterfolgskomödie „Arsen und Spitzenhäubchen", oder auch wenn Kinder durch eine Geisterbahn fahren. Doch das, worüber man lacht, fürchtet man nicht mehr. Auch die Märchen vom „Fürchtenlernen" gehen in diese Richtung des „schwarzen Humors". Letztlich kommt es immer darauf an, wie über das Schreckliche berichtet wird. Man lacht z. B. bei Hans Christian Andersen über die Triumphe des kleinen Klaus über seinen großen Namensvetter, den großen Klaus, obwohl in dieser Erzählung fürchterliche Dinge geschehen: Da werden nicht nur Pferde, sondern leibhaftige Großmütter erschlagen, Leichen geschändet und Menschen ertränkt. Die Umgangssprache kennt den Ausdruck „mit einem lachenden und einem weinenden Auge", und das Märchen konkretisiert solche Metaphern. In dem ungarndeutschen Märchen vom „König mit dem weinenden und dem lachenden Auge" ist die Rede von einem König, der den Kontakt zu seinem guten Kameraden verloren hat, weil Teufel ihm sein Zauberroß gestohlen haben: „Und er hat ihn halt nie gesehen. So hat das eine Auge immer gelacht, und das andere war immer betrübt"[23].

Nun wird im Märchen nicht nur gelacht, sondern es wird auch gelächelt. Und dies ist etwas ganz anderes, viel Feineres als das lauthalse Lachen. Lächeln ist ein Zeichen von milder Distanz, Ausdruck eines heiteren Darüberstehens. Darum gibt es im Legendenmärchen auch das gütige und verständnisvolle Lächeln Gottes, z. B. als er auch Evas häßliche Kinder, „die ganze grobe, schmutzige, grindige und rußige Schar" bedenkt: „Der Herr lächelte, betrachtete sie alle und sprach: auch diese will ich segnen" (KHM 191).

In einem slowenischen Legendenmärchen geht die Jungfrau Maria über einen Acker und klagt über den Verlust ihres Sohnes Jesus. Da trifft sie eine Maus, die sie fragt: „Warum bist du so traurig?" Da sagt die Mutter Gottes: „Warum soll ich nicht traurig sein, ich habe meinen einzigen Sohn verloren." Da sagt die Maus: „Sieh, ich habe durch den Tritt einer Kuh meine neun Söhne alle auf einmal verloren". Da lächelte die Jungfrau Maria, und wenn sie nicht gelächelt hätte, so folgert der Schluß, wäre die ganze Welt verloren gewesen. Der Titel dieses Stücks heißt „Die zwei Mütter"[24].

Die Erzählung scheint vor allem im Mittelmeerraum weit verbreitet. Man kennt sie ähnlich von Sardinien[25]:

Als unser Herr und Heiland gestorben war, kamen die Tiere alle zur Schmerzensreichen, um ihre Teilnahme zu bezeugen. Nur dem Frosch wollte es scheinen, als übertreibe die Mutter Gottes ihre Klagen. Der sagte zu ihr: „Maria, wenn du so sehr klagst um den Tod des einen Sohnes, was hätte denn ich tun sollen, als mir das Rad eines Karrens in einer Umdrehung sieben Kinder tötete?" Die heilige Jungfrau konnte bei diesem drolligen Einfall sich des Lachens nicht erwehren, und seit dem Tage hat es keine Trauer gegeben, bei der nicht auch das Lachen seinen Anteil gehabt hätte.

Hier sind wir nun im Bereich des Humors, denn Humor, so hat man definiert, ist eine Mischung von Heiterkeit und Ernst, oder „Humor ist, wenn man trotzdem lacht". Humor schafft Gelassenheit und Ausgleich.

Man lacht über andere leichter als über sich selbst, obwohl erst derjenige, der über sich selbst hinauswachsend lachen kann, die Gabe des Humors besitzt. Schon Goethe hat gesagt[27]:

> Ich liebe mir den heitern Mann
> am meisten unter meinen Gästen:
> Wer sich nicht selbst zum besten haben kann,
> der ist gewiß nicht von den Besten.

Man kann abschließend einige Thesen wagen:

1. Das Zaubermärchen gehört zu den ernsthaften Gattungen. Gelacht wird allenfalls im Schwankmärchen oder auch in den Tiermärchen, den ätiologischen Märchen und den Kettenmärchen.
2. Zu unterscheiden ist das Lachen der Märchenfiguren vom Lachen der Zuhörer. Diese lachen oft aus Schadenfreude über Vorfälle, die für den Betroffenen selbst keineswegs lustig sind.
3. Die Gründe für das Lachen sind – ganz ähnlich wie im Witz: Norm- und Tabuverletzungen im Bereich der Sitte und der sozialen Ordungen. Wer lacht, fühlt sich überlegen; wer lacht, hat keine Angst, mitlachen kann nur der, der sich mit dem Überlegenen freuen kann und den Unterlegenen nicht bedauert. Dagegen ist das Lachen oft demütigend für den, der zur Zielscheibe des Lachens wird.
4. Das Lachen ist selbstverständlich auch noch von anderen Faktoren abhängig, z. B. von Alter und Geschlecht. Kinder lachen über anderes als Erwachsene.
5. Das Lachen ist kultur- und gesellschaftsbedingt. Es ist ein anderes in den grobianischen Schwänken des 15./16. Jahrhunderts als im bürgerlichen 19. Jahrhundert, in der Zeit aufklärerischer und rationalistischer Gesellschaftssatire anders als in der Gegenwart. Was durchgängig bleibt, ist freilich das menschliche Grundbedürfnis zu lachen. Das Lachen ist ein Merkmal des Menschen. Der Mensch, der „Homo ridens", ist ein Lachen-Sucher.
6. Die Frage nach dem Lachen im Märchen läßt sich nicht generell beantworten, weil es nicht nur verschiedene Arten und Untergattungen des Märchens gibt, sondern auch verschiedene Arten des Lachens: Es reicht vom gütigen, verständnisvoll-verzeihenden Lächeln Gottes oder der Jungfrau Maria bis zum höhnischen Lachen, Kichern und Grinsen der Dämonen, Hexen und Höllengeister.

7. Lachen läßt sich vordergründig-positivistisch auch rein physiologisch beschreiben. In einem sowjetischen Handbuch heißt es: „Lachen besteht aus kurzen und kräftigen Atembewegungen mit geöffnetem Mund, die von charakteristischen heftigen Lauten begleitet werden"[28]. Aber wenn das Lachen nur darin bestünde, könnte es niemals zum Gegenstand ästhetischer und philosophischer Betrachtung werden. Interessanter als die Physiologie ist natürlich die Psychologie des Lachens und des Lachers. Schon Goethe wußte: „Durch nichts bezeichnen die Menschen mehr ihren Charakter als durch das, was sie lächerlich finden". Und seit der antiken Rhetorik bis zu Sigmund Freud findet man Sätze wie:" Sage mir, worüber du lachst, und ich sage dir, wer du bist"[29]. In jedem Fall sollten wir uns im Lachen auch entkrampfen und entspannen. Und so schließe ich mit einem russischen Sprichwort, das besagt: „Das Lachen ist der Bruder der Kraft". Diese Kraft des Lachens ist es, die wir aus unserer Freude am Märchen gewinnen wollen.

Anmerkungen

1 Vgl. Lutz Röhrich: Sage-Märchen-Volksglauben. Kollektive Ängste und ihre Bewältigung, in: Günther Eifler u. a.(Hrsg.): Angst und Hoffnung. Grundperspektiven der Weltauslegung (Mainzer Universitätsgepräche (1983/84), Mainz 1988, S. 173-202.
2 Vgl. Lutz Röhrich: Der Witz. Figuren, Formen, Funktionen, 2. Aufl. München 1980.
3 Iring Fetscher: Wer hat Dornröschen wachgeküßt? Hamburg 1972; ders.: Der Nulltarif der Wichtelmänner, Düsseldorf 1982.
4 Hans Traxler: Die Wahrheit über Hänsel und Gretel, Frankfurt am Main 1963.
5 Rosemarie Lauer/Wolfgang Mieder: Kein Hänsel ohne Gretel. Da lachen selbst die Grimms im Grab, Frankfurt am Main 1988; Wolfgang Mieder (Hrsg.): Grimmige Märchen, Frankfurt am Main 1986; Heinz Langner: Grimmige Märchen, München 1984; W. P. Fahrenberg: Der Grimm auf Märchen, Hamburg 1989; Eva Heller: Küss mich, ich bin eine verzauberte Geschirrspülmaschine, Oldenburg 1984.
6 Vgl. „Die Zeit" Nr. 49 vom 02.12.1988, S. 87.
7 Vgl. Lutz Röhrich: Der Witz (wie Anm. 2), S. 41-61.
8 Vgl. Walter Anderson: Der Schwank vom alten Hildebrand (=Acta et Commentationes Tartuensis XXI-XXIII), Dorpat 1931; Leopold Schmidt: Die Volkserzählung, Berlin 1963, S. 327-342.
9 Vgl. Lutz Röhrich: Erzählungen des späten Mittelalters und ihr Weiterleben in Literatur und Volksdichtung bis zur Gegenwart, Bd.I, Bern und München 1962, S. 62-79, 253-258.
10 Vgl. Eugen Fehrle: Das Lachen im Glauben der Völker, in: Zeitschrift für Volkskunde 40 (1931: 1-5)
11 Dieter Goergen: Die heilende Kraft des Komischen, in: Die Freundesgabe. Jahrbuch der Gesellschaft zur Pflege des Märchengutes der europäischen Völker, Rheine/Westf., 1972, S. 4-11 (s.auch in diesem Band).
12 Vgl. Werner Röcke: Die Freude am Bösen, München 1987.
13 Vgl. Hans-Jörg Uther: Behinderte in populären Erzählungen, Berlin 1981; Angelika

Werner: Zur Sozialpsychologie des Behindertenwitzes. Der Körperbehinderte als Witzfigur (Examensarbeit PH Reutlingen, maschinenschriftlich, 1978); Waltraud Wunsch: Die Reaktion von Körperbehinderten auf Behindertenwitze (Examensarbeit PH Reutlingen, maschinenschriftlich,1978).

14 Ein Extremfall z. B.: MdW. Ungarische Volksmärchen Nr. 4 „Die geizige Bäuerin".

15 MdW. Nordische Volksmärchen Bd I, übers. von Klara Stroebe, Jena 1940, Nr. 38, S. 164-168, „Der Gang in die Mühle".

16 Vgl. Lutz Röhrich: Erzählungen des späten Mittelalters Bd. I, S. 146-172, 281-288.

17 Marianne Klaar: Die Pantöffelchen der Nereide. Griechische Märchen von der Insel Lesbos, Kassel 1987, Nr.20, S. 155-158, „Das Land, wo keiner einen fahren läßt".

18 MdW. Nordische Volksmärchen (wie Anmerkung 15), Bd. II, Nr. 54, S. 305-308, „Die Historie vom Pfannkuchen".

19 MdW. Nordische Volksmärchen (wie Anmerkung 15), Bd. II, Nr. 30, S. 167-174, „Die Katze, die so viel fressen konnte".

20 Ivan Grafenauer: Das slovenische Kettenmärchen vom Mäuslein, das durch einen Zaun kroch, in: Humaniora honoring Archer Taylor, Locust Valley, New York 1960, S. 239-250.

21 Otfried Preußler: Von den zwei Arten, Märchen zu erzählen, in: Literatur in Bayern, Heft 19 (1990), S. 17.

22 Vilma Mönckeberg: Das Märchen und unsere Welt, Düsseldorf/Köln 1972, S. 14-15.

23 Gottfried Henssen (Hrsg.): Ungarndeutsche Volksüberlieferungen, Marburg 1959, Nr. 13, S. 61-65, „Der König mit dem weinenden und dem lachenden Auge".

24 Rosa del Conte: Le due madri, in: Revue des études sud-est-européennes 6 (1968), S. 191-226; vgl. Lutz Röhrich: Sage und Märchen, Erzählforschung heute, Freiburg 1976, S. 17

25 Eugen Fehrle: Das Lachen (wie Anmerkung 10 oben), S. 3.

26 Vgl. Rainer Wehse: Artikel „Humor" in: Enzyklopädie des Märchens VI, 1312-1317.

27 Epigrammatisch, Weimarer Ausgabe Bd. II, S. 282.

28 Jurij Borew: Über das Komische, Berlin 1960, S. 19.

29 Vgl. Lutz Röhrich: Der Witz (wie Anmerkung 2), S. 32-40.

Heinz Rölleke

„UND LACHTE ÜBERLAUT UND SPRACH"

Formen und Funktionen des Lachens in den Märchen der Brüder Grimm

„ ‚Wenn ihr wüßtet, was ich weiß',
sprach Mahomed,
‚so würdet ihr viel weinen und wenig lachen'."

Das Märchen ist eine wissende Dichtung; es ist keinesfalls humorlos, aber es wird auffallend wenig in diesen Geschichten gelacht, und es gibt auch nicht viel zu lachen. Die Verhältnise sind ähnlich wie beim humorvollen Realisten Wilhelm Raabe, dessen ABU TELFAN[1] das Eingangsmotto entnommen ist.

Beschränkt man sich streng auf den semantischen Befund – also auf solche Textpassagen in Grimms Märchen (künftig: KHM), in denen ausdrücklich gelacht wird oder vom Lachen die Rede ist –, so scheint die Ausbeute auf den ersten Blick gering oder wenig aussagekräftig; aber vielleicht ist dies schon bezeichnend: In den 211 Texten der Ausgabe letzter Hand von 1857, auf rund 600 Seiten, wird man lediglich 46mal fündig, das heißt auf ganzen 7,5 % der Seiten.

Onomatopoetisch (also in Form von „haha", „hehe", „hihi" oder „hoho", das man doch so oft im mündlichen Vortrag von Märchen, besonders auf Tonträgern, hört) wird nur ein einziges Mal „gelacht", und zwar von einem – Hahn, der im Tierschwank von den BROSAMEN (KHM 190) mundartlich artikuliert: „Ha ha han is nit gewüßt?" – Und dabei läßt sich nicht einmal sicher ausmachen, ob damit wirklich ein Lachen oder Stottern, Niesen oder die Imitation des Hahnenschreis angezeigt wird! Vielleicht wäre es angesichts dieses Befundes sinnvoller, darüber nachzudenken, warum im Märchen so wenig, ja beinahe gar nicht gelacht wird.

Doch man soll das Pferd nicht von hinten aufzäumen; und darum seien hier die einzelnen Belege hinsichtlich ihres Stellenwerts und ihrer Aussagekraft geordnet und gedeutet – das andere Thema könnte ja einem anderen Märchenkongreß vorbehalten bleiben: über das Weinen oder über den Ernst im Märchen...

Schon der Märchensammler und -dichter Georg Fülleborn spricht 1789 vom „melancholischen Lachen", welches das Märchen hervorruft[2]; und Max Lüthi resümiert kurz und bündig: „Der Schwank will als solcher zum Lachen bringen, was Märchen nicht"[3]. Übrigens ist das Märchen in dieser Hinsicht in bester und ehrwürdigster Gesellschaft:

In der ganzen Bibel wird prozentual noch weniger gelacht. Man lacht im Alten Testament über das Unglück des Gegners, Gott lacht über die Tyrannen, Sara lacht aus Dummheit; Kennzeichen des Narren, also des *raka,* des Verworfenen, ist das Lachen: „Ihr Lachen ist eitel Sünde" (Sirach). In der frohen Botschaft des Neuen Testaments klingt es noch trostloser: „Weh euch, die ihr hier lachet! denn ihr werdet weinen" (Lukas); „Euer Lachen wird sich in Weinen verkehren" (Jakobus)[4].

Doch nun zum Thema. Weil dieser Beitrag sein Material (der Klarheit halber) nur aus der Auflage der KHM letzter Hand nimmt[5], sei doch wenigstens an einem Beispiel angedeutet, daß man auch bei dieser Untersuchung zu Grimms Märchen im Grunde immer die Textgenese (manchmal auch die Textherkunft) im Auge halten sollte – das muß hier wegen des knappen Raums und – wie gesagt – um der Eindeutigkeit der Auswertung willen sonst zurückgestellt werden. Als textgenetisches Beispiel sei SNEEWITTCHEN gewählt, ein Zitat, das den Titel dieses Referats hergab.

Die auf die Schönheit ihrer Stieftochter eifersüchtige Königinstiefmutter hat zum dritten Mal und nun scheinbar endgültig erfolgreich versucht, Sneewittchen zu töten:

... und nahm die giftige Hälfte. Kaum aber hatte es einen Bissen davon im Mund, so fiel es tot zur Erde nieder. Da betrachtete es die Königin mit grausigen Blicken und lachte überlaut und sprach: „Weiß wie Schnee, rot wie Blut, schwarz wie Ebenholz! Diesmal können dich die Zwerge nicht wieder erwecken" (KHM 53).

Einem genauen Leser dieser Passage der letzten Fassung des Grimmschen Sneewittchen-Märchens müßte es zumindest merkwürdig vorkommen, woher die Stiefmutter die Weiß-rot-schwarz-Formel zur Kennzeichnung von Sneewittchen (zumal mit ihren genauen metaphorischen Entsprechungen) kennt – denn die hatte die echte Mutter bekanntlich pränatal zu sich allein gesprochen: „Und wie das Kind geboren war, starb die Königin" und nahm folglich das Geheimnis dieser Formel mit ins Grab!

Ehe man sich ans textimmanente Deuten solch wirklicher oder scheinbarer Widersprüche in Grimmschen Texten begibt, ist es wie gesagt immer ratsam, die Textgenese zu betrachten.

In der Erstauflage der Märchen von 1812 (und auch schon in der Urhandschrift von 1810) ist vom Tod der wirklichen Königinmutter keine Rede. **Sie** ist es, die auf ihre eigene aufblühende Tochter eifersüchtig wird (was man im Blick auf die Urfassung sehr gut versteht, denn dort wäre es beinah zum Vater-Tochter-Inzest gekommen), was im Blick auf entwicklungspsychologische Vorgänge des Ablösekonflikts von Mutter und Tochter auch sinnvoller ist als der Ersatz der Mutter durch eine Stiefmutter. Dieser Ersatz fand erst in der zweiten Auflage von 1819 von Wilhelm Grimms Gnaden statt[6]; und dieser Texteingriff erklärt den logischen Fehler – es ist im Grunde die echte Mutter, die ihre eigene pränatale Formel nochmals an der Scheinleiche ihrer Tochter wiederholt.

Nun aber zum eigentlichen Zitat. In der Handschrift von 1810 lacht die Königin nicht beim Tod ihrer Tochter – ihre Reaktion wird überhaupt nicht geschildert[7]. Im Erstdruck von 1812 lesen wir: „Die Königin aber freute sich und ging nach Hause“[8]. Erst in der 3. Auflage von 1837 ist die vorhin zitierte Passage um das „überlaute Lachen“ der alten Königin ausgeführt[9].

Man kann sich der geglückten Formulierung „überlaut“ unhinterfragt freuen; scheint sie doch trefflich den Triumph und das schlechte Gewissen in einem auszudrücken. Ob sie indes Wilhelm Grimms eigene Erfindung ist, kann allerdings bezweifelt werden. In Goethes Roman „Wilhelm Meisters Lehrjahre“ wird nämlich gleich eingangs eine zumindest vom Personal her sehr ähnliche Szene vorgestellt wie die Begegnung der Königin mit der Prinzessin im Zwergenhaus. Mariane, die erste Geliebte Wilhelms, will nicht so, wie die Alte (Kupplerin) will, was die Kleidung für den Abend betrifft – ein Streit unter vier Augen, bis es heißt: „Die Alte lachte überlaut und rief aus“[10]. Verglichen mit Grimms „Die Königin lachte überlaut und sprach“, klingt das wie eine Zitatvorgabe.

Sei dem, wie ihm wolle – die Formulierung Grimms ist nicht nur glücklich, sondern auch treffend gewählt: Eine Frau, die giftige Kämme, Schnürriemen und Äpfel zu präparieren, sich bis zur Unkenntlichkeit zu verwandeln und vor allem einen Zauberspiegel zu handhaben versteht, hat zumindest etwas Hexenhaftes, wenn sie nicht gar eine Dämonin ist (dem entspricht ja auch ihre grauenhafte Bestrafung am Ende – sie empfängt die Strafe der Dämonen, nicht die einer Mörderin). Kennzeichen der Dämonen, der Teufel, der Hexen und anderer böser Jenseitiger ist aber unter anderem ihr lautes oder eben überlautes Lachen nach vollbrachten Bosheiten – ein Zug, dem man übrigens auch in der Hochliteratur auf Schritt und Tritt begegnet. Als der Graue dem Peter Schlemihl seinen Schatten geraubt hat, formuliert der vorsichtige Chamisso zwar noch gedämpft „Mich dünkt‘, ich hörte ihn da leise für sich lachen“[11], aber im Finale von Offenbachs „Hoffmanns Erzählungen“ lacht der Dämonische markerschütternd, als er Antonia durch grausame List in den Tod geschickt hat: „Mirakel verschwindet unter einem grellen Hohngelächter“[12]. Wer's einmal gehört hat, vergißt's so leicht nicht. Damit sind wir bei der ersten Gruppe der Lacher in Grimms Märchen: den Dämonen.

Als die Hexe den einen Bruder in einen Stein verwandelt hat, „lachte sie, daß es gellte" (DIE ZWEI BRÜDER, KHM 60); als eine andere Hexe Hänsel und Gretel in ihrer Gewalt hat, lacht sie „boshaft"; in DIE SECHS DIENER (KHM 134) lacht die Alte ebenfalls „boshaft" über den scheinbar sicheren Tod des Helden; auch in DER TROMMLER (KHM 193) lacht die Hexe einmal „höhnisch" und dann gar „giftig"; ein Zauberer, der im Märchen DER GLÄSERNE SARG (KHM 163) einen Menschen in einen Hirschen verwandelt hat, „fing an laut aufzulachen"; in DIE GÄNSEHIRTIN AM BRUNNEN (KHM 179) quält die hexenhafte Alte den Helden und „lachte dazu" – und schließlich lacht auch der Teufel selbst, wenn ihm Böses gelingt: in DAS MÄDCHEN OHNE HÄNDE (KHM 31) lacht er höhnisch, wenn er den Müller betrogen und scheinbar endgültig um seine Tochter gebracht hat. Es sind so gut wie ausschließlich Dämonen, die an den zitierten zehn (von insgesamt 46) Stellen lachen, wenn oder nachdem sie dem Märchenhelden Böses, in der Regel den (vorläufigen) Tod, antun oder angetan haben. Daraus erhellt nun, daß auch die Königin in SNEEWITTCHEN eine Hexe ist – zumindest im Verständnis Wilhelm Grimms, denn Menschen lachen kaum einmal bei solchen Gelegenheiten, nur selten im Märchen – und jedenfalls nicht „überlaut".

Gibt es denn, um die bislang eher bedrückende Statistik ein wenig zwischendurch aufzuhellen, in Grimms Märchen keine Figuren, die wirklich herzhaft unbefangen, sozusagen aus Lebensfreude lachen können? Man tippt auf den fröhlichen HANS IM GLÜCK. Doch wie liest man: „... kniete dann nieder und dankte Gott mit Tränen in den Augen" (KHM 83) – d. h. er lacht nicht, sondern er weint, als er sich auf dem Gipfel seines Glückes wähnt...

Es gibt tatsächlich nur einen herzlichen Lacher bei Grimm, und zwar den später so übel behandelten Schneider in DIE BEIDEN WANDERER (KHM 107). Als der griesgrämige Schuster sich unterwegs über dessen pure Fröhlichkeit und Lebenslust ärgert, heißt es: „Der kleine Kerl fing aber an zu lachen, reichte ihm seine Flasche und sprach: ‚Es ist nicht bös gemeint'." Ein fröhlicher Christ; denn trotz der eigenen Not teilt er lachend und singend sein Brot.

Mitleidig sind zwar viele bei Grimm, aber so fröhlich, daß es zu einem herzlichen Lacher reicht, ist sonst niemand dabei. Hingegen nun der böse Schuster: Er seinerseits lacht ausdrücklich „höhnisch", als der zuvor so fröhliche Schneider dem Hungertod nahe ist und den Bösen um ein Almosen bittet, und höhnisch lachend sticht er seinem

Wandergesellen die Augen aus. Das ist wahrlich kein schönes Lachen, aber zu dieser Kategorie zählen nicht weniger als zwanzig Lacher in Grimms Märchen.

Ehe wir uns denen zuwenden, halten wir uns zum Trost vor Augen: So wenig das gellende Lachen der Hexen, Teufel und Dämonen im Märchen einen endgültigen Triumph charakterisiert (alle toten oder verwandelten Märchenhelden sind ja hernach wieder lebendig oder in Menschengestalt und haben immer das bessere Ende für sich), so wenig lachen die mehr oder weniger boshaften, mindestens schadenfrohen Menschen am letzten – zuletzt ist es immer der zuvor ausgelachte Märchenheld, der im eigentlichen Sinn zuletzt lacht (wenn er's auch expressis verbis nie tut!), und die voreiligen Lacher sind die Dummen und Blamierten.

Da sind die Gesellen und Verwandten, die im TISCHCHEN DECK DICH (KHM 36) den Helden nach seinen vorläufig mißlingenden Zauberkunststückchen auslachen; der DAUMESDICK (KHM 38) wird ob seiner Kleinheit verlacht, der DROSSELBART (KHM 52) ob seines verwachsenen Kinns; in DIE DREI FEDERN (KHM 63) heißt es stereotyp „und sie lachten den Dümmling aus"; die GOLDKINDER (KHM 85) werden ob ihres ärmlichen Äußeren vespottet und ausgelacht; DER ARME MÜLLERSBURSCH (KHM 106) wird als Dummling weidlich ausgelacht, ebenso ZWEIÄUGLEIN (KHM 130) von Stiefschwestern und Stiefmutter; „Da ward er noch mehr ausgelacht" – der Junge des EISENHANS-MÄRCHENS (KHM 136) nämlich, als er zunächst mit in den Krieg will, und dann, als er wahrheitsgemäß von seinen Taten berichtet – natürlich ist auch er einer, wie alle in dieser Gruppe Vorgestellten, der „hernach das beste tat" und allen Grund hätte, nun seinerseits die törichten Lacher zu verlachen.

Wenn also jemand anfangs des Märchens oder mittendrin wie der Hase ausruft „Dat is tom lachen" und damit einen scheinbar Dummen, Kleinen, Häßlichen, zu kurz Gekommenen, einen Grindkopf oder sonst wen in Gestalt des Helden verspottet und verlacht – von dem kann man sicher sein, daß er am Ende blamiert dasteht oder gar den Tod erleiden muß wie dieser hochnäsige Hase auf der Buxtehuder Heide (DER HASE UND DER IGEL, KHM 187). Denn, das braucht hier nur angedeutet zu werden, im Märchen ist gerade der dumm Erscheinende, der Verachtete, der Zurückgesetzte usw. meist der eigentliche Held, der Größere, der Stärkere, der Bessere.

Eine Überhöhung ins Christliche findet diese Junktur in den angefügten KINDERLEGENDEN, in denen der Heilige von den Dienern seines eigenen Vaters verspottet wird: Sie lachten und ließen ihn stehen

– und er erduldet stumm sein demütiges Martyrium, denn ARMUT UND DEMUT FÜHREN ZUM HIMMEL (KL 4), wie schon der Titel sagt – die Lacher aber sind die Sünder.

In den in Grimms Sammlung eingestreuten Fabeln und Schwänken stellt sich diese Kategorie des Lachens bezeichnenderweise anders dar. In der Fabel DER FUCHS UND DIE FRAU GEVATTERIN (KHM 74) heißt es vom schändlichen und am Schluß obsiegenden Fuchs: Er lachte sie gewaltig aus – die arme Wölfin, und er bleibt trotzdem der Sieger. Im Schwank LIEB UND LEID TEILEN (KHM 170) hat der in jeder Hinsicht schlagfertige Ehemann zweifellos und erkennbar zunächst die Sympathie des Erzählers, der Ehemann, der seiner Frau „Elle und Schere" nachwirft. „Wenn er sie traf, so lachte er", und der dann zu seiner Verteidigung vorbringt, dergestalt habe er das Ehegelöbnis, mit seiner Frau Lieb und Leid zu teilen, ehrlich erfüllt: Wenn ich sie traf, war es mir lieb und ihr leid, wenn ich danebenwarf, war es mir leid und ihr lieb – so haben wir redlich geteilt.

In diesem Witz löst sich der Schwank auf – zunächst ohne Märchengerechtigkeit.

Sind dies alles zwar (gelinde gesagt) merk-würdige, indes gemessen am Märchenverlauf doch letzlich harmlose Lacher, so gibt es in dieser Kategorie aber auch einige bösartige Individuen, wie schon Schopenhauer definiert: „wie denn überhaupt die Art des Lachens, und andererseits der Anlaß dazu sehr charakteristisch für die Person ist"[13].

„Da lachte der Hauptmann und gab dem Hans eine Ohrfeige, daß er unter den Tisch kugelte"; kein Grund für den Leser, in solches Lachen einzustimmen, auch wenn es sich um einen derben Räuber handelt (DER STARKE HANS, KHM 166). Wenn die bösartigen Schwestern das arme ASCHENPUTTEL (KHM 21) übel kujonieren, so lachen sie dabei; es wirkt nur graduell bestürzender, wenn der KÖNIG DROSSELBART (KHM 52) seine so fürchterlich albtraumhaft gedemütigte Braut laut und öffentlich auslacht. Gänzlich bösartig wird gelacht im Märchen vom FÜRCHTENLERNEN (KHM 4): Der Wirt lacht, als er den Jungen in den scheinbar sicheren Tod schickt; die Räuber im SIMELIBERG (KHM 142) lachen, ehe sie den Eindringling aufhängen, und die Königstöchter mit den ZERTANZTEN SCHUHEN (KHM 133) lachen herzhaft, weil sie sicher sind, daß der scheinbar schlafende Soldat nun sterben muß.

Einmal ist das Auslachen bis zur ärgerlichen Peinlichkeit (auch für den Märchenleser – zumindest den heutigen) gesteigert, und zwar in DER HAHNENBALKEN (KHM 149): Ein Zauberer veranlaßt durch Hypnose ein Mädchen, seine Röcke zu heben und sich öffentlich zu prostituieren; als sie voller Scham ihre Situation erkennt, jagen die Leute sie „mit Schimpf und Gelächter fort“. Hier fühlt man sich doch zur Frage gedrängt, woher die Grimms solch üblen Schwank kannten: aus einem Gedicht des Schauerromantikers Friedrich Kind.[14] Nochmals: In der Regel ist das Fehl-Lachen in der Form des ungerechtfertigten Auslachens und Verspottens (aber wann wäre dies überhaupt zu rechtfertigen?!) eine transitorische Position im Märchen, die am Ende energisch korrigiert und aufgehoben wird. Indes sind Grenzfälle zu bedenken (wie die Drosselbartgeschichte, wo zwar ihr Verlachen des Drosselbartkinns bestraft wird, aber das gräßliche Lachen des künftigen Ehemanns über seine sich öffentlich in Qual und Scham windende Braut offenbar sein Recht behält), vor allem aber eben Übergänge zu anderen Gattungen wie zum Schwank oder zur Fabel. Auch in der Sage kann der dämonisch oder höhnisch Lachende das letzte Wort behalten: Ein Beispiel dafür ist bei Grimm DIE NIXE IM TEICH (KHM 181), die den Helden „lachend in die Tiefe zieht“.

Es sind meist mehrere, die den Märchenhelden auslachen. Das bestätigt vorweg Henri Bergsons Definition des Lachens: Es sei nur verständlich, „wenn man es in seinem eigentlichen Element, das ist in der menschlichen Gesellschaft, beläßt“. Und wenn er fortfährt (ohne die Gattung Märchen zu nennen, wohl auch ohne sie zu kennen): „Der Isolierte wirkt komisch, und diese Komik entsteht aus Vorurteilen der Gesellschaft“[15], so beschreibt er genau den ja immer isolierten Märchenhelden und seinen Kontrast zu „den Leuten“. „Komisch wirkt jeder Mensch, der automatisch seinen Weg verfolgt“[16] – das ist wiederum eine genau treffende Definition jedes Grimmschen Märchenhelden, und nun wissen wir auch philosophischerseits, warum er an bestimmtem Stadien seines Wegs ausgelacht wird.

Zum Schluß seien noch die Texte bei Grimm betrachtet, in denen das Lachen (im Gegensatz zu allen bisherigen Beispielen) nicht charakterisierende oder erklärende, sondern handlungsentscheidende Funktionen hat.

Einmal – in der Geschichte von STROHHALM, KOHLE UND BOHNE (KM 18) – wird das Lachen aitiologisch eingesetzt: Die vor Lachen zerplatzte Bohne muß genäht werden und hat seither ihre schwarze Naht.

Mehrfach gibt es die Rede- und Lachverbote – so in DE DREI VÜGELKENS (KHM 96) und DIE SECHS SCHWÄNE (KHM 49); in DIE ZWÖLF BRÜDER (KHM 9) ist es ein selbstauferlegtes Verbot. Hier spätestens muß erinnert werden, daß neben dem aufrechten Gang und anderen Eigenheiten das Lachen (und das Sprechen) zu den Grunddefinitionen des Menschen schlechthin gehört – mit solchen Verboten werden die Helden aus der menschlichen Gemeinschaft entfernt wie die Gralsritter im PARZIVAL bis zu ihrer Erlösung, die in den genannten drei Märchen so märchenhaft wie in den Gralsgeschichten am Ende statthat. Das Märchen weiß also sehr wohl um das Lachen als eine dem Menschen ureigene Befindlichkeit, setzt dieses Wissen aber in den Märchenerzählungen selbst gleichsam nur ex negativo ein.

Das gilt erst recht für die Figuren, die nicht lachen können (eben das waren solche, die vorübergehend nicht lachen durften). Ihnen fehlt ebenso etwas zum vollen Menschsein wie der schönen Lau bei Mörike, die erst fünfmal lachen muß, ehe sie Mutter werden kann[17], wie auch dem Jungen, der sich nicht fürchten kann. Wie er die Furcht, so suchen diese das Lachen (wenn aber Raabe eine Novelle VON EINEM, DER AUSZOG, DAS LACHEN ZU LERNEN schreibt[18], so ist damit die Verwandtschaft beider menschlichen Fähigkeiten angesprochen). Natürlich nähern sich solche märchenhaften Texte am Ende immer dem Schwank – und das gilt wieder gleichermaßen fürs Fürchten – wie fürs Lachenlernen. Der Junge gruselt sich anläßlich eines absurden Weiberspaßes (so sagt es jedenfalls Goethe[19]), die Königstöchter angesichts derb schwankhafter Situationen, wie in der DER GUTE HANDEL (KHM 7), als der dumme Bauer von seinen überdummen Handelsgeschäften berichtet: „Darüber fing die Königstochter laut an zu lachen, und der König sprach zu ihm: ‚Ihr Lebtag hat sie noch nicht gelacht als eben über dich, und ich habe sie dem versprochen, der sie zum Lachen brächte.'"; wie in DIE GOLDENE GANS (KHM 64), als der Junge mit der Goldgans vorbeizieht, daran die drei Schwestern, der Pfarrer, der Küster und zwei Bauern hängen.

Aus Parallelen in der Weltliteratur und in anderen Märchen oder Schwänken läßt sich einigermaßen sicher erweisen, daß hier ursprünglich über eine derb obszöne Szene gelacht wurde – vom homerischen Gelächter über die von Hephaistos beim Ehebruch festgeschmiedeten Ares und Aphrodite über Baubo auf dem Schwein, die die todtraurige Demeter zum Lachen bringt, über das Ankleben des einen Ehebrechers am Nachtstuhl oder anderer gar an dem für diese Sünde mitentscheidenden Organ[20]. Dazu stimmte denn andererseits, daß auch der Dummling im MÄRCHEN VON EINEM, DER AUSZOG, DAS FÜRCHTEN ZU LERNEN das Fürchten im Ehebett lernt (KHM 4). Eine andere Parallele scheint mindestens ebenso aufschlußreich: Im dritten Buch von Wolframs von Eschenbach PARZIVAL aus dem frühen 13. Jahrhundert erscheint Parzival als der Tumbe (Dümmling) in Narrenkleidern am Artushof bei Nantes. Der Seneschal Keie empfiehlt bei seinem Anblick, ihm statt Ritterrüstung „geisel" und „toph" (also Peitsche und Kreisel) zu geben: „lâtz kint in umbe trîben.“ Aber dann erblickt die Hofdame Cunneware den tumben Knaben in seinem Narrenaufzug:

dâ sáz vrou Cúnnewârè
die enlácheté deheînen wîs,
sie ensáehe in dér den hóesten prîs
hete óder sólde erwérbèn:
sie wólde ê sús erstérbèn.
állez láchen śi vermeit,
unz dáz der knáppe vor si réit:
dô erláchte ir mínneclicher múnt[21].

Keie verdrischt sie daraufhin sehr unhöfisch. Sehr, sehr viel später, vor dem nahen Märchen-Happy-End wird das Parzival an ihm rächen. Wer zuletzt lacht, lacht am besten!

Es ist hier wie in den beiden Märchen: Das herzliche Lachen der vorher nur ernsthaften jungen Frauen über den Bauern, den dummen Jungen, den tumben Toren – ohne es zu wissen oder zu ahnen, entdecken sie in diesen armseligen Figuren den strahlenden Märchenhelden, und diese Intuition erlöst sie selbst zum reifen Menschsein.

Spenser hat schon 1860 in „The Philosophy of Laughter“ das Lachen als „Abfuhr einer seelischen Erregung“[22] definiert; Freud hat das in der Abhandlung zum Witz allgemeiner als Lösung eines Staus aufgefaßt. Das ist hier wohl der Fall.

Noch deutlicher allerdings in dem Beispiel, mit dem ich schließe: Wenn man den WECHSELBALG (KHM 39.3), also das untergeschobene Dämonenkind, loswerden will, so muß man ihn zum Lachen bringen: Als der kleine Klotzkopf-Dämon über das vorgebliche Bierbrauen in Eierschalen lachen muß, wird er sofort von seinen Dämoneneltern wieder abgeholt; in anderen Versionen platzt er vor Lachen[23]. Man ist ihn quitt. Ein schönes Motiv, daß Menschen durch ihr erstes Lachen ihres und ihres Partnes Glück machen, daß ein übermächtiger Gegner durch einen Witz erledigt werden kann, wenn er denn zum Lachen gezwungen wird – einer menschlichen Kategorie, die ihm unzugänglich ist und die ihn zerstört.

Doch versöhnen wir uns am Ende auch mit den vielen boshaften oder spottsüchtigen Lachern im Märchen. Sie sind ja keine Menschen, keine Individuen, sondern Typen, ja mehr noch – bloße Statisten und Funktionsträger, bestenfalls mit der Psyche von Kindern ausgestattet, Kinder, von deren Lachen Sigmund Freud[24] bewiesen hat, daß es meist aus Überlegenheitsgefühl und Schadenfreude resultiert („Du bist gefallen und ich nicht – haha“). So ist das Lachen im allgemeinen und das der schadenfrohen oder hochnäsigen Märchenstatisten auch eine

Anknüpfung ans Infantile. Lachen und Märchen, könnte man mit Freud sagen, sind auch Wege zurück in die Kindheit; und im Märchen wie in der Kindheit begegnet nur eine vergleichsweise schmale Palette des menschlichen Lachens. Das Märchen ist ein Bereich ähnlich dem, den Freud als Kindheit definiert hat: „Kindheit, in der wir das Komische nicht kannten, des Witzes nicht fähig waren und den Humor nicht brauchten, um uns im Leben glücklich zu fühlen"[25].

Anmerkungen

1 Motto auf dem Titelblatt und Schlußsatz des 1867 erschienenen Romans.
2 Volksmärchen der Deutschen. Sechster Theil. Nicht von Musäus. Halle 1789, S. 2 der unpag. Vorrede.
3 Märchen (=Slg. Metzler, Bd. 16) 8. Aufl., bearb. von Heinz Rölleke, Stuttgart 1990, S. 13.
4 1. Mose 18.12; Ps. 2.4; Sir. 27.14; Lk. 6.25; Jak. 4.9.
5 3 Bde., hrsgg. von Heinz Rölleke. Stuttgart 1984.
6 2 Bde., hrsgg. von Heinz Rölleke. 5. Aufl. München 1991.
7 Die älteste Märchensammlung der Brüder Grimm, hrsgg. von Heinz Rölleke. Genf 1975.
8 Faksimile des Grimmschen Handexemplars: 3 Bde., hrsgg. von Heinz Rölleke. Göttingen 1986.
9 Hrsgg. von Heinz Rölleke. Frankfurt am Main 1985.
10 Johann Wolfgang von Goethe, Wilhelm Meisters Lehrjahre, 1. Kapitel.
11 Adelbert von Chamisso: Peter Schlemihls wundersame Geschichte, Ende des 1. Kapitels.
12 3. Aufzug, 11. Auftritt abschließende Regieanweisung.
13 Die Welt als Wille und Vorstellung, II/1,8 (Zur Theorie des Lächerlichen).
14 Als Textdichter des „Freischütz" bekannt geblieben.
15 Henri Bergson: Das Lachen. Jena 1914, S. 83.
16 Ibd., S. 90.
17 Binnenmärchen in Mörikes „Hutzelmännlein".
18 „Der Weg zum Lachen". Vgl. dazu Heinz Rölleke, Märchen von einem der auszog, das Fürchten zu Lernen, in idb., „Wo das Wünschen noch geholfen hat". Bonn 1985, S. 147-160 (hier S. 153).
19 Wie Anm. 18, S. 160.
20 Vgl. Walter Scherf: Lexikon der Zaubermärchen. Stuttgart 1982, S. 168-171.
21 Verse 151, 11-18.
22 Vgl. Sigmund Freud: Der Witz und seine Beziehung zum Unbewußten (Studienausgabe Bd. 4), 7. Aufl. Frankfurt am Main o. J., S. 137.
23 Vgl. Märchen aus dem Nachlaß der Brüder Grimm, hrsgg. von Heinz Rölleke, 4. Aufl. Bonn 1990, S. 91 u. S. 109.
24 Wie Anm. 22, S. 208.
25 Idb. S. 219.

Gertrud Ennulat „Herr Pfarrer, die Gans!“

Gertrud Ennulat

Lehrerin in Freiburg im Breisgau, Zusatzausbildung in Erwachsenenbildung und tiefenpsychologisch ausgerichteter Arbeit mit Gruppen. Sie arbeitet immer wieder mit Mal- und Gesprächsgruppen. Die Verknüpfung von Selbsterfahrung mit einem Märchen durch das Element des Malens verhindert beim Gespräch Kopflastigkeit. Die Welt der Bilder und Symbole wird direkt erfahren und ausgedrückt.

*

„Märchen sind für mich wichtige Wegbegleiter seit der Kindheit. Vor zwölf Jahren ungefähr fing ich mit dem spontanen Malen innerer Vorgänge an und bin auf diesem Wege in den Wald gelangt, und damit war ich in der Welt der Märchen. Als erwachsener Frau ergab sich mir ein neuer Zugang zu den Märchen meiner Kindheit, denn wenn die eigene Lebenserfahrung und das Märchengeschehen sich verknüpfen, wachsen neue Einsichten in Lebensprozesse, ergeben sich Orientierungshilfen. Ich gehe sehr direkt nach Art der Kinder in das Märchengeschehen hinein, lasse mich davon bewegen, erlebe Mangel, Gefahr, Auseinandersetzung und habe so auch Anteil am glücklichen Ende des Lösungsweges.“ (Gertrud Ennulat)

Sabine Wienker-Piepho

„HOMO NARRANS" UND „HOMO RIDENS"

Das Märchen und die Geschichtlichkeit seines Humors[1]

Wenn man heute ein sogenanntes Schwankmärchen der Brüder Grimm wie z. B. „Frieder und Catherlieschen" (KHM 59) hört, dann lacht man nicht mehr so wie früher. Man reagiert nicht mit lautem, frenetischen Gelächter oder brüllenden Stürmen der Heiterkeit, und das ist auch – jedenfalls theoretisch – vollkommen in Ordnung. Denn: im theoretischen Sinne ist nach der Erzählung selbst, nach Erzähler, Erzählgemeinschaft und nicht zuletzt nach dem jeweiligen Performanzrahmen Lächeln, allenfalls „wissendes Schmunzeln" angezeigt[2]. Die meisten Märchenhörer befolgen diese Gesetze heutzutage in vorbildlicher Weise. Sie reagieren auch im genrespezifischen Sinne sozusagen musterhaft. Über die Gattung „Schwänke" derzeit lauthals zu lachen, ist den Lehrmeinungen zufolge nämlich ebenfalls nicht zeitgemäß und opportun. Warum dieses? Es sei vielmehr das Genre „Witz", das als Gegenwartsform des Komischen gelte, während der „Schwank" bei den Lachtheoretikern als dessen Vergangenheitsform definiert wird. Danach wird angenommen, daß man über den Schwank in früheren Jahrhunderten genauso lauthals lachte wie im 20. Jahrhundert nur noch über den Witz, der ja auch als Schwundstufe des Schwankes gilt[3]. Fazit dieser Art der Forschung: Unsere Ansprüche an die Märchenkomik und an die lachenerregende Erzählung überhaupt haben sich heute, wo zudem die meisten Schwänke und Schwankmärchen in die Kinderfolklore abgesunken sind, offensichtlich verschoben.[4]

Dem volkskundlichen Erzählforscher geht es bei dem Thema „Lachen im Märchen" zunächst einmal um das Narrative gewissermaßen als anthropologische Kategorie. Dabei kann man sich in der Formulierung auf den Göttinger Erzählforscher Kurt Ranke stützen, der 1978 dem „homo sapiens" in Anlehnung an Huizingas Terminus vom „homo ludens" den „homo narrans" an die Seite gestellt hat[5], und es soll nun im folgenden darum gehen, zu klären, inwieweit dieser erzählende Mensch, der „homo narrans", mit dem lachenden Menschen, mit dem „homo ridens" also, in Einklang zu bringen ist.

Ich habe meine Ausführungen so und nicht anders eingeleitet, weil ich glaube, daß bei dem Thema „Lachen" die Märchenerzählsituation eine ganz entscheidende Rolle spielt, daß diese aber wiederum von Faktoren abhängt, die bei der ganzen sogenannten Performanzforschung bislang immer noch viel zu wenig in Augenschein genommen worden sind und die ich deshalb an einigen wenigen Beispielen hier verdeutlichen möchte: Denken Sie sich in diesem Sinne bitte einmal in einige solcher Kontextbeispiele hinein: – Jeder kennt etwa die fatale Situaton: Irgendjemand erzählt etwas, und alle lachen. Nur man selbst kann dies nicht. Es geht partout nicht, denn nichts, aber auch gar nichts kommt einem komisch vor.

Andererseits kann man aber auch umgekehrt in eine peinvolle Lage kommen, wenn man selbst als Einziger lacht, während ringsum eisiges Schweigen herrscht. Solche Patzer sind unvergeßlich. Nicht minder qualvoll ist die bloße Vorstellung, niemand werde lachen über eine glänzende Pointe, an der man selbst auf die allersubtilste Weise zäh und lange herumgefeilt hat. Ein Alptraum! Ferner: Wer von uns kann sich nicht an die eigene Kindheit erinnern, und an die Rat- und Hilflosigkeit, in die wir verfielen, wenn beispielsweise bei Tisch, wo wohlerzogene Kinder ohnehin zu schweigen hatten, über etwas gelacht wurde, was wir damals noch nicht verstehen konnten. Manche von uns hat wohl auch dieser letztere Effekt mit einem Generationen-Nachklapp wieder eingeholt, wenn nämlich unsere eigenen Kinder sich – aufreizend gähnend – von unseren für sie längst obsoleten Humorismen abwenden.

In all diesen Performanzsituationen ist auf kurzem Zeitraum ein Phänomen am Werk, über das dieser Aufsatz unter der verklammernden Perspektive des Humors im Volksmärchen handeln soll. Genauer gesagt: Es handelt sich bei dem Thema „Verschiebung der Lachgrenzen" um die Historizität und die Wandelbarkeit des Lachens, oder, mit anderen Worten, um die zeitlich, regional und anderweitig determinierte Variabilität unseres emotionalen Apparates. Denn: dauernd – und immer schneller! – ändert sich das, was wir komisch finden, und es steht zu vermuten, daß dies nicht nur heute so ist, sondern immer schon so war. Demzufolge muß der Verdacht aufkommen, daß auch unsere Märchen – wie alle Genres der Volkserzählung – in diesem Sinne einem ständigen Wandel unterworfen waren und heute noch sind. Relativieren wir also unser mehr oder minder spontanes „Jetztlachen" einmal, ohne es – bitte! – zu verlieren.

Dieser Aufsatz wird dabei in drei Schritten vorgehen: Zunächst sollen einige schriftliche Zeugnisse zu vergangenen Märchenerzählsituationen vorgestellt werden, die aus der Lektüre von annähernd fünfzig Autobiographien gewonnen wurden. Dann soll versucht werden, die Ergebnisse dieser Quellenuntersuchung mit dem eingangs genannten Schwankmärchenbeispiel von „Frieder und Catherlieschen" zu verknüpfen. In einem dritten und letzten Schritt soll schließlich gezeigt werden, daß (und wie) das Lachen (und vor allem auch das Nicht-Lachen!) in den Märchen und über die Märchen eben nicht aus heiterem Himmel kommt, sondern auf spezifischen, volkskulturellen Lachtraditionen beruht, derer sich der „homo ridens“ von heute zumeist nicht mehr bewußt sein dürfte.

Leider ist, das muß vorausgeschickt werden, die Rezeptionsgeschichte der Volksmärchen, von der des Lachens einmal ganz abgesehen, immer noch nicht geschrieben worden, obwohl eine ganze Reihe von Autoren, allen voran Schenda[6], seit langem als dringendes Desiderat formuliert haben, der Forschungsschwerpunkt möge sich vom Text auf den Kontext verlagern. Eine solche Geschichte ist jedoch, nicht nur was den allgemeinen Kontext der Vergangenheit, sondern insbesondere die hier ja gesuchten Lachperformanzen anlangt, der Quellenlage wegen wohl auch kaum schreibbar, denn es gibt einfach zu wenig Autoren, die der Nachwelt präzise schildern, wie, wann und warum wer in was für eine Art von Gelächter ausgebrochen ist, als er dieses oder jenes Märchen hörte oder las. Dies gilt nicht nur für die Grimmrezeption. Noch ältere Belege sind noch rarer. Wohl besitzen wir Zeugnisse darüber, daß sich bei den unterschiedlichsten Zusammentreffen verschiedenster Leute bei diesem oder jenem Anlaß irgendetwas Narratives ereignete, aber auch in solchen Fällen erfahren wir in der Regel viel mehr über das „Was“ als über das „Wie“[7].

Daraus ergibt sich folgender bedauerlicher Befund: Ganz abgesehen davon, daß das, was man in puristischem Sinne heute unter „Märchen“ versteht, nur einen geringen Anteil am Gesamterzählvolumen hatte (neben Abenteuergeschichten, Erlebnissagen, Schwänken und volkstümlichen „Vertellsels“ aller Art): Wirklich aufschlußreiche Belege, an die der historische Erzählforscher seine vielschichtigen Fragen stellen kann, sind nur schwer und unter erheblichem Leseaufwand zu ermitteln[8]. Wer bei diesen Recherchen nicht einem Quantitätskollaps erliegt und sich an Zufallstrouvaillen freuen kann, findet dann in den Erinnerungen der Dichter etwa Folgendes:

Einer der wenigen Autoren, die sich an eine fröhliche Kindheit im Zusammenhang mit Märchen erinnern können, ist der Maurerssohn Friedrich Hebbel. Er schreibt in seinen Memoiren, die etwa auf das Jahr 1820 zurückreichen dürften:

„Mein Vater war im Hause sehr ernster Natur, außer demselben aber munter und gesprächig: Man rühmte an ihm die Gabe, Märchen zu erzählen.“[9]

Um welche Märchen es sich handelte, oder wie alt Hebbel und seine Geschwister zum geschilderten Zeitpunkt waren, gibt der Dichter nicht an, und es läßt sich auch nicht zuverlässig rekonstruieren. Es scheint auch hier niemals über Märchen gelacht worden zu sein. Ähnliches evozieren die Kindheitserinnerungen des Grafen Kessler, die etwa auf die siebziger Jahre des 19. Jahrhunderts datieren: An das allabendliche Märchenerzählen seiner Kinderfrau knüpfen sich zwar glückliche, aber keine ausgesprochen humorigen Reminiszenzen. Vom Lachen ist überhaupt nicht die Rede[10]. Manch einer erinnert sich vielleicht auch noch an die Szene in Goethes „Werther", in der Lottes Geschwister Werther „um ein Märchen verfolgen", das er ihnen „gern erzählt"[11]. Man ist zwar fröhlich, ausdrücklich gelacht wird jedoch nicht. Auch Mörike besang zwar seine Märchenausgabe, die ihm das „Lieblichste" blieb, bei dem man „Wahrlich nicht satt wird"[12], aber er liest die Märchen für sich, und vom Lachen,das ja auch als sozialer Akt definiert wird, ist nichts zu finden. Hermann Hesse berichtet unter dem Decknamen „Lauscher" anstatt von Komik vom Grauen und von der Angst, die Märchen in ihm als Kind erzeugten[13]. Kein einziger Märchenlacher auch bei Wolfgang Koeppen, obwohl er sich enthusiastisch an das meistgeliebte Buch seiner Kindertage erinnert:

„Meine Hände hielten das Märchenbuch fest, und preßten es gegen das heftig schlagende Herz. Ich konnte noch nicht lesen, aber ich wußte, ich umschloß meine Welt, viel bedeutsamer, als die Wirklichkeit, die mich umgab."[14]

Auch hier: Märchen gewissermaßen als Wirklichkeitssurrogate?- Ja! - Als Lachquelle? - Nein! Es scheint, als ob beim Märchen Witz, Komik und Humor der kindlichen Auffassungsgabe auch in der Rückerinnerung durch den Ewachsenen ganz fernliegen. Noch ein Beispiel: In seinem Werk „Altershausen" greift Raabe nur den zeitlosen, nicht aber den komischen Aspekt des Volksmärchens auf. Es werde „von der Menschheit Wiege an durch die Jahrtausende weitergegeben", weil es vermöge, „Freude und Beglückung zu schenken", und so werde es auch bleiben bis „...der letzte Mensch mit einer Brille auf der Nase geboren wird und weder sich selbst noch der Mutter eine Freude machen kann".[15]

Freude? Ja! - Lachen? Kaum! Elias Canetti wiederum betont das analytische Potential des Märchens als einen möglichen Weg der Zukunftsbewältigung, wenn er schreibt: „Ein genaueres Studium der Märchen wird uns darüber belehren, was wir in dieser Welt zu erwarten haben" - kein Wort vom Lachen. Ein letzter Hinweis: Thomas Mann, in dessen „Buddenbrooks" gar unser „Catherlieschen" vorkommt, schildert, wie Ida Jungmann, die unentwegt „gute Seele",

Hanno Märchen vorliest[16], und der sensible Junge, der eher über das volkspoetisch ebenfalls wohlbekannte „bucklichte Männlein" Tränen vergießt, lacht nicht ein einziges Mal.

Alle diese Beispiele sind keineswegs, so hoffe ich, nur Resultate selektiver Wahrnehmung des guckenden Erzählforschers. Sie beweisen in ihrer Breite, daß sich bei den meisten Schreibenden, auch den bei hierfür konsultierten Laien-Autobiographien[17], die Erinnerung an das Märchen-Lachen vor andere, offenbar wichtigere Ebenen der Rezeption lagert, die der infantilen Gedankenwelt allem Anschein nach mehr entsprechen. Der „homo narrans" klammert sich also als „homo ridens" in seiner eigenen subjektiven Erinnerung an das Erlebnis Märchen völlig aus.

Lachende Zuhörer, so muß man sich fragen, hat es sie beim eigentlichen, d. h. beim Zaubermärchen überhaupt je gegeben? Eine mögliche Antwort können uns auch die Bildbelege geben, die Erzählsituationen illustrieren. Einige davon waren auch in der vom Institut für Volkskunde im September 1990 in der Freiburger Universitätsbibliothek veranstalteten Ausstellung „...und so leben sie noch heute? Märchen - ins Auge gefaßt" zu sehen[18]. In der überwiegenden Mehrzahl wurden (und werden) Kinder - seltener Erwachsene - dargestellt, die mit ehrfürchtigem Staunen zu Füßen einer meist weiblichen und meist auch sehr alten Erzählerin oder Vorleserin sitzen, und dieser andächtig-fasziniert - aber keineswegs brüllend vor Lachen! - lauschen. Im Umfeld der Grimmrezeption wurde dieses Klischee im ikonographischen Bereich bezeichnenderweise nur ein einziges Mal, und dies in England, durchbrochen, und zwar mit der von Cruikshank illustrierten Übersetzung der KHM aus dem Jahre 1823. Auf dem Frontispiz dieser Ausgabe - die übrigens auch „Frederick and Catherine" enthält - biegen sich Erwachsene vor Lachen, und der Vorleser ist ein kicherndes Männlein mit deutscher Michel-Zipfelmütze. Die Grimms fanden das, wie aus ihrem Briefwechsel mit dem Verleger Reimer hervorgeht, „geistreich und gefällig"[19]. Eine gewissenhafte, sogenannte „Bildlore", wie diese Disziplin im volkskundlichen Kanon inzwischen heißt, könnte in dieser Hinsicht dermaleinst vielleicht Belege aus Bildlichkeit und Schriftlichkeit stimmig einander an die Seite stellen.

Hier scheint auch angebracht, zwischen zwei verschiedenen Lachebenen des Märchens zu differenzieren: Bislang haben wir nämlich nur die Reaktion auf das Erzählen, also gewissermaßen das märchenexterne Lachen betrachtet, das Lachen auch über den „homo narrans" und seine Textdarbietung, das Lachen gewissermaßen „drumherum". Je nach Märchenperformanz (und sicher auch stark vergröbernd) haben wir behauptet, daß der Erzählvorgang nicht bzw. nicht in erster Linie von den Rezeptionsebenen Witz, Komik und Humor gekennzeichnet ist bzw. war. Hatten wir uns also vielleicht mit dem Rahmenthema des Freiburger Kongresses von 1990 vergriffen? Oder trieben wir Etikettenschwindel? Meinen wir eigentlich „Schwänke", wenn wir in diesem Zusammenhang „Märchen" sagen? Ich meine: nein, denn wenn wir allein das Märchen, auch und gerade das Zaubermärchen, sozusagen „textintern" betrachten, können wir, was das Lachen anlangt, mehrere aufschlußreiche und sehr verschiedenartige Feststellungen machen: In den insgesamt 210 Märchen der Grimmausgabe letzter Hand wird zwar ausgiebig geweint, aber, wenn ich keinen einzigen Lacher überlesen habe, immerhin doch in 29 Fällen, also in rund 11 Prozent expressis verbis gelacht. In den restlichen Märchen ist man zwar „frohgemut", „freudvoll" oder „heiter", „lustig" und „vergnügt bis an das Lebensende", aber direkt und laut gelacht wird nicht, und wenn es wie in den erstgenannten 11 Prozent doch geschieht, dann - wie im wirklichen Leben- auf höchst unterschiedliche Art und Weise.

Denn so verschieden wie die Lachanlässe und Lachvarianten im Märchen auch sein mögen, mindestens so differenziert sind auch unsere Lacher selbst. Psychologen haben festgestellt, daß es ein dünnes, ein breites, ein lautes, ein leises, ein verhaltenes, ein frostiges, ein stoßweises Lachen gibt. Lachen kann außerdem sein: schrill, offen, sanft, warm, still, kalt, schneidend, geheim, müde, ausgelasssen, spöttisch, traurig, unheimlich, histrionisch, sardonisch, frenetisch, hysterisch, verklemmt oder einfach blöde. Die Ausdrucksskala reicht vom schallend ausbrechenden Gelächter bis zum introvertieren Lächeln, vom Sympathielachen über das Verlachen und das ansteckende Lachen bis hin zum Ventil-Lachen oder zum einschmeichelnd-berechnenden Lachen. Quid rides? – Sage mir, worüber Du lachst, und ich sage Dir, wer Du bist! Diese Horazische Weisheit ließe sich vielleicht im Sinne eines anderen Diktums von Goethe („Durch gar nichts bezeichnen die Menschen mehr ihren Charakter, als durch das, was sie lächerlich finden") und im Hinblick auf die Märchen und die Schwänke folgendermaßen modifizieren: Sage mir, warum Du über dieses oder jenes Märchen lachst, und ich sage Dir, wer Du bist.

Bevor das Lachen aber immer vielschichtiger und möglicherweise gar zum ernsten Problem zu werden droht, sollte man bei dem eben angedeuteten Gedanken „Schwankmärchen versus Zaubermärchen" noch ein klein wenig verweilen. Es ist – vor allem auch im Hinblick auf unser Paradigma von „Frieder und Catherlieschen" – an dieser Stelle legitim zu fragen, ob sich diese 11 Prozent märcheninterner

Lacher – was ja wahrscheinlich wäre – gewissermaßen „genresspezifisch“ auf die sogenannten „Schwankmärchen“ konzentrieren, die die Brüder Grimm in ihrem Märchensammlungen ja noch nicht als eigene Gattung von den Zaubermärchen abgrenzten. Und hier kann man nun eine sehr interessante Beobachtung machen: im Schwankmärchen wird nicht, über das Schwankmärchen wird (bzw. wurde?) gelacht[20]. Es ist also gerade umgekehrt. Anders ausgedrückt: Was auf das Lachen abzielt, gibt sich selbst ernst.

Auch in anderen Kontexten lassen sich vergleichbare Erfahrungen des „homo narrans“ sammeln, wenn er „komische Rezeption“ intendiert: Man denke an das Theater, wo der gute Komiker selbst stets ernst bleiben muß. Skakespeares' „Hamlet“ bringt es auf die Formel: „A jest's prosperity lies in the ear of him that hears it, never in the tongue of him that makes it!“ Die Pointe des Schwankmärchens unterläuft mit ihrer doppelbödigen Ernsthaftigkeit intern das komische Resultat. Die Historizität des Lachverhaltens kommt hinzu, und schon stehen wir vor dem frappanten Ergebnis, daß gerade die Schwankmärchen nach unserem heutigen Dafürhalten der abgrundtiefen Tragik viel näher stehen als der Komik. Die Erkenntnis dieser Ambivalenz ist nicht neu: Komik und Elend sind verschwistert. Die fatalen Kalamitäten der Schwankprotagonisten, ehemals unerschöpfliche Quelle der Heiterkeit und vor allem auch der Schadenfreude, muten uns heute eher beklemmend an. Die psychopathologischen Identitätskrisen eines Catherlieschens und seiner vielen einfältigen Brüder und Schwestern im Geiste sorgen dafür, daß uns das Lachen heutzutage eher im Halse stecken bleibt und dem schieren Entsetzen weicht. Man erinnere sich an den Passus:

„Da stand Catherlieschen halbnackigt da und sprach zu sich selber: ‚Bin ich's, oder bin ich' s nicht? Ach, ich bin's nicht!“

... und gnadenlos kulminiert diese schizophrene Ich-Schwäche in einer Art völliger Ich-Verflüchtigung, wenn man die Einsame im Schlußbild für den leibhaftigen Teufel hält. Das gleiche Motiv wiederholt sich in der „Klugen Else“, nur daß deren psychotische Spaltung noch mit Narrenschellen, die ihr brutalerweise auch noch der eigene Mann umhängt, sinnfällig gemacht wird:

„Die Schellen klingelten bei jedem Schritt, den sie tat. Da erschrak sie, ward irre, ob sie auch wirklich die kluge Else wäre und sprach: ‚Bin ich's oder bin ich's nicht?‘ Sie wußte aber nicht, was sie darauf antworten sollte ... Da lief sie fort, zum Dorfe hinaus, und niemand hat sie wiedergesehen.“

Es ist anhand solch trostloser Stellen kein Wunder, daß man bei der Rekonstruktion volkstümlichen Lachverhaltens in vielem vor einem Rätsel stand und noch steht. Ist die allgemeine Rezeptionsgeschichte der Märchen den Sozialgeschichtlern unter den Märchenforschern schon kompliziert genug, so versteckt sich ihre Lachgeschichte geradezu hinter „Hermetismen der Historizität". Es nützt dabei auch nicht viel, die Fragestellung einzubetten in einen größeren Untersuchungsrahmen über allgemeine, volkstümliche Lachtraditionen, denn auch diese scheinen uns trotz überzeugender Forschungsansätze etwa der Russen Bakhtin[21] und Gurjewitsch[22] nach den Worten der englischen Semiotikerin Julia Kristeva immer noch als ein einziges „hieroglyphisches Spektakel".

Trotzdem sollen an dieser Stelle einige Hinweise gegeben werden, die vielleicht helfen können, uns in eine mittelalterliche Lachmentalität hineinzuversetzen. Gefühle und Gefühlsäußerungen des Volkes, dessen gesamtes „seelisches Instrumentarium" (Bloch) waren nach Meinung der sogenannten „Mentalitätshistoriker" weitaus stärker reglementiert, normiert, ritualisiert und kanalisiert als heute. Es läßt sich dies an einer Anekdote exemplifizieren, die der französische Lachtheoretiker Henri Bergson (Le rire, 1900) von einem seltsamen Kirchenbesucher erzählt: Inmitten der Menschen, die während einer spätmittelalterlichen Predigt weinten, blieb der Mensch ungerührt, und als man ihn fragte, warum er denn keine Tränen vergieße, gab er zur Antwort: „Ich komme aus einer anderen Gemeinde". Als Quelle gelesen, zeigt diese Geschichte zunächst den Regionalismus emotionaler Ausdrucksformen, auf den eingangs schon im Zusammenhang mit der illustrierten KHM-Ausgabe aus England hingewiesen wurde, Man muß sich eben fragen, ob es wirklich so etwas wie den berühmten „englischen Humor" gibt, und ob nicht Humor überhaupt, auch innerhalb kleinerer Kulturräume, stärker variiert, als man das bisher angenommen hat. Darüberhinaus spielt die Anekdote von dem ungerührten Kirchenbesucher aber auch an auf die immense Bedeutung der Institution Kirche, die stets bemüht war, einen genauen Lach- und Weinkodex zur allgemeinen Norm zu erheben. „Christus hat nie gelacht" – diese Maxime des Johannes Chrysostomos und anderer Kirchenväter führte nicht nur zu Ordensgründungen wie denen der Agelasten, der Lachfeinde, sondern trieb auch exentrisch-bizarre Blüten, an die sich der Leser aus Professor Ecos Bestseller vom „Namen der Rose" sicher erinnert, ein Roman, in dem das klösterliche Lachtabu im Mittelpunkt steht. Ein anderes Beispiel stammt aus dem Bereich der Kanzelrhetorik: Aus dem Impetus, das Lachen zu kanalisieren und auf bestimmte Anlässe zu reduzieren, kam es zum heute noch in manchen

Gegenden brauchtümlichen „risus paschalis", dem Ostergelächter[23]. Wir dürfen annehmen: „narrische Merlin, wie man sie sich in den Rockenstuben erzählt", sie waren für die Kirche Grenzüberschreitungen, die sie – weil sie sich weitgehend ihrem Kontrollanspruch entzogen – nicht tolerieren konnte.

Soweit die Kirche. Ein gewisser „Lachskrupulantismus" wurde aber auch von seiten der weltlichen Herrschaft gefördert, und das hat seinen Grund in einer Seite des Lachens, die man auch als sein „revolutionäres Potential", als seine autoritätsunterlaufende Komponente bezeichnet hat[24]. Denn im Lachen wird immer auch die Grenze einer Ordnung sichtbar, wird eine Ordnung, die sich als unbedingt versteht, als beschränkt erkannt und erfahren. Wolfgang Iser, der das Komische ein „Kippphänomen" nennt, meint zu dieser verlachenden Schadenfreude, zur Lust an der Demütigung aus Freude an der eigenen Überlegenheit, jede Position ließe eine andere Position kippen, die Normen stießen zusammen, das Ausgesonderte werde mit dem Bestehenden konfrontiert, um es schließlich in Frage zu stellen[25].

Die gesamte, uns heute weitgehend unverständliche Komik im Bereich des grotesk Körperlichen, des Skatophilen etc. gehört auch zu dieser Art einer profanen Dimension, die in den Schwanksammlungen des 16. Jahrhunderts allein schon quantitativ eine sehr große Rolle spielte. Der Braunschweiger Zollschreiber und Dichter Hermen Bote hat es wie kein anderer seinen spätmittelalterlichen Zeitgenossen mit seinem durchaus „systemkritischen" Eulenspiegel drastisch vor Augen geführt. Er vertrat das probate Mittel des „ridendo dicere verum" – lachend die Wahrheit zu sagen, vermischt mit der Sprengkraft des Obszönen. Übrigens: auch im „Pentamerone", einem Werk, das im Folgenden noch eine Rolle spielen wird, bringt im Erzählrahmen die heute eher banale Tatsache, daß ein altes Weib seine Röcke hebt, die vormals lachunfähige Prinzessin zum Lachen. Vom gleichen Effekt leben in den älteren Schwankmärchen vor allem auch jene Motive, die ihre Pointe in Anal- und Fäkalanspielungen suchen (rund 70 Prozent). Dieser Bereich hat sich in der „anständig gemachten" Märchensammlung der Brüder Grimm bekanntlich nur noch so rudimentär erhalten, daß man ihn heute kaum mehr wahrnimmt (etwa, wenn das Haus von des Fischers Fru wieder in einen „Pißpott" verwandelt wird). Die Gründe für die Purifizierungsbemühungen der Grimms sind im Sittlichkeitsapparat des Biedermeier zu suchen, der nur noch Schrumpfformen ehemals anstößiger Komik gestattete. Gerade aber weil die Grimms ihren Vorlagen durch ihr „Schönen" eigene Vorstellungen von archaisch-deutschem Volkshumor quasi „überstülpten", wehen uns heute nurmehr enigmatische Relikte von einstmals brutalderber Lustigkeit von Ferne an. Sie sind korrumpierte Überbleibsel einer drallen Lachkultur, die uns heute allenfalls zum eingangs beschworenen leisen Insiderlächeln animiert.

Unanständige Schwänke machen es am deutlichsten: Der Wandel der Lachgeschichte gehört zu dem von Nobert Elias beschriebenen langfristigen Zivilisationsprozeß, im Verlauf dessen Lächerliches peinlich und Peinliches lächerlich wird[26]. Mit den Lachgrenzen verschieben sich die Pointen, bis sie eines Tages, wenn zudem die Angaben über Schichtenspezifik[27], sozialen Hintergrund und Zeitbezug ganz verloren sind, zu Anmerkungen verkümmern, und dann sind sie nicht mehr komisch; denn ein Witz, der erst durch eine Fußnote erklärt werden muß, ist nicht mehr zum Lachen.

Wenn wir nun über die Verschiebung der Lachgrenzen beim Paradigma „Catherlieschen" handeln wollen, kommen wir nicht umhin, uns den uns zugänglichen früheren Varianten zuzuwenden. Diesem Schwankmärchen, dem bei den Grimms eine Erzählung der Viehmännin aus Niederzwehren bei Kassel zugrunde liegt, das die Brüder aber wohl aus dieser und drei weiteren hessischen Varianten kontaminieren ließen, werden bei Bolte-Polívka auf insgesamt achteinhalb Seiten Motivvarianten beigeordnet, die mindestens sechs AaTh-Nummern entsprechen und bis ins Mittelalter und in die Renaissance zurückreichen. Von der Leyen setzt die Entstehung des Typs ins 14. Jahrhundert. Regional querverwiesen wird zu verschiedenen Ethnien, von Skandinavien bis Sizilien, von Spanien bis nach Rußland, von Asien bis nach Afrika. Die Grimms selber sahen Parallelen zu Basile und zu norwegischen und slawonischen Varianten. Deutschsprachige Varianten sind besonders gut zugänglich. Sie reichen von Montanus bis Firmenich, der in seinen „Völkerstimmen" Mundartfassungen aus verschiedenen Landschaften gibt[28]. Vom „ächt hessischen" Märchen kann also keine Rede sein. In vielen, insbesondere in den mediterranen Fassungen, ist der Protagonist zudem kein weibliches Catherlieschen, sondern männlich, so daß der Vorwurf der Misogynie, den man diesem Märchen machen könnte, nicht zu halten ist. So auch im italienischen „Pentamerone", dessen Erstausgabe auf die zwanziger Jahre aus dem 17. Jahrhundert geschätzt wird. Hier ist vor allem die Erzählsituation der Rahmengeschichte, ähnlich wie in „Tausendundeiner Nacht" oder in Straparolas „Le piacevoli notti" (1550), aufschlußreich für das Lachen: Eine grotesk häßliche Frau – man denke: Häßlichkeit war an sich schon komisch! – erzählt das Märchen vom blöden Vardiello, mit der erklärten Absicht, die Zuhörer zum Lachen zu bringen, funktional ein Lachen also, das den „homo narrans" (hier die häßliche Frau) schützen, das darüberhinaus die menschlichen Beziehungen der Rahmengeschichte stabilisieren und Kraft zur Liebe verleihen soll. Im Detail sind die um rund zweihundert Jahre älteren barocken Pointen mit denen der Grimms derart identisch, daß man statt Mündlichkeit Schriftlichkeit in der Überlieferung vermuten muß, nur daß der Held hier nicht verheiratet, sondern ein Junggeselle und ein verächtliches Muttersöhnchen ist. So heißt es z. B. im vierten Märchen des ersten Tages folgendermaßen:

„Als Vardiello gerade über dem Anzapfen war, ertönte ein Heidenlärm über ihm im Hause, und zu seinem Schrecken sah er, daß ein großer Kater den Braten mitsamt dem Spieß in den Zähnen hielt... Da stürzte Vardiello, wie von der Tarantel gestochen, auf das Vieh los, vergaß darüber, den Hahn des Weinfasses zuzudrehen, jagte die Katze von einem Winkel des Hauses in den anderen, gelangte schließlich in den Besitz des zerfetzen Bratens. Als er nun aber in den Keller trat, da war der ganze Wein aus dem Fasse gelaufen und stand etwa zolltief auf den Kellerstufen. – Lange stand er ratlos da und fand kein Mittel, den Schaden vor den Augen der Mutter zu bergen; endlich trug er einen bis an den Rand gefüllten Mehlsack vom Boden in den Keller, schüttete das Mehl in den Wein und versuchte nun, beides auf den Fliesen festzustampfen."[29]

Das Motiv wird in AaTh 1381 mit „Hausarbeit verkehrt" (sozusagen in unfreiwilliger: Wissenschaftskomik!) erfaßt, und es deckt sich inhaltlich ganz genau mit Catherlieschens unsinnigen Bemühungen um haushaltliche Belange. Aber wenn man sich nun fragt, was an Catherlieschens Verkehrtheiten komisch ist, so ist die Frage noch nicht ganz richtig gestellt. Man müßte vielmehr fragen: Was könnte vor über 350 Jahren und vorher daran möglicherweise noch komischer gewesen sein, als es vor 180 Jahren vielleicht noch komisch war, als nämlich die Brüder Grimm, die Basile nachweislich vorliegen hatten, es als mögliche Lachgeschichte aufzeichneten?

Was die Antwort jenseits der bereits genannten Quellenschwierigkeiten zur Rezeption so problematisch macht, ist nicht zuletzt auch das diachron unterschiedliche Tempo, mit dem sich der Wandel der Lachgrenzen vollzogen zu haben scheint; manche Witze verbrauchen sich langsamer, manche schneller. Während einige Pointen jahrhundertelang kontinuierlich in den Schwanksammlungen auftauchen, gibt es andere, die zwar stabil scheinen, sich dann aber mit einemmal verflüchtigen[30]. Der oben zitierte Passus vom dummen Vardiello gehört u. E. zur letzteren Kategorie. Er lebt vom Topos der früher komischen, heute eher tragischen „törichten Einfalt", zu dem sich im Verlauf der Erzählung bei allen Varianten nach Art eines rechten Summier- oder Kettenschwankes immer weitere Spielarten fügen. In solchen Topoi muß man wohl auch Reminiszenzen an karnevalesken Mummenschanz und traditionelles Narrengebaren sehen, das jahrhundertelang auf bestimmte, ritualisierte, volkstümliche Lachregeln bauen konnte. Viele solcher Lachrituale des Karnevals setzten die Umkehrung der damals herrschenden kulturellen Werte voraus: die betrunkene Dirne, die nun öffentlich als keusche Jungfrau auftrat, der kultische Narr auf dem Sitz des Bischofs, der Verbrecher auf dem Kaiserthron, die Eselsmessen im Dome, das im Vollrausch ausgeübte Kirchenamt, sie alle gehören zur Mundus-inversus-Tradition. Ebenso der an unser Märchen erinnernde weltenkranke Idiot, der schwachsinnige Tor des Mittelalters, der nach geläufiger Volksmeinung Unsinniges, ja Widersinniges tun mußte, ohne daß es ihm wie dem (anderen Traditionen angehörenden) erfolgreichen „Dummling"[31] gelänge, dennoch (oder gerade!) die Welt zu gewinnen.

Einen solchen Trost bietet die Komik der Catherlieschen-Schwänke auf keiner der Zeitstufen an. Viele mittelalterliche Quellen folgen dem gleichen Prinzip: Das unbedingt Bedrohliche wird mit Hohn und Spott übergossen und sein Bild zum Komischen hin erniedrigt. Das macht das Schauerliche eines Vorganges erträglich, der immer schon ewiges Verderben androhte; denn vor dem Wahnsinn, der Ich-Spaltung, fürchtete man sich ja früher nicht weniger als heute. In dieser seelischen Verfassung übernahm das kollektive Gelächter die Aufgabe, eine Furcht zu überwinden, deren Stärke im Gegenteil heute kaum noch vorstellbar ist. Deshalb ist das Auslachen in diesem Schwanktyp gleichzeitig auch ein Gegen-an-Lachen. Die groteske Welt, in der Vardiello und Catherlieschen absurdes Mitleid mit den unsinnigsten Gegenständen haben, indem sie Butter in die Furchen der Wege, Wurst in den kaputten Zaun und Kuchen in die Festerritzen schmieren, war als verkehrte Welt früher deshalb eher zum Lachen. Blödigkeit, damals also fester Bestandteil der bei Bakhtin geschilderten Mundus-inversus-Rituale im Fasnachtsbrauchtum, findet im heutigen Karneval zwar auch noch ihr Publikum, kleidet sich aber in andere Metaphern.

Eine weitere, heute jedoch nur noch rudimentär vorhandene Lachtradition, die als Konvention ebenfalls jahrhundertelange Kontinuität nachweisen kann, ist die des sogenannten „Stände"- oder spezieller: die des „Pfaffenspotts". Diese Kategorie des Komischen klingt auch im KHM 59 am Schluß noch an, wenn es heißt:

„Da kam ein Mann vorbei, sah das Catherlieschen auf dem Feld, und dachte, es wäre der Teufel, der in den Rüben wühlte. Lief fort ins Dorf zum Pfarrer und sprach: ‚Herr Pfarrer, in Eurem Land ist der Teufel und rupft'. ‚Ach Gott', antwortete der Pfarrer, ich habe einen lahmen Fuß, ich kann nicht hinaus und ihn wegbannen'. Sprach der Mann ‚So will ich euch hockeln', und hockelte ihn hinaus. Und als sie bei das Land kamen, machte sich das Catherlieschen auf und reckte sich in die Höhe. ‚Ach, der Teufel!', rief der Pfarrer, und beide eilten fort, und der Pfarrer konnte vor großer Angst mit seinem lahmen Fuß gerader laufen, als der Mann, der ihn gehockelt hatte mit seinen gesunden Beinen."

Ein derartiges Verlachen der Geistlichkeit war sehr beliebt: Montanus, Pauli, Wickram und schließlich Basile und die Grimms – sie alle schwimmen auf der Welle dieser Art von Schwänken, die sämtlich den Klerus zum Ziel des Gelächters haben. Beim heutigen Leser rufen solche Stories aber eine irgendwie unangemessene Stimmung hervor. Moderne komische Funktionsäquivalente sind – abgesehen von den offenbar ebenfalls unsterblichen konfessionellen Witzen – vermehrt auch wieder Produkte der Hochliteratur und werden vor allem natürlich dann populär, wenn sie in die Massenmedien Eingang finden (man erinnert sich in diesem Zusammenhang vielleicht an „Don Camillo und Peppone", „Pater Brown").

Der historische Wandel in dem, was das Lachen erregt, wird drittens auch am Motiv von Catherlieschens Schwatzhaftigkeit (AaTh: Die geschwätzige Frau) deutlich, gegen die die Kontrahenten – in diesem Fall das Friederchen – die tollsten Präventivlügen erfinden, die am Ende aber alle nutzlos sind. Daß dergleichen zu seiner Zeit wahre Lachsalven erntete, mag nicht nur für Feministinnen ein Stein des Anstoßes und nur noch unter kulturhistorischen Gesichtspunkten bemerkens- und beschäftigenswert sein. Würde dazu heute ein Witz erzählt, etwa nach dem Motto: „Ein Mann, ein Wort – eine Frau, ein Wörterbuch", so wären aller Voraussicht nach die eingangs geschilderte Peinlichkeit oder bestenfalls ein müdes, höfliches Lächeln die Folge.

Die Beispiele ließen sich leicht mehren. Der „homo narrans", den Ranke sucht, und der „homo ridens", den wir suchen, ist ja nicht der individuelle, genial-kreative Außenseiter – ein Typ, der im Mittelalter im Volk und auch bei der Elite ohnehin nicht gefragt war –, sondern der vielbeschworene „Mann aus dem Volke", der „homo folkloristicus"[32], dessen Lachverhalten weitaus stärker an Regeln gebunden war als heute. Dem nämlich beispielsweise das Lachen beim Leichenschmaus zum bon ton gehörte, der beim Osterlachen Tränen vergoß, um vielleicht eine arme Seele damit zu retten, der an die Mirakelbücher glaubte, nach denen sich Jungfrauen Rosen in die Schürze lachen konnten, der beim Einzug in ein Haus apotropäisch ins Ofenrohr lachte, der bei seiner Hochzeit deplazierte Lacher vermied, weil er wußte, er würde sonst in der Ehe nichts zu lachen haben. Dieser „homo ridens" von gestern und vorgestern lachte, weil die anderen auch lachten, weil sich das so gehörte. Und dieses Lachen nach Norm ist wiederum für die Rekonstruktion vergangener Märchenperformanzen von Belang: Denn Märchen wurden ja meistens in der Gruppe erzählt. Lachen und Erzählen, beide als soziale, kommunikative Akte definiert, waren vor jenem „Kontextwechsel", von dem Preisendanz spricht, viel eher identisch als heute. Zusätzlich ist es also auch dieser Wechsel der Szenerie des Erzählvorgangs, der dafür sorgt, daß die Quellen der Heiterkeit und der Ironie zu verschiedenen Zeiten so verschieden sind. Mit anderen Worten: Was in der Gruppensituation belachenswert erscheint, gilt noch lange nicht für das stille Kämmerlein. Es gilt erst recht nicht für die heutige isolierte Märchenrezeption durch Lesen, Tonband- und Plattenhören oder Fernsehen.

Die Faszination des Lachens hat seit langem viele Forscher aus verschiedensten Richtungen zu anstrengendem Nachdenken veranlaßt. So erschien zum Beispiel bereits 1746 eine Dissertation über die großen Männer, die sich zu Tode lachten[33]. Paradoxerweise wurde durch die Wissenschaften das Lachen zu einer der ernstesten Angelegenheiten der Welt. Wir Erzählforscher, spätestens durch den sich seinerzeit an Kant anlehnenden Sigmund Freud darauf hingewiesen, daß der „Zusammenbruch des Erwartungshorizontes"[34] das Lachen auslöst, wir sind bemüht, uns – auch retrospektiv – auf diese durch Normen gebundenen Erwartungshorizonte einzulassen. Beide wandeln sich ununterbrochen, und das Märchen, sofern es überhaupt auf das Lachen angelegt ist, zieht mit.

Wer nach der Lektüre dieses Bandes, wie beschrieben, immer noch „theoretische" Lachprobleme hat, der beklage sich bei den Autoren. Dem geduldigen Leser steht mit Catherlieschens Worten dann wahrlich die für KHM 59 leitmotivische Beschwerde zu: „Hättst's mir's sagen müssen, hab's ja nit gewußt."

Anmerkungen

1 Der Beitrag basiert auf einem Vortrag, der anläßlich der Jahrestagung der Europäischen Märchengesellschaft am 26.09.1990 in der Universität Freiburg im Breisgau gehalten wurde; unmittelbar vor dem Vortrag wurde vor dem Plenum von Dirk Nowakowski, Edingen, das Märchen von „Frieder und Catherlieschen" (KHM 59) erzählt.

2 Zu dieser Differenzierung vgl.: Dietmar Kamper, Christian Wulf: Lachen, Gelächter, Lächeln. Reflexionen in drei Spiegeln Frankfurt 1986; zu den wichtigsten Lach- und Humortheoretikern vgl. Rainer Wehse: Artikel: „Humor" in Enzyklopädie des Märchens, Band 5, Göttingen 1991.

3 Vgl. Kurt Ranke: Schwank und Witz als Schwundstufe. In: Festschrift für Will-Erich Peuckert zum 60. Geburtstag, Berlin/Bielefeld/München 1955, S. 41-59.

4 Lutz Röhrich: Der Witz. Figuren, Formen, Funktionen. Stuttgart 1977, S. 8 ff.

5 Kurt Ranke: Die Welt der einfachen Formen. Studien zur Motiv-, Wort- und Quellenkunde. Berlin/New York 1978, S. 40 ff.

6 Rudolf Schenda: Märchen erzählen, Märchen verbreiten. Wandel in den Mitteilungsformen einer popularen Gattung. In: Klaus Doderer (Hrsg.): Über Märchen für Kinder von heute. Essays zu ihrem Wandel und ihrer Funktion, Weinheim/Basel 1983, S. 25-47.

7 Forschungsansätze dieser Art beschreibt und verfolgt weiter. Ines Köhler-Zülch: Ostholsteins Erzählerinnen in der Sammlung von Wilhelm Wisser: ihre Texte - seine Berichte. In: Fabula 32, 1 (1990) 94-118, insbes. ab 96 f. und Anm. 25; - Rudolf Schenda selbst arbeitet derzeit (Jahresmitte 1992) an einem größeren Projekt zur Erzählforschung in dieser Richtung, das den Arbeitstitel: „Von Mund zu Ohr" tragen und 1993 erscheinen soll.

8 Eine Hilfe, die man in diesem Zusammenhang nicht genug würdigen kann, sind auch die bei Bolte-Polívka in Bd. IV zusammengetragenen zweihundertundvier „Zeugnisse" aus ganz Europa, von den Anfängen bis in die Zwanziger Jahre unseres Jahrhunderts - Bolte-Polívka: Grimm Märchen-Anmerkungen IV, Leipzig (1930) S.41-94.

9 Zitiert von Ursula Voss (Hrsg.): „Kindheiten", darin: Friedrich Hebbel, Notizen zur Selbstbiographie. aus: Sämtliche Werke, Bd. 10. Leipzig o. J., München 2. Aufl. 1979, S. 61-68.

10 Harry Graf von Kessler: Gesichter und Zeiten, Frankfurt am Main 1962, zitiert nach Voss wie not. 9, S. 119.

11 Goethes „Werther", 1. Buch, Brief vom 15. August.

12 Mörike: Waldidylle (1837), Gedichte 1876, S. 189.

13 Hermann Hesse: Gesammelte Werke in zwölf Bänden. Werkausgabe, Frankfurt am Main 1970, S. 225 f.

14 Wolfgang Koeppen: Berichte und Skizzen II, Gesammelte Werke in sechs Bänden, hrsgg. von Marcel Reich-Ranicki et al., Bd. 5 Frankfurt am Main 1986, S. 330; vgl. auch „Der geborene Leser, für den ich mich halte.", edb. S. 322-329.

15 Wilhelm Raabe: Altershausen. Gesammelte Werke in zwanzig Bänden, Bd. 20, hrsgg. und bearb.: von Karl Hoppe im Auftrag der Braunschweigischen Wissenschaftlichen Gesellschaft, Göttingen 1968, S. 201 - 312, 247.

16 Thomas Mann: Die Buddenbrooks, Reinbek 1965, S. 353; an dieser Stelle sei auch ein Hinweis auf Zitate über Volksmärchen gestattet, die die Stiftung Walter Kahn im Sommer 1991 verschickte. Leider sind keine Quellenangaben beigegeben (z. B. Luther: „Ich möchte mich der wundersamen Historien, so ich aus zarter Kindheit übernommen, nicht entschlagen, um kein Feld", Herder: „Ein Kind, dem nie Märchen erzählt worden sind, wird ein Stück Feld in seinem Gemüt behalten, das in späteren Jahren nicht mehr abgebaut werden kann", Goethe: „Das Märchen ist ein Gebot des Weltgeistes", Novalis: „... und man in Märchen und Gedichten / erkennt

die ew'gen Weltgeschichten / dann fliegt vor einem geheimen Wort / das ganze verkehrte Wesen fort", Hofmannsthal: „Ich wollte die mythischen Erzählungen, welche die Alten uns hinterlassen haben, aufschließen als die Hieroglyphen einer geheimen, unerschöpflichen Weisheit, deren Anhauch ich manchmal wie hinter einem Schleier zu spüren meinte", Schiller: „Tiefere Bedeutung liegt in dem Märchen meiner Kinderjahre, als in der Weisheit, die das Leben lehrt.", Claudius: „Märchen wollen binden, was die Bosheid schied", Zweig: „Märchen kann man in seinem Leben zweimal und zwiefach lesen. Zuerst einfältig als Kind und dann viel, viel später mit dem vollen Bewußtsein seiner Erfindung"). All diese Texte können jedoch ebenfalls leider kaum „gegen den Strich" als Performanzangaben gelesen werden.

17 Zur Theorie und Methodik dieses auch für die volkskundliche Erzählforschung seit mehr als einem Jahrzehnt ausgewiesenen Ansatzes vgl. Klaus Bergmann: Lebensgeschichte als Appell. Autobiographische Schriften der kleinen Leute und Außenseiter. Wiesbaden 1991; ebenso: Brigitte Böhnisch-Brednich, Rolf W. Brednich, Helga Gerndt (Hrsg.): Erinnern und Vergessen. Vorträge des 27. Deutschen Volkskundekongresses. Beiträge zur Volkskunde in Niedersachsen 5, Göttingen 1991; eine Trouvaille ist auch: Akademie für Ältere, Heidelberg (E. Boll, Hrsg.): Unsere vielen Jahre. – Erinnerungen alter Menschen aus diesem Jahrhundert, Heidelberg (1990).

18 Vgl. Sabine Wienker-Piepho: Erzählsituationen zwischen Mündlichkeit und Schriftlichkeit; in: Lutz Röhrich, Sabine Wienker-Piepho (Hrsg.): Katalog zur Ausstellung „... und so leben sie noch heute? Märchen: – Ins Auge gefaßt", Freiburg 1990, S. 20.

19 Vgl. Heinz Zwirnbauer: Grimms Märchen in englischen Ausgaben. Eine Studie zur Entwicklung der Illustration von Grimms Märchen in englischen Übersetzungen von 1823-1970. In: Brüder Grimm-Gedenken, hrsgg. von Ludwig Denecke, Marburg 1975 S. 203.

20 Neben der zahlreichen erzählforscherischen Literatur zum Genre „Schwank" sei verwiesen auf eine gerade für die Lachthematik relevante jüngere Arbeit aus der Literaturgeschichte: Klaus Oettinger: Der Pyrrhussieg des Mauschel Abraham. Über Lachen und Weinen in den Kalenderschwänken. In: Ulm ist überall. Essays und Vorträge zu Johann Peter Hebel. Wolfgang Preisendanz zum 70. Geburtstag. Konstanzer Bibliothek 14, Konstanz 1990, S. 89-97.

21 Michael Bakhtin (dt. Schreibweise: Bachtin): Rabelais und seine Welt. Volkskultur als Gegenkultur. Aus dem Russischen von Gabriele Leupold, Vorwort: Renate Lachmann, Frankfurt am Main 1987.

22 Aaron J. Gurjewitsch: Mittelalterliche Volkskultur. Moskau 1981. Dt. von Matthias Springer, München 1987.

23 Volker Wendland: Ostermärchen und Ostergelächter. Brauchtümliche Kanzelrhetorik und ihre kulturhistorische Würdigung seit dem ausgehenden Mittelalter. Europäische Hochschulschriften 306. Frankfurt am Main/Bern etc. 1980.

24 Nahezu alle Lachtheoretiker haben sich dieser Seite des Phänomens angenommen. Zusammengefaßt dargestellt und analysiert bei Alfred Stern: Philosophie des Lachens und des Weinens. In: Überlieferung und Aufgabe XVII, Wien/München 1980; vgl. bes. das Kapitel „Einige soziale Funktionen des Lachens und des Weinens", S. 181-194.

25 Wolfgang Iser: Das Komische: Ein Kipphänomen. In: Das Komische, hrsgg. von Wolfgang Preisendanz und Rainer Warnung (Poetik und Hermeneutik VII), München 1976, S. 398 - 402.

26 Norbert Elias: Über den Prozeß der Zivilisation. Soziogenetische und psychogenetische Untersuchungen, Bd. 1 und 2, 2. Aufl. Bern, 1969 (identisch mit der Ausgabe Frankfurt 1976).

27 Die soziale Differenzierung des Witzes ist ein eigenes Thema; die intellektuelle

Oberschicht lachte immer schon über andere Witze als die kleinen Leute, das Bürgertum oder irgendwelche Insider; dies und wie das Lachen dem von Neumann beschriebenen „gesunkenen Kulturgut“ zuzurechnen und extrem schichtenspezifisch bedingt ist, hat Neumann untersucht (Norbert Neumann: Vom Schwank zum Witz. Zum Wandel der Pointe seit dem 16. Jahrhundert. Frankfurt/New York (Campus) 1986.

28 Johannes Matthias Firmenich (Hrsg.): Germaniens Völkerstimmen. Sammlung der deutschen Mundart in Dichtung, Sagen, Märchen, Volksliedern usw. 3 Bde., Berlin (Kolbe) 1843-1866 (vgl. dort bes. die „Störkskes von Jan on Jriet“, S. 510-517).

29 Giambattista Basile: Der Pentamerone oder die Erzählungen der Frauen des Prinzen Thaddäus. Übers. von Felix Liebrecht. Leipzig 1928, S. 60 f.; vgl. auch Bolte-Polívka: Grimm, Märchen-Anmerkungen IV, Leipzig (1930) S. 193-195 (hier wird die Fassung von Basiles „Pentamerone“ wiedergegeben).

30 Es gehört zu den Problemen der historischen Lachforschung, daß gerade flüchtige Pointen sich nicht rekonstruieren lassen, sie „entziehen sich den Bedingungen des wissenschaftlichen Labors“ (Neumann, wie not. 27, S. 145).

31 Vgl. Max Lüthi: Artikel „Dummling“ in der Enzyklopädie des Märchens (EM) 3. Göttingen (1981) Sp. 937-946.

32 Zur Debatte um den Terminus „Volk“ vgl. Martin Scharfe: Kritik des Kanons. In: Abschied vom Volksleben 27 (1970). S. 74-84.

33 Ein Verweis auf den Herausgeber Textor findet sich in der Neuen Mannheimer Zeitung 1932, Nr. 150, vgl. auch den in diesem Band abgedruckten Beitrag von Dieter Goergen.

34 Sigmund Freud: Der Witz und seine Beziehung zum Unbewußten. Frankfurt am Main 1989, S. 160 f.

Katalin Horn

DER KÖNIG IN DER UNTERHOSE

Das Erhabene und das Komische im Märchen, dargestellt an Beispielen aus der ungarischen mündlichen Überlieferung

Im Mittelpunkt des vorliegenden Versuchs über das „Erhabene und das Komische im Märchen" steht vor allem eine Grundkonstellation vieler heroischer Volkserzählungen: der Held im Kampf mit einem lebensbedrohenden Prinzip, das oft in der Gestalt des Drachens verkörpert ist. Dieser Held ist vielleicht ein (jüngster) Königssohn, er ist jedoch immer ein künftiger König. Von diesem seinem Status, vor allem aber von seiner Aufgabe her erscheint er uns als erhaben. Denn sein Kampf ist immer berufen, das gestörte Gleichgewicht der Welt wiederherzustellen. Vornehmlich der Drachenkampf gehört gar zum Bestand kosmologischer und mythologischer Veranschaulichung: Er ist eine Tat des Anfangs oder aber eine ordnungsstiftende sakrale Leistung eines Gottes oder eines Heros'[1].

Aber auch der Drache entbehrt des Erhabenen nicht: Er ist ein von der Natur gegebener „Gegenstand als Macht, aus dem etwas Furchtbares für die Menschheit zu machen der Einbildungskraft überlassen bleibt"[2]. Der Drache ist der ebenbürtige Gegenspieler von göttlichen und heroischen Mächten, die das Gute und das Gerechte vertreten. Der neutestamentliche Drache und seine Engel (!) kämpfen beispielsweise mit Michael und dessen Engeln (Offenbarung 12, 7-12).

Mit welchem Recht dürfen wir sonst noch den ordnungstiftenden Protagonisten des Märchens als erhaben bezeichnen? Klaus von See definiert den Helden als einen, der „die Möglichkeiten dessen absteckt, was der Mensch in extremen Äußerungsformen wollen und tun kann"[3]. In diesem Sinne werden wir den Märchenhelden als ein wollendes und handelndes Wesen kennenlernen. Handelnd sogar (oder erst recht?) unter seiner Narrenmaske.

Einschränkend müssen wir jedoch bemerken, daß der Märchenheld im Schillerschen Sinne wohl *groß,* jedoch nicht wahrlich *erhaben* sein kann. Er ist der Herkules- und nicht der Prometheus-Typ, denn „G r o ß ist, wer das Furchtbare überwindet. E r h a b e n ist, wer es, auch selbst unterliegend, nicht fürchtet, (...) Groß war Herkules, da er seine zwölf Arbeiten unternahm und beendigte. Erhaben war Prometheus, da er am Kaukasus angeschmiedet, seine That nicht bereute und sein Unrecht nicht eingestand". Und: „Groß kann man sich im G l ü c k, erhaben nur im Unglück zeigen"[4].

Was das Komische betrifft, handelt es sich hier um seine verschiedenen Arten: In der Verstellung des Helden als Narr sehen wir eine dichterische Darstellung des frei und vernünftig handelnden Helden. Diese literarische Leistung der bäuerlichen Erzähler und Erzählerinnen steht auf einem höheren Niveau des Schöpferischen als der unfreiwillige Humor, der die königlichen oder mythischen Märchenfiguren in die bäuerliche Alltagswelt „herunterzieht". Zwischen diesen Gegenpolen reihen wir die Beschreibung des lächerlichen Drachen ein, eine Beschreibung, die möglicherweise einer halbbewußten sozialen Ideologie dient.

*

Als William Shakespeares' Hamlet, der Prinz von Dänemark, vom Geist seines Vaters in einer düsteren Nacht erfährt, daß dieser vom eigenen Bruder ermordet worden war, beschließt er, sich zu verstellen und den Verrückten zu spielen. Doch vorher befiehlt er seinen Freunden in dramatischem Ton, dieses sein Geheimnis zu wahren: „... schwört mir, so Gott euch helfe, / Wie fremd und seltsam ich mich nehmen mag, / Da mir's vielleicht in Zukunft dienlich scheint, / Ein wunderliches Wesen anzulegen: / Ihr wollet nie ... / ... verrraten / Daß ihr von mir was wisset: dieses schwört, / So Gott in Nöten und sein Heil euch helfe!" (I, V, 169-181). Seinen ersten Auftritt als Tor beschreibt Ophelia ihrem Vater wie folgt: „Als ich in meinem Zimmer näht', auf einmal / Prinz Hamlet – mit ganz aufgerißnem Wams, / Kein Hut auf seinem Kopf, die Strümpfe schmutzig / Und losgebunden auf den Knöcheln hängend; / Bleich wie sein Hemde; schlotternd mit den Knien ... – so tritt er vor mich." (II, I, 77-81, 84)

Doch was hat Shakespeare mit Bauern- und Zigeunermärchen zu tun?! Denn hier soll wirklich keine barocke Königstragödie behandelt, vielmehr sollen Komik und Humor der ungarischen Märchen vorgestellt werden – Märchen, welche Bauern, Bäuerinnen, Tagelöhner und Zigeuner ungarischer Muttersprache vor und nach dem Zweiten Weltkrieg erzählt haben. Gleichwohl ist Hamlet, der mit seinem gespielten Wahnsinn die Welt zum Narren hält, von der Dummlingsgestalt dieser Märchen nicht so weit entfernt, wie es auf den ersten Blick scheinen mag.

Bedenken wir zuerst einmal, daß die Quelle Shakespeares', Belleforests *Amleth* aus den *Histoires tragiques* auf einen alten nordischen Sagenstoff zurückgeht, den Saxo Grammaticus, ein dänischer Geschichtsschreiber um 1200, aufgezeichnet hatte[5]. Diese Sage und ihre Hauptfigur weisen schon erstaunliche Ähnlichkeiten mit unseren Volksmärchen auf. Als Amleth beispielsweise erfuhr, daß sein Oheim seinen Vater ermordet hatte, „nahm er den Anschein von Torheit an ...; ... Täglich verunreinigte er aufs unsauberste die Gemächer seiner Mutter ..., was er sprach, das stimmte zu hellem Wahnwitze, was er tat, das schmeckte nach vollständigem Blödsinne ... . Bisweilen saß er am Herde, störte mit den Händen die Asche auf, schnitzte hölzerne Klammern und härtete sie am Feuer ...“[6].

Hier nähern wir uns dem Helden vieler Märchen, dem kindischen, faulen, schmutzigen Aschensitzer. In einem schottischen Märchen etwa „lief (er) in abgerissenen Kleidern und mit ungekämmtem Haar umher, aus dem jeder Windstoß eine Aschenwolke blies, und an den Abenden lag er da und wälzte sich in der Asche“[7]. Lieblingsheld der ungarischen heroischen Märchen ist ebenfalls der Aschensitzer. Man erzählt z. B. über den jüngsten Königssohn, den späteren Glasbergreiter: „(Der König) hatte drei Söhne; die beiden älteren waren schmuck und sauber, wie es sich für Königssöhne ziehmt; der jüngste aber, der war ein entsetzlicher Schmutzfink und ein Faulpelz obendrein. Er wusch sich nicht, betete nicht, wechselte nicht einmal die Wäsche und lag immer faul in der Ofenecke herum. Man nannte ihn deshalb auch nicht anders als Aschenbrödel“[8].

Aber kehren wir noch einmal zum Amleth des 12. Jahrhunderts zurück. Er wühlt nicht nur in der Asche, er benimmt sich auch sonst sonderbar: „ Als er das Pferd besteigen sollte, setzte er sich mit Fleiß so, daß er dem Nacken des Tieres seinen Rücken zuwendete und mit dem Gesichte nach dem Schwanze zugekehrt war. Den Schwanz begann er auch aufzuzäumen, als ob er mit diesem Körperteile den raschen Lauf des Rosses mäßigen wollte“[9]. Sehr ähnlich ist die Beschreibung des jüngsten Zarensohnes in einem russischen Märchen: „Die Knechte gingen hin, suchten das beste Roß aus und gaben es ihm. Er aber suchte sich das Pferdchen aus, das nur zum Wasserschleppen da war, das schlechteste von allen. Und der kühne Bursch saß auf mit dem Gesicht zum Schwanz gekehrt. Die Herren aber lachten alle darüber, daß der Zarensohn so unziemlich davonritt“[10].

Solche und ähnliche Motive weisen eine erstaunliche Langlebigkeit auf: Das In-der-Asche-Sitzen ist als Topos schon aus der Isländersaga-Überlieferung bekannt[11]. Das verkehrte Aufsitzen auf ein Roß verbindet den Amleth des 12. mit dem Zarensohn des 19. Jahrhunderts. Drei Tatsachen fallen uns dabei auf: der *„unpromising hero“*, der unscheinbare, ja lächerliche Held ist oft der jüngste unter drei Brüdern, er ist immer männlich[12] und wird ein kühner Ritter oder ein Landesretter, schließlich auch noch König. Es hat also mit dieser komischen Figur eine besondere Bewandtnis, auf die wir später zurückkommen wollen.

Das Komische und das Erhabene sind das Thema dieses Referates. Ein solches Gegensatzpaar zeigt sich kaum anderswo so ausgeprägt wie in gewissen Heldenfiguren. Diese sollten zuerst behandelt werden, um später auch auf den Gegenspieler und auf den stilistischen Humor der Märchen zu sprechen zu kommen.

Der Kontrast zwischen der anfänglichen Tolpatschigkeit, ja Narrheit auf der einen und den fantastischen, oft sozial wichtigen Heldentaten und Freierproben auf der anderen Seite ist wahrlich sehr groß! In der mündlichen Überlieferung sind der Phantasie diesbezüglich schier keine Grenzen gesetzt. Zwar lesen wir auch im Buchmärchen oft vom verkannten Dummling, doch schrumpft seine Schilderung meistens zu einer Eingangsformel zusammen. Es heißt etwa: „Zwei Königssöhne gingen einmal auf Abenteuer und gerieten in ein wildes, wüstes Leben ... Der jüngste, welcher der Dummling hieß, machte sich auf und suchte seine Brüder" (KHM 62). Oder: „Es war einmal ein König, der hatte drei Söhne, davon waren zwei klug und gescheit, aber der dritte sprach nicht viel, war einfältig und hieß nur der *Dummling*" (KHM 63). Um den Kontrast sogar abzuschwächen, lassen einige Erzähler – oder vielleicht eher Bearbeiter? – durchblicken, daß der Held sich nur verstellt: „Der Aschenjunge, der tapfer war, aber es wußte niemand von seiner Tapferkeit, kam dann zu seinem Vater ins Haus und tat, als ob er nur einfältig und albern sprechen könnte"[13]. Die wortgetreu wiedergegebenen Volksmärchen in ungarischer Sprache sind nicht so zurückhaltend, wenn es um die Beschreibung des dummen, schmutzigen, kindisch-großmäuligen „Helden" geht. Da heißt es etwa vom Drachentöter an der Brücke:

„Die alte Zigeunerin hatte drei Söhne. Na, zwei davon gingen immer ins Dorf, hatten Freunde, schwatzten und plauderten, doch der dritte, der dritte, oh, der war so ungeschickt, wie wenn ihm die Hände und Füße fehlten. Er hockte immerfort in der Asche. In 25 Scheffel Asche hockte er, die von der Mutter zusammengekehrt waren. Er saß da drin nackt, so wie ihn seine Muter geboren hatte[14]".

Ein ungarischer Scheffel faßt 25 bis 35 Liter. Stelle man sich nun diesen nackten Einfaltspinsel vor, der sich in 875 Litern Asche breitmacht. Die Komik der Situation wird noch gesteigert, als in einer Art verkehrter Welt dieser unwürdige Aufenthaltsort eines unwürdigen Helden zum Audienzzimmer eines Heros' wird. Denn das Märchen geht folgendermaßen weiter:

(Der König läßt verkünden, daß derjenige Held, der ihm das Pferd mit Sonne und Mond bringt, das halbe Königreich und die Hand der Königstochter bekommen werde. Die zwei älteren versagen bei der Aufgabe und erzählen von ihren schrecklichen und ergebnislosen Abenteuern. In diesem Augenblick aber) „meldet sich der Narr aus der Asche: ‚Ich weiß schon alles. Ihr wollt das Roß mit Sonne und Mond holen? Da braucht es aber einen beherzten Mann dazu. Die ganze Welt hat es schon probiert, doch wer kann so etwas außer mir‘??“ Auf diese absurde Rede hin geht freilich der älteste Bruder hin und gibt ihm eine Maulschelle. Er aber bedankt sich aus der Asche: „Na, weil du mich geohrfeigt hast, müßt ihr nun mit mir kommen. Ich werde schon das Roß mit Sonne und Mond herbeischaffen. Gehen Sie, liebe Mutter, sagen Sie dem König, er soll kommen. Oder muß ich etwa selber zu ihm gehen, wenn er den Wunsch hat, das Pferd mit Sonne und Mond in seinem Schloßhof zu haben?“[15]

Man stelle sich nun vor, wie ein nackter Narr derart aus der Asche herausmault und so frech angibt. Es ist demnach auch nicht erstaunlich, wenn der König wutschnaubend zu der Zigeunerhütte eilt: „Hast *du* mich rufen lassen?? Na, kriech nur heraus, sonst zerhacke ich dich mit meinem Schwert!“ Der Aschenjunge ist aber nicht faul zu antworten. Er, der seine Mutter soeben höflich siezte, redet nun Seine Majestät mit einem abschätzenden Du an: „ ‚Hör zu, du König. Wage nicht noch einmal mit mir so roh zu reden, sonst gibt es Feuer und Rauch für dich.‘ In diesem Augenblick schüttelt sich der närrische Junge und wird zum Königssohn, einen solchen findet man in sieben Ländern nicht“.[16]

Der Narr verwandelt sich jedoch nicht nur in einen Königssohn, er erweist sich später gar als mythischer Held: Auf seinem Weg der Suche nach dem Zauberpferd, im kupfernen Wald „steigt er von seinem Roß, reißt mit einem Finger einen kupfernen Baum aus der Erde, schmettert ihn zum Boden, so daß der Baum in Flammen aufgeht“[17]. Ähnlich legt er von seiner übernatürlichen Kraft im silbernen und im goldenen Wald Zeugnis ab. Über die kupferne, silberne und goldene Brücke, unter denen er sich versteckt, jagen nacheinander ein fünfzig, ein hundert- und ein hundertfünzigköpfiger Drache hin. Das jeweilige Drachenpferd stolpert auf der Brücke, und der Drache verflucht es: „ ‚Hunde und Köter sollen dein Blut trinken, seit fünfzig (hundert, hundertfünfzig) Jahren reiten wir über diese Brücke, und du bist noch nie gestolpert! Ich aber wußte von diesem Muttersöhnlein Schürzenzipf bereits, als er noch linsenklein im Bauch seiner Mutter steckte. Wenn er da wäre, würde ich mich gerne mit ihm messen‘. Wie er dies hörte, sprang ‚Muttersöhnlein‘ unter der Brücke hervor: ‚Was hast du denn, grausamer fünzigköpfiger Drache gegen mich?? Ich habe nicht einmal deinem Fußlappen etwas angetan.' " Doch ist er freilich nicht feige: „Im Nu befreit (er den Drachen) von seinen fünfzig Köpfen. Beim neunundvierzigsten fleht ihn der Drache an, ihm doch sein Leben zu lassen. Er aber läßt sich nicht erweichen, schlägt ihm noch den letzten Kopf ab"[18].

Nun, kindisches Benehmen, Nacktheit und Schmutz sind nicht nur Attribute einiger Märchenhelden. Auch der epische Held, wie etwa der zentralasiatische Geser, wird „Rotznase" genannt, und Il'ja Muromec der russischen Byline sitzt kraftlos „im Verfaulten" auf dem Backofen.[19] Doch dem tüchtigen Jäger, einsamen Schwerthelden und Landesretter, der Suppe kocht, begegnet man wohl kaum in den Heldenepen. Dieser Suppenkoch, der in Ungarn beliebte Märchenheld „Kleinweißnicht", der dem deutschen Goldener oder dem Grindkopf entspricht, gibt auch einen herrlichen Narren ab. Angestellt am Königshof als sympatisch-einfältiger Junge für alles, der auf jede Frage mit einem schlichten „Ich weiß nicht" antwortet, muß er sich nacheinander als Koch- und Gärtnergehilfe, ferner als Hühnerknecht bewähren. Und wahrlich, der kindische Königssohn, der später allein mit seinem Zauberroß das schreckliche Heer der „hundeköpfigen Tataren" besiegen wird, benimmt sich gar sonderbar in Küche und Hof: Er wirft den Hund, Lorbeer genannt, in die Suppe, statt des aromatischen Gewürzblatts, das ihm die Köchin empfohlen hatte, und salzt sie reichlich mit Asche. Als Hühnerknecht spielt er in kindlicher Seligkeit Ball mit den frischen Hühnereiern, und als das Federvieh gezählt werden soll, schlägt er mit seinem Stöcklein jedem zehnten Huhn so stark auf den Kopf, daß es umfällt und seine Seele aushaucht.[20]

Diese einfältigen Zigeunerjungen und Königssöhne sind nicht nur in den soeben zitierten Erzählungen die verkannten Helden. Sie bevölkern vielmehr einen beachtlichen Teil der Märchenwelt. Was sie zu einer sympathischen Identifikationsfigur macht, ist nicht nur ihre kindisch-kindliche Einfalt, sondern sind ebensosehr ihre sozial wertvollen Funktionen: Sie bestehen schwere Proben, holen Heilmittel, bekämpfen menschliche und übernatürliche Feinde: drohende Heere und schreckliche Drachen. Ähnlich wie Hamlet, sind sie geboren, um die Zeit, die aus den Fugen ist, wieder einzurichten. Denken wir doch daran, daß der russische Forscher Vladimir Jakovlevič Propp das Zaubermärchen durch eben dieses Geschehen definiert hat: durch die Wiederherstellung einer Weltordnung, die durch eine Schädigung oder eine Mangelsituation gestört worden war.[21]

Es ist nun Zeit, endlich nach Grund und Funktion dieses Gegensatzes zwischen närrischem Benehmen und späterer Heldentat zu fragen. Vielfach sind hierzu die Erklärungsversuche. Da ist vorerst die ästhetische Kontrastwirkung. Schon Jacob Grimm schrieb folgendes: „Das scheint heldenmäßig, daß die kindheit und erste jugend ein fehler verunstaltete und aus solchem dunkel hernach plötzlich die leuchtende erscheinung, gleichsam die zurückgehaltene kraft vortrete“[22]. Auch das Jüngstenrecht und der Initiationsprozeß sind in Erwägung gezogen worden. Für die ältere Psychoanalyse bedeutete dieser Zug einen Wunschtraum, für die spätere ein Bild des Kindes am Anfang seiner Entwicklung. Für die Jungianer repräsentiert der Dummling die vierte, vernachlässigte Seelenfunktion.[23] Die gesellschaftskritische Märchenforschung wiederum sieht in der scheinbaren Niedrigkeit und im späteren Triumph des Helden „den Sieg des Volkes über die Mächtigen“,[24] und Max Lüthi erblickt hier den Widerspruch zwischen Schein und Sein[25]. Nun, all das mag zum Ausdruck kommen in der Person des Helden, der das Komische und das Erhabene in sich vereinigt. Eins aber scheint hier vergessen zu sein: Der Held ist oft bedroht. Die Erforschung des epischen Heldenlebens hat den Beweis erbracht, daß die gefährdete Jugend fast zu jeder Heldenbiographie gehört[26]. Wie aber verhalten sich Bedrohung und Gefährdung zum närrischen Benehmen? Ich glaube, die Vorlage Shakespeares', der *Amleth* aus dem 12. Jahrhundert, dürfte uns dazu einen Hinweis liefern. Es heißt hier: „Amleth (...) nahm (...) den Anschein von Torheit an, um nicht durch vernünftiges Tun dem Oheime verdächtig zu werden; er dichtete sich also vollständigen Mangel an Verstand an, und in diesem Verhalten lag nicht nur ein Verbergen seiner Klugheit, sondern auch ein Schutz für sein Leben“[27].

Wenn der Märchenheld auch nicht einem mörderischen Onkel gegenübersteht, gefährdet ist er allemal. Kaum hat er etwas erreicht – einen bösen Zwerg besiegt, den goldenen Vogel oder das Lebenswasser geholt, die Gunst des Königs gewonnen, den Drachen getötet –, so wollen ihn seine Kameraden, Brüder und Rivalen dem Tod ausliefern. Er steht auch oft mit einer Vaterfigur im Konflikt. Max Lüthi definiert das Thema des Märchens auch von dieser Seite her: „Der Mensch ist in hohem Grade gefährdet, gleichzeitig aber fähig, ferne, hochgesteckte Ziele zu erreichen“.[28] Im Zusammenhang mit der Gefährdung des Helden kommen der Asche und dem Schmutz eine besondere Bedeutung zu: Nach Eleazar Moiseevič Meletinskij können sich hinter dem Motiv des Aschensitzers alte Bräuche und Vorstellungen verstecken, etwa der Glaube, daß Asche, Ruß und unscheinbares Äußeres vor bösen Geistern schützen.[29]

Eines fällt bei all diesen Betrachtungen auf: Ich spreche immer vom *Helden* und scheine die *Heldin* zu vergessen ... Wir müssen aber bedenken, daß die Aschensitzerinnen niemals komisch sind. Sie wählen den Herd und die Asche auch nicht freiwillig, sie werden hier vielmehr gedemütigt und erniedrigt. Dumme Heldinnen gibt es überhaupt nur im Schwank, nicht im Märchen. Max Lüthi erblickt den Grund dafür in den patriarchalischen Kulturen, in denen vor allem vom Mann eine Entwicklung aus Unerfahrenheit und Einfalt zur Klugheit und Weisheit erwartet und erhofft wird.[30]

Gibt es nun neben dem komischen Helden auch den komischen Gegenspieler? Der einfältige Riese, der dumme Teufel, Hexen und Menschenfresser werden überlistet. Doch auch der Drache, der größte, stärkste und gefährlichste Widersacher des Helden[31], wird in der mündlichen Überlieferung oft lächerlich gemacht. Ich möchte gar die Behauptung wagen, daß die soziale Benachteiligung in dieser Darstellung des Urfeindes noch eher mitspielt als in dem triumphalen Sieg des unscheinbaren Helden über seine menschlichen Gegner. Es fällt dabei auf, daß sehr oft gerade Zigeunererzähler ihre helle Freude an der abschätzigen Darstellung des furchtbaren Gegners haben. Ein anständiger Märchendrache hat nach EG-Norm 7, 14 oder 28 Köpfe zu tragen. Im Gegensatz dazu berichten ungarische Zigeunermärchen mit Genuß von Drachen mit 87, 100, 150, 300, ja mit 600 Köpfen. Man stelle sich nun einen Drachen mit 600 Köpfen vor. Ist dieses Ungeheuer nicht schon deswegen eine lächerliche Figur? Eine Schreckensgestalt kann es nicht sein, wenn man sich vorstellt, daß ein Kopf ja höchstens die Größe einer Zitrone, wenn nicht eher die einer Bohne haben kann[32]. Die Bedeutung der Drachenvorstellung im ungarischsprachigen Märchen wird besonders groß, wenn man bedenkt, daß Drachentötermärchen in Ungarn und in Siebenbürgen sehr wichtig und quasi als das eigentliche Märchen genommen werden.

Wie kann nun eine schicksalshafte Begegnung zwischen Held und Drache in diesen Märchen gestaltet werden?

Der Held fragt die vom Drachen zu sich in die Unterwelt entführte Königstochter: „ ‚Wie kündigt dein Mann seine Heimkehr an?' – ‚Sein Zeichen ist es, daß er auf dem Heimweg seinen Morgenstern nach Hause wirft, mit einer Wucht, daß jedes Mal die halbe Ecke des Schlosses runterfällt' “. Der Drache nun wirft tatsächlich seinen Morgenstern wie angekündtigt. „Der Junge aber, nicht faul, springt aus dem Haus, läßt den Morgenstern über den Kopf kreisen und schickt ihn mit einem derart riesigen Schwung zurück, daß er um die Ohren des Drachen nur so pfeift. ‚Oh, verflucht! (ruft der Drache), in meinem Schloß befindet sich offenbar ein Drache, der noch größer ist als ich. Ich sollte wohl meinen Morgenstern holen gehen, aber das hat ja jetzt Zeit bis morgen. Weil – sagt er – ich muß mich ja beeilen.‘ Na es ist gut so. Der Drache setzt seinen Weg schnell fort ...“ Wie er den Helden vorfindet und ihm die Hand schüttelt, muß er seine Finger wieder auseinanderreißen, weil ihm der Händedruck des Helden alle Finger zusammengeklebt hat. Sie essen nun zu Mittag: Aus Stahlspätzle und Kupferknödeln besteht das Mahl. Nachher gehen sie auf den Fechtplatz, um ihre Kräfte zu messen: „Der Zigeunerjunge ringt mit dem Drachen. Er schlingt seine Arme um ihn. Der Drache hat 87 Zungen: Alle 87 Zungen hängen ihm aus dem Maul in dieser Umarmung. Der Junge packt ihn, wirft ihn zu Boden, so daß er bis zu den Hüften im Fels stecken bleibt. Er zieht den Drachen wieder heraus, schmeißt ihn wieder hin, der Drache steckt jetzt bis zu den Achselhöhlen im Felsen. Der Zigeunerjunge zieht ihn heraus, schneidet alle seine 87 Köpfe ab“[33].

Der nächste Feind hat schon 300 Köpfe, und sein Morgenstern wiegt 366 Zentner. Der dritte ist nun der schon erwähnte 600-köpfige Drache: „Wenn er seinen Morgenstern heimwärts wirft, gehen die Wälder zur Hälfte kaputt.“ Nachdem der Held freilich auch diesen fürchterlichen Gegner von all seinen 600 Köpfen befreit hat, „zerhackt er ihn, zerkleinert ihn wie der Bauer das Sauerkraut für das Faß“[34]: ein wahrhaft unwürdiger Tod für einen so mächtigen Feind!

Der Drache hat im ungarischen Volksmärchen oft den Charakter eines Bauern, der gerne ein oder zwei Gläschen hinter die Binde gießt, der herumpoltert und seiner lieben Ehefrau – wie wir gesehen haben – mit sonderbarem Imponiergehabe und Männlichkeitsriten seine Heimkehr ankündigt. In einem anderen Märchen sind zerbrochene Fensterscheiben das Zeichen. Die schlaue Heldin empfängt „ihr liebes Herrchen“ mit süßen Worten und streichelt alle seine sieben Köpfe, einen nach dem anderen liebevoll. Nachher rückt sie etwa fünf Betten zusammen, eines für je drei bis vier Köpfe. Für seine Füße reicht gerade ein Bett aus. Sie macht ihn nun auch schön betrunken, so daß Eisen-Laci – so heißt der Held – schnipp-schnapp alle Drachenköpfe mit Leichtigkeit abschneiden kann[35]. Nicht einmal einen fairen Zweikampf gönnen mitunter Märchenerzähler dem Drachen. Oder sollte man vielleicht sagen: Märchenerzähler*innen?* Denn bei diesem Märchen z. B. handelt es sich um die berühmte Märchenfrau unserer Tage, um Frau Fábián. Als Frau hat sie vielleicht weniger Erfahrung mit Fechten und Ringkämpfen als mit polternden, händel- und trinksüchtigen Bauernsmannen...

Auch der um sein Leben zitternde und bettelnde Drache ist keineswegs eine erhabene Figur, umso beliebter aber im ungarischen Volksmärchen. Wie der Held etwa anfängt, dem in den Boden geschmissenen Drachen die Köpfe fein säuberlich abzuschneiden, fängt dieser oft an zu jammern „ ‚Jaj, Schwager, laß mir bitte wenigstens einen einzigen Kopf' – ‚Ho! – sagt der Held – keinen einzigen.' Und schneidet ihm alle weiteren sechs Köpfe ab."[36]

Wenn man Volksmärchen nicht zu Buchmärchen emporstilisiert, lassen sie sich offenbar weniger verkaufen. Das ist schade, denn auf diese Art geht viel von ihrem archaischen Charakter verloren. Humor und Komik gehören aber zu mythischen Erzählungen. Denken wir etwa an die Trickstergestalten der schriftlosen Völker und der klassischen Mythologien. Max Lüthi hat über die Eindimensionalität und Flächenhaftigkeit der Märchen geschrieben, über das Nebeneinander von Diesseits und Jenseits. Es gibt aber auch ein Nebeneinander von Alltag und heroischem Geschehen, das nicht nur für Eindimensionalität, sondern auch für Humor – oft genug auch für unfreiwilligen Humor – sorgt. Und es ist wirklich schade, wenn diese Art Humor von den Bearbeitern aus den traditionellen Bauernmärchen oft ausgemerzt wird! Denn es ist reizend, wenn Seine Majestät der König in Hemd und Bauernunterhose aus dem Bett springt, um nachzuschauen, wer wohl die Morgenröte angebunden hat, so daß es nicht tagen kann; oder wenn die helfende Alte, in der Märchenforschung gerne die Große Mutter genannt, auf Bäuerinnenart ihr Federvieh versorgen muß[37].

Der falsche Drachentöter wird freilich ohnehin leicht zur komischen Figur. Er schwitzt vor Angst, als er die Tierhelfer des wahren Helden erblickt: 12 seidene Kissen hatte er sich als Zeichen eines feinen Herren unter das Gesäß geschoben; beim Anblick eines jeden Tieres rutschen ihm nun immer vier Kissen auf einmal unterm Hintern weg, wie er vor Verlegenheit seinen Platz nicht finden kann: Man kann sich die Erheiterung und die Erleichterung des Hofes und vor allem die der Prinzessin lebhaft vorstellen, als er alle seine Kissen los wird.[38]

Aber auch der Held wirkt schon komisch, wenn er den Königsvater einen Vertrag aufsetzen läßt, damit er ja nicht um die Prinzessin betrogen werde, wenn er den Drachen getötet hat[39]. Mißtrauen und Vorsicht sind allemal geboten in den ungarischen Märchen: Die spähenden und lauschenden Königseltern finden etwa den verzauberten Frosch am Frühstückstisch ihrer Tochter recht verdächtig: „Dieser

Frosch ißt schon sonderbar! Ein Frosch sollte nicht *so* essen! Ein Frosch ißt mit seinem Maul und nicht mit einem Löffel ...[40]"!

Ja, das Essen spielt auch eine große Rolle im mündlichen Märchen, es hat nicht nur eine epische Funktion, etwa als Bewährungsprobe des guten Helden. Immer wieder finden wir behagliche Mahlzeitbeschreibungen, was bei einem Volke, das der Welt den Gulasch geschenkt hat, nicht erstaunen mag. Doch mutet es mitunter sonderbar an, wenn im Schatten eines dramatischen Geschehens zuerst einmal gut gegessen wird. Etwa wenn der Drachentöter und später sein Bruder im Hexenwald sich ein gemütliches Lagerfeuer entfachen und ihr mit Salz und Paprika gewürztes Brot mit dem vom Spieß tropfenden Speck genüßlich schmalzen[41].

Humor ist jedoch nicht nur ein Bestandteil des heroischen Geschehens, Humor ist auch dessen Abgrenzung: Mit Hilfe des Humors wird die schwer arbeitende Zuhörerschaft in die Märchenwelt eingestimmt. Sie wird mit Hilfe von Anfangsformeln aus dem Alltagsleben in eine Zauberwelt geführt, um am Ende der Geschichte wieder aus der Welt der Wunder mit heiteren Schlußformeln in das alltägliche Dorfleben zurückgeleitet zu werden.

Hören wir nun, wie der berühmte Gewährsmann von Gyula Ortutay, Mihály Fedics, eines seiner Märchen beginnt:

„Einmal war es, keinmal war es, jenseits des Operenzenmeers war einmal im großen Ungarn, einen Läusenschritt und einen Flohsprung entfernt, am Dorfende eine Trauerweide. Diese hatte siebenundsiebzig Äste. Am 77sten Ast hing ein lumpiger Rock. Die Geschichte, die ich euch erzählen will, habe ich aus einer Falte dieses Lumpenrocks herausgezogen"[42].

Und wenn eine prächtige Märchenhochzeit gefeiert wird, muß der gute Erzähler dafür sorgen, daß seine Zuhörer unbeschadet aus dieser Traumwelt entlassen werden, etwa so:

„Sie haben geheiratet, da gab es einen großen Hochzeitsschmaus (...) Da haben sich die Zigeuner herausgeputzt und aufgedonnnert, sie kamen ohne Hut, dafür aber barfuß. Auch die Hunde haben sich aufgemacht, wollten sich sattessen. Bis die Nachhut angekommen ist, war die Spitze verhungert. Dort waren die Theiss und die Donau in einen Sack gesperrt, mit einer Wagenstange verknotet, mit einem Seil gestützt. Ich drehte mich, ich strich herum. Ich war der große Brautführer, der andere war der kleine Brautführer. Ich tanzte, ich sprang, ich drehte mich um den Sack herum, mein Strohwisch blieb hängen, der Sack bekam einen Riß, und so wurde ich hierhergeschwemmt".[43]

Anmerkungen

1 Röhrich, Lutz: Drache, Drachenkampf, Drachentöter. In.: Enzyklopädie des Märchens (EM) 3. Berlin, New York 1981, S. 787-820, hier S. 788, 801 sq.
2 Schiller, Friedrich: Vom Erhabenen. In: Neue Thalia hrsgg. von Schiller. Bd. 3. Bern 1969 (Nachdruck der Ausg. 1793), S. 320-394, hier S. 351.
3 See, Klaus von: Was ist Heldendichtung? In: id. (ed.): Europäische Heldendichtung. Darmstadt 1978, S. 1-38, hier S. 38.
4 Schiller (wie not. 2) S. 346 sq.
5 Clemen, Wolfgang: Zum Verständnis des Werkes. In: Shakespeare: Hamlet, Prinz von Dänemark. Englisch und Deutsch. In der Übersetzung von Schlegel und Tieck, hrsgg. von L. L. Schücking. Reinbek bei Hamburg 1968, S. 234-246, hier S. 235.- Amleth. In: Bødker, Laurits: Dänische Volksmärchen. Düsseldorf/Köln 1964, S. 307-320.
6 Amleth (wie not. 5) S. 308.
7 Aitken, Hannah/Michaelis-Jena, Ruth: Märchen aus Schottland; Düsseldorf/Köln 1982, num. 12.
8 Kovács, Ágnes: Ungarische Volksmärchen. Düsseldorf/Köln 1966, num. 13.
9 Amleth (wie not. 5), S. 309
10 Löwis of Menar, August von: Russische Volksmärchen, Verb. und erweit. Ausg. von Reinhold Olesch. Düsseldorf/Köln 1959, num. 41.
11 Brunvand, Jan H.: Askeladden. In.: EM 1 Berlin/New York 1977, S. 873-878, hier S. 875.
12 Lüthi, Max: Dümmling, Dummling. In: EM 3 (1981); S. 937-946, hier S. 942.
13 Karlinger, Felix/Bîrlea, Ovidiu: Rumänische Volksmärchen. Düsseldorf/Köln 1969, num. 16.
14 Nagy, Géza/Erdész, Sándor: Karcsai népmesék (Volksmärchen aus Karcsa) 1. Budapest 1985, num. 20: Kótyonfitty, S. 218-237, hier: S. 218.
15 ibid. 219.
16 ibid. 220.
17 ibid. 221.
18 ibid. 222.
19 Nekljudov, S. Ju.; „Geroičeskoe detstvo" v ėposach vostoka i zapada. In: Istoriko-filolog. issledovanija. Moskva 1974, S. 129-140. (Zitiert aus der handschriftlichen Übersetzung: „Die heroische Kindheit" in den Epen des Ostens und Westens, p. 9.)
20 Dégh, Linda: Kakasdi népmesék (Volksmärchen aus Kakasd); 1: Palkó Józsefné meséi. Budapest 1955, num. 2: Nemtudomka, S. 24-60; S. Dobos, Ilona; Egy somogyi parasztcsalád meséi. (Märchen einer Somogyer Bauernfamilie). Budapest 1962, S. 382-386.
21 Propp, Vladimir Jakovlevič: Morphologie des Märchens. (Hrsgg. von Karl Eimermacher. (Frankfurt am Main) 1975, S. 91.
22 Lüthi (wie not.12), S. 941.
23 ibid. 941 sq.
24 Dégh (wie not. 20), S. 473.
25 Lüthi, Max: Gebrechliche und Behinderte im Volksmächen. In: id.: Volksliteratur und Hochliteratur. Bern/München 1970, S. 48-62, hier 50 sq.
26 Horn, Katalin: Held, Heldin. In: EM 6 (1989). S. 721-745, hier S. 722.
27 Amleth (wie not. 5), S. 308.
28 Lüthi, Max: Das Volksmärchen als Dichtung. Düsseldorf/Köln 1975 (2. Aufl. 1990), S. 168.
29 Brunvand (wie not. 11), S. 877.
30 Lüthi (wie not. 12), S. 942.
31 Röhrich, Lutz: Drache, Drachenkampf, Drachentöter. In: EM 3, S. 787-820, hier bes. S. 788.

32 Nagy/Erdész (wie not. 14) num. 4: A három cigányfiú, S. 84-93, hier S. 88-90.

33 ibid. 85 sq.

34 ibid. 90.

35 Sebestyén, Ádám: Bukovinai székely népmesék (Szekler Volksmärchen aus der Bukovina):1: Fábián Ágostonné meséi. Szekszárd 1979, num. 5: Vas Laci, S. 27-33, hier S. 29.

36 Nagy/Erdész (wie not. 14) num. 6: Tehenfeltartott Mátyás, S. 100-109, hier S. 104.

37 Kovács, Ágnes: Kalotaszegi népmesék (Volksmärchen aus Kalotaszeg) 92; 1. Budapest 1943, S. 172. - ibid. 180.

38 ibid. 101-103; Sebestyén (wie not. 35), S. 73 sq.

39 Nagy/Erdész (wie not 14), S. 84 sq.

40 Géczi, Lajos: Ungi népmesék és mondák (Volksmärchen und Sagen aus Ung., Budapest 1989, S. 195.

41 Penavin, Olga: Jugoszláviai magyar népmesék; (Ungarische Volksmärchen aus Jugoslawien) 1. Budapest/Ujvidék [2]1984, S. 110, 112.

42 Ortutay, Gyula: Fedics Mihály mesél (Mihály Fedics erzählt). Budapest, 1940, S. 320.

43 ibid. 201.

.. Nachts, als der junge König schlief,
mußte seine Gemahlin ihm die Decke
wegziehen und den Eimer voll kalt Wasser
mit den Gründlingen über ihn herschütten,
daß die kleinen Fischlein um ihn herum
zappelten.
Da wachte er auf und rief:
„Ach was gruselt mir, liebe Frau!
Ja, nun weiß ich, was Gruseln ist."

Ekkehart Hauser
„Märchen von einem, der auszog, das Fürchten zu lernen"

Ekkehart Hauser

1949 bis 1954 Studium der Akademie der Bildenden Künste München, dann tätig als Kunsterzieher, Maler und Bildhauer, 1969 bis 1986 als Seminarleiter für Kunsterziehung, ab 1986 Lehrauftrag an der Universität Erlangen - Nürnberg. Zahlreiche Studienreisen; Ausstellungen mit Zeichnungen, Radierungen, Portraits, Aquarellen, Ölbildern und Plastiken (Bronze, Keramik, Steinguß).

*

„Ich arbeite ganz aus der Vorstellung eines Geschehens und finde die endgültige Gestalt sehr oft in einer heiteren Grundstimmung des Ausdrucks, der weder formalistisch-künstlich wirkt, noch in die Karikatur abgeleitet. Mich interessieren weniger die ‚großen Inhalte der klassischen Mythologie, - da kämen auch zu viele Vor-Bilder dazwischen. Ich entdecke seit Jahren in den Märchen meine Motive, die meiner Vorstellung von Plastik besonders entgegenkommen." (Ekkehart Hauser)

Hans-Jörg Uther

MACHEN KLEIDER LEUTE?*

Zur Wertigkeit von Kleidung, zu Schein und Sein in Märchen, Schwänken und anderen populären Erzählungen

Die Erzählforschung hat sich seit ihren Anfängen immer wieder mit vergleichender Stoff- und Motivforschung beschäftigt, was vor allem daraus resultierte, daß man um die Feststellung gemeinsamer kultureller Güter bemüht war und diese auf eine gemeinsame „menschheitliche Grundlage"[1] zurückführen wollte. Schon bei den Brüdern Grimm klingt dieser Gedanke einer anthropologischen Theorie an, wenn sie die Märchen, Sagen und Mythen als indoeuropäisches Erbe ansehen und zugleich konstatieren, daß sich durch die Erweiterung des Quellenbereichs auch noch ganz andere Möglichkeiten für derartige Gemeinsamkeiten ergeben könnten. Dies bedeutete konkret, daß die Forscher und Sammler von Märchen – und ich meine hier in dem weit gefaßten Begriff der Brüder Grimm auch Novellenmärchen, Exempel, Schwänke – zunächst bemüht waren, die ungeheuren Materialmassen von Texten, welche im 19. und beginnenden 20. Jahrhundert in vielen Regionen der Welt mit unterschiedlicher Sammelintensität zusammengetragen worden waren, in ein System zu bringen. Schließlich galt es, die Texte mittels Stichwörtern und eines Katalogisierungssystems nach Gattungen oder Themen zu ordnen – und zu vergleichen[2]. Für unsere Thematik heißt dies, daß wir dadurch imstande sind, aus der großen Anzahl regionaler Typen- und Motivkataloge sowie der internationalen Systeme[3] mit relativ wenig Aufwand zu ermitteln, welche Erzählungen kürzerer oder längerer Art sich mit dem Thema „Kleidung" beschäftigen.

Dabei schließt Kleidung im üblichen Sinn alle Gegenstände ein, die der Mensch zum Schutz gegen äußere Einflüsse trägt, wobei sich durch Herkommen oder Beruf, Anlaß oder aufgrund kultureller (Schamgefühl) und zeitbedinger (Mode) Vorstellungen Änderungen ergeben, die auch das Gebiet des Schmucks (Haarspangen, Ringe) betreffen. Signifikant sind in diesem Zusammenhang auch die für den Oberbegriff Kleidung vorgesehenen Stichwörter in der *Enzyklopädie des Märchens*[4], z. B.:

Abtragen der Schuhe, Ausschicken von Gegenständen, Federhemd, Federkleid, Frau in Männerkleidung, Gestalttausch, Gürtel, Hemd, Hut, Kaisers neue Kleider (AaTh 1620), Kette, Kleider machen Leute (AaTh 1558), Kleidertausch, Kleidung, Kopfbedeckungen vertauscht, Mantel,

Ring, Schuh, Pantoffel, Schuhe angeboten (AaTh 1731), Schuhe für Tiere (AaTh 1695), Schuhe: Die zertanzten Schuhe (AaTh 306), Verkleidung; ferner die Vielzahl von Artikeln, welche die Herstellung von Kleidung betreffen wie Spinnen, Spinnrad, Spinnfrauen: Die drei S. (AaTh 501) oder Spinnstube sowie die Artikel, welche die Kleidungsthematik und ihre Funktionen nicht für den Gang der Handlung, wohl aber in ihrem Stellenwert für den jeweiligen Träger mitbehandeln müssen, also etwa die Artikel Barfuß, Brauch, Dekorative Züge, Flächenhaftigkeit, Fuß, Fußsymbolik, Gabe, Geschlechtswechsel, Gestalttausch, Nacktheit, Schönheit und Häßlichkeit, Soziales Milieu, Ständeordnung.

Hatte sich die ältere Forschung oftmals damit begnügt, einschlägige Märchen zusammenzustellen und den Verbreitungssektor zu dokumentieren, wann wo wer welches Kleidungsstück trägt, gab es daneben auch schon Versuche, die Ding- und Figurenwelt des Märchens zu deuten. So glaubte gegen Ende des 19. Jahrhunderts, als astral-, sonnen- und mondmythologische Interpretationen hoch im Kurs standen, Stanislaus Prato z. B., daß das Motiv des Sonnen-, Mond- und Sternkleides, wie es etwa die Schwanjungfrau im Grimmschen Märchen *Der Trommler* (KHM 193) oder das Mädchen in *Allerleirauh* (KHM 65) besitzen, auf die kultische Verehrung der Gestirne zurückgehe, gewissermaßen ein Überbleibsel alter Kulturen sei, das sich als archaischer Zug bis in die Neuzeit erhalten habe[5]. Daß die von ihm herangezogenen Märchen erstmals in ihren Episoden und Strukturen im 19. Jahrhundert publiziert worden waren, störte ihn dabei wenig. Doch diese spekulativen Deutungen waren nur kurzlebig, gerieten aber dennoch nicht ganz in Vergessenheit, wenn wir etwa an die Ausführungen Ludwig Schellhorns zum Märchen und dessen angeblichen Beziehungen zur Astralmythologie denken[6].

Ganz anders nehmen sich dagegen Untersuchungen aus, wie sie etwa Bruno Schier und Leopold Schmidt vorlegten. Schier widmete sich literarischen und oralen Zeugnissen über Kopfbedeckungen und äußerte sich über den Hut als Spiegel der sozialen Stellung und seelischen Haltung seines Trägers[7]. Die Auffassung von der Kopfbedeckung als eines „Gradmessers für die Herkunft und Würde ihres Trägers" sah er in vielen Zeugnissen aus dem Bereich populärer Überlieferungen – z. B. den Hut als Signum der Herrschaft in der Tell/Gessler-Szene – verkörpert. In anderem Zusammenhang führte Leopold Schmidt über den *Hochmut des zu hohen Hutes* (1980) aus, daß eine von Karl Heinrich Waggerl verfaßte Teufelspaktsage von einer Braut, die gegen Verpfändung ihrer Seele vom Schwarzen schöne Kleidung einschließlich eines hohen Hutes erhält, den aber auf dem Weg in die Kirche verliert und deswegen vom Teufel entführt wird, keine Rückschlüsse auf reales Brauchtum zulasse. Für diese Sage im Heimatland des Dichters habe sich „eine wirkliche, direkte Quelle [für die Sitte des Huttragens der Braut auf dem Weg zur Kirche] in Form einer der aufgezeichneten Salzburger Teufelssagen [...] nicht gefunden“[8]. Gleichwohl macht uns Schmidt deutlich, daß Waggerls Erzählung, übrigens mit detaillierter Schilderung der alten Tracht der Landschaft, nicht primär um das Motiv des hohen Hutes kreist, sondern als Erzählsage die Nichteinhaltung des Teufelspaktes mit der Tabuüberschreitung des verlorenen Gegenstandes enthält und eine scheinbar rationale Begründung bietet, warum die Braut einen niedrigen Hut auf dem Weg zur Kirche tragen muß. Der Hut ist demnach nur als bloßes Requisit zu verstehen, der leicht durch andere Gegenstände ersetzt werden kann, ohne daß die funktionelle Aussage an Bedeutung verlöre. Selbst in den Bereich einer Ätiologie kann eine solche „Sage“ übergehen, wenn es abschließend heißt, daß seit jener Zeit die Hüte niedriger geworden seien. Aber auch diese Aussage, das zeigt Schmidt, hat keine realen Hintergründe für eventuell früher vorhandene Kleidungsbräuche der Braut, weil „eben die Bräute zur Hochzeit gar keine Hüte trugen“[9].

Aus einem anderen Grunde ist die kleine Studie Leopold Schmidts noch bedeutsam, zeigt sie doch einerseits, daß der Dichter zur Erklärung der Tracht der Landschaft diese „Sage“ höchstwahrscheinlich erfunden hat und andererseits Stilmittel verwendet, die wir in anderen Sagen nicht finden. Gemeint ist hier die einleitende ausführliche Schilderung der Tracht. Da heißt es: „Der Vater Röck trug noch die älteste Tracht, an Werktagen zur gewalkten Joppe eine lange Lederhose, die angenähten Stiefelröhren unten offen und die Naht herauf mit einem Silberstreifen verziert, als sei ihm eine Schnecke über den Hintern gekrochen. An Feiertagen kam noch der grüne langschößige Haftelrock dazu und beim Kirchgang ein hoher Hut, wie er früher auch zur Frauentracht gehörte.“[10] Solche ins einzelne gehende Kleidungsangaben sind in der sogenannten Hochdichtung öfter anzutreffen, und es erscheint durchaus legitim, Quellen vergangener Zeit daraufhin zu untersuchen, welche Rückschlüsse auf Kleidung und Mode sich aus den Texten ziehen lassen. Gerade das Epos mit den langen Beschreibungen von Kleidung und Ausstattung seiner Helden und Heldinnen bietet da ein weites Feld, und man muß nicht erst die große Arbeit *Heldendichtung* von C. M. Bowra über *Eine vergleichende Phänomenologie der heroischen Poesie aller Völker und Zeiten* ([1952]; dt.: Stg. 1964) oder Walther Heissigs unlängst erschienenes zweibändiges Werk über *Erzählstoffe rezenter mongolischer Heldendichtung (Wiesbaden 1988) oder* Elke Brüggens *Darstellung von Kleidung und Mode in der höfischen Epik des 12. und 13. Jahrhunderts* (Heidelberg 1989) bemühen, um diese Aussage bestätigt zu finden. Schon zuvor gab es eine Fülle von Arbeiten mit dem Ziel, Kleidungs- und Modeverhalten vergangener Tage aus derartigen Texten, die oftmals die einzige oder eine der wenigen Quellen darstellten, zu erschließen. Doch kamen die Untersuchungen, etwa Sebastian Loys über *Stoffe und Kleidung im Mittelalter, dargestellt an Hand der mhd. Dichtungen unter besonderer Berücksichtigung der Dichtungen von 1180-1220* (Diss. masch. Freiburg 1923) oder Elfriede Bertelts Arbeit *Gewandschilderungen in der erzählenden höfischen Dichtung des 12. und 13. Jahrhunderts* (Diss. Münster 1936), über eine Bestandsaufnahme feststellbarer Textstellen und einer inhaltlichen Gliederung nicht hinaus. Der fehlende Kontext- und Performanzzusammenhang verhinderte eine kritische Analyse, warum einzelne Stände eine bestimmte Gewandung zu einem bestimmten Anlaß trugen, was die Kleidung über die Standesgebundenheit oder die Persönlichkeit des Trägers aussagt oder was wir daraus über Normen und Wertvorstellungen einer Gesellschaft entnehmen können. Auch bleibt ein zentraler Gesichtspunkt unberücksichtigt: die Frage nach Kleidung als Mittel der Selbstdarstellung, mithin als äußerlich sichtbarer Ausdruck der Persönlichkeit. Erst neuerdings ist diese wichtige Funktion von Kleidung, gerade auch unter dem Aspekt sozialwissenschaftlicher Fragestellungen[11], näher in den Blickpunkt gerückt. Zu denken ist etwa an die Untersuchungen Carlo Michael Sommers und Thomas Winds über *Mode. Die Hüllen des Ich* (Weinheim/Basel 1988) oder an *Jugend und Mode. Kleidung als Selbstinszenierung* (Opladen 1988) von Dieter Baacke oder an Ingeborg Weber-Kellermanns Studie *Der Kinder neue Kleider* (1985) u. a. Es sind also mehr als bloße Kleiderordnungen, die auf Interesse stoßen. Kleidung und Mode ergeben erst, wie es in einer Zeitungswerbung zur Arbeit von Sommer und Wind heißt, „den Eindruck, den wir auf andere machen (und auf uns selbst)“[12], Kleider machen Leute im Sinn von Selbstdarstellung und Wirkung auf andere.

Während solche zumeist komparatistisch angelegten Untersuchungen einen Einblick in die Geschichte und die Entwicklung von Kleidung und Mode vermitteln, auch damit verbundene Vorstellungen schildern, lassen sich zeitbedingte Einstellungen für das Märchen kaum jemals feststellen. Doch kann man sehr wohl davon ausgehen, daß verbreitete Erzählinhalte nach allgemeiner Einschätzung „irgendwie gruppenspezifische Werte, Normen, Singgebungen, Gefühlszustände und Lebensverhältnisse" enthalten, wie Rudolf Schenda im Zusammenhang mit der Frage nach der Vermittlung sozialhistorischer Einordnung von Volkserzählungsinhalten formulierte[12]. Gewiß haben wir es in solchen Fällen mit einer durch Angehörige der Oberschicht verzerrten Überlieferung zu tun, wenn wir daran denken, daß die Herausgeber der Märchenanthologien des 19. und 20. Jahrhunderts den bürgerlichen Schichten angehörten, aber dennoch spiegeln Märchen sublim ethische Vorstellungen über Kleider wider, sublim deshalb, weil das Märchen in seiner Darstellung zeitüberdauernder und gleichförmiger ist. Prägnante Formulierungen, ein hoher Grad von Anschaulichkeit, eindeutig gezeichnete Figuren, Requisiten und Szenen sind bekanntermaßen die Charakteristika der Gattung. Der Sage hingegen lassen sich mitunter durchaus Informationen über mögliche Funktionen von Kleidungsstücken oder landschaftlich bedingter Kleidung entnehmen, was wohl mit dem höheren Realitätsgehalt der Sage zu tun haben dürfte. Gustav Jungbauer hat festgestellt, daß z. B. die Waldgeister zuweilen in rein menschlicher Kleidung erscheinen, die entweder der Mode der früheren Zeit entspricht oder sich sogar mitunter an eine bestimmte landschaftliche Tracht anschließt[14]. So erfahren wir in Robert Eisels *Sagenbuch des Voigtlandes* von 1871 über die Holzweibel, daß sie den oberländischen Bäuerinnen ähnlich sahen und wie die Bauersleut bei Schleiz gelbbraune Schürzen trugen, während die männlichen Waldgeister grüne Jagdkleider mit roten Aufschlägen und schwarze dreieckige Hüte besaßen[15].

Was nun erzählen uns Märchen über Kleidung? Im Unterschied zur ganzheitlichen Schönheitsbeschreibung des orientalischen Märchens mit einer geradezu epischen Breite für Figurenschilderung, die nicht selten in Übertreibungen gipfelt („Der Sonne gleichet sie, dem Monde", wie es in der berühmten Sammlung *Tausendundeinenacht*[16] und anderswo heißt), haben wir statt einer solchen individuellen Schönheits- und Kleidungsbeschreibung im europäischen Märchen ein unbestimmtes Schönheitsideal, das die Kleidung oft gar nicht einmal erwähnt[17]. So ist die Heldin „schön", „wunderschön", „wunderhübsch" oder „über alle Maßen schön", wie es im *König Drosselbart* (KHM 52, AaTh 900) und in anderen Märchen heißt; „daß sich ihresgleichen nicht mehr auf Erden fand" (KHM 65, AaTh 510 B) charakterisiert *Allerleirauh*. Über die eine stets zurückgesetzte „weiße Braut" (KHM 135, AaTh 403) erfahren wir, daß der König sich in ihr Bild verliebte, ihr „prächtige Goldkleider" schickte, die sie aber auf dem Weg zu ihm aus Barmherzigkeit und auf Anraten ihrer ihr böse gesinnten

Stiefmutter wieder ablegt und mit ihrer „güldnen Haube" der Stiefschwester aushändigt. Die Absicht ist unschwer zu erahnen. Wie im *Gänsemagd*-Märchen (KHM 89, AaTh 533) will die unrechtmäßige „unterschobene" Braut den Platz der wahren Braut einnehmen und Königin werden. Aber die ausgleichende Gerechtigkeit des Märchens läßt nicht auf sich warten: Obwohl von Bruder und Stiefmutter ertränkt, ist sie in Wahrheit nicht tot, sondern lebt als Ente weiter, ein Zug, der unter anderem auch in *Brüderchen und Schwesterchen* begegnet, nur ist es hier zumeist ein Reh. Die Ente kann, märcheneigentümlich, sprechen, klagt dem Küchenjungen ihr Los (wie die Gänsemagd dem Pferdekopf), und der Küchenjunge entdeckt eines Tages dem König das Geheimnis der Ente. Warum der König den Hals der Ente mit einem Hieb durchtrennt und daraus wieder das „schönste Mädchen" wird, das der König je gesehen, bleibt unerklärt, doch wissen wir, daß Märchen eine Logik des Handlungsablaufs nicht unbedingt voraussetzen. Nun kleidet der König die Rückverwandelte mit „köstlichen Kleidern" ein, während der Kleidertausch für die Stiefmutter und ihre Tochter fatale Folgen hat. Das Märchen fällt von einem Extrem ins andere, nur eine extreme Lösung bleibt für die beiden: Ohne Kleidung, also nackt, werden sie in ein mit Nägeln gespicktes Faß eingesperrt und um die Welt gerollt. Trotz übler Nachstellungen ist das gute Mädchen zu seinem Recht gekommen; denn alle sogenannten Brautwerbungsmärchen enden mit dem sozialen Aufstieg der Heldin bzw. des Helden[18].

Doch hören wir noch weitere Beispiele: Dornröschen, „war ein Wunder an Schönheit", und Schneewittchen, eine weitere Vertreterin aus der Gruppe der unschuldig verfolgten und leidenden Heldinnen, erweckt als Schlafende, auf dem Bett in ihren Kleidern dahingestreckt, eine derartige Verzückung bei den sieben Zwergen, daß sie vor Verwunderung schreien, als sie Schneewittchen in ihrem Haus gewahr werden. Das *Schneewittchen*-Märchen (KHM 53, AaTh 709) macht aber mit der Figur der Stiefmutter auch deutlich, daß Schönheit in Kleidung und gepflegtem Äußeren nicht das einzig erstrebenswerte Ziel sein kann. Die Konkurrenz zu ihrer Stieftochter läßt sie Mordpläne schmieden, hatte doch der Zauberspiegel ihr die Auskunft gegeben, ihre Stieftochter sei tausendmal schöner als sie. Das durch Neid und Mißgunst begründete Konkurrenzverhalten der Stiefmutter könnte seinen Ursprung darin haben, daß dem äußeren Erscheinungsbild der Frau de facto und in der Überlieferng eine nicht zu unterschätzende Bedeutung zukommt. Aber die Auseinandersetzung der beiden Schönen, die das Schneewittchen wiederum als eine passive Schönheit zeigt, läßt auch die ethische Norm des Märchens erkennen, daß zur äußeren Schönheit innere Werte gehören, sonst ist sie vergänglich. Ähnliche Gefühle, wie sie die sieben Zwerge beim Anblick der Schlafenden befallen, empfindet der junge König aus dem Märchen *Der treue Johannes* (KHM 6, AaTh 516). Als er die zuvor nur als Bild wahrgenommene Schönheit leibhaftig erblickt, meint er nicht anders, „als das Herz wollte ihm zerspringen". Nicht selten ist der Grad weiblicher Schönheit auch durch Vergleiche bestimmt, wobei eine besondere Affinität zu Metallen und Gestirnen besteht, die, da zeitenüberdauernd, Gleiches auch für die Kleidung der Heldin signalisieren sollen[19]. Auf diese Weise bezieht das Märchen den Kosmos mit ein und wird universal. Ein Sonnen-, Mond- und ein Sternenkleid vermag sich die vom Helden erlöste Schwanjungfrau im Märchen *Der Trommler* (KHM 193, AaTh 400 + 313 C + 519) mittels eines Wunschringes zu verschaffen, nachdem ihr Befreier sie nichtsahnend „vergessen" hat, um eine andere zu heiraten. Die Wirkung dieser Kleider auf die neue Auserwählte ist so stark, daß sie die Kleider tauscht gegen des Versprechen, daß die rechte Braut vor dem Zimmer ihres Geliebten eine Nacht zubringen darf. Trotz mancher List (Schlaftrunk für den Mann, damit er die Wachende nicht bemerken soll) kann sie sich in einer der „erkauften Nächte" ihrem Geliebten offenbaren. Tröstlicher Ausgang: Es folgen die Wiedererkennung der beiden und die Hochzeit; die andere darf die Kleider behalten und gibt sich damit zufrieden. Im *Frau Holle*-Märchen (KHM 24, AaTh 480) erhält das gute Mädchen einen Goldstern, goldene Kleider und andere schöne Dinge zur Belohnung, den häßlichen und auch habgierigen Stiefschwestern mißlingt die Wiederholung dieser Gaben. Wegen ihres abweisenden Wesens der gütigen Frau gegenüber werden sie nach Rückkehr aus der Jenseitswelt immer häßlicher, statt Goldkleidern kommen sie in einem Pechkleid daher. Umgekehrt vermag die schmutzige Kleidung Aschenputtels und anderer Mangelwesen und eine damit verbundene demütige Rolle als Aschensitzerin – in nordischen Varianten meist der männliche Askelad – zunächst signalisieren, daß hier ein „unpromising hero" (Mot. L 100 – L 199), ein unscheinbarer Held, auf Hilfe von außen durch Tiere, Ratgeber, oder, wie im *Aschenputtel*-Märchen, auf die Hilfe Verstorbener zurückgreifen muß, um seine/ihre Lebensbedingungen zu verbessern.

Entscheidend ist die moralisch im Sinne der Mehrheit sanktionierte gute Absicht, denn es ist nur selbstverständlich, wie Kurt Ranke ausführte, daß „der erzählende Mensch die determinierenden Faktoren seines Lebens in die Welt seiner oralen und literalen Traditionen übernimmt"[20]. Deshalb erscheint auch die Verkleidung eines Herrschers legitim, der sich inkognito ein Bild von der Stimmung seiner Bevölkerung verschaffen will, um Mißstände zu erfahren und zu beseitigen, die Beispiele von Harun Ar Raschid bis zu heutigen Monarchen sind Legion. Und ebenso gerechtfertigt erscheint daher die Verkleidung der Frau des Hexenmeisters im Märchen von *Fitchers Vogel* (KHM 46, AaTh 311), die bedeckt in einem Kleid aus Federn unerkannt dem heimkehrenden Bräutigam entkommt. Unzweideutig weist das Märchen auf ethische Komponenten hin: Nur eine gütige, barmherzige oder mit anderen erstrebenswerten Tugenden Ausgestattete oder die aus einer unverschuldeten Notlage Befreite verdienten auch die „Prachtkleider", so in einem schleswig-holsteinischen *Aschenputtel-Märchen* aus rezenter Überlieferung: „n ganz fien Kleed un witte Strümp un witte Schoh un 'n witte Pardelklee")[21],andere nicht, wie Schneewittchens Stiefmutter oder die bösen Schwestern Aschenputtels, die falschen Bräute, die hybride Frau des armen Fischers, dessen Frau nach Kleidung und Palast den Papsttitel und schließlich Gottähnlichkeit verlangt; ihnen fehlen die inneren Werte.

Beliebig ließen sich die Beispiele fortsetzen, keineswegs nur auf das deutschsprachige Gebiet beschränkt und schon gar nicht auf die KHM allein. Hinzu kommt noch eine Vielzahl von Kleidungsmotiven, die als Zaubergabe Held/Heldin bei ihren Aufgaben unterstützen, sei es als Zauberhut wie im *Fortunatus*-Märchen (KHM 122, AaTh 566), als unsichtbar machender Mantel im kroatischen Märchen[22], und Kleidungsstücke mit diversen wunderbaren Eigenschaften kennt ebenso die Legende zuhauf[23]: Ob nun einige Dutzend Heilige ihren Mantel am Sonnenstrahl aufzuhängen vermögen[24] oder ihn, auf dem Wasser ausgebreitet, als Boot benutzen[25] oder einen Toten damit lebendig machen, etc. – stets dient hier das betreffende Kleidungsstück als Requisit und soll die vermeintliche Macht der Heiligen durch sogenannte Bestätigungswunder[26] bekräftigen.

In jedem Fall zielen die Beispiele aufs Allgemeine, nur abstrakt erfahren wir etwas von wunderschönen Kleidern, von Schönheit etc. Dies gilt auch für die mögliche Widerspiegelung von Bräuchen in Märchen. Denkbar ist, daß z. B. die im *Aschenputtel*-Märchen vorkommende Schuhprobe ein brauchgeschichtliches Relikt ist. Schon Jacob Grimm vermutete Anklänge an den germanischen Verlobungsbrauch des Schuhanziehens und -ausziehens[27]. Auch im neuzeitlichen Brauchtum lassen sich Belege für vergleichbare Handlungen finden, wie Lutz Röhrich ausführt, indem er daran erinnert, daß bei romanischen Völkern z. T. noch heute der Braut vor der Trauung die alten Schuhe ausgezogen werden, oft vom Bräutigam selber[28]. Aber insgesamt muß man mit solchen Zuweisungen, das machen Röhrich wie auch oben Schmidt deutlich, vorsichtig sein.

Von literaturwissenschaflicher Warte aus hat Max Lüthi die stilistischen Eigenarten des europäischen Märchens eindrucksvoll herausgearbeitet, zugleich aber auch mit Recht auf den hohen Symbolwert der Figuren hingewiesen. Denn die Märchenheld(inn)en als „Figuren ohne Körperlichkeit, ohne Innenwelt, ohne Umwelt"[29] sind als Vertreter bestimmter Werte und Vorstellungen eindeutig in leicht dechiffrierbaren Bildern und Symbolen charakterisiert, wozu neben den Dinggaben die Kleidung gehört, so daß die Leser wie Zuhörer einen raschen Zugang finden. Die Kleidung dient gewissermaßen als Erkennungszeichen, und die Identifikation mit den positiv gezeichneten Handlungsträgern ist ungemein erleichert, weil jeder die angebotene Schablone mit seiner Vorstellung von entsprechender Kleidung und Schönheit besetzen und seiner Phantasie freien Lauf lassen kann. Die damit verbundene Freiheit trägt zugleich zur zeitüberdauernden Wirkung der Märchen bei.

Aufbauend auf Lüthi, aber noch stärker *Das Kleid als Ausdruck der Persönlichkeit* betonend, legte Katalin Horn[30] vor einigen Jahren ihre kleine Studie als Beitrag zum Identitätsproblem im Volksmärchen vor. Sie geht aus vom Motiv des nach langer Zeit Heimkehrenden, der von seiner Umwelt, da nicht „standesgemäß gekleidet", zunächst nicht erkannt wird, das berühmte Schlußmotiv aus dem in vielen Teilen Europas bekannten Novellenmärchen *Heimkehr des verlorenen Sohnes* (AaTh 935): In unwürdiger Stellung als Schweinehirt und dergleichen tut er unerkannt Dienst bei seinen Eltern, die ihn erst erkennen, als er die ihm adäquate prächtige Kleidung anlegt. Mit diesem auch in anderen Märchen begegnenden Kleidertausch macht die Verfasserin auf den ebenso real bestehenden engen Zusammenhang zwischen Person und Kleid(ung) aufmerksam, die „zweite Haut", betont aber, daß das Kleid um seiner selbst willen im Märchen keine Rolle spiele, sondern nur insofern wichtig sei, als es einen Zustand, eine Eigenschaft oder den Lohn einer Eigenschaft darstelle[31], somit letztlich die Identitätsfrage der Märchenfiguren berühre.

Die Funktion von Kleidung ist einzig auf das Handlungsgeschehen ausgerichtet und unterstützt das prägnant gezeichnete Bild von Held/Heldin und ihren Gegenspielern, trägt somit zu deren eindeutiger Charakterisierung bei. Der Sieg des Aschenputtels, bei dessen Anblick alle im Festsaal Anwesenden vor Verwunderung über seine Schönheit zurückgewichen waren, als es in seinen Prachtgewändern den Tanzsaal betrat, der Sieg der Gänsemagd und anderer Unterdrückter oder scheinbar am unteren Rande der Gesellschaft stehender Handlungsträger bedeutet stets den Sieg mehrheitlich sanktionierter Werte und Charaktereigenschaften, und diese „naive Moral", wie man sie seit André Jolles[32] oft genannt hat, zeigt sich im Märchen immer wieder: „So müßte es eigentlich in der Welt zugehen."

Den zeitüberdauernden Aspekt des Märchens dokumentieren auch den Text begleitende Illustrationen, welche die Figuren des Märchens in ganz unterschiedlicher Kleidung zeigen. Den Perrault'schen *Blaubart,* dessen Einleitungstext uns eine ausführlich gehaltene Schilderung luxuriösen Landlebens vermittelt, erleben wir in Illustrationen des späten 18. und 19. Jahrhunderts sowohl als höfischen Ritter mit Federhut, Halsbinde, Kniehose und Weste, mit weißen Strümpfen und Schnallenschuhen, also durchaus standesgemäß, in englischen Illustrationen aber auch als Orientalen mit Krummschwert und Pluderhosen, da der unbekannte Bearbeiter die Handlung in den Orient verlegt hatte[33]. Aber solche Änderungen im Geschehensablauf sind gar nicht nötig, es genügen die Insignien eines Begüterten, etwa ein schwerer Siegelring, Brustschmuck und dergleichen zur bildlichen Darstellung – bei gleichbleibendem Inhalt. Ein anderes Beispiel bietet uns *Hans im Glück*[34]. Von Ludwig Richter noch als untersetzter derber Bauernbursche (etwa 1852) gezeichnet (und ebenso in der Illustration des Münchener Bilderbogens durch Ludwig Voltz, 1856/57), wird aus dem einfältigen, aber innerlich zufriedenen Bauern Hans auf einem Neuruppiner Bilderbogen (etwa Ende des 19. Jahrhunderts) ein bürgerlich Gewandeter, der nach einer siebenjährigen Lehrzeit – nach den Vorstellungen des Zeichners offenbar in einem städtischen Kontor – den Goldklumpen aus der Hand des Besitzers entgegennimmt[35]. In der Mode der dreißiger Jahre, mit adretten Kniebundhosen, einer grünen Wanderjacke und entsprechenden Stiefeln für den Heimweg zünftig ausgestattet, stellt Willi Harwerth 1938 den nordisch wirkenden Hans in einer naturalistisch üppig wirkenden Umgebung dar[36]. Oder in der Welt des heutigen Kaufhausbilderbuchs oder in Jugendzeitschriften finden wir unseren Immerlustig ausstaffiert als Junge von etwa acht bis zehn Jahren, dem Alter der jugendlichen Konsumenten angepaßt und die Identifikation mit dem nach heutigen Maßstäben positiv gezeichneten Glücklichen erleichternd: Seine Kleidung besteht aus Hemd und Lederhose, auf dem Kopf trägt er, Signum seiner Unbekümmertheit, ein kesses Tirolerhütchen[37].

Machen Kleider Leute? Das Märchen hat uns die Frage längst mit einem eindeutigen Ja beantwortet, aber zugleich eingeschränkt, daß nur die „Guten“ die ihnen zustehenden schönen Kleidungsstücke verdienen. Daß das Märchen anders als im *Gänsemagd*-Märchen einen durch Kleidertausch herbeigeführten Betrug sogar rechtfertigt, wenn es dem positiv gezeichneten Handlungsträger weiterhilft, zeigt die große Variationsbreite dieses Genres. Zu denken ist etwa an das tapfere Schneiderlein, das sich, zunächst nicht unbedingt in betrügerischer Absicht, aber unverkennbar großsprecherisch, auf seinen Gürtel die Worte stickte: Sieben auf einen Streich. Und prompt assoziieren die im Freund/Feind-Denken erzogenen Landsknechte, als sie auf den Schlafenden stoßen, damit, daß es sich bei dieser Heldentat nur um eine kriegerische Auseinandersetzung gehandelt haben könnte. Man fühlt sich auch an die berühmte Geschichte vom *Gestiefelten Kater* erinnert, der als Helfer des völlig verarmten Jünglings dem König einreden kann, die ihm geschenkten Rebhühner seien ein Geschenk seines Herrn, den er als einen Grafen bezeichnet. Wie dann aus dem armen Müllersburschen tatsächlich ein Adliger und Schloßbesitzer wird, erzählt uns das Märchen von dem listigen Tierhelfer. Denn der schlaue Kater veranlaßt den Müllerssohn, ein Bad zu nehmen, beseitigt in der Zwischenzeit dessen ärmliche Kleidung und erzählt dem vorbeifahrenden König, Räuber hätten die ganze Habe seines Herrn gestohlen. Splitternackt im Wasser, ist nun die Standeszugehörigkeit des Müllerssohnes nicht mehr zu erkennen, er gehört gar keinem Stand an[38], andererseits ist er in seiner Nacktheit auch für jeden Stand offen durch entsprechende Einkleidung. Die Leichtgläubigkeit des Königs voraussetzend, erreicht nun der Kater, daß der Herrscher den Badenden neu einkleidet. So sind im Handumdrehen die Standesunterschiede aufgehoben, die Kleidung weist den Müllerssohn nun als Angehörigen des höchsten Standes aus. Die Liebe zur Königstochter, selbstverständlich auf den ersten Blick, ergibt sich ganz nebenbei, und, um den Betrug nicht auffliegen lassen zu müssen, besorgt der Kater seinem Herrn noch durch seine Verwandlungskünste ein passendes Schloß, das er einem Zauberer abgewinnt: Nun ist der Müllersbursche ein tatsächlicher Graf[39].

Das vermutlich in Italien erstmals fixierte Märchen (Straparola 11,1; Basile 2,4) findet sich bekanntlich auch in Charles Perraults berühmter Sammlung *Histoires ou Contes du temps passé* (1697), höchstwahrscheinlich nach italienischer Vorlage, und wurde auch als Nummer 33 in den ersten Band der KHM (1812) übernommen, später aber wieder ausgeschieden, da den Brüdern, wie übrigens auch beim Blaubart, der französische Einfluß Perraults zu offenkundig schien[40]. Daß diese Entscheidung eigentlich auch *Dornröschen* oder das *Däum-*

lingsmärchen hätte treffen müssen, ist heute längst erwiesen. Dennoch hat sich der *Gestiefelte Kater* in zahllosen Anthologien als „Grimm"-Märchen gehalten und nimmt heute unter den illustrierten Einzelausgaben einen der vorderen Plätze in der Beliebtheitsskala ein. Der anthropomorphe Kater, das sprechende Tier, dessen Verwandlungskünste und der soziale Aufstieg des eher passiv beteiligten Helden sprechen für die Nähe zum Zaubermärchen, das, wie schon betont, solche Betrugsmanöver nicht mit Strafen ahndet, sondern im Gegenteil mit sozialem Aufstieg belohnt: Der Kater steigt zum ersten Minister auf, heißt es abschließend.

Glücklich endet auch in Gottfried Kellers Erzählung *Kleider machen Leute* (1874) aus dem Novellenzyklus *Die Leute von Seldwyla* das vom Schneider aus Seldwyla zwar nicht initiierte, aber doch stillschweigend geduldete Betrugsmanöver, wonach der Kutscher eines herrschaftlichen Gefährts den Schneider im Nachbarstädtchen Goldach als einen Herrn aristokratischer Herkunft ausgibt. In dem romantisch-melancholischen Wenzel mit seinem kostbaren samtgefütterten langen Mantel glauben die Notabeln unbesehen und nur auf die Bemerkung des Kutschers hin, einen Adligen vor sich zu haben. Es dauert gar nicht lange, so ist er in der Gerüchteküche des Ortes schnell zu einem polnischen Grafen oder einem überaus reichen Grafen avanciert. Hat der Müllerssohn im *Gestiefelten Kater* einen Helfer und wird der von ihm geduldete Betrug nie entdeckt, führt uns der Schweizer Erzähler humorvoll, aber satirisch treffend, die Entdeckung des falschen Grafen vor. Ausgerechnet auf dem Verlobungsfest. auf dem die Verbindung des „Grafen" mit der Amtstochter gefeiert werden soll, erscheint eine Abordnung aus Seldwyla und wartet mit einer „auf ihn zielenden allegorischen Pantomime über das Wortspiel ‚Leute machen Kleider – Kleider machen Leute' "[41] auf. Zwar ergreift der Schneider nun rasch die Flucht, aber die Geliebte läßt ihn nicht im Stich. Sie erfährt von Wenzel die wahren Hintergründe, verzeiht ihm, daß er so widerstandlos die ihm zugedachte Rolle übernommen hat, setzt die Heirat bei ihrem Vater durch und ist auch gewillt, den zu erwartenden Spott der Leute zu ertragen. Keller zeigt uns den ständigen Antagonismus zwischen Sein und Schein, die bürgerlichen Wunschvorstellungen nach einer standesgemäßen Ehe, die in der Figur der Amtstochter aber überwindbar scheinen, indem sie – ganz im humanistischen Sinne gesellschaftliche Konventionen durchbrechend – den Menschen Wenzel liebt und nicht den Grafen und unbeirrt von äußeren Zwängen an diesem Ziel auch festhält.

Ungeachtet dieser Beispiele nehmen betrügerisch angelegte

Täuschungsmanöver im Märchen, wie wir gesehen haben, kein gutes Ende. Ganz anders dagegen wertet der Schwank bzw. das Schwankmärchen betrügerisches Verhalten. Hier steht der Betrüger im Mittelpunkt der Handlung, und seine List ist das zentrale Motiv. Den gängigen Vorstellungen von *Deceptions,* wie die große Motivgruppe in Stith Thompsons *Motif-Index* (Mot. K 0-2028) lautet, entsprechen wohl am ehesten Eigentumsdelikte und auf Defraudationen beruhende Tauschgeschäfte. Da ist die Rede von vornehm aussehenden Männern, die um ein Gastquartier nachsuchen, das ihnen auch gewährt wird. Am anderen Morgen, als es ans Bezahlen geht, sind sie jedoch schon über alle Berge. Schon ins 13. Jahrhundert läßt sich der in weiten Teilen Europas bekannte Schwank vom *Bettler als Pfand* (AaTh 1526)[42] nachweisen, wonach Gauner einen Bettler oder gar Bauerntölpel als Edelmann ausstaffieren, mit ihm in Wirtshäusern einkehren und als seine Diener agieren. Sie begehen Zechprellerei, schieben alles auf den Herrn, der die Rechnung bezahlen werde, und ehe sich der Wirt versieht, sind die Schwindler mitsamt dem noblen Herrn verschwunden. Je nach der erzählerischen Phantasie variiert der Ausgang[43]: In vielen Varianten lassen die Schwindler den Bettler als Pfand zurück und geben vor, Geld holen zu wollen. Die darauffolgende Entlarvung des Edelmannes endet mit der Bestrafung des Bettlers. Andere Varianten sehen einen glimpflicheren Ausgang für den Düpierten vor: Der tölplige Bauernbursche, der nicht einmal das Vorhaben seiner neuen Freunde durchschaut hatte, wird wieder laufengelassen. Auch als Volksstück, Komödie, Fastnachtspiel ist die Thematik verarbeitet worden. Die Vermutung liegt nahe, daß dahinter nicht nur eine „diebische" Freude an Verkleidungsstücken und der Aufhebung von Rollen- und Standesklischees steht, sondern daß solcherart mögliche Betrügereien, wie sie heute noch hin und wieder in den Medien zu hören und zu lesen sind, durchaus einen realen Hintergrund gehabt und dem anonymen Autor etwa des *Maeynhincklers Sack* (1612) Anlaß genug geboten haben könnten, solche Geschichten zur Belustigung und zur Warnung zugleich in seine antiklerikale und zotige Sammlung „marckschiffrischer Wissbadischer / Saurbornischer / laecherlichen Bossen vnd Schwaencken" aufzunehmen[44]. Selbst der Habit eines Bischofs ist den Betrügern nicht zu schade und eignet sich natürlich vorzüglich zur Reputation, um in dieser seriösen Kleidung einen leichtgläubigen Tuchhändler um mehrere Ballen feinen Tuchs zu bringen.

Anders als das Märchen bringt das Schwankmärchen viel stärker menschliche Unzulänglichkeiten wie auch Verhaltensweisen zum Vorschein. Ein gutes Beispiel in unserem Zusammenhang bietet die nicht erst seit Andersen bekannte Erzählung *Des Kaisers neue Kleider* (AaTh 1620), wobei ältere Versionen von Gemälden berichten[45]. Gleich eingangs charakteristiert der dänische Dichter den überaus putzsüchtigen Kaiser als einen wahren Tunichtgut: Sein ganzes Geld gebe er für neue Kleidung aus, „er kümmerte sich nicht um seine Soldaten, kümmerte sich nicht um das Theater und liebte es nicht, in den Wald zu fahren, außer um seine neuen Kleider zu zeigen“[46]. Dieser manisch besessene Putzteufel hört nun eines Tages von zwei Fremden in der Stadt, die vorgeben, das schönste Zeug zu weben, das man sich nur denken könne. Und diese Kleidung hätte zudem die Eigenschaft, daß sie für jeden Menschen unsichtbar sei, der nicht für sein Amt tauge oder der über alle Maßen dumm sei. Besessen von der Idee, mit derlei Kleidung alle Unfähigen in seinem Reich aufzuspüren, stellt der Herrscher großzügig edle Stoffe und Gold in Hülle und Fülle den beiden Hochstaplern zur Verfügung. Den Fortgang der „Arbeiten“ läßt er durch zwei vertrauenswürdige Beamte kontrollieren, die aber aus Angst, für dumm gehalten zu werden, dem König bestätigen, daß die Weber große Fortschritte bei der Anfertigung vollbracht haben, statt anzugeben, daß sie die Kleidung gar nicht gesehen haben. Potenziert erscheint die Narretei, als der Kaiser mitsamt dem Hofstaat ein Fest gibt und sich in den eingebildeten Kleidern, doch in Wahrheit in seiner Blöße unter dem Thronhimmel dem Volke zeigt. Erst ein Kind entdeckt, als es den nackten König erblickt, unvoreingenommen und in seiner ganzen Naivität die Wahrheit, denn „Kindermund tut Wahrheit kund“, wie es so und anders in vielen sprichwörtlichen Redensarten heißt[47]. Hernach wollen es alle schon immer gewußt haben.

Das berühmte Märchen von dem entblößten Kaiser muß oft als Vergleich für eine Änderung bestimmter ökonomischer oder politischer Mißstände herhalten. So warb Günter Grass im Sommer 1965 unter dem Titel *Des Kaisers neue Kleider* in einer seiner fünf Wahlreden für die SPD und rief die Wählerinnen und Wähler auf, bei der kommenden Bundestagswahl für die Sozialdemokrateen zu stimmen: „Denn nun ist es an uns, die neuen Kleider der SPD anzuprobieren. Es wird die Aufgabe der neuen sozialdemokratischen Regierung sein, dem prüfenden Blick des Wählers vier Jahre lang standzuhalten.“[48] Und abschließend gebrauchte er, gewissermaßen in Umkehrung, das Kleider-Bild für die verfehlte Politik der Christdemokraten: Es gelte, „demokratischen Mut zu beweisen und mit unbestechlichem Zeigefinger den derzeitigen Bundeskanzler und seine Minister zu entzaubern: Seht, sie kleiden sich mit Luft! Seht, sie tragen eine Schleppe, die gar nicht da ist! Seht, ihr Bürger, sie sind nackt!"[49] Oder die schwedische Journalistin Ingemar Dörfer charakterisiert unter der Überschrift *Schweden fährt der Zug davon*[50] die zögerliche Haltung der nordischen Länder zu einem eventuellen EG-Beitritt und vermerkt deren empörte Reaktion auf eine Äußerung des dänischen Außenministers Ellemann-Jensen, der geäußert hatte, die nordischen Staaten sollten endlich Verantwortung zeigen und die Vollmitgliedschaft in der EG anstreben. Wie der kleine Junge in Andersens Märchen habe er erklärt, der Kaiser habe keine Kleider, doch der „Kaiser" hörte nicht auf ihn. Oder ein Kommentar zu einer Brand-Rede des sowjetischen Präsidenten und Parteichefs Michail Gorbatschow beginnt mit der Einschätzung: „Wie das Kind im Märchen rief er nur laut, der Kaiser sei nackt. Der Kaiser, das war der real exististierende Kommunismus. Das Kind aber spielte der Generalsekretär der nun entblößten Kommunistischen Partei der Sowjetunion Michail Gorbatschow."[51]. Ein weiteres Beispiel aus jüngster Zeit findet sich in einem Beitrag des Schriftstellers Jurek Becker, der über seine Landsleute und den Umgang mit der DDR-Vergangenheit selbstkritisch feststellt: „Und daß in der Parteiführung nicht die selbstlosesten und nicht die intelligentesten Personen saßen, wußte man. Jeder konnte sehen und sah ja auch, daß der Kaiser keine Kleider hatte, doch nun, seit der Ruf ‚Der Kaiser ist ja nackt!' nicht mehr von Saktionen bedroht ist, wird er wie die größte Erkenntnis gefeiert."[52] Es bedarf also des zündenen Funkens wie des kindlichen Ausrufs, daß eine Einstellung oder ein bestehender und seit langem bekannter kritisierenswürdiger Zustand auch als solcher erkannt wird. Andersen hingegen bricht sein Märchen nach dem Ausruf des Kindes ab, deutet aber eine einsichtsvolle Haltung des Königs an. Die Moral, so denn eine vorhanden ist, könnte aus der Sicht des Getäuschten lauten: Man hüte sich vor Scharlatanen aller Art, denn: Dummheit und Leichtgläubigkeit finden immer wieder neue Kunden, oder, wie die dem Petronius zugeschriebene und vielfach variierte Spruchweisheit lautet: „Mundus vult decipi, ergo decipiatur."[53]

Von Leichtgläubigkeit, blinder Vertrauensseligkeit dem vornehm Gewandeten gegenüber handelt auch ein in unseren Breiten seit Ende des 12. Jahrhunderts bezeugtes Exempel, das die im Titel anklingende Frage „Machen Kleider Leute?" eindrucksvoll bestätigt und zugleich, zum Teil auf parodistische Weise, zu widerlegen sucht: mit einem Appell, von der Kleidung nicht auf den Menschen zu schließen. Gemeint ist hier der Erzähltyp AaTh 1558: *Welcome to the Clothes*, der im internationalen Typenkatalog innerhalb der Schwänke eingereiht ist, aber in der früheren Überlieferung in ganz anderem Kontext als Exemplum begegnet[54]. Einige Beispiele mögen die thematische Vielfalt andeuten:

In seiner berühmten Abhandlung unter dem bezeichnenden Titel *De contemptu mundi sive de miseria humanae conditionis* berichtet Papst Innozenz III. (1198-1216), einem Philosophen „in habitu contemptibili“ sei der Zugang zum princeps verwehrt worden. Daraufhin habe der Philosoph prächtige Kleidung angelegt und erneut um Einlaß gebeten. Sofort habe er Zutritt erhalten und vor dem princeps begonnen, seinen Rock ehrfürchtig zu küssen („venerabiliter osculari“: 2,39)[55]. Auf die verwunderte Frage des princeps, was denn solches zu bedeuten habe, habe der Weise geantwortet: „Honorantem me honoro, quia quod virtus non potuit, vestis obtinuit.“ Innozenz III., der andererseits die neomanichäischen Häresien der Katharer im Languedoc nicht duldete und blutig verfolgen ließ, führt mit seinem Exemplum und dem Handeln des Weisen die „miseria humanae conditionis“ vor und appelliert daran, nicht vom Äußeren des Menschen auf sein Inneres zu schließen. Bei Étienne de Bourbon, dem französischen Dominikaner, steht unser Beispiel als Zeugnis für falsches Verhalten den Armen gegenüber, das es zu überwinden gilt, damit sie nicht erst im Jenseits von Gott erhört und geehrt zu werden brauchen, „quia mundus eos deprimit et vilipendit [...]“, wie es im entsprechenden Abschnitt seines um 1256/61 verfaßten *Tractatus*[56] heißt. Aus dem bisher namenlosen Philosophen ist nun der berühmte Dichter Homer geworden. In der italienischen Novellistik des 14. Jahrhunderts, etwa bei Giovanni Sercambi (Novelle 9: *De bonis moribus*)[57], wird die Erzählung auf Dante übertragen; entsprechend anderen Kristallisationsfiguren wie Petrus Abelaerd oder dem Humanisten Hermann Busch zugeschrieben, verbreitet sich das Exemplum rasch auch in den volkssprachlichen Sammlungen des 16. Jahrhunderts. Im 52. Abschnitt *Von den Kleidern* greift Johannes Pauli in seiner weitverbreiteten Sammlung *Schimpff und Ernst* (1522 u. ö.) das Beispiel auf. Der princeps ist nun ein Bürgermeister, aus dem Weisen ein Redner geworden. Doch erscheinen diese Änderungen marginal, denn die Handlung läuft ebenso ab wie bei Innozenz III. und anderen „Nachschreibern“. Aber Pauli entläßt den Leser bekanntlich nicht ohne Moralisation: Schon das Epimythion zum ersten Schimpf macht deutlich, worauf es ihm ankommt: „Darumb sol man nieman verachten umb der Kleidung willen. Wer weiß, was darunter steckt!“[58] Zum Schluß des nächsten „Schimpfs“ folgt die Lehre: „Darnach wolt der Burgermeister nieman me verachten umb der Kleidung willen.“[59] Danach bringt der elsässische Franziskaner unter Berufung auf Petrarca die Geschichte des berühmten Orators Donatus, der in denkbar abgerissener Kleidung auf die Bitte eines Armen hin mit ihm vor dem neuen Paduaner Stadtoberhaupt und Richter erscheint. In deutscher Sprache beginnt er das Anliegen des Armen vorzutragen, aber der Richter bittet ihn, auf Lateinisch fortzufahren, schließlich verstünde er diese Sprache gut. Donatus ist nun in seinem Element. Erstaunt fragt der Richter seinen Nebenmann, wer der Mann sei, und erfährt zu seiner Verwunderung, dies sei der berühmte Redner Donatus. Er bittet um Verzeihung, daß er ihn wegen seiner Kleiduung nicht richtig eingeschätzt habe, und hört sich in Ruhe das Anliegen an[60].

Haben wir es in den ersten Jahrhunderten der Überlieferung dieser Geschichte indirekt mit der erzählerischen Umsetzung des Caritas-Gedankens zu tun, der, wie verschiedene Stellen des *Alten* und *Neuen Testaments* zeigen, eine positive Einstellung der Gläubigen zu den Schwachen und Gebrechlichen der Gesellschaft fordert, verliert sich spätestens seit dem 16. Jahrhundert dieser Sinngehalt mehr und mehr, als die rasch wachsenden Städte unter der erheblichen Zunahme von Bettlern und Vaganten zu leiden hatten, die vielfach gar zu einer Landplage wurden. Viele Exempla werden ihres ursprünglichen Gehalts entkleidet bzw. finden mit neuer Zielsetzung Eingang in die Schwank-, Witz- und Anekdotenbüchlein, aber auch in die Predigt- und Hausväterliteratur.

Ein gutes Beispiel aus der Mitte des 16. Jahrhunderts bietet uns der *Wendunmuth* Hans Wilhelm Kirchhofs, der unser Beispiel im ersten Buch darbietet. Ein Dichter, „mit einer köstlichen gefüterten schauben und anderm bekleidet", ging über den Marktplatz, erzählt uns der Schwankbuchkompilator, und ehrerbietig wurde er von jedermann begrüßt. Als er am gleichen Tage, aus welchem Anlaß auch immer, „in schlechten röcklein, paret und hosen" noch einmal die gleiche Strecke zurücklegt, grüßt ihn keiner. Zu Hause angelangt, nimmt er seinen Hochzeitsrock, traktiert ihn mit einem Stocke so lange, bis nur noch kleine Stücke übrig sind, und verdammt die Festkleidung. Fazit: Manch einer, der in einem schönen Gewand daherkommt, wird nicht geehrt wegen seiner Tüchtigkeit, sondern wegen seiner Kleidung. Merke aber auch: „Schlecht gekleidt kompt offt ein geschickter man, / Ein Esel hat wol sammet an, / Drumb urtheil nicht nach dem geschmuck, / Die höchste zier sein ehrlich stuck."[61] Einige Dutzend Texte allein aus dem deutschsprachigen Gebiet zeugen von der Beliebtheit des Exempels, das nun darauf abzielt, menschliche Falschheit und Voreingenommenheit anzuprangern[62]. Es ist zugleich die Zeit, in der die Erzählhaltung brennpunktartig in einer Sentenz, am Ende oder gar als Überschrift, zusammengefaßt wird. „Das Kleid macht den Mann", heißt es 1669 im Unterhaltungsbüchlein *Haupt-Pillen* eines pseudonymen Skribenten namens Wolgemuth[63], oder in den berühmten *Apophthegmata* von Julius Wilhelm Zincgref und Leonhard Weidner (1655) lesen wir „Hunc homines decorant, quam vestimenta decorant. Man ehrt den Mann vmb das Kleyd, vnd nicht das Kleyd umb den Mann: da man doch billicher das Kleyd vmb den solte ehren."[64] Und unter Bezug auf Petrarca und seine Donatus-Erzählung heißt es im *Kurtzweiligen Zeitvertreiber* (1685) abschließend mehr feststellend als wertend: „Vestis commendat virum. Das Kleid mach den Mann / Wer es hat er zieh es an. Ein wolbekleidet Mann wird überall geehrt, Vonwegen seines Schmucks, ist er gleich ungelehrt. Hingegen wer verlumpt in Kleidern geht einher, Wär er ein Doctor gleich, kriegt er doch wenig Ehr." Die gleiche Kompilation bringt zuvor den Kirchhof-Text, nur geringfügig verändert, und hinzugefügt ist: „Externa plerumque magis honorantur, quam interna animi bona."[65]

Um die Mitte des 16. Jahrhunderts bilden sich auch die ersten Sprichwortsammlungen aus, und schon zu dieser Zeit ist von den Kompilatoren die Sentenz über „Kleider machen Leute" festgehalten, ein Beweis, daß diese Einstellung, ohne eine dazu passende Erzählung, sicher auch in der mündlichen Tradition weit verbreitet gewesen sein muß. Elfriede Moser-Rath weist solchen durch ständigen Wiederabdruck populären „Histörchen" (und damit auch den darin enthaltenden Sprichwörtern) eine „meinungsbildende Funktion" zu[66], die im Falle der Kleider-machen-Leute-Thematik mit dem ständigen Wechsel der Kleiderordnungen zusammenhinge, was wiederum ein Indiz für die Bedeutung des äußeren Erscheinungsbildes gewesen sein dürfte. Eine Variation der Thematik läßt sich Rudolf Zacharias Becker einfallen, der in typisch aufklärerischer Manier seinem Abschnitt *Von der Kleidung* im vielfach aufgelegten *Noth- und Hülfs-Büchlein* (erstmals 1788) das Motto voranstellt: „Kleider machen Leute / Der Spruch ist wahr! / Silber, Gold und Seide / Trägt auch mancher Narr. / Selbst gesponnen, selbst gemacht. / Rein dabey – ist Bauern-Tracht."[67] Der anonyme Autor einer wenige Seiten umfassenden, auch in englischer Sprache erhältlichen Abhandlung über *Die wunderthätige Kraft der Kleider, und hohe Würde der Kleidermacher: vorgestellet, nach Anleitung des Sprüchworts: Kleider machen Leute*, die 1761 in Philadelphia erscheint, hingegen bestreitet nicht die weitverbreitete Einstellung „Kleider machen Leute und Verdienste", mahnt aber zugleich, daß zu „prächtigen Kleidern“ auch ein „prächtiger Geist“ gehöre, und wer den nicht besitze, solle auch keine prächtigen Kleider anziehen[68], und stimmt so die Landsleute in der Neuen Welt gleich auf die rechte Einstellung ein. Ähnliche, erzählerisch jedoch anders gestaltete Beispiele lassen sich aus vielen Teilen der Welt zusammentragen, wo die Erzählung in neueren mündlich aufgezeichneten Versionen öfter dem Weisen Narr Buhlul[69] oder dem türkischen Nasreddin Hodscha[70] zugeschrieben ist. Dort ist nicht selten das Geschehen dadurch auf die Spitze getrieben, daß der Weise, zunächst abgewiesen, in vornehmer Kleidung die Erlaubnis erhält, an einem Fest (öfter einer Hochzeit) teilzunehmen. Er setzt die Hochzeitsgesellschaft in Verwunderung, als er dann mit dem opulenten Essen seine Kleidung füttert, indem er das Essen in den Ärmel schiebt, sich den Wein über die Hosen gießt oder die Bedienung anweist, seinen Kleidern essen zu geben. Auf das allgemeine Erstaunen der Tischgesellschaft erklärt er: „Mein Kleid ist es, dem die Ehre erwiesen wird; warum soll es nicht auch den Genuß haben?“ Nicht die Regel ist, daß der Handelnde als ein rechter Dummkopf betrachtet und von seiner Mutter für sein närrisches Verhalten durchgeprügelt wird, wie es Juha, dem arabischen Eulenspiegel, in einer Variante aus Malta ergeht[71].

Ich fasse zusammen: Das Märchen betrachtet Kleidung höchst selten von ihrer realen Funktion her. Wir erfahren wenig über Berufskleidung, Kleiderordnungen etc. Kleidung dient zum Aufzeigen bestimmter Eigenschaften von Held und Gegenspieler, steht als Dinggabe im Dienst des Helden. Das Märchen macht deutlich, daß prachtvolle Kleidung nur dem gebührt, der auch innerlich über einen entsprechenden Charakter verfügt. Doch nicht jede prächtige Kleidung ist zugleich ein Signum der(s) Auserwählten, äußere Schönheit muß nicht inneren Werten entsprechen; signalisiert wird, daß eine positiv betrachtete Figur nicht vom äußeren Erscheinungsbild abhängt (Aschenputtel, Bärenhäuter, der Bettler aus *König Drosselbart*). Oft schildern Märchen eingangs den Unscheinbaren als ein Mangelwesen, von seiner Umwelt verachtet, in armseligen Kleidern und auf der niedrigsten sozialen Stufe stehend. Und es wäre geradezu widersinnig, wenn ein solches Mangelwesen nicht sein Glück machen könnte. Dies geschieht dann allerdings stets in Verbindung mit dem sozialen Aufstieg, der das Märchen wiederum als Wunschdichtung charakterisiert.

Wohin Leichtgläubigkeit und menschliche Unzulänglichkeiten führen, exemplifiziert das Gaunerstückchen *Bettler als Pfand*. Daß diese Untugenden unabhängig von religiös bestimmten Vorstellungen immer wieder auf einen fruchtbaren Nährboden zu stoßen scheinen, zeigt das Schwankmärchen *Kleider machen Leute*. Die Erzählungen sind Ausdruck unseres Weltbildes, machen aber auch deutlich, daß der „homo narrans" sich über menschliche Schwächen erheben kann: Längst ist das Sprichwort „Kleider machen Leute" in unserem Sprachschatz verankert. Es gehört heute zu den am meisten bekannten Sprichwörtern[72] und wird in vielfältigen Zusammenhängen verwendet. Zahlreiche Aphorismen weisen auf die Doppeldeutigkeit hin, auch dies nicht erst eine Erscheinung der letzten Dezennien, wie Karl Friedrich Wilhelm Wanders *Deutsches Sprichwörter-Lexicon* an Dutzenden von Beispielen zu belegen vermag. Wander hat in seinem Schatzkästlein überdies eine Fülle von Sprichwörtern zum „Kleid" zusammengetragen, die er als „moralische Wahrheit" verstanden wissen will, denn „der außerordentliche Einfluß der Kleider auf das Urtheil der Leute ist bei allen Völkern sprichwörtlich anerkannt"[73]. Die Auflistung des in Hirschberg tätig gewesenen Lehrers ließe sich noch mühelos ergänzen: So heißt es bei Rudolf Rolfs (1967): „Kleider machen Leute? Ich will kein Leut sein!"; Friedl Beutelrock (1955): „Kleider machen wohl Leute – aber nicht Menschen", und Thomas Mann legt seinem Felix Krull (1922) den Ausspruch in den Mund: „Kleider machen Leute, – oder besser wohl umgekehrt: Der Mann macht das Kleid."[74] Daß solche Einstellungen nach wie vor allgemeingültig sind, steht außer Frage. In der kürzlich veröffentlichten Studie *Outfit, Einstellungen, Stilpräferenzen. Kaufverhalten, Soziales Milieu* (Hamburg 1986) wurde bei Umfragen mehrheitlich der Aussage zugestimmt: „Wer Erfolg haben will, muß viel Wert auf sein Äußeres legen" und „An der Art, wie jemand sich kleidet, kann man seine Stellung in der Gesellschaft erkennen."[75] Wie heute diese Einstellungen der Jugend nahegebracht werden, mag abschließend der Begleittext zum Ausschneidebogen *Kleider machen Leute* verdeutlichen, der den *Schönsten Märchen der Welt zum Sammeln* (1976) beigegeben war[76]: „Was ist das für ein Mann? Ein Kaiser, ein Ritter, ein Bettler? Egal – Kleider machen Leute und Mann ist Mann. Nur nicht durch Kleider blenden lassen. Eine Seite zum Ausschneiden und Spielen..."

Anmerkungen

* Der vorliegende Beitrag erschien bereits im Jahrbuch für Volkskunde, N. F. 14 (1991) 24 - 44, unter dem Titel: „Machen Kleider Leute? Zur Wertigkeit von Kleidung in populären Erzählungen". Der Verfasser dankt für freundlich gewährte Abdruckerlaubnis.

1 Enzyklopädie des Märchens (im folgenden EM) 1. Berlin/New York 1977, 587 (R. M. Dorson).

2 Vgl. die gebräuchlichsten internationalen Typen- und Motivkataloge Aarne, A./Thompson, S.: The Types of the Folktale. Second Revision (FFC 184). Helsinki 1961 (im folgenden AaTh); Thompson S.: Motif-Index of Folk Literature 1-6. Copenhagen 1955-58 (im folgenden Mot.).

3 Vgl. Überblick bei Uther, H.-J.: Einige Bemerkungen zum gegenwärtigen Stand der Klassifizierung von Volkserzählungen. In: Fabula 25 (1984) 308-321; ferner Azzolina, D. S.; Tale Type- and Motif-Indexes. An Annotated Bibliography. New York/London 1987.

4 Siehe EM. Stichwortliste. Berlin/New York 1991.

5 Prato, S.: Sonne, Mond und Sterne als Schönheitssymbole in Volksmärchen und -Liedern. Ein kritischer Beitrag zur vergleichenden Völkerpsychologie. In: Zeitschrift für Volkskunde 5 (1895) 363-383 und ebda. 6 (1896) 24-52.

6 Schellhorn, L.: Goldenes Vlies. Tiersymbole des Märchens in neuer Sicht. München/Basel 1968.

7 Schier, B.: Der Hut als Spiegel der sozialen Stellung und seelischen Haltung seines Trägers. In: Zeitschrift für Volkskunde 50 (1953) 261-270.

8 Schmidt, L.: Der Hochmut des zu hohen Hutes. In: Jahrbuch für Volkskunde. Neue Folge 3 (1980) 37-46, hier 39.

9 Ebda., 42.

10 Ebda., 42.

11 Vgl. zusammenfassend Böth, G.: Kleidungsforschung. In: Grundriß der Volkskunde. Einführung in die Forschungsfelder der Europäischen Ethnologie. Ed. R. W. Brednich. Berlin 1988, 153-169.

12 Die Zeit, Nr. 30 vom 22.7.1989, 36.

13 Schenda, R.: Prinzipien einer sozialgeschichtlichen Einordnung von Volkserzählungsinhalten. In: Studia Fennica 20 (1976) 185-191, hier 185.

14 In: Handwörterbuch des deutschen Aberglaubens 4. Berlin/Leipzig 1931/32, 1477.

15 Eisel, R.: Sagenbuch des Voigtlandes. Gera 1871, Nr. 37.

16 Die Erzählungen aus den tausendundein Nächten. 3. Übertr. von E. Littmann, Wiesbaden 1953 (u. ö.), Die Geschichte von der Sklavin Tawaddud.

17 Vgl. Uther, H.-J.: Schönheit im Märchen. Zur Ästhetik von Volkserzählungen. In: Lares 52,1 (1986) 5-16.

18 Geißler, F.: Brautwerbung in der Weltliteratur. Halle 1955.

19 Lüthi, M.: Das Volksmärchen als Dichtung. Ästhetik und Anthropologie. Göttingen ^{2}1990, 31-36.

20 K. Ranke in EM 2 (1979) 1240.

21 Ranke, K.: Schleswig-holsteinische Volksmärchen 2. Kiel 1958, 125.

22 Z.B. Bošković-Stulli, M.: Kroatische Volksmärchen. Düsseldorf/Köln 1975, 64.

23 Vgl. die Belege bei Günter, H.: Psychologie der Legende. Freiburg 1949, Register; Tubach, F. C.: Index Exemplorum. A Handbook of Medieval Religious Tales (FFC 204). Helsinki 1969, Register.

24 Mot. F. 1011.1, Tubach (wie Anm. 23) Nr. 2068; Wildhaber, R.: Zum Weiterleben zweier apokrypher Legenden. In: Festschrift Nikolaus Grass 2. Innsbruck 1975, 219-237.

25 Frenken, G.: Wunder und Taten der Heiligen. München 1925, 199 f., 220.

26 Hierzu vgl. Mensching, G.: Das Wunder im Glauben und Aberglauben der Völker. Leiden 1957.

27 Grimm, J.: Deutsche Rechtsalthertümer 1. Leipzig ^{4}1899, 214.
28 Röhrich, L.: Märchen und Wirklichkeit. Wiesbaden ^{4}1979, 106.
29 Lüthi, M.: Das europäische Volksmärchen. München ^{7}1981, 13.
30 Horn, K.: Das Kleid als Ausdruck der Persönlichkeit. Ein Beitrag zum Identitätsproblem im Volksmärchen. In: Fabula 18 (1977) 75-104.
31 Ebda., 82.
32 Jolles, A.: Einfache Formen. Darmstadt ^{2}1958, 239-245.
33 Vgl. Opie, I. und P. (edd.): Die klassischen Märchen. München 1977, 19 (Illustration von 1808).
34 Uther, H.-J.; Hans im Glück (KHM 83). Zur Entstehung, Verbreitung und bildlichen Darstellung eines populären Märchens. In: The Telling of Stories. Approaches to a Traditional Craft. ed M. Nøjgaard u. a. Odense 1990, 119-164.
35 Oemigke & Riemschneider, Verlagsnummer 8459 U (ca. 1887). K. Vanja, Museum für Deutsche Volkskunde, Berlin, danke ich für diesen Hinweis.
36 Hans im Glück. Märchen der Brüder Grimm. Leipzig [1938] (Insel 530).
37 Vgl. Uther (wie Anm. 34) 143.
38 Wollenweber, B.: Märchen und Sprichwort. In: Projekt Deutschunterricht 6. Stuttgart 1974, 13-92, hier 33.
39 Ebda., besonders 28-37; vgl. auch Wolfzettel, F.: Die soziale Wirklichkeit im Märchen. Charles Perraults „Le Chat botté". In: lendemains. Zeitschrift für Frankreichforschung + Französischstudium 2 (1975) 99-102.
40 Hagen, R.: Der Einfluß der Perraultschen Contes auf das volkstümliche deutsche Erzählgut und besonders auf die KHM der Brüder Grimm 1-2. Dissertation (maschinenschriftlich) Göttingen 1954, in den Abschnitten über den „Gestiefelten Kater".
41 Vgl. Kindlers Literatur Lexikon 12. München 1974, 5272.
42 Ranke, K.: Der Bettler als Pfand. In: Zeitschrift für deutsche Philologie 76 (1957) 149-162 und 358-364.
43 Vgl. auch K. Rankes EM-Artikel „Bettler als Pfand" in EM 2 (1979) 263-268; Kulturelle Traditionen in Bulgarien. ed. R. Lauer/P. Schreiner. Göttingen 1989, 198-200 (K. Roth).
44 Maeynhincklers Sack voll listiger [...] Bossen vnd Schwaencken. Niergendheim bey Nichilburg [!] 1612, Nr.9.
45 Vgl. die Belege im EM-Archiv, Göttingen, sub AaTh 1620.
46 Zitiert nach Andersens Märchen 1-3. Übers. E.-M. Blühm. Frankfurt a. M. 1975, hier Bd. 1, 139.
47 Wander, K. F. W. (ed.): Deutsches Sprichwörter-Lexicon 2. Leipzig 1867, s. v. „Kind".
48 Die fünf Reden erschienen 1965 als Broschüren im Luchterhand Verlag und wurden 1968 erstmals komplett im Band „Über das Selbstverständliche" abgedruckt, hier zitiert nach der Werkausgabe Grass, G.: Werkausgabe in 10 Bänden. ed. V. Neuhaus. Darmstadt/Neuwied 1987, hier Bd. 9: Essays, Reden, Briefe, Kommentare (ed. D. Hermes), 110-125, Zitat 125; Frau D. Hermes, Köln, danke ich für erläuternde Hinweise.
49 Ebda., 125.
50 Dörfer, I.: „Schweden fährt der Zug davon. Die lange Friedenszeit hat das Land von Europa isoliert." In: Die Zeit Nr. 17 vom 20.4.1990, 44.
51 Der Spiegel Nr. 25 (1990) 142.
52 Becker, J.: Zum Bespitzeln gehören zwei. Über den Umgang mit der DDR-Vergangenheit. In: Die Zeit Nr. 32 vom 3.8.1990, 35.
53 Wander (wie Anm. 47) Bd. 5, 168, Nr. 296.
54 Die Analyse beruht auf den im EM-Archiv, Göttingen, befindlichen Texten zu AaTh 1558.
55 Vgl. Köhler, R.: Kleinere Schriften 1-3. ed. J. Bolte. Weimar/Berlin 1898-1900,, hier Bd. 2, 582.
56 Anecdotes historiques, légendes et apologues tirés du recueil inédit d'Étienne de

Bourbon, dominicain du XIIIe siècle. ed. A. Lecoy de la Marche. Paris 1877, Nr. 507.

57 Vgl. Text bei Sercambi, G.: Novelle 1-2. ed. G. Sinicropi. Bari 1972.

58 Pauli, J.: Schimpff und Ernst 1-2. ed. J. Bolte. Berlin 1924, Nr. 415.

59 Ebda. Nr. 416.

60 Ebda. Nr. 417.

61 Kirchhof, H. W.: Wendunmuth. Buch 1-7. ed. H. Oesterley. Bd. 1-5. Tübingen 1869, hier 1,122.

62 Vgl. auch Moser-Rath, E.: „Lustige Gesellschaft". Schwank und Witz des 17. und. 18. Jahrhunderts in kultur- und sozialgeschichtlichem Kontext. Stuttgart 1984, 171, 332 (Belege).

63 Wolgemuth, E.: 500 frische und vergüldete Haupt-Pillen [...] s.l. 1669, 46, Nr. 14.

64 Teutscher Nation Apophthegmatum [...] zusammen getragen durch Ioh. Leonhardvm Weidnervm [...] Bd.4. Amsterdam 1655, 127.

65 Neuaußgebutzter, kurtzweiliger Zeitvertreiber [...] s.l. 41685,65.

66 Moser-Rath (wie Anm.62) 171.

67 Becker, R. Z.: Noth- und Hülfsbüchlein für Bauersleute. Nachdr. der Erstausgabe von 1788. ed. R. Siegert. Dortmund 1980, 170-179, Zitat 171.

68 Die wunderthätige Kraft der Kleider und hohe Würde der Kleidermacher [...]. Philadelphia 1761, Zitat 13 und 7.

69 Marzolph, U.: Der Weise Narr Buhlul. Wiesbaden 1983, Nr. 133 (aus der Sammlung von M. H. al-'Amili al-Qubaisi, 1975).

70 Der Hodscha Nasreddin 1-2. ed. A. Wesselski. Weimar 1911, hier Bd. 1, Nr. 55.

71 Ilg, B.: Maltesische Märchen und Schwänke 1-2. Leipzig 1906, hier Bd. 2, Nr. 92

72 Mieder, W. In: Proverbium 2 (1985) hier 308.

73 Wander (wie Anm. 47) 1377, Nr. 141.

74 Beispiele bei Mieder (wie Anm. 72).

75 Outfit. Einstellungen, Stilpräferenzen, Markenorientierung, Kaufverhalten, Soziale Milieus. ed. Spiegel-Verlag Rudolf Augstein GmbH & Co. KG. Hamburg 1986, 37–50.

76 Märchen. Die schönsten Märchen der Welt zum Sammeln. Nr. 9. Hamburg 1976, nach Seite 204.

Wilhelm Solms

DIE MORAL DER UNMORALISCHEN SCHWÄNKE

Wie vertrackt das Problem der Moral gerade bei den Schwänken ist, möchte ich vorweg an dem wohl bekanntesten und zweifellos beliebtesten Schwank, „Hans im Glück“ (KHM 83), illustrieren. Hans hat für seine siebenjährigen Dienste einen großen und schweren Klumpen Gold erhalten und diesen Goldklumpen auf dem Heimweg über ein Pferd, eine Kuh, ein Schwein und eine Gans in einen Wetzstein und einen Feldstein umgetauscht, die ihm bei seiner letzten Rast in einen Brunnen fallen. Spätestens hier drängt sich die Frage auf, ob Hans wirklich, wie der Titel ankündigt, „im Glück“ ist.

Was sagt Hans selbst dazu? „‚So glücklich wie ich‘, rief er aus, ‚gibt es keinen Menschen unter der Sonne.‘ “ Hans hält sich ohne Zweifel für glücklich. Und da „Glück“ kein objektiver, klar definierbarer Sachverhalt, sondern eine subjektive Vorstellung ist, heißt dies zugleich: Hans fühlt sich nicht nur, Hans ist glücklich. Ob er auch später, wenn er von Hunger oder Krankheit geplagt wird, glücklich sein wird, ist hier nicht das Thema.

Was meint der Erzähler? Er fügt Hansens Worten hinzu: „Mit leichtem Herzen und frei von aller Last sprang er nun fort, bis er daheim bei seiner Mutter war.“ Nachdem der Erzähler uns vorgeführt hat, wie Hans mit jedem Tauschgeschäft ärmer wird und am Schluß mit leeren Händen dasteht, läßt er uns miterleben, daß Hans trotzdem, ja eben deshalb glücklich ist. Der Erzähler distanziert sich mit keinem Wort, ja er untermalt Hansens Glücksgefühl durch den leichten, beschwingten Erzählton.

Und wie reagieren die Zuhörer oder Leser? „Wenn ich diesen Schwank Kindern erzähle“, berichtete mir Sigrid Früh, „so brechen sie am Schluß jedesmal in ein schallendes Gelächter aus.“ Ursula Heindrichs vertraute mir dagegen die schöne Anekdote an, sie habe den Schwank etwa im Alter von sechzehn ihrer vier Jahre jüngeren Schwester erzählt und hinzugefügt: „Weißt du, das ist für mich der Inbegriff des Glücks!“ Gertrud sei dagestanden, habe kurz nachgedacht und geantwortet: „Ursula, der Vater würde sagen: Mit so einem Mann kann man nicht zusammenleben.“ Kürzlich fand ich im Wirtschaftsteil der Frankfurter Allgemeinen eine Illustration dieses Schwanks mit dem Kommentar „Die Illusion des Glücks“. Einem Mann der Wirtschaft erscheint Hansens Glück freilich als Illusion, weil seine Vorstellung, um nicht zu sagen: seine Illusion vom Glück, gerade der dicke Goldklumpen ist.

Der Schwank läßt also zwei konträre Deutungen zu:

1. Hans verliert in seiner Einfalt alles, was er sich in siebenjähriger Arbeit verdient hatte. „Hans" ist also auch hier wie in vielen anderen Schwänken der Name für einen Dummkopf oder Einfaltspinsel. Die Personen, die ihm unterwegs begegnen, erkennen seine Dummheit und hauen ihn übers Ohr. Und der Erzähler gibt den dummen Hans dem Gelächter seiner Zuhörer preis. Die Geschichte ist demnach unmoralisch und eignet sich als Illustration der brutalen Redensart: „Wer den Schaden hat, braucht für den Spott nicht zu sorgen."

2. Hans befreit sich von der Last des Besitzes und gewinnt dadurch das Glück. Er ist ähnlich wie der Dummling im Zaubermärchen scheinbar dumm, in Wahrheit aber weise. Die Figuren, auf die er trifft, betrügen ihn nicht, sondern gehen auf seinen Wunsch ein und machen gleichfalls ihr Glück. Wir haben es also mit einer moralischen Geschichte zu tun, deren Aussage dem erbaulichen Spruch entspricht: „Arm, aber glücklich", womit natürlich „weil arm, deshalb glücklich" gemeint ist[1].

✳

Wer über die Moral der Schwänke in Grimms Märchensammlung sprechen will, hat drei Hindernisse zu überwinden. Zunächst hat er gegen das Vorurteil anzukämpfen, daß sowohl die Märchen als auch die Schwänke mit Moral nichts zu tun hätten. Zur Schwank-Moral wird im Reallexikon festgestellt: „Die Frage nach Moral ist beim Schwank klar zu beantworten: Er hat keine und stellt die übliche Moral auf den Kopf."[2] Wenn der Schwank aber die übliche Moral auf den Kopf stellt, dann hat er doch eine Moral, freilich keine „übliche", sondern eine, die neu, unkonventionell, überraschend, provozierend ist. Und in der Enzyklopädie des Märchens findet sich die Aussage, „daß der Schwank der Kategorie des Moralischen indifferent gegenübersteht."[3] Hat hier nicht möglicherweise der Artikelschreiber seine eigene indifferente Haltung auf den Schwank übertragen? Wenn man darüber nachdenkt, warum Hans trotz allem, was mit ihm geschieht, „im Glück" ist, dann ist man auf dem besten Weg herauszufinden, worin die Moral dieses Schwanks besteht, und hat die akademische Frage, ob ein Schwank eine Moral enthält, bereits hinter sich.

Was die Moral der Märchen betrifft, kann ich mich auf Wilhelm Grimm berufen, der in der Vorrede zum ersten Band der Erstausgabe der KHM von 1812 schreibt: „In diesen Eigenschaften aber ist es gegründet, wenn sich aus diesen Märchen so leicht eine gute Lehre, eine Anwendung für die Gegenwart ergibt." Freilich sind die Märchen nicht um der Lehre willen erfunden, wie Wilhelm Grimm gleich anschließend betont, sie sind keine Lehr-Dichtung, und ein einzelnes Märchen läßt, wie die Erzählerinnen und Erzähler bestätigen werden, mehr als nur eine Lehre zu.

Die Helden der Zaubermärchen verkörpern stets, auch wenn sie vom Erzähler zu Beginn als schön, dumm, arm, stark oder winzig vorgestellt werden, einen bestimmten Moralwert oder eine Tugend. Und es ist in dieser Tugend begründet, daß sie auf ihrem Weg zum Glück wunderbare Helfer oder Zaubermittel gewinnen und die ihnen gestellten Aufgaben lösen.

Ungleich schwieriger ist es jedoch, auch aus den Schwänken eine „gute Lehre" und eine „Anwendung für die Gegenwart" zu ziehen. Die Hauptfiguren, die man nicht in jedem Fall als Helden bezeichnen möchte, verkörpern ja in der Regel keine Tugenden, sondern Laster. Sie sind – im Unterschied zum Helden der Dummlingsmärchen – oft wirklich dumm, manchmal auch faul, gefräßig, geizig oder streitsüchtig. Zumeist machen sie auch nicht ihr Glück, sondern gehen leer aus.

Gelingt es, in den Schwänken trotz ihres unmoralischen Inhalts eine Moral zu finden, so läßt sich vielleicht auch das dritte Hindernis überwinden, das sich mit unserem Thema stellt: Was haben die Schwänke in Grimms Märchensammlung zu suchen? In den KHM finden sich bekanntlich vor allem Zauber- oder Wundermärchen, die auch als eigentliche Märchen bezeichnet werden, ferner Zwischenformen zwischen Märchen und verwandten Gattungen der Volkserzählung oder „uneigentliche Märchen", und schließlich Schwänke. Diese sind ebenfalls Volkserzählungen, aber keine Märchen.

*

Das zentrale Thema der Grimmschen Schwänke ist die Dummheit. Es kommen auch andere Eigenschaften vor wie Faulheit, Freßsucht, Streitsucht, diese hängen aber mit der Dummheit zusammen. In den meisten der insgesamt 25 Schwänke werden die Beziehungen zwischen Mann und Frau behandelt, nämlich in neun Eheschwänken[4] und fünf Brautwerbungsschwänken[5]. Meist kommt oder lebt der oder die Dumme mit einem schlauen Partner zusammen, manchmal übertreffen sich beide an Dummheit. In den anderen Schwänken geht es um die Beziehungen zwischen Individuum und Gesellschaft. Fünf Schwänke handeln von einem Dummkopf, der von allen verlacht wird, sich manchmal aber als der Weise herausstellt[6]. In sechs Schwänken tritt ein Schlaukopf auf, der die anderen zum Narren hält oder die ganze Gesellschaft in ihrer Dummheit bloßstellt wie in den Eulenspiegeleien und Schildbürgergeschichten[7].

Die Dummheit ist nicht nur das Hauptthema, sie ist zugleich das Hauptproblem, das bei der Frage nach der Moral zu lösen ist. So wird die Hauptfigur häufig im Titel als „klug“ bezeichnet. Beim „gescheiten Hans“ und der „klugen Else“ ist dies sicher ironisch gemeint, und bei der „klugen Gretel“ und der „Klugen Bauerstochter“ ist dies sicher wörtlich zu verstehen. Beim „klugen Knecht“ und den „klugen Leuten“ läßt sich dies aber nicht auf Anhieb entscheiden.

Ein schönes Beispiel für einen einfachen Schwank ist „Der gescheite Hans“ (KHM 32), ein Brautwerbungsschwank mit schlechtem Ausgang. Der „gescheite“ Hans ist eindeutig ein dummer Hans. Hans geht sechsmal von seiner Mutter zu seiner Braut Gretel, kehrt jedesmal zur Mutter zurück, wird von ihr ausgefragt und muß sich sagen lassen: „Das hast du dumm gemacht, Hans.“ Als er das siebte Mal zur Gretel kommt, wird sie böse, läuft fort und „ist Hansens Braut gewesen“.

Der Schwank wirkt trotz des schlechten Ausgangs komisch. Die Komik entsteht zum einen aus der Situation. Was hat Hans dumm gemacht? Er hat seiner Braut bei seinen Besuchen nicht etwas mitgebracht, wie von einem Brautwerber zu erwarten wäre, sondern sich etwas von ihr geben lassen. Und er hat die Anweisungen der Mutter, was er mit dem Geschenk hätte tun sollen, jeweils auf das nächste Geschenk angewandt, auf das sie ganz und gar nicht passen. Er verstößt also jedesmal gegen die Norm und gegen unsere Erwartung.

Zum anderen verdankt sich die lustige Wirkung der Kettentechnik. Die Erzählung ist eine Kette aus sechs gleichartigen Gliedern und einem Schlußstück. Die formale Wiederholung ist vom Inhalt her gesehen eine Steigerung. Erst verliert Hans nur eine Nadel, zuletzt seine Braut. Aufgrund der Kettentechnik nehmen wir das an sich tragische Geschehen nicht ernst, sondern begreifen es als ein poetisches Spiel. Wir erwarten vom Erzähler, daß er sich jedesmal ein Geschenk ausdenkt, durch das die Vorschrift der Mutter ad absurdum geführt wird, und freuen uns, wie gut ihm dies gelingt. Der Erzähler setzt den dummen Hans durch das witzige Geschehen und durch die lustige Erzählform unserem Gelächter aus und erteilt uns zugleich eine Lehre: Wer erwachsen werden und heiraten will, sollte nicht blindlings die Worte seiner Mutter befolgen.

Nicht ganz so einfach ist das nächste Beispiel, „Die klugen Leute" (KHM 104), ein Eheschwank mit gutem Ausgang. Schon der Titel bereitet Kopfzerbrechen. Die „klugen Leute", damit sind vermutlich der schlaue Bauer Hans gemeint und seine Frau Trine, die sich einbildet, daß sie es „so klug gemacht habe", aber eine Dummheit begangen hat, die ihnen jedoch viel einbringt.

Hans gibt Trine vor einer Reise den Auftrag, dem Viehhändler, falls er in seiner Abwesenheit kommt, ihre drei Kühe für zweihundert Taler zu verkaufen. Der Viehhändler kommt, wird mit Trine über diese Summe einig, nimmt zwei Kühe mit, ohne zu zahlen, und läßt ihr die dritte als Pfand. Als Hans zurückkehrt und von dem Handel erfährt, schilt er sie „die dümmste Gans, die auf Gottes Erdboden herumwackelt", hat aber Mitleid – er weiß, daß sie als Kind einmal „auf den Kopf gefallen" ist – und zeigt sich bereit, ihr die angedrohten Stockschläge zu erlassen, wenn er jemand findet, der „noch einfältiger" ist als sie.

Er setzt sich an die Straße, und als eine Frau in einem Leiterwagen heranfährt, sagt er, er sei vom Himmel gefallen, und bittet sie, ihn hinaufzufahren. Die Frau holt von zuhause einen vollen Geldbeutel, den Hans ihrem verstorbenen Mann mitbringen soll. Nachdem sie den Vorfall ihrem Sohn erzählt hat, kommt dieser angeritten und gibt Hans für den Vater im Himmel sein Pferd. Wieder zuhause, bestätigt Hans seiner Frau Trine, daß er zwei gefunden, die „noch einfältigere Narren" seien, und sagt zu sich selbst und zu den Zuhörern: „Wenn die Dummheit immer so viel einbrächte, so wollte ich sie gerne in Ehren halten." Der Erzähler aber fügt hinzu: „So dachte der Bauer, aber dir sind gewiß die Einfältigen lieber."

Was ist nun die Moral von der Geschichte? Soll man die Dummheit der anderen ausnutzen und sie aufs Kreuz legen? Oder soll man sich die Einfältigen zum Vorbild nehmen? Das eine wäre eine unmoralische Lehre, auch wenn sie im Geschäftsleben ständig praktiziert wird, das andere eine zutiefst moralische, ja christliche Maxime.

Der Erzähler schildert uns im Verlauf des Schwanks die Gerissenheit des Viehhändlers und die Hinterlist des Bauern, so daß wir uns mit ihnen über die Dummheit ihrer Opfer amüsieren können, ruft uns aber mit den letzten Worten auf, Distanz einzunehmen und das Geschehene zu überdenken. Warum und wozu? Er weiß offenbar, daß er zu weit gegangen ist, ja er hat dies mit Absicht getan. Gehört es sich etwa, eine geistig Behinderte hereinzulegen? Und darf man Leute, die an ein jenseitiges Leben glauben, deshalb verspotten und betrügen? Der Erzähler will offenbar nicht, daß wir uns bestimmte

Figuren, seien es die Klugen oder die Dummen, zum Vorbild nehmen. Er plädiert vielmehr dafür, daß wir im Alltag auf Einfältige Rücksicht nehmen.

*

Die folgenden drei Schwänke stehen in den KHM nahe beieinander und nehmen aufeinander Bezug: Nr. 162, 164 und 168.

„Der kluge Knecht" (KHM 162) gehört nach Aarne/Thompson zu den Schwänken von einem törichten Mann. Der Schwank fängt gleich mit einer „guten Lehre" an, die, wie Jacob Grimm im Kommentar vermerkt, auf Martin Luthers Auslegung des 101. Psalms zurückgeht:

> Wie glücklich ist der Herr, und wie wohl steht es mit seinem Haus, wenn er einen klugen Knecht hat, der auf seine Worte zwar hört, aber nicht danach tut und lieber seiner eigenen Weisheit folgt.

Dies ist eine Moral, die die Alltagsmoral auf den Kopf stellt. Aber ist es die Moral dieses Schwanks? Ist der Knecht, der wiederum Hans heißt und „der kluge Hans" genannt wird, klug oder besser gesagt weise, oder ist er dumm?

Der Erzähler illustriert nun die Luthersche Lehre durch ein Gleichnis. Ein Knecht wird von seinem Herrn ausgeschickt, eine verlorene Kuh zu suchen. Da er nicht zurückkehrt, folgt sein Herr ihm nach, sieht ihn auf einem Feld umherlaufen und erfährt von ihm, daß er die Kuh nicht gefunden, auch gar nicht gesucht, sondern stattdessen „etwas Besseres", nämlich drei Amseln entdeckt habe. Zuletzt, und das ist für die „Gattung Grimm" ungewöhnlich, wiederholt der Erzähler die vorangestellte Lehre mit eigenen Worten, spitzt sie zu und zielt mit ihr auf die Zuhörer.

> Nehmt euch ein Beispiel, bekümmert euch nicht um euern Herrn und seine Befehle, tut lieber, was euch einfällt und wozu ihr Lust habt, dann werdet ihr ebenso weise handeln wie der kluge Hans.

Ist dieser Aufruf, der eine totale Anarchie zur Folge hätte, ernst gemeint oder ironisch zu verstehen? Sollen wir uns wirklich an dem Knecht und seiner Weisheit ein Beispiel nehmen? Sollen wir uns nicht eher vorstellen, wohin man käme, wenn jeder täte, was ihm gerade einfällt, und dabei zur Einsicht gelangen, daß es doch besser sei, die Befehle unserer Vorgesetzten zu befolgen? Ich meine, dem Erzähler geht es darum, daß wir den Knecht tolerieren, vielleicht sogar bewundern, aber nicht nachahmen. Denn er ist vielleicht fromm und weise, aber gewiß nicht klug.

Im Schwank „Der faule Heinz" (KHM 164) werden der „kluge Knecht" und die in ihm enthaltene Lehre kritisiert, allerdings nicht durch den Erzähler, sondern durch Heinz. „Der faule Heinz" ist ein Schwank von einem dummen Ehepaar und hat, wie der Titel signalisiert, die Faulheit zum Thema.

Heinz ist so faul, daß es ihm schon zu viel wird, seine Ziege täglich auf die Weide zu treiben. Er beschließt deshalb, die dicke Trine zu heiraten, denn sie hat auch eine Ziege und kann dann ja beide Ziegen zusammen austreiben. Trine willigt ein, wird seine Frau und hütet eine Zeitlang beide Ziegen. „Aber die dicke Trine war nicht minder faul." Deshalb macht sie ihm eines Tages den Vorschlag, die beiden Ziegen gegen einen Bienenstock einzutauschen, was Hans einleuchtet. Im Herbst haben sie einen ganzen Krug voll Honig, stellen ihn auf ein Brett in ihre Schlafkammer, und Trine legt einen Haselstock neben ihr Bett, um die Mäuse, die der Honig anlocken könnte, zu vertreiben.

Eines Morgens schlägt Heinz vor, den Honigtopf gegen Gänse einzutauschen, bevor er von der naschhaften Trine ausgeschleckt ist. Trine will abwarten, bis sie ein Kind haben, das dann die Gänse hüten kann. Heinz wendet ein, daß die Kinder heutzutage nicht mehr gehorchen, sondern wie der „kluge Knecht" ihrem eigenen Willen folgen, worauf ihm Trine mit dem Haselstock vorführt, wie sie ihr Kind zum Gehorsam erziehen würde, und unglücklicherweise den Honigtopf trifft, der zerbricht.

Wie reagiert nun der faule Heinz? Er schimpft keineswegs, wie zu erwarten, sondern freut sich darüber, daß nun die Gänse nicht gehütet zu werden brauchen und daß ihm der Krug nicht auf den Kopf gefallen ist, und leckt zusammen mit Trine die Scherben aus.

Der Erzähler führt uns vor, wie die beiden aufgrund ihrer Faulheit und ihrer Hirngespinste ihr Hab und Gut nach und nach verlieren. Und er zeigt uns zugleich, daß sie sich über den Verlust nicht betrüben, sondern nun, da sie sich um nichts mehr sorgen müssen, ihr Leben so richtig genießen. Er vermittelt nicht die Botschaft, daß Faulheit gut ist oder daß der Faule sein Glück macht – er führt ja vor, daß Faulheit sich nicht auszahlt –, aber er erhebt auch nicht umgekehrt den moralischen Zeigefinger, sondern zeigt uns, daß und warum er für die Faulen Sympathie empfindet.

„Die hagere Liese“ (KHM 168) schließlich ist wiederum ein Schwank von einem dummen Ehepaar, diesmal aber mit eindeutig schlechtem Ausgang. Die Titelfigur wird vom Erzähler dem „faulen Heinz“ als negatives Beispiel gegenübergestellt. Heinz ist faul und zufrieden, Liese dagegen ist fleißig und zänkisch. Die Moral der beiden Schwänke ist also: Der Faule kommt zu nichts, ist aber zufrieden. Der Fleißige kommt manchmal auch zu nichts und ist deshalb unzufrieden. Aber der Schwank geht in dieser Lehre nicht auf.

Die fleißige Liese rackert sich ab von früh bis spät und treibt auch ihren Mann, den langen Lenz, zur Arbeit an. Trotzdem kommen die beiden auf keinen grünen Zweig. Eines Abends im Bett macht sich Liese Gedanken, wie sie ihre Lage verändern könnte, und teilt sie Lenz mit, dieser spinnt das Garn weiter, bis sie über ihre Hirngespinste in Streit geraten.

Mitunter vollziehen auch die Schwankhelden einen Übergang von der Alltagswelt in die Phantasiewelt. Während die Zaubermärchenhelden in eine höhere Wirklichkeit eindringen und aus ihr bereichert zurückkehren, nehmen die Schwankhelden ihre Vorstellungen für die Wirklichkeit, sie werden verrückt. Im Schwank „Die hagere Liese“ hat der Erzähler den Augenblick des Verrücktwerdens durch den Wechsel vom Irrealis (Konjunktiv Imperfekt) zum Realis (Indikativ Präsens) meisterhaft vorgeführt:

Liese: „Wenn ich einen Gulden fände und einer mir geschenkt würde, so wollte ich einen dazuborgen, und du solltest mir auch noch einen geben; sobald ich dann die vier Gulden beisammen hätte, so wollte ich eine junge Kuh kaufen.“

Lenz: „Ich weiß zwar nicht, (...) woher ich den Gulden nehmen soll, den du von mir willst geschenkt haben, aber wenn du dennoch das Geld zusammenbringst und du kannst dafür eine Kuh kaufen, so tust du wohl, wenn du dein Vorhaben ausführst. Ich freue mich (...), wenn die Kuh ein Kälbchen bringt, so werde ich doch manchmal zu meiner Erquickung einen Trunk Milch erhalten.“

Diese „Erquickung“ aber mag Liese ihrem Mann nicht gönnen. Sie wirft ihm vor, er wolle verzehren, was ich „mit Mühe erwerbe“, wobei sie, wenn man sich auf ihre Vorstellung einläßt, die Kuh nicht „mit Mühe“, sondern mit Glück und durch Pump erworben hätte. Schließlich wird Lenz der Streit zu dumm, er drückt ihr Gesicht auf das Kissen und hält sie so lange fest, bis sie eingeschlafen ist.

Die „hagere Liese“ ist hager, weil sie sich und anderen nichts gönnt; sie ist deshalb unzufrieden und streitsüchtig, ja sie erweist sich, wenn man sich den Gegenstand ihres Streits vor Augen hält, als verrückt und macht sich in unseren Augen vollkommen lächerlich. Ihr Mann dagegen, der sich von ihr herumkommandieren und beschimpfen lassen muß, erregt unser Mitleid. Die Art und Weise, mit der er dem Steit ein Ende macht, ist eigentlich konsequent, da sie sich nicht anders zur Räson bringen läßt, wirkt aber auf uns, da das ein Mann seiner Frau antut, brutal.

✳

Mit Vergnügen würde ich noch weitere Schwänke vorstellen, zum Beispiel die beiden Schwänke „Das Bürle“ (KHM 61) und „Der alte Hildebrand“ (KHM 95), hinter denen sich Sexualschwänke verbergen. Wenn die Müllerin den Pfarrer auffordert: „Mein Mann ist aus, da wollen wir uns traktieren“, oder wenn der Pfarrer sich wünscht, daß er „an ganzen Tag mit der Bäuerin alla recht vergnügt zubringa kunnt“, dann soll und will der Pfarrer wohl weniger den Braten verzehren als die Gastgeberin vernaschen.

Aber es ist Zeit innezuhalten, den eigenen Umgang mit den Schwänken kritisch zu reflektieren und ein Resumée zu ziehen.

Vielleicht wird man einwenden, ich hätte die lustigen Schwänke viel zu ernst genommen. Wenn es richtig ist, daß von einem guten Schwankerzähler, der seine Zuhörer zum Lachen bringen will, vor allem Geist, Esprit gefordet ist, dann kann man auch vom Interpreten verlangen, daß er seinen Kopf anstrengt. Die Schwankbücher des 16. Jahrhunderts, auf die viele dieser Schwänke zurückgehen, sind eine Mischung aus „Scherz und Ernst“ und wurden zu „Lust und Nutz“ geschrieben. Die Leser wurden angehalten, „das darunter aber verborgene gute Moralische wohl zu mercken“[8].

Schwerer wiegt wohl der Einwand, die vorgetragenen Deutungen würden zwar über meine subjektive Rezeption der Schwänke, nicht aber über die in den Texten manifestierte Intention des Erzählers Aufschluß zu geben. Die pädagogische Absicht und der moralische Nutzen werden ja vom Erzähler nicht direkt ausgesprochen, sondern durch seine spezifische Sichtweise des Geschehens angedeutet.

Allein im „klugen Knecht“ spricht der Erzähler eine Lehre aus, hier macht er aber seinen eigenen, davon abweichenden Standpunkt durch die ironische Übertreibung deutlich. Bei den „klugen Leuten“ geht der Erzähler erst durch die Schlußwendung zum klugen Bauern auf Distanz. Beim „faulen Heinz“ und bei der „hageren Liese“ zeigt er durch den Schaden (den zerbrochenen Topf) und durch die

Strafaktion des Ehemanns, daß er den Standpunkt der Titelfiguren nicht teilt. Aber während er über den „gescheiten Hans“ und die „hagere Liese“ seinen Spott ergießt, zeigt er für Trine, die einfältige Frau des Bauern Hans, Mitleid und für den „klugen Knecht“ und den „faulen Heinz“ sogar Sympathie („Sympathie“ heißt ja Mitleid, wird aber eher im Sinn von Zuneigung gebraucht).

Der Erzähler stellt die Schwankhelden nicht als Vorbilder hin wie die Helden der Zaubermärchen, aber er läßt durchblicken, daß er für sie Verständnis hat und Mitleid oder Zuneigung empfindet, und erwartet das Gleiche von seinen Zuhörern. Toleranz gegenüber den Schwachen, die im Konkurrenzkampf der Gesellschaft unterliegen, und Verständnis gegenüber den Schwächen des Ehepartners und den eigenen Schwächen, das ist die Moral, die sich aus den unmoralischen Schwänken ergibt.

Der Schwankerzähler weiß, daß sich die Menschen im Alltag in einem ständigen Konflikt zwischen Pflicht und Neigung befinden. Er zeigt Einsicht, daß sie nicht immer und überall mit der Moral im Einklang sind, und schildert seinen Zuhörern mit Witz, Toleranz und psychologischem Feingefühl Begebenheiten, bei denen sie gegen die Gebote der Moral verstoßen. Wer möchte nicht einmal nur das tun, wozu er Lust hat, wie der „kluge Knecht“, oder einmal den ganzen Tag im Bett bleiben wie der „faule Heinz“, sich einmal den Bauch so richtig vollschlagen wie im „Schlaraffenland“, einmal das große Los gewinnen, auch wenn andere dafür zahlen müssen, wie im „klugen Handel“, oder einmal den anderen übers Ohr hauen, wo dieser es doch gar nicht merkt, wie in „Die klugen Leute“ und in „Hans im Glück“!

Durch solche Sünden stellt man, zumal wenn man sie als Sünden begreift, die Moral nicht in Frage, sondern bestätigt sie[9]. Diese Einsicht kommt auch in Sprüchen und Redensarten zum Ausdruck wie „Man muß fünfe auch mal gerade sein lassen.“ Im Kirchenjahr geht der Fastenzeit der Carneval („Carneval“ = Fleisch, lebe wohl) voraus. Und von den Dichtern des 16. Jahrhunderts sind sowohl schwankhafte als auch erbauliche Erzählungen, sowohl Faßnachtsspiele als auch Passionsspiele überliefert.

*

Zum Schluß bleibt noch die Frage zu beantworten, inwiefern die Schwänke, die ja keine Märchen sind, in die Märchensammlung der Brüder Grimm passen. Neben den Zaubermärchen, die ziemlich genau 100 Stück, also die Hälfte der ganzen Sammlung umfassen, bilden die schwankhaften Erzählungen die zweite, kaum weniger große Hauptgruppe. Zu ihnen gehören nach meiner Zählung 25 eigentliche Schwänke, das ist ein Achtel, und 23 Tierschwänke, das ergibt zusammen 48 oder knapp ein Viertel, ferner die Mischformen zwischen Schwänken und den Gattungen der Wundererzählung oder die uneigentlichen Schwänke, nämlich 15 Legendenschwänke, sieben Schwankmärchen und sechs Lügenmärchen oder Lügenschwänke, das sind insgesamt 76 Stück oder drei Achtel. Die übrigbleibenden 24 Texte setzen sich aus den verschiedenen Formen der lehrhaften Erzählung zusammen: Novellenmärchen, Parabelmärchen, Predigtmärchen und Exempel. Die Zaubermärchen und die Schwänke bilden also in Grimms Märchensammlung die beiden Pole, die fast alle anderen Erzählungen als uneigentliche Märchen und uneigentliche Schwänke umspannen.

Zwischen diesen beiden Polen bilden sich vielfältige Beziehungen aus:

1. Zaubermärchen und Schwänke stehen einander als Kontrastbilder gegenüber. In den Zaubermärchen gewinnt der von seinen klugen Brüdern verlachte Dummling allein das Glück, in den Schwänken verliert der Dummkopf sein Hab und Gut, oder der Kluge macht mit der Dummheit der anderen sein Geschäft. In den Zaubermärchen macht die Fleißige ihr Glück, in den Schwänken und Schwankmärchen die Faule. Von den Helden der Zaubermärchen ist gefordert, daß sie treu sind und ihr Wort halten, die Helden der Schwänke müssen lügen und betrügen können. So werden die wunderbaren Begebenheiten durch alltägliche Vorfälle und die Tugendhelden durch lasterhafte Helden parodiert.

2. Zugleich wirken Zaubermärchen und Schwänke aufeinander ein. Dies zeigt sich nicht nur an den Zaubermärchen, in die Schwankmotive eindringen, und an den Zwischenformen wie Schwankmärchen und Legendenschwänke, sondern auch an den Schwänken selbst.

So erscheint auch „Hans im Glück" im Umkreis der Märchen in einem anderen Licht. Nimmt man den Schwank für sich, so erweist sich „Hans" im Verlauf der Handlung eindeutig als ein Dummkopf. Daß der dumme Hans durch seine Tauschgeschäfte ins Unglück gerät, dafür sprechen auch die von Jacob Grimm und Bolte/Polivka überlieferten Varianten, in denen Hans genau im Gegenteil sein Glück macht. In den Schwänken vom „Gerstenkorn" (Jahn) oder „Hirsekorn" (Haltrich) wird „Dummhans" genau umgekehrt mit jedem Tausch reicher. Und in der von Zingerle überlieferten Tiroler Fassung schlägt ihm der Handel ebenfalls zum Glück aus, obwohl er zunächst alles verliert, denn er wettet um 100 Gulden, daß ihm seine Frau keine Vorwürfe macht, und gewinnt – ähnlich wie im Schwank „Die klugen Leute“, nur daß hier die Rollen von Mann und Frau vertauscht sind[10]. Ein weiterer Beleg für Hansens Pech ist die Kettentechnik, die sich vor allem in Schwänken und Tierschwänken mit schlechtem Ausgang findet.

Und trotzdem werden viele weiterhin mit Hans davon überzeugt sein, daß ihm das Glück zuteil geworden, daß er also nicht dumm, sondern weise ist. Weil ihnen „Hans im Glück“ in einer Märchensammlung begegnet und sie ihn mit den Augen des Märchenkenners betrachten, erkennen sie in ihm einen Vetter des Dummlings.

3. Daß Zaubermärchen und Schwänke so stark aufeinander einwirken, erklärt sich daraus, daß sie aus dem gleichen Grund erwachsen sind. In beiden Erzählgattungen hält es der Erzähler mit denen, die im Leben zu kurz kommen, ob sie nun dumm, träge, arm, schwach, abhängig oder enterbt sind. Das Märchen entspringt ihrem Wunsch, daß sich die Verhältnisse radikal verändern. „Der Schwank entspringt“ – ich schließe mit einem Zitat von Kurt Ranke – „dem Wunsche, sich durch ein Gelächter über die Nöte des gemeinmenschlichen Daseins zu erheben.“ – „Hierin (...) in der Erlösung nach oben, sind Märchen und Schwank im innersten Wesen (...) verwandt.“[11]

Anmerkungen

1 Zu dieser Deutung vgl. auch Lutz Röhrich: Zur Deutung und Be-Deutung von Folklore-Texten, in: Fabula. Zeitschrift für Erzählforschung, 26. Band, Heft 1/2 (1985), S. 16 f., und Joseph Hoymann (in diesem Band).

2 Gustav Bebermeyer: Schwank, in: Reallexikon der deutschen Literaturgeschichte, Band 3, 2. Aufl. Berlin 1977, S. 689.

3 Max Lüthi: Bosheit, in: Enzyklopädie des Märchens.

4 KHM 34, 59, 94, 95, 104, 128, 164, 168, 170.

5 KHM 32, 84, 131, 155, 156.

6 KHM 7, 83, 139, 143, 162.

7 KHM 61, 70, 77, 98, 146, 149.

8 Ein Überblick über die in den Titeln und Vorworten von Schwanksammlungen angegebenen „Autorenintentionen“ findet sich bei Elfriede Moser-Rath, „Lustige Gesellschaft“. Schwank und Witz des 17. und 18. Jahrhunderts in kultur- und sozialgeschichtlichem Kontext, Stuttgart 1984, S. 44 ff.

9 Elfriede Moser-Rath meint zur Darstellung unmoralischer Zustände in den Schwankdichtungen des 17. und 18. Jahrhunderts: „Allerdings bestätigt eben die fiktive Anhäufung des Regelwidrigen die Gültigkeit von Normen.“ (A. a. O., S. 279) Und Hermann Bausinger erkennt in den „Schildbürgergeschichten“ das „Eingeständnis, daß keine der menschlichen Normen und Ordnungen absolut, dauernd, allgemeingültig ist, daß der Mensch aber auch keiner dieser Normen und Ordnungen vollkommen genügen kann.“ (H. B., Schildbürgergeschichten. Betrachtungen zum Schwank, in: Der Deutschunterricht, Jg. 3, Heft 1 (1961), S. 43.

10 Eine kurze, witzige Variante der Tiroler Fassung wurde von Sigrid Früh in Freiburg als Ouvertüre zu diesem Vortrag erzählt.

11 Kurt Ranke, Betrachtungen zum Wesen und zur Funktion des Märchens, in: Wege der Forschung, Darmstadt 1973, S. 348 f.

Walde-Mar de Andrade e Silva „Wie die neue Welt gefunden wurde“

Walde-Mar de Andrade e Silva

Der Maler wurde 1933 an den Ufern des Itararé-Flusses im brasilianischen Bundesstaat São Paulo geboren. An den Büchern, die sein Vater (selbst ein Nachfahre der Tupinambá-Indianer) geschrieben hatte, konnte er seine erste Neugier und Faszination für die Indianer befriedigen. In dem Buch „Märchen und Mythen der brasilianischen Indianer" (herausgegeben von Brigitte Goller, Freiburg 1987, 1990) berichtet Walde-Mar de Andrade e Silva dann Jahre später:

*

„‚Warum malst du keine Indianer?', fragte Neuton, mein Bruder (ein naiv-folkloristischer Maler), und wie im Zauber trug ich noch am gleichen Tag Farbe auf meine allererste Leinwand auf. Schließlich hatte ich meine erste Ausstellung, bei der ich meinen Freund Orlando Villas Bôas kennenlernte. Ich war sehr gerührt von seiner Einladung, die Xingu-Region zu besuchen. So wurde der Traum endlich wahr. - Acht Jahre lang besuchte ich mehrere Male diese Region. In einem sehr vertrauten Zusammenleben habe ich die Indianer, ihre Art zu leben und zu denken, mit großem Interesse beobachtet. Ohne Zögern kann ich behaupten, daß sie die glücklichsten Wesen der Erde sind. Der Grund hierfür ist ganz einfach: Sie respektieren die Natur; in ihr herrscht Eintracht und Ausgeglichenheit zwischen allen Lebewesen, was beweist, daß ein Paradies auf Erden möglich ist ..."

Renate Zelger

RISUS PASCHALIS - DAS OSTERGELÄCHTER

„Höret zu, ein wunderseltzame Geschicht, wie ein Fuchs und ein Aff einander arglistig ausgezahlt haben!"

Mit dieser verlockenden Ankündigung mag so mancher Pfarrer versucht haben, die Aufmerksamkeit des müden Kirchenvolks zurückzugewinnen, wenn er nämlich „seine Predig angefangen von Göttlichen Dingen und vermerckt, daß seinen Zuhörern allgemach wollte ein Schläffel zugehen." Einen solchen Ratschlag erteilte im Jahre 1694 der Pfarrherr Andreas Strobl den Kanzelpredigern seiner Zeit. „Ovum Pasquale oder gefärbte Oster-Ayr" nannte er sein Büchlein, „worinnen" - wie er ankündigte - „verschiedene Ostermärl sampt den hierauß gezogenen Sitten-Lehren mit geistlichem Nutzen können gebracht werden."

Der Pfarrer als Märchenerzähler, der „eine Abenteuerzählung"[1] auftischt, der von verzauberten Prinzen und wandernden Königstöchtern berichtet? Der Gedanke ist gar nicht so abwegig, denn die Mär hat in der Kirche ihre Tradition. Luther spricht in einem Lied von der „guten neuen Mär" und bezieht sich damit auf die althochdeutsche Bedeutung „Kunde".

Auch der Kanzelprediger will etwas verkünden. Seine Predigtmärlein unterscheiden sich allerdings von den uns geläufigen Volksmärchen dadurch, daß sie - zumindest ursprünglich - einen geistlichen Nutzen erreichen wollten. Da sie eine Moral veranschaulichen, müssen sie in erster Linie der Exempelliteratur zugeordnet werden. Seit dem 13. Jahrhundert gibt es derartige Exempelsammlungen für Laienpredigten.[2] Berühmtheit erlangten die katholischen Volksprediger Geiler von Kaisersberg und Abraham a Santa Clara sowie die evangelische Sammlung „Promptuarium exemplorum" aus dem Jahre 1568. Der Übergang in die Schwankbücher des 16. Jahrhunderts ist fließend und insbesondere auf die Einwirkung der italienischen Renaissancenovelle zurückzuführen. So hält der Schwank[3] auch Einzug in die Predigtmärlein. Und wie im Schwank wird der Einfältige durch den Klügeren oder Gerisseneren verspottet. Die Verwandtschaft zum Volksmärchen ist darin zu suchen, daß „die innere Freiheit, die das Märchen gegenüber seinen Elementen erworben hat, zum übermütigen Spiel mit ihnen verführt. Aus heiterem Ernst wird Scherz und Spott."[4]

Nicht immer aber war es bisher in der Kirche so kurzweilig zugegangen. Im Gegenteil! Wenn sich am Ende eines langen Winters nach der düsteren Fastenzeit das müde Bauernvolk am Sonntag dem Kirschenschlaf hingab, wanderte der Küster zwischen den Bänken einher und ließ recht unsanft einen Knüppel auf die von der Arbeit gekrümmten Bauernbuckel hinabsausen. War das etwa die richtige Art, Freude anläßlich der Auferstehung des Herrn zu erwecken? Und war das Osterevangelium dazu angetan, die Zuhörer zu ermuntern? Vielleicht gelang es diesem oder jenem Prediger zuweilen, die Höllenfahrt Christi und den Sieg des Erlösers heiter auszuspinnnen; auch soll gemäß einer Münchener Handschrift aus dem Jahre 1551 ein Prediger im Liebfrauendom zu München mit einer amüsant-pikanten Geschichte von einer Wallfahrt nach Jerusalem Heiterkeit erregt haben, als er von den Abenteuern der Pilgersleute in der Herberge zu den sieben Todsünden berichtete; doch waren Motive dieser Art bald erschöpft und wohl auch nicht komisch genug, um die Kirchgänger zum Lachen zu bringen. Daß aber ein Erzählen von Ostermärlein der Ermunterung der Zuhörer und somit auch der österlichen Freude dienen kann, daß Scherze und Schwänke die Kirchenbesucher vom Schlaf abhalten und schließlich einen herzhaften „risus paschalis", nämlich das sogenannte Ostergelächter, hervorrufen können, ist seit dem 16. Jahrhundert bezeugt.

Schon Johannes Pauli, der selbst Prediger war, hatte seine berühmte Sammlung „Schimpf und Ernst" zu dem Zweck herausgegeben, „das die predicanten exempel haben, die schlefferlichen Menschen zu erwecken und lüstig zu hören machen, auch das sie Osterspil haben zu ostern."[5] Sein „Schimpf und Ernst" stand allerdings bei den Katholiken auf dem Index der verbotenen Bücher und war darum als Vorlage für Predigtmärlein ungeeignet. Auch „Rollwagen" und „Amadis" galten als verwerfliche Literatur, von den Sammlungen des Montanus, die von derb-obszönen Anspielungen nur so strotzten und als geradezu unflätig bezeichnet wurden, ganz zu schweigen. Am ehesten könnte noch Kirchhofs „Wendunmuth" als Quelle in Frage kommen; doch scheint hauptsächlich, abgesehen von Jesuitenliteratur und Klosterschriften, die mündliche Überlieferung Zuträger der Ostermärlein gewesen zu sein.

Daß Gelächter und Fröhlichkeit in der Kirche gerade in der Osterzeit anzutreffen waren, beruht nicht nur auf der Freude über die Auferstehung des Herrn, sondern hat seine Wurzeln auch im heidnischen Glauben: Im Frühling sollen die alten Germanen das Fest der Fruchtbarkeitsgöttin Ostara gefeiert haben.

Da die Bezeichnung Ostern auf das altindische „Usra" =

Morgenröte zurückgeführt wird, könnte Aurora, die (römische) Göttin der Morgenröte, zur germanischen Licht- und Frühlingsgöttin geworden sein. Das westsächsische „Eostre“ ist jedenfalls bei dem angelsächsischen Mönch Beda Venerabilis[6] in seiner Schrift „De temporum ratione“ belegt. Aus dieser Stelle, der Bezeichnung „Ostarmanoth“ für April und dem Namen „Ostara“ für das christliche Auferstehungsfest, folgert Jacob Grimm eine der Eostre entsprechende, sonst aber nicht weiter belegte deutsche Göttin Ostara. Eine sprach- und sinngeschichtliche Verwandte hat Aurora- neben der erwähnten Usra wie der litauischen Auzra – noch in der griechischen Eos, der Schwester des Sonnengottes Helios und der Mondgöttin Selene. Auch Eos bringt den Menschen das Tageslicht, und zwar indem sie jeden Morgen aus dem Weltenmeer auftaucht, womit die generelle Urverwandtschaft der genannten Göttinnen mit der Himmelsrichtung Osten (germanisch „austra – „) über die sprachlichen indoeuropäischen Zusammenhänge hinaus versinnbildlicht ist.

Jedenfalls wird das mittelhochdeutsche „Osteren“ aufgrund gallofränkischer Prägung zu Austro = Morgenrot im Sinne der lateinischen *albae paschalis* und gelangt über Ostdeutschland in die Auferstehungsliturgie. Die Wurzeln des kirchenlateinischen *pascha* sind im hebräischen Passah-Fest zu finden[7].

Auf Ostara soll schließlich jener heidnische Brauch zurückgehen, von dem ein junger badischer Bauer dem Schriftsteller Karl Blind, einem Teilnehmer der Revolutionsbewegung von 1848, erzählte: mit einem Ei in den Fingern rückwärts zur Kirchentüre hinauszugehen, mit einem Zeichen der Verachtung zum Altar hin durch das Ei zu schauen und dabei laut zu lachen. Wer sich an diese Zauberformel hielt, dem war es möglich, wie durch einen Hexenspiegel die Zukunft zu erblicken. „Das Zeichen der Verachtung ... sollte andeuten, daß man sich für den Augenblick vom Christentum abwandte und zum Heidenglauben zurückging. Im Lachen angesichts des Eis als Hexenspiegel ... sei der Ausbruch der Heiterkeit zu sehen, die man dem Lächeln der frühlingshaften Natur entnehme.“[8] Das mittelalterliche Kirchenvolk muß etwas von dieser altgermanischen Frühlingsfreude gespürt haben, wenn es nach fröhlichen Ostermärlein verlangte.

Um auch wirklich die Kirchenbesucher zum Lachen zu reizen, wählten die Kanzelprediger lustige Geschehnisse aus dem Alltag des mittelalterlichen Menschen, so daß sich jeder einbezogen fühlen konnte. Denn auch für das Predigtmärlein trifft zu: „So wunderbare Dinge das Märchen zuweilen berichten mag, so steht es doch hinsichtlich seiner sozialen Wirklichkeitsschilderungen keineswegs fern der Wirklichkeit."[9] Doch brauchten diese Märlein keineswegs auf der Wahrheit zu beruhen. Im Gegenteil durfte ihre Unglaubwürdigkeit leicht erkennbar sein. In diesem Betracht unterscheiden sie sich nicht vom Volksmärchen – unbeschadet dessen „innerer" Wahrheit. Daß es sich eben nur um Märlein handelte, zeigen formelhafte Anfänge wie etwa: „Vernehmt folgende Geschicht, Will nicht disputieren, ob es eine ... Wahrhaft Historie sey."[10] Ostermärlein galten geradezu als Prototyp der Unglaubwürdigkeit. So nennt Clemens von Burghausen in seiner Sammlung „Jäger Horn" aus dem Jahr 1740 die Osterbeichte heuchlerischer Menschen „nur ein Ostermärlein" und kündigt an, er wolle kein Ostermärlein, sondern eine Geschichte aus verläßlicher Quelle vorbringen. Oft begründet auch ein Kanzelprediger, warum ein Ostermärlein vor allem der Erheiterung dienen solle, mit einer bildhaften Erklärung dieser Art: daß uns die Freude nicht in den Brunnen falle. Auch für uns ist noch vorstellbar, daß die Freude dort unten in Dunkelheit und unergründlicher Tiefe für immer verlorengehen müsse.

So entstanden allmählich Predigten, in denen sich mehrere Schwänke aneinanderreihten, damit die Aufmerksamkeit und das Vergnügen der Zuhörer nur ja auch während des gesamten Gottesdienstes gewahrt bliebe. Denn, so sagte auch der erfahrene Barockprediger Conrad Purselt: „ Ich weiß wol, daß es gar natürlich, und man leidlich einschlaffe, wenn man von der Arbeit sich niedersetzt und ruhet. Aber woher kommt es, daß ihr so munter und wachsam, wenn der Prediger eures Nachbarn Sitten und Gebärden, Handel und Wandel mit lächerlichem Gleichnussen beschreibt?"[11] Diese Frage ist ohne Zweifel rhetorisch zu verstehen. Denn Schadenfreude und Spottlust sind seit eh und je menschliche Charaktereigenschaften. Darum auch erklang das Gelächter besonders laut, wenn es über den Nachbarn oder benachbarte Ortschaften herging. Wohl keiner wußte dies besser als der Landgeistliche Andreas Strobl, Verfasser zahlreicher „Ostermärl", von dem auch die Brüder Grimm Geschichten übernahmen.[12] Mit seinem Ostermärl von einem eierlegenden Bauern errang er riesigen Lacherfolg.[13] War es etwa nicht lustig, wenn der Bauer vom Hexenbrot aß, das doch die Hühner zum Eierlegen anregen sollte, und nun selbst unter Schwitzen und Stöhnen ein Ei herauspreßte? Wenn der Prediger dann in lebhaften Farben ausmalte, wie die Buben auf der Gasse zusammenliefen, den bisher hochangesehenen Bauern verspotteten und mit Fingern auf ihn zeigten, dann lachte das gesamte Kirchenvolk aus vollem Halse, und so mancher deutete vielleicht heimlich auf einen unbeliebten Nachbarn.

Bei Märlein dieser Art ließen sich die Prediger auch nicht lautmalerische Effekte entgehen, wenn etwa ein böses Weib „murr-murr-mirr" schimpfte, ein Schmied das Eisen auf dem Amboß „pincke-pancke" zurechtschlug und die Hühner „pulala, pulala, ...pi,pi,pi" auf dem Hof herumgackerten.

Doch ganz besonders schadenfroh erklang das Gelächter des Bauern, wenn sich der Spott über den Gutsherrn ergoß, da doch die meisten als Hörige der Willkür eines Dienstherrn ausgesetzt waren. Umso größer war das Vergnügen, wenn der Herr den kürzeren zog, wie z. B. in der Geschichte: „Von einem genarrten Edelmann und seinem Thorwart", die unter dem Titel „Gweichter Haas, was ist das?" als Ostermärlein erzählt wurde.[14] War es etwa nicht für das bäuerliche Kirchenvolk höchst vergnüglich, wenn der Untertan in seinem Ranzen einen Hasen des Gutsherrn davontrug, dieser aber meinte, der Buckel sei dem „Thorwart" von Schlägen aufgeschwollen? Der ihm zugedachten Tracht Prügel hatte sich der „Thorwart" jedoch mit List entzogen.

Allmählich entstand der Eindruck, die Prediger des Barock hätten die meiste Zeit als Spaßmacher auf der Kanzel gestanden und die Leute seien nur noch auf die lustigen Geschichten erpicht gewesen, ohne auf die daran geknüpften Belehrungen zu achten. Selbst die Reformatoren, wenn sich auch im süddeutschen Raum das Kanzelmärlein besonders reichhaltig entwickelte, konnten bei aller Strenge das Fabulieren nicht ganz lassen. Die Glaubensspaltung hatte endlose und langweilige dogmatische Diskussionen nach sich gezogen und die Kirchgänger ermüdet. So war die Reform der Predigt, die etwa um 1600 einsetzte - und die sogar zu den Programmpunkten des Konzils von Trient gehörte - ein geradezu unerläßliches Mittel, um den alten Glauben im Volk wieder zu verankern. Zu diesen Reformbestrebungen gehört auch das Ostermärlein. Die kaleidoskopartige Fülle, dieses ungewöhnliche „Gemisch-Gemasch" heterogener Elemente, wie Abraham a Santa Clara es formulierte, in denen sich Schauder erregende Höllenberichte mit derben Schwänken abwechselten, kam der damaligen Schaulust und Spielfreude der Menschen entgegen. Der Stellenwert dieser Erneuerungsbewegung erhellt sich daraus, daß namhafte Verlegerfamilien in Augsburg, Dillingen und Würzburg, auch im protestantischen Nürnberg, nicht nur für die weniger gewandten Landgeistlichen Muster herausgaben, sondern auch Erbauungsliteratur für die Landbevölkerung der abgelegenen Höfe, für Kranke und Kinder, die bei schlechter Witterung die Kirche nicht erreichen konnten. Da aber ein Großteil der Landbevölkerung des Lesens unkundig war, konnte diese Erbauungsliteratur kein Ersatz für das Anhören der Predigt sein, Denn die Kanzelprediger entwickelten sich zunehmend zu

Schauspielern, die sich nur zu gern produzierten.

„Welchem am Oster-Fest die närrischsten Schnacken auf der Cantzel hat könnenfürbringen, daß die Leute nur sehr gelachet, der hat das beste Lob gehabt“, behauptete ein zeitgenössischer Chronist. Kein Wunder, daß in den „Christlichen Regeln für Prediger“ die Ermahnung erschien, es sei zwar unverwehrt, die müden Zuhörer zu erlustigen, jedoch nicht mit lächerlichen und lahmen Zoten.

Je mehr aber die Fabulierkunst eines Predigers aufblühte, umso zahlreicher erschienen bei ihm die Kirchenbesucher. „Man hört lieber zu, wo statt geistreicher Predigten lustige Sachen und allerley Fabelwerck wird vorgetragen, wo der Prediger mehr einem Spilmann denn einem Evangelischen Sämann gleich ist und gleich sein muß, daß man nit gar schlaff oder ausbleibe.“ – So klagt Athanasius von Dillingen, selber ein Verfasser von Predigtmärlein.[15] Und sobald nun ein Pfarrer merkte, „daß seinen Zuhörern allgemach wollte ein Schläffel zugehen, daß sie den Kopf sincken ließen, Augen und Ohren zugingen“, so schrie er sein: „Höret zu, ein wunderseltzame Geschicht, ... massen diß eines der besten Mittel, die Leut aufmerckend zu machen“, wie Andreas Strobl dies in seiner Vorrede zum „Ovum Pasquale“ so treffend ausdrückt.

Besonders beliebt waren die Märl aus dem bäuerlichen Alltagsleben, so das „Ostermärlein von der Eigensinnigkeit des Weibes“, als dessen Verfasser Heribert von Salurn zeichnet (1656-1700) [16].“Bene dixit et docte prolegit“ berichten die Klosterannalen aus Schirnding am Inn über ihn. Seine Predigten, die viel persönliche Anteilnahme zum Ausdruck bringen, zeigen sich als reichhaltige volkskundliche Quelle. Er sparte, vor allem in den Ostermärlein, nicht an kraftvollen Ausdrücken. „Mörder, Schelm, Dieb!“ beschimpfte die Frau den Mann. „Willst schweigen, du Flaschen!“ gibt der Mann zurück und „schlug so lang zu, biß er vermeynet hatte, sie seye genug abgedenglet.“[17]

Dem heutigen Leser werden einige Zweifel kommen, ob eine solche Prügelszene, an deren Ende der Mann seine Frau ins Wasser stößt und befriedigt zuschaut, wie sie ertrinkt, zum Lachen reizen kann. Man darf jedoch nicht vergessen, daß jedes Ostermärl auch ein Exempel liefern sollte. Dem Erzähler dieser Geschichte kam es vor allem darauf an, Eigensinn und Rechthaberei anzuprangern, Eigenschaften, die einer züchtigen Hausfrau des 17. Jahrhunderts schlecht anstanden, und deren Folgen gar nicht drastisch genug geschildert werden konnten, jedenfalls so, daß zumindest die Ehemänner lauthals lachen konnten. Vielleicht war das Lachen aber auch mit ein wenig Bitterkeit vermischt. Denn fast immer behielt die Frau das letzte Wort – auch das allerletzte – wie in dieser Geschichte. Die Frauen zeigen sich auch gewitzter und niemals um einen Ausweg verlegen, wie Strobls Ostermärlein „Von einem liederlichen Paar Ehevolck“ beweist.[18] Die Ehefrau eines Säufers, die von ihrem Mann „dermassen übel geschlagen und zugericht“ wurde, „daß sie etliche Tage das Bett hüten mußte“, hat „unter solcher Zeit nachgesonnen, wie sie sich wieder rächen konnte; ist ihr auch etwas eingefallen“, nämlich durch einen vorgetäuschten Sturz in den Brunnen ihren Mann aus dem Haus zu locken, von innen die Tür zu verriegeln und ihn dann vor den herbeigelaufenen Leuten als nächtlichen Herumtreiber zu beschimpfen. „Also hat sie ihn zur Besserung gebracht.“ Um diese Besserung ging es dem Erzähler des Predigtmärleins.

Besonders erfinderisch zeigen sich Frauen, die ihre alten Ehemänner loswerden wollen – wie etwa jene junge Bäuerin, die ihren alten „Gruser und Greiner“ mit fetten Schmalznudeln verwöhnte, weil diese, in überreichlichem Maße genossen, nach Auskunft des Arztes zu Blindheit führen sollten.[19] Das Vorhaben schlägt ihr jedoch zum Nachteil aus: „incidit foream, quam fecit“, wie der Prediger Ignatius Ertl mahnend berichtet. Denn der Mann, der vom Arzt in den bösen Plan eingeweiht wird, stellt sich blind und springt zur Seite, als die Frau ihn ins Wasser stoßen will. „Bin doch ein blinder Mann, ich siehe dich nicht“, sagt er gleichmütig, als die Frau nun selbst ins Wasser stürzt und vergebens um Hilfe schreit.

Wenn wir verstehen wollen, daß die Menschen der damaligen Zeit über Geschichten dieser Art in schallendes Gelächter ausbrachen, müssen wir uns von unserer heutigen Vorstellung über gerechten Lohn und verdiente Strafe lösen und bedenken, daß der Kirchenbesucher für sich in Anspruch nimmt, am Ende des Ostermärleins lachen zu dürfen. So wird aus bitterem Ernst humorvoller Scherz und Spott, und so tritt der listenreiche Betrug an die Stelle ehrlicher Aufgabenbewältigung, und auch ein – nach unseren moralischen Vorstellungen – Unwürdiger kommt in den Genuß eines glückhaften Endes. Denn neben dem Recht, das sich durch Einsichten in die Erfordernisse des Zusammenlebens entwickelt, existieren in der Volkserzählung noch andere Orientierungsschemata. Und nirgends wohl kommt die enge Verflechtung zwischen sittlichen und rechtlichen Faktoren so deutlich zum Ausdruck wie hier. Denn es wirkt darin unbegrenzte Phantasie als Vermittlerin zwischen dem Verlangen nach verläßlichen Rechtssätzen und dem Wunsch nach listenreicher Selbsthilfe, die auch dem verrechtlichten Menschen unserer Zeit ein Gelächter abverlangt, das sich von einem *risus paschalis* nicht unterscheidet.

Wir müssen aber auch die bei weitem anderen Lebensumstände in Betracht ziehen: die Rechtlosigkeit der ländlichen Bevölkerung, die Wehrlosigkeit gegen Krankheit und das Ausgeliefertsein an Naturgewalten und wilde Tiere. Räuberische Tiere sind natürliche Feinde, deren Tod den Bauern mit Genugtuung erfüllt. Niemand wäre auf die Idee gekommen, gegenüber Bär und Fuchs Dankbarkeit zu zeigen. So rief auch das „Ostermärlein von einem Bauern, einem Beeren und Fuchsen“[20] fröhliches Gelächter hervor, als es einer Bäuerin gelungen war, dem Fuchs, der zum Hühnerstall hineinschaut, den Kopf zu zerschmettern. Da spielt es keine Rolle, daß doch der Bauer dem Fuchs einige Hennen versprochen hat, weil dieser ihm mit List den Zugochsen vor einem Bären gerettet hatte. „Jetzt mußt du mir auch dein Wort halten“, hatte der Fuchs gesagt und der Bauer geantwortet: „Ja, freilich, mein lieber Fuchs.“ Auch hier erscheint gemäß unserem moralischen Empfinden zweifelhaft, ob angesichts des zerschmetterten Kopfes ein Gelächter angebracht ist. Im Märlein aber heißt es: „Da hat der Fuchs seinen Lohn gehabt“, Strafe nämlich für manchen räuberischen Ausflug in den Hühnerstall des Bauern. Das Exempel sagt, daß Diebstahl und Raub zu bestrafen sind. Mittelalterliche Tierprozesse bezeugen, daß auch das Tier zur Verantwortung gezogen werden muß. Die Freude darüber, daß ein Räuber seinen gerechten Lohn empfangen hat - gerecht in oben erwähntem Sinne -, ruft das fröhliche Ostergelächter hervor.

Niemals aber erklang das Ostergelächter befreiender als nach jenen Geschichten, in denen der Teufel geprellt wurde. Denn gefährlich war die Macht des Teufels über alle, die sich nicht an Christus hielten. Solche Menschen waren aufgrund ihres Abfalls vom Glauben gegen die gotteswidrigen Einflüsterungen und Fallstricke des Teufels wehrlos und gerieten in seine Gewalt. Der Teufel verlieh ihnen die Fähigkeit der Hexerei, Zauberei und die Kraft zu lügen, die nach damaliger Vorstellung nur durch den Schmerz vertrieben werden konnte. Ein solcher Abfall vom Glauben aber gehörte für die Kirche zu den schwersten Verbrechen. Noch bis 1215 wurde Ketzerei dieser Art nur mit Klosterhaft bestraft. Erst die Hexenbulle des Papstes Innozenz VIII. und vor allem der „Hexenhammer“ der Dominikanermönche und Inquisitoren Sprenger und Institoris, der 1487 mit falschem Kölner Universitätspatent erschien, leiteten die unheilvolle Entwicklung ein, die zu den grauenvollen Hexenprozessen führte.

Wie aber konnte es geschehen, daß Ende des 17. Jahrhunderts der Teufel nun nicht mehr diesen überlegenen Verstand nutzen konnte, daß er als Baumeister, Freiersmann, Wettgegner und sogar Helfer des

Menschen in allerlei Notlagen immer der geprellte, ja sogar der dumme Teufel blieb? Geht es Erzählern und Hörern dieser Geschichten etwa wie dem furchtsamen Kind, das im Wald pfeift? Die Gründe für den Wandel im Denken des mittelalterlichen Menschen sind jedoch auch hier in der historischen Entwicklung zu sehen.

Auf den Klosterhöfen und Vogteien hatten sich im Verlaufe der vergangenen Jahrhunderte verschiedene Handwerkszweige entwickelt. In den Städten fanden sich die Menschen zusammen und waren so den wilden Tieren nicht mehr schutzlos ausgeliefert. Es entstanden Zünfte, Handwerksordnungen und städtische Statuten, die das Zusammenleben der Menschen regelten und ihnen Sicherheit gaben. Die Folge dieser Entwicklung war die Erstarkung des Individuums und die Selbstbesinnung auf eigene Kräfte. Der Teufel, einst gefallener Engel und Empörer gegen Gott, der schon im Paradies in Gestalt der Schlange die Menschen zum Bösen verführte, der als bocksähnliches Untier Grauen erregte, vermenschlicht sich nun zunehmend, zunächst noch mit Pferdefuß und Vogelkralle versehen, später aber kaum mehr als Teufel erkennbar. Er tritt als Jäger, Bürger, Arzt, Advokat auf und bewirbt sich als Freiersmann um unschuldige Mädchen. Wie es auf so einer Teufelshochzeit zugeht, beschreibt Andreas Strobl besonders lustig in seinem „Ovum Pasquale“.[21]

„Die Hochzeit ist bey nächtlicher Weil, unter dem liechten Galgen,“ und als Hochzeitsmahl werden „gebratene Ratzen, Nattern und Kröten“ aufgetischt.

Doch eine Teufelsehe pflegt nicht gut auszugehen. Die Frauen, noch vor gar nicht langer Zeit Opfer des Teufels, zeigen sich nun als die stärkeren und schlaueren. Vor allem, wenn es darum geht, dem Teufel unlösbare Aufgaben zu stellen, kennt ihr Erfindungsreichtum keine Grenzen. Da fettet sich eine Bäuerin mit Schmalz ein, wälzt sich in Federn und setzt sich als absonderliches Federvieh zwischen die Hühner auf die Stange. Natürlich kann der Teufel den Namen eines derart merkwürdigen Tieres nicht raten. Oder aber sie kocht ein reichhaltiges Bohnengericht und gibt dem Teufel auf, die Winde des Bauern wieder einzufangen. Armer Teufel! Kein Wunder, daß er sich den Frauen unterlegen fühlt. So sehr fürchtet sich der Teufel vor seinem eigenen Eheweib, daß er – wie in einem „Ostermärl von des Teufels Heyrath“[22] berichtet – lieber wieder in die Hölle als zu seinem Eheweib zurückkehrt. Und weil er am eigenen Leib erfahren hat, wie Ehemänner unter Ehefrauen zu leiden haben, werden solche Männer aus seiner Gewalt wieder entlassen, da ja doch ein böses Eheweib schon die Hölle auf Erden sei. Wen wundert es da noch, daß der in

Wolfsgestalt ergriffene Teufel mit Zittern und Zagen um ein gnädigeres Urteil bittet, als man ihn dazu verdammt, „zwey Weiber" auf einmal zu nehmen!

So wird der Teufel, dem einst solche Machtfülle zugeschrieben wurde, dem gegenüber sogar Gott einen beschränkten Wirkungskreis besaß, der zum Bösen verführt, der Krankheit und Seuchen schickt, der Feldfrüchte und das Vieh im Stall schädigt, zur drolligen Figur. Die Entwicklung vom grauenerregenden zum lustigen und geprellten Teufel beruht einerseits auf dem christlichen Versöhnungsgedanken und andererseits auf dem germanischen Volksglauben. Denn verschiedene Götter, so der wilde Jäger Wotan und Loki, der Widersacher der nordischen Götter, haben Wesenszüge an den Teufel abgegeben und ihn in gewisser Weise seiner höllischen Dämonie beraubt. Diese Entwicklung hat auch in den Ostermärl Eingang gefunden.

Der ungeheure Erfolg der Ostermärl bei den Kirchenbesuchern führte jedoch zu immer gewagteren Geschichten. Da nicht nur die müden Bauern vom Kirchenschlaf abgehalten, sondern auch die Adeligen amüsiert werden sollten, mußten sich die Geistlichen schon etwas einfallen lassen, um Zuhörer in ihre Kirche zu ziehen und sich den Ruhm eines guten Predigers zu erwerben. Die Pfarrer, die für gewöhnlich dem bäuerlichen Milieu entstammten und trotz ihrer geistlichen Bildung dem Volkstum verhaftet blieben, machten in ihrer Fabulierfreude auch vor dem eigenen Stand nicht halt. Im „Ostermärlein von einem Prälaten und einem Schafhirten"[23] scheut sich der Prediger Athanasius von Dillingen nicht, von einem Klosterprälaten zu berichten, der in Saus und Braus lebt und Unkosten verursacht, welche „die armen Religiosen und Brüder" wieder einsparen sollten. Das Kanzelwort, einziges Bildungsmittel, das einen Schulunterricht ersetzte, war Vermittler des Weltbildes schlechthin. Da aber nun bedenkliche Geschichten ohne angefügte geistliche Belehrung das Weltbild der Bevölkerung zu ändern begannen, da mancher Landgeistliche in seiner Fabulierfreude das rechte Maß überschritt, regte sich allmählich die Kritik der Kirchenoberen. Nicht nur Erasmus von Rotterdam verfaßte eine Schrift gegen die Mißstände auf der Kanzel, sondern auch das Laterankonzil von 1524 und die Konzilsbeschlüsse von Sienna und Mailand (1528; 1565) tadelten die Mißbräuche der Predigtmärlein. Das Kölner Diözesanstatut von 1662 widmete den „fabulae" sogar einen eigenen Paragraphen. Und noch 1802 fällte das „Münchner Tagblatt" über das Erzählen von Predigtmärlein erfolglos das vernichtende Urteil: es bedeute nichts anderes als schmutzige und abergläubische Geschichten aus ... einer ... alten Scharteke aufs Tapet zu bringen.

Aber gerade im katholischen München fand die Praxis des Märleinerzählens von der Kanzel herab ihren besten Verteidiger, den Domprediger Wolfgang Rauscher (1641-1709), der in einer Ostermontagspredigt Pro und Contra zusammenfaßte. Mit brillanter Eloquenz verteidigte er das Erzählen von Ostermärlein. „Ob es sich gezimme, daß ein Apostolischer Prediger mit einer Fabel oder Ostermärlein auf die Cantzel komm", [24] lautet seine Fragestellung, die er mit dem lateinischen Zitat beantwortet: „Tempus flendi et tempus ridendi." Es gebe eine Zeit zum Weinen und eine Zeit zum Lachen. „Wann ist aber, ich bitt dich darumb, die Zeit zum Lachen, wann es nicht Ostern ist?" fragte er seine Kirchenbesucher. Weil es besser sei, der Zuhörer lache, auch wenn es einmal auf seine Kosten gehe, „als daß man saure Gesichter mache, über den Prediger zörne, stumpire, grißgrame und das Predig-gehen verrede." Nach all diesem hat das Kirchenvolk wohl sicher voller Spannung darauf gewartet, daß der Domprediger ein lustiges Märlein erzählen werde. Aber Rauscher endete seine Predigt mit den Worten: „Heute nit, dann die Zeit ist verflossen." Aber wenn „etliche spitzfindige, nasenwitzige, geschnäppige und spöttlerische Zungen" gelernt hätten, in ihrer Kritik am lustigen Ostermärlein „das Maul hierfüran besser zu halten, was andere thun oder zu thun haben, nit gleich tadeln und übel außlegen ... und was dergleichen Schnackereyen mehr seynd, so haben sie auß der heutigen Predig schon genug gelehrnt."

Und das möge, natürlich nur letzteres, auch für diesen Aufsatz gelten.

Anmerkungen

1 „Eine Abenteuerzählung von raffender, sublimierender Stilgestalt." Definition von Max Lüthi: Das europäische Volksmärchen, München 71981, S. 77.
2 Sermones dominicales des Jakobus de Vitriaco.
3 Abgeleitet vom Schwingen der Geißel; mit beißender Satire werden Laster und Dummheit gegeißelt.
4 Max Lüthi, ebenda S. 89.
5 Elfriede Moser-Rath (in der Folge M.-R.): Predigtmärlein der Barockzeit, Berlin 1964, S. 28.
6 Der Verehrungswürdige, engl. Theologe, Verfasser theologischer Schriften, gest. 735.
7 HdA, Stichwort für „Ostara"; Jacob Grimm: Deutsche Mythologie, 1854; Friedrich Kluge (Hrsg.): Etymologisches Wörterbuch, New York 1975, S. 526.
8 Wolfgang Kuhlmann: Ostaras Lächeln, in Regio Nr. 3, März 1989.
9 Lutz Röhrich: Märchen und Wirklichkeit, Wiesbaden 1956, S. 171.
10 Petrus Hebel: Ostermärl von des Teuffels Heyrath, in M.-R., a. a. O., S. 392 f.
11 M.-R., a. a. O., S. 28.

12 KHM 77, 157 a.

13 Ein Bauers-Mann legt Ayr wie ein Henn, Andreas Strobl: Ovum Pasquale I., S 204 ff.

14 Andreas Strobl: Ovum Pasquale I., S. 95, hier die Fassung von Athanasius von Dillingen, in M.-R., a. a. O., S. 116 f.

15 Von Athanasius von Dillingen zitierten die Brüder Grimm eine Variante zu KHM 82 (der Spielhansel).

16 M.-R., a. a. O., S. 131 f.

17 Den Vergleich mit dem Dengeln der Sense wählt der Verfasser, weil der Streit wegen des Abmähens einer Wiese entstanden ist.

18 Andreas Strobl: Predigt Buch, Dom. S. 215 f in M.-R., a. a. O., S. 459 f.

19 Ignatius Ertl: Eine junge Bäuerin kocht Schmaltz-Nudel, ihren altbetagten Mann blind zu machen, in M.-R., a. a. O., S. 302 ff.

20 Heribert von Salurn, in M.-R., a. a. O., S. 127 ff.

21 Andreas Strobl: Ovum Pasquale III, S. 171 ff in M.-R., a. a. O., S. 495.

22 Mauritius Nattenhusanus (Johann Christoph Schmid) in M.-R., a. a. O., S. 395.

23 M.-R., a. a. O., S. 114 f.

24 M.-R., a. a. O., S. 22 ff.

Rainer Wehse

...SO HEISS, DASS DIE EIDECHSEN INS FEUER KROCHEN, UM DEN SCHATTEN DER BRATPFANNE ZU GENIEẞEN ...

Lügenmärchen und ihr Umfeld

Das Märchen ist seltener humorvoll, fast nie witzig. Weder für die sieben Raben noch für Hänsel und Gretel oder Aschenputtel gibt es etwas zu lachen. Wo im Märchen die Protagonisten lachen, ist dies funktional oft eingebunden in einen ernsten Zusammenhang, so z. B. bei der Prinzessin, die nur durch Lachen aus einer gravierenden psychosomatischen Krise befreit werden kann. Wenn Personen innerhalb der Volkserzählung lachen oder aber das Publikum über sie, entpuppt sich die Geschichte ansonsten meist als Schwank. Eine Volkserzählung, über die gelacht wird, ist fast per definitionem ein Schwank oder ein Witz. Sicherlich wird der eine oder andere Volkserzähler aufgrund seiner individuellen Weltsicht ein spezielles Märchen humoristisch überarbeiten. Das ist jedoch ein persönlicher Touch und nicht unbedingt gattungsimmanentes Kriterium für das eigentliche Märchen. Nicht, daß etwa das Märchen humorlos zu nennen wäre: Humor ist nur einfach nicht Thema oder Geisteshaltung des Märchens. Dementsprechend sind auch Lügen-„Märchen" eigentlich keine Märchen. Sie werden nur so bezeichnet. Das hat jedoch seinen Grund:

„Gemeinsam mit der Lüge hat das Märchen [...] den freien Umgang mit den Realitäten, wie wir sie tagtäglich erfahren, mit logischen Gesetzmäßigkeiten und sachlichen Zwängen, die zwar notwendig, aber auch beengend sind. Diese kann das Märchen souverän mißachten. Verblüffenderweise ist das Ergebnis dennoch nicht etwa unwahr: Das Märchen vermittelt vielmehr nur eine anders stilisierte Wahrheit, die häufig tiefere Schichten der Alltagswirklichkeit enthüllt, welche mit anderen sprachlichen Mitteln nicht erfahrbar wären. Es entsteht so eine Fiktion, die ihre eigene Wahrheit besitzt und oft Strukturen der persönlichen und allgemeinen Wirklichkeit mit großem analytischen Scharfblick offenlegt [...] Die Gattung arbeitet mit Bildern und Symbolen, die sich an andere Empfangsstationen des menschlichen Gehirns richten als die Logik. Der verhältnismäßig freie Umgang mit Fakten und Realitäten wird manchmal, als Spiel um des Spiels willen, als l'art pour l'art gesteigert, übersteigert. Dann entsteht das Lügenmärchen, eine der ungebundensten Dichtungsformen."[1]

Nicht immer ist jedoch Genuß am freien Spiel der Phantasie alleiniges Ziel des Erzählens; vielmehr können auch Satire, Utopien besserer Welten oder ein gerüttelt Maß an Sozialkritik beabsichtigt sein. So etwa in vielen historischen Texten vom Schlaraffenland, einer populären Utopie, die von den sozialen Spannungen und Hoffnungen der jeweiligen Zeiten genährt wurde. Erst mit der Romantik wird das Schlaraffenland Bestandteil der harmloseren Kinderliteratur.

Volksüberlieferungen und literarische Gestaltung befruchten sich gegenseitig und übernehmen wechselseitig Stoffe und Themen. Ausgeprägt ist das Phänomen zum Beispiel bei Münchhausen, bzw. bei seinem Biographen G. A. Bürger, der weit über 80 Prozent seiner Erzählungen aus der Volksüberlieferung bezog, in der sie zum Teil schon seit der Antike bekannt waren.

Sind Münchhausens Abenteuer aber noch Märchen? Der Volkskundler oder Literaturwissenschaftler würde verneinen und sie eher dem Schwank zuordnen, von dem sie eine charakteristische Untergruppe darstellen, die besonders in Nordamerika als „tall tale" verbreitet ist. Der Schwank ist eigentlicher Ort der Lügengeschichte. Hier finden sich zum Beispiel Erzählungen von der „Verkehrten Welt", Münchhausiaden, Seemannsgarn, Angler- und Jägerlatein. Schließlich gehören auch absonderliche Tierfanggeschichten dazu. Schon Caesar berichtete allen Ernstes in seinem „Gallischen Krieg" eine – aus heutiger Sicht recht abenteuerliche – Elchfangmethode: Weil diese Tiere angeblich keine Gelenke in den Beinen hätten, könnten sie sich natürlich auch nicht hinlegen. Deshalb schliefen sie an Bäume gelehnt. Wolle man sie fangen, so müsse man vorher ihre Schlafbäume ansägen. Einmal umgefallen, sei das hilflose Tier eine problemlose Jagdbeute. Heute gibt es Varianten dieses Jägerlateins, auf die naive Zeitgenossen oder schlicht im Metier Unerfahrene durchaus hereinfallen; zum Beispiel das Wolpertingerfangen in Bayern – auch dies ist ein Stoff aus der Volksüberlieferung.

Die abendländische Welt sowie der Orient bis hin nach Ostasien kennen Lügenmärchen und Erzählungen, in denen Lügen dominantes Thema sind. Probleme werden hier auf heitere Weise märchenhaft gelöst. Anderen Kulturen, zum Beispiel der indianischen oder schwarzafrikanischen, ist diese Gattung eher fremd.

Lügenmärchen, Münchhausiaden sind phantastisch-spielerische Utopien einer völlig irrealen Welt – selten gemindert durch die gelegentlich eher schwerfällige Verbissenheit moralisierender Sozialutopien. Daß diese literarische Konvention durchaus nicht ohne geschichtliche Wurzeln ist, zeigt ein antiker Text von Lukian (120-180), die „Wahre Geschichte".[2] Besonders häufig in ihr sind

Schlaraffenlandthemen: sich selbst mit Wein füllende Becher, Inseln aus Käse, Flüsse aus Wein und Seen mit Milch. Wir begegnen einer Stadt aus Gold und Edelsteinen, Dingen mit zauberischen Eigenschaften wie der magischen Wurzel, handelnden Gegenständen und auch einem Besuch auf dem Mond. Man kann voraussetzen, daß derartige Motive schon damals Allgemeingut der Volksüberlieferung waren, aus der sie in die Literatur einflossen. Andererseits haben wohl originelle Erfindungen der Literaten auf die Volkserzählung eingewirkt.

Durch antike Beispiele und die stetigen Assoziationen zu Münchhausen haben wir bisher etwas getan, das für die Beschäftigung mit Märchen und Volkserzählungen typisch ist: Wir haben uns in den als abgeschlossen angenommenen Raum des Märchens vergangener Zeiten begeben. Von dort will ich den Leser jedoch jetzt wieder herausführen gemäß meiner Thesen, daß

1. Märchen nicht Vergangenheit sind, sondern auch heute noch sehr aktuell weiterleben, und
2. Märchen nie nur gattungsimmanent als ein von der übrigen Umwelt und Wirklichkeit abgesondertes eigenes Reich betrachtet werden können und dürfen, sondern daß sie Wurzeln und Verästelungen in viele z. T. völlig unerwartete Bereiche hineinwachsen lassen, bzw. umgekehrt die erzählerische Konkretisierung von vielen Elementen beeinflußt wird, die man zunächst nicht damit in Zusammenhang bringen würde.

Wundern Sie sich also nicht, wenn ich Sie im folgenden in Kneipen führe und Partykeller, von Bräuchen, Spott, Parodien und Initiationsriten rede, Tourismus, Literatur, darstellende Kunst, Naturwissenschaften und Objekte der Sachgüterkultur sowie Postkarten erwähne.

Ich darf, um meine Ankündigung wahr zu machen, also zuerst in eine Kneipe bitten! Es handelt sich um den „Reichstag“ in Hiddenhausen, wo von 1935 bis zum Anfang der fünfziger Jahre über dem großen Stammtisch eine hölzerne Messerdarstellung mit der Aufschrift „Hier wird aufgeschnitten“ hing. Wenn einer es zu arg trieb, wurde an das Messer geklopft, worauf der Betreffende eine kleine Runde ausgeben mußte.

In der Nazizeit gehörte auch ein Parteibonze zum Stammtisch. Sobald er nur das Lokal betrat, wurde schon an das Messer geklopft, obwohl auch die anderen Parteigenossen waren. Der Bonze erreichte, daß das Messer abgehängt wurde. Nach dem Krieg erhielt es jedoch seinen angestammten Platz wieder.

Ein Stück Zeitgeschichte!

Manchmal verselbständigen sich einzelne Gestalten aus diesen Lügenmärchen, also aus der rein mündlichen Volksüberlieferung, und führen ein eigenes Leben in anderen Medien: Man denke an das *Monster von Loch Ness*, längst zum Pressemonster avanciert ebenso wie der Schneemensch *Yeti*. Diese je nach Grad individueller Naivität entweder geglaubten oder nicht geglaubten Phantasiegestalten sind mir gehäuft zuerst in den USA bewußt begegnet, wo sie sich bereits eines langen Lebens erfreuen. Da gibt es „nachweislich" in Kalifornien (Bluff Creek) 30 cm große Fußabdrücke des *Sasquatch* oder des *Hodag*, welches sich ausschließlich von Stachelschweinen ernährt, die es von den Bäumen schüttelt. Münchhausen näher verwandt ist der Cherry *Tree Buck*, harmlos allerdings im Vergleich zum *Snoligoster*. Die von Caesar beschriebene Elchfangmethode wird angewandt beim *Hugag*, dessen letztes Exemplar in Nordminnesota unlängst sein bedauerliches Ende fand. Das Gewicht – obwohl es sich nur um ein Jungtier handelte – betrug immerhin 1.800 Pfund.[3]

Ein völliges Entwicklungsland in dieser Beziehung ist Europa allerdings nicht, wie mir zunächst an dem populärsten amerikanischen Wesen dieser komischen niederen Mythologie klar wurde, dessen gängiger Name *Sidehill dodger* ist. Bei ihm handelt es sich um ein von der Natur hochspezialisiertes und sehr sinnvoll konstruiertes Wesen: Geschildert wird der *Sidehill dodger* als Mittelding zwischen Wolf und Hirsch mit einem langen buschigen Schweif. Er lebt ausschließlich in bergigem Gelände. Um des mühelosen Laufens willen hat er zwei kürzere Hangaufwärts- und zwei längere Hangabwärtsbeine entwickelt. Überflüssig zu sagen, daß er sich dadurch immer nur in eine Richtung längs des Hangs bewegen darf. Und darin liegt auch die Chance, dieses keineswegs ungefährliche Tier zu fangen. Man dreht es einfach herum, und schon kullert es hilflos den Hang hinunter, worauf es mühelos überwältigt werden kann.[4]

Nun kennt aber auch Deutschland eine durchaus hoffähige, jedoch wesentlich harmlosere Abart des *Sidehill dodgers*, nämlich z. B. das *Hanghuhn* aus Thüringen, das auch in Rehme als sogenanntes *Böschungshuhn* gesichtet worden sein soll.

Die nächste Kreatur meiner Galerie ist die *Jackalope*, von der ich 1988 in Utah ein Foto als Postkarte erstehen konnte. Laut Kartentext ist sie eine der seltesten Jagdtrophäen. Das äußerst scheue Nachtsäugetier – ein Hase mit Hörnern – zeichnet sich durch extrem scharfe Sinne und eine gewisse Vorliebe für Alkohol aus. Um das auf der Postkarte abgelichtete Spezimen vor die Kamera zu bekommen, benutzte der Fotograf einen Köder im Verhältnis von je einem Drittel Bourbon, Bier und Baloney. Erst nach meiner Rückkehr stellte ich fest, daß die Jackalope, hierzulande u. a. als „Sibirischer Kampfhase“ bezeichnet, auch in Deutschland eine beliebte Jagdtrophäe darstellt. Mein Schreibtisch füllte sich mit diversen Exemplaren, an die sich oft eine familieninterne Erzählüberlieferung knüpfte.

Aus einer Laune heraus nahm ich einen meiner Hornhasen mit in die Fußgängerzone von Bad Oeynhausen und war überrascht, wie unterschiedlich die Leute auf den Anblick eines solchen Fabelwesens reagieren. Hier gibt es alle Varianten von zurückhaltendem ostwestfälischem Starren, Kuschel- und Streichelgelüsten bis hin zu Erschrecken, Abscheu und bösen Beschimpfungen, was man diesem armen Tier denn angetan hätte – und das auch noch nach seinem Tode!

Wie bei den Volkserzählungen allgemein oder spezieller bei bestimmten Gattungen sind derartige Spiele mit der Phantasie also keineswegs jedermanns Sache. Und selbst bei hochgradiger Akzeptanz sind der individuelle Zugang, die Einordnung, die Interpretation höchst unterschiedlich. Verblüffend ist außerdem, daß viele die reale Existenz eines solchen Hasen zunächst einmal gar nicht in Frage stellen. Das ist nicht etwa durch die moderne Entfremdung des Menschen von der Natur zu erklären, der sich einfach nicht mehr auskennt. Selbst in der 1. Ausgabe des „Brehm“ nämlich steht diese Hasenart verzeichnet. Sie hat sogar einen lateinischen Namen, *lepus cornutus*. In der 2. Auflage wurde sie dann weggelassen. Das Tier ist spätestens seit dem 16. Jahrhundert bekannt und hatte schon damals eine durchaus ambivalente Stellung zwischen naivem Fürwahrgehaltenwerden und zweifelnder Ablehnung.[5] Der lepus cornutus ist also keineswegs eine alberne amerikanische Eintagsfliege, entsprungen aus der individuellen Phantasie eines Reporters o. ä., sondern seit etwa einem halben Jahrtausend in der Wissenschaft der Vergangenheit, bei Jägern, Volkserzählern, Liebhabern von Streichen und Präparatoren im Schwange – eine auch heute noch unvermindert andauernde Tradition zumindest zweier Kontinente.

Wir kommen jetzt zu dem bekanntesten deutschen, will sagen: bayrischen Tier unserer Galerie, dem *Wolpertinger (crisensus crisensus,* auch *crisensus bavaricus).* Längst ist er aus seiner bayrischen Stammheimat durch Publikationen ans Licht einer breiteren Öffentlichkeit getreten. Als Subspezies wären u. a. zu nennen die *Alpertinger, Felpertinger, Flupertinger, Flepertinger, Gepertinger* u. a.[6] Doch selbst wenn der Freistaat diese denkwürdigen Tiere ganz für sich alleine reklamieren möchte – es gibt sie auch anderswo: In Österreich z. B. heißen sie *Elmentritschler,* in Schwaben *Hilpentritschen,* bei Heilbronn dann *Elmentritschen.* Neustadt an der Weinstraße hat sogar auf dem Marstallplatz im Herzen der Altstadt einen *Elwedritsche*-Brunnen.[7]

Die wahrscheinlich beste Wolpertingersammlung befindet sich in den Dioramen des „Deutschen Jagd- und Fischereimuseums" München. Aus dem mittlerweile reichhaltig dokumentierten Leben und Weben des Wolpertingers und seiner europäischen Brüder und Schwestern will ich nur ein Inzidens hier herausgreifen, nämlich den Brauch des Wolpertinger-Fangens. Die häufigste Methode ist wohl jene mit Sack und Kerze: Ein Fremder, mit der Region und ihren Biotopen noch nicht Vertrauter, wird mit Sack und Kerze zu nächtlicher Stunde in den Wald geleitet. Ganz still muß er den Sack ausbreiten und die Kerze davor anzünden. Wolpertinger werden nämlich vom Licht magisch angezogen. Man kann im entscheidenden Augenblick den Sack schnell zubinden, in den der neugierige Wolpertinger hineingekrochen ist, und wird dadurch zum stolzen Besitzer eines überaus seltenen Reisemitbringsels. Eine amtliche Erfolgsquotenstatistik ist bisher jedoch noch nicht veröffentlicht worden.

Ganz ähnlich handhabt man die Angelegenheit Touristen gegenüber in der Rhön. Mit entsprechendem Brimborium ausgeführt, zeigt der Brauch große Erfolge – für die Einheimischen.

Zwei Elemente des Rituals sind entscheidend: Es handelt sich 1. um ein Tier dubioser Existenz und 2. um ein Greenhorn, das es angeblich fangen soll. Und genauso treffen wir die Angelegenheit in den Sommerlagern der USA wieder, nur geht es hier nicht um das Wolpertinger-Fangen, sondern um das „snipe hunting." Snipe kann als „Schnepfe" ins Deutsche übersetzt werden. Nur ist für den Amerikaner im Gegensatz zum Deutschen ein „snipe" kein Tier, mit dem er konkret etwas verbinden kann. Der Neuling im Sommerlager wird also zum Schnepfenjagen in den Wald geführt, versehen mit allerlei Instruktionen über das Wo und Wie. Während das deutsche Greenhorn jedoch erfolglos im Wald sitzengelassen wird, bis es früher oder später erkennt, daß es hereingelegt worden ist, steht seinem amerikanischen Gegenstück ein großer Schreck bevor: Es begegnet nämlich unvermutet einem scheinbar schwerverletzt daliegenden Gruppenleiter. Daß das überreichlich aus den Wunden quellende Blut lediglich Ketchup ist, bemerkt das Opfer in seinem ersten Schreck natürlich nicht.

Zweifellos handelt es sich bei den beiden Bräuchen um Initiatonsriten, bei denen ein Neuling in die Gemeinschaft der Erfahrenen und

Eingeweihten eingeführt wird. Hat er die „Probe“ bestanden, gehört er von nun an dazu und ist natürlich, als hinfort selbst Ausübender, verpflichtet, anderen Neulingen gegenüber das Geheimnis zu wahren. Kaum etwas bindet eine Gemeinschaft stärker als geteilte Geheimnisse. In ihrer derben Streichhaftigkeit und Originalität ähnlich gelagert sind Initiationsriten wie die Äquatortaufe bei den Seeleuten oder etwa Rituale bei der Lossprechung von Lehrlingen bestimmter Berufsgruppen.

Die bisher geschilderten Lügengeschichten, -bräuche und -objekte werden von einer anonymen Gemeinschaft getragen. Niemand kann von sich behaupten, er habe das Urheberrecht. Das dahinterstehende Konzept wird jedoch auch von Individualisten aufgegriffen und eigenwillig weiterentwickelt, z. B. im graphischen Bereich.

Einer von ihnen ist Loriot, der die Biogenese des *Wilden Waldmopses* aus dem Elch nachverfolgt hat.[8]

Das absolut seriös aufgemachte Bändchen über „Bau und Leben der Rhinogradentia“ von Prof.Dr. Harald Stümpke aus dem Bereich der Biologie schildert in allen Details die sogenannten – real nicht existierenden – *Nasenfüßler der Hi-iay-Inseln.*[9] Dem Buch fehlen weder sorgfältige zeichnerische Darstellung noch Fußnoten und ausführliches Literaturverzeichnis. Die Wissenschaftsparodie wurde ausgelöst durch Christian Morgensterns Gedicht über die *Nasobeme:*

> Auf seinen Nasen schreitet
> einher das Nasobem,
> von seinem Kind begleitet.
> Es steht noch nicht ihm Brehm.
> Es steht noch nicht im Meyer.
> Und auch im Brockhaus nicht.
> Es trat aus meiner Leyer
> zum erstenmal ans Licht.
> Auf seinen Nasen schreitet
> (wie schon gesagt) seitdem,
> von seinem Kind begleitet,
> einher das Nasobem.

Die wissenschaftliche Akribie des dargestellten Zoos der verschiedenen *Rhinogradentia*-Arten ist bewundernswert, das Ergebnis fabulös.

Keineswegs vergessen werden darf in diesem Zusammenhang der Graphiker Halbritter, der nicht nur Tiere, sondern auch die Pflanzenwelt in seine Darstellungen einbezieht - letzter Sproß einer volksläufigen Traditon mit Jackalope oder lepus cornutus, Sidehill dodger, Wolpertinger und anderen durchaus internationalen Phantasiegestalten.[10]

Es ist in diesem Beitrag darum gegangen, nicht nur, wie wir es öfter bei der Beschäftigung mit Volkserzählungen beobachten können, im Bereich des reinen Textes zu bleiben, sondern etwas spüren zu lassen von dem „Sitz im Leben" einer Volkserzählung, hier am Beispiel der Lügengeschichte. Publikumsrezeption, Rituale, Bräuche, „Sachgüter" - Kultur, Individualkunst und Medientransfer - das alles macht letztendlich das tatsächliche Leben einer Geschichte aus.

„Lügenmärchen und -geschichten: Urlaub von der tristen, oft beklemmend rationalen Welt des Alltags für den Leser und Hörer - phantastische Exerzitien für den Dichter und Volkserzähler. Hier dürfen beide, was sonst nicht gestattet ist, ihrer Einbildungskraft die Zügel schießen lassen, sich freimachen von der stets präsenten Verpflichtung zum Logischen, Erklärbaren, Begründbaren. Ähnlich frei, freimachend kann die Reaktion, das Lachen oder Schmunzeln darüber sein, das nahezu ohne aggressive oder boshafte Nebentöne möglich ist. Lesen und Zuhören also schon fast Therapie gegen Langeweile oder Streß, gegen das Gefängnis einer gefesselten Phantasie."[11]

Anmerkungen

1 Rainer Wehse (Hrsg.): Seineb die Spitzbübin. Märchen und Geschichten vom Lügen. Frankfurt am Main 1987, S. 7 f.
2 Die Wahre Geschichte. In: Lucianus von Samosata: Sämtliche Werke. Aus dem Griechischen übersetzt von Christoph Martin Wieland. Bd. 4, Leipzig 1789, S. 145-227.
3 Richard Dorson: Man and Beast in American Comic Legend. Bloomington 1982, S. 74 (Sasquatch), S. 18, 38 (Hodag), S. 122 (Cherry-Tree Buck), S. 6 (Snoligoster). S. 12 (Hugag).
4 wie Anm. 3, S. 29.
5 Alfons Schweiggert: Das endgültige Wolpertinger Handbuch, München 1988, S. 20.
6 wie Anm. 5; Bayern braucht Wolpertinger.München 1977, [4]1978; Leander Petzoldt: Wolpertinger. In: id.: Kleines Lexikon der Dämonen und Elementargeister. München 1990, S. 192 f.
7 wie Anm.. 5, S. 46; Leander Petzoldt, wie Anm. 6, S. 59-61 (Elbentritsch).
8 Loriots dramatische Werke. Zürich 1981, verbesserte Neuauflage 1983, ohne Seitenangabe.
9 Stuttgart 1985.
10 Halbritters Tier- und Pflanzenwelt. Ein Beitrag zur Naturgeschichte für alle Schichten des Volkes. München [5]1976.
11 wie Anm. 1, S. 21 f.

Angelika Kühne „Hans im Glück“

Angelika Kühne

... wuchs auf in Berlin. Erste Eindrücke in den Ateliers von Vater und Großvater. Musikstudium, Heirat, zwei Töchter; tätig als Musikpädagogin für Gesang und Violoncello. Besondere Vorliebe für Märchen und Mythen. 1984 Beschäftigung mit Keramik, intensive autodidaktische Arbeit, Parodien alter Keramiken in verschiedenen Techniken. Seit 1986 Ausstellungen in der Stadtbücherei Gladbeck. 1987 Beteiligung am Gladbecker Märchenwinter. 1988 Märchenplastiken in der „insel" in Marl. Thematische Ausstellungen zu den Kongressen der Europäischen Märchengesellschaft: 1987 „die Zeit" in Gelsenkirchen, 1989 „Tod und Wandlung" in Salzburg, 1990 „Humor, Witz und Komik" in Freiburg. 1991 Ausstellung in der Städtischen Galerie in Bad Oeynhausen. Ankauf von vier Plastiken durch den Förderkreis für das Märchenmuseum in Bad Oeynhausen, darunter auch „Hans im Glück" (s. Abb.)

*

„In ihrer Bildersprache zeigen die Märchen vielfältige Wege zur Persönlichkeitsentwicklung und Konfliktlösung. Schon das Märchenlesen ist eine Herausforderung an die Phantasie - und für mich an mein Vermögen, eine typische Situation zu erkennen und plastisch zu gestalten. Da die Wahl des Materials für die Wirkung sehr entscheidend ist, stehe ich bei jeder Arbeit vor einer spannenden Aufgabe. Neben den farbigen Glasuren setze ich die Majolika-Malerei und die Raku-Technik als Ausdrucksmittel ein und bringe bei den „königlichen" Stücken z. T. Vergoldungen an. Die Plastiken sind für mich wie sofort begehbare Brücken zu den verschiedenen Altersstufen." (Angelika Kühne)

Walter Scherf

VATERMORD UND GUTE LAUNE

Von dem Dämonen in den Sohn-Vater-Auseinandersetzungen und den sonderbaren Deckfiguren, die der Märchenerzähler dazu ins Spiel bringt

Vom Ofenlieger, der seinem Vaterpopanz das Genick bricht

Daß ein Märchenerzähler eingangs den leiblichen Vater auf den Geschmack kommen läßt, die eigenen Kinder zu verzehren[1], hat aus verständlichen Gründen bisher keinen Eingang in die Schatzkammern der Kinderliteratur erhalten. Dafür empfinden geübte Märchenzuhörer und Leser stets ein ganz besonderes Wonnegrausen, wenn man sich, im Backofen des Riesenweibes versteckt, das Heranpoltern eines Kinderfressers anhören und die Rabelaisschen Schilderungen seiner Freßgier über sich ergehen lassen kann[2]. Dabei geschieht doch nichts anderes, als daß ein alltägliches Fantasma in eine groteske und nahezu unkenntliche Spiegelung unseres Kindheit-Zuhauses verlegt und mit den verrücktesten Deckfiguren für unsere Vater- und Mutterbeziehungen bevölkert wird. Erst lassen wir natürlich eine Familienkonstellation der äußeren Wirklichkeit auf uns wirken, extremisieren bereits die Verhaltensweisen der Spielfiguren, dann aber lassen wir uns in die imaginäre Spiegelung entführen, in der wir miterlebend unsere Beziehungskonflikte ohne die geringsten Gewissensbisse ausspielen dürfen. Es ist die Rede vom gerissenen kleinen Burschen der englischen Überlieferung, Jack, der allzu lange und allzu eng in seiner Mutterbindung verharrte (angeblich gab es keinen Vater in diesem Zuhause), sich dann aber mit Hilfe von Zauberbohnen in die Oberwelt aufmachte, um sich dort einerseits von einem Riesenweib trefflich versorgen und verstecken zu lassen und dem wilden Kinderfresser nicht nur die Schätze zu stehlen, sondern ihm am Ende sogar das Genick zu brechen, ihn zu Tode stürzen zu lassen. Das aber darf man, wenn auch etwas ernüchternd, doch wohl als Vatermord bezeichnen? Einschränkungshalber können wir ja von Verfremdung reden, oder, mehr in die Einzelheiten gehend, das als einen projektiven Vorgang bezeichnen, bei dem die gestörten Beziehungen zwischen einem Knaben und seinem Vater ausgespielt werden, übertragen auf zwei oder drei Hauptfiguren eines imaginären Theaters[3].

Hintergrund dieser Störung ist natürlich nichts anderes als des Sohnes Rivalität mit dem Vater, denn die Söhne sind allemal davon überzeugt, daß sie die bei weitem größeren Ansprüche an die Mütter stellen dürfen. Damit wären wir beim klassischen Triangulationskonflikt. In der Märchenfassung Joseph Jacobs' haben wir es stets entweder mit dem Haus der armen, alleinstehenden und sich mit einem Ofenlieger von Sohn abplagenden Frau zu tun – oder mit dem Riesenhaus in der anderen Welt, in dem sich ein höflicher Knabe, der ebenso gewinnend wie gerissen ist, Versorgung und Versteck vor dem Vaterpopanz zu verschaffen vermag. Aber dem Vaterpopanz bricht er das Genick. Man kann das natürlich auch freundlicher ausdrücken und von der Verinnerlichung der guten Seite der Vaterbeziehung (gestohlene Schätze) und dem Aus-der-Welt-Schaffen der schlechten und verhärteten reden (mit der Axt die Bohnenranke umhauen). Aber dann wäre es ja nicht märchenhaft aufregend.

Drei Züge muß man sich freilich vor Augen halten, ehe wir uns von diesem Kindermärchen verabschieden: Erstens fällt auf, daß es im Eingang keinen Vater gibt. Das muß als Signal des Mutterübergewichts verstanden werden. Zweitens begegnet Jack auf der Landstraße einem ihn freundlich aus der Ofenliegerei hervorlockenden Fremden, der mit seinen Zauberbohnen dem Knaben den Zugang zur abenteuerlichen Auseinandersetzung in der sogenannten anderen Welt eröffnet (man könnte natürlich auch von einem plötzlich arg sich bereichernden Innenleben reden). Und drittens ruft doch dieser so selbständig und reich gewordene Knabe tatsächlich seine Mutter zu Hilfe, als der Vatermord ins Haus steht. Die Mutter muß die Axt holen. Ja, fragt man sich, wo bleibt denn der Reifungsprozeß? Schritt für Schritt muß man darauf antworten und sich erst einmal die Unterschiede zwischen Eingangs- und Ausgangsbild einprägen. Eingangs waren Sohn und Mutter allein und ausschließlich aufeinander angewiesen. Da gab es nur noch die allsättigende Kuh, die plötzlich keine Milch mehr gab. Ausgangs hingegen sind zwar ebenfalls Sohn und Mutter im Bild, aber zusätzlich eine Menge Leute, die zuschauen wollen, wie die goldene Henne goldene Eier legt, und zuhören wollen, wie die goldene Harfe wunderbar singt. Der Reichtum Nr. 1, der freilich bald versiegt, hieß Milch und hat nur zwei genährt. Der Reichtum Nr. 2 versiegt nicht mehr und erfüllt auch andere (zumindest mit Bewunderung). Also hat dieses Ofenlieger-Söhnchen doch allerlei vollbracht mit seiner Sohn-Vater-Auseinandersetzung. Obendrein hat er einen Zwischenzustand geschaffen, aus dem sich Wichtiges entwickeln wird[4]. Das Beerben des Vaters war gut und heilsam. Aber wer weiß, was geschehen wäre, wenn die Sohn-Vater-Auseinandersetzung, nicht an dem Tag ins Spiel gekommen wäre, als die Kuh aufhörte, Milch zu geben. Fahnden wir nach dem Humor und der guten Laune, so verteilt sich die Sache so: Die beiden mütterlichen Gestalten haben nichts davon. Aber in der Wechselrede Jacks mit dem Zauberbohnen-Mann erscheinen Humor und gute Laune schlagartig. Und für uns als Zuschauer sind die Gaunereien des gewitzten Burschen und die Situationskomik, in die er gerät, hinreißend. Davon lebt freilich eine ganze, eigenständige Gruppe von Adoleszenz-Erzählungen: die Trickstermärchen[5].

Vom Spätentwickler, der seinen Vater das Staunen lehrte

Am besten geeignet, bei der Auseinandersetzung mit dem Vater die Lacher auf seiner Seite zu haben, dürfte das Märchen von der Nachtwache des Dummlings und seinem fantastischen Glasbergritt sein[6]. Vom Geschehen dieses motivisch reich ausgestatteten Zaubermärchens durchschauen nur wir, die Zuhörer und sich Identifizierenden, den wahren Sachverhalt. Dabei werden uns die älteren, aufgeblasenen, aber so lächerlich durchschnittlichen, auf Vaters Nenner gebrachten Brüder zum Spott. Wir schauen ihrem törichten Eifer zu, mit dem sie die Stollen ihrer Gäule schärfen, und wissen nur zu gut, daß sie damit nie im Leben den Glasberg zur Königstochter emporreiten können – auch wenn der Vater lachhafterweise noch so große Stücke auf sie hält. Bereits im Eingang von der Wache in der Scheune, wird deutlich, was gespielt wird: Die beiden älteren Brüder sind unfähig, den nächtlichen Haferdieb auszumachen. Fuhrenweis verschwindet der Hafer jede Nacht. Das alte Mittel des Erzählers, uns erst zwei Schlafmützen vorzuführen, verfängt natürlich auch bei uns. Und so treten wir, völlig überzeugt, den Dieb entdecken zu können, mit Dumm Hans vor den Vater und bitten darum, die dritte Wache halten zu dürfen. Gott Vadder, secht he, lat mi dar mal hen! De Bengels, de paßt je doch ne op.

Aber je toller die Abenteuer sich entwickeln, die wir mit dem Aschenträumer und Spätentwickler erleben, desto komischer wird das Mißverhältnis von Sein und Schein. Hans entdeckt, daß zwei Riesen den Hafer stehlen, Sohn und Vater. Da Hans Dumm sich im Roggenstroh versteckt hat, wird er im letzten Augenblick auch noch aufgeladen, gelangt in die magische Welt der Riesen, lernt den Spruch, mit dem der Zugang zu ihrem Schloß zu öffnen ist, erschlägt die Riesen mit dem Zauberschwert und gewinnt die drei wunderbaren Pferde, mit denen er auf den Glasberg reiten und in strahlender Montur, für alle Gaffer ein völlig unbekannter Märchenheld, die Königstochter gewinnen wird. Gut, da gibt es eigentlich nichts zu lachen, denn das ist die zutiefst ernsthafte und unerschütterliche Überzeugung der etwas lange in mütterlicher Obhut träumenden Knaben, einmal die ganze Welt zu gewinnen. Komisch ist dabei für den etwas bedachtsameren Zuhörer, daß es Dumm Hans in der Dämonenwelt erstens mit dem Sohn und dem Vater Riese zu tun hat. Wäre es ein Vaterdämon mit zwei ihm nachstrebenden Sprößlingen, so käme man vielleicht etwas zu fix auf die Tatsache, daß diese Sesam-öffne-dich-Welt eine etwas bizarre Spiegelung des eigenen Zuhauses ist. Nur, kaum sind die diebischen Riesen erschlagen, da regelt Hans auch schon die Angelegenheit mit der alten Aufwärterin im Schloß so, daß sie nunmehr ihm treu als Husholersch dienen, saubermachen muß und alles ordentlich zu halten hat. Für wen diese Deckfigur, die Hans selbstbewußt als „lütt Mudder" anredet, eigentlich steht, darüber braucht man wohl nicht lange zu rätseln.

Aber man darf gespannt sein, wie Hans, nachdem er den Vaterpopanz um einen Kopf kürzer gemacht hat, und den Sohn dieser Einbrecherfigur dazu, sich als neugebackener Traumritter bei seinen drei königlichen Auftritten mit seinem wirklichen Vater auseinandersetzt. Und das ist das eigentliche Meisterstück des Erzählers. Dreimal bittet Dumm Hans, dem großen Glasberg-Schauspiel beiwohnen zu dürfen – und dreimal wird es ihm, wie nicht anders zu erwarten, abgeschlagen. Allerdings hat dieser Knabe, wohleingeübt, die Hintertür offengehalten. Die Mutter erlaubt ihm, als Zaungast heimlich aufs Scheunendach zu steigen. Er müsse aber rechtzeitig vor der Heimkehr des Vaters und seiner beiden Prachtsöhne wieder hinter dem Ofen sitzen. Doch Hans ist ja selbst der Held dieser drei Tage und macht sich den hintergründigen Spaß, jedesmal zuerst mit seinem Schimmel, Rappen oder Fuchs zu seinem Vater zu reiten, der ihn für einen biestig reichen Prinzen ansieht, und ihn zu bitten, das Pferd einen Augenblick zu halten. Ik mutt ers mal af, secht he, un mal pissen. Nach verrichtetem Geschäft drückt er dem buckelnden Vater ein Trinkgeld in die Hand – das der Alte zu Hause zu rühmen weiß.

Um es kurz zu machen, denn dieser Faden wird noch ebenso amüsant weitergesponnen wie der Zorn des Vaters gegen den zwar verhalten, aber spürbar aufmüpfig werdenden Mistkerl von Sohn. Natürlich meldet sich Dumm Hans nicht als Glasbergreiter, obgleich er den goldenen Apfel gewonnen hat, und die Königstochter ist gezwungen, selber rundum nach dem strahlenden Helden zu fahnden. Der aber kommt erst zum Vorschein, drastisch spiegelverkehrt zum Aschenputtel von Versailles, als der Alte, außer sich vor Wut über den in Mistpantinen erscheinenden und seinen Priem in die Stube speienden

Sohn die Mütze vom Kopf schlägt. Da rollt der goldene Apfel der Königstochter vor die Füße. Die Schlußszene läßt uns an einem unvergleichlichen Blickwechsel zwischen Sohn und Vater teilnehmen, einer Abrechnung, die wenn auch etwas einseitig, bereits vorher mit dem Zauberschwert im Riesenschloß stattgefunden hat. Das letzte Wort aber hat die Königstochter. Nu nehm ik em mit na 'n Sloß, secht se. Hier is niks op em rekt word'n.

Wilhelm Wisser waren 15 Fassungen dieses Märchens bekannt. Zwei davon, die Erzählung eines Kuhknechtes und eines Gärtners, hat er zusammengefügt und in den Einzelheiten sorgfältig geschliffen und stilisiert. Das läßt sich alles bei Kurt Ranke nachlesen[7]. Aber man versäume nicht, den Kampf eines Sohnes um die Eigenständigkeit auch in neueren Aufzeichnungen zu verfolgen – etwa in der Erzählung eines alten Schneiders, der alles mit genauen Ortsangaben in seine Eifeler Heimat verlegt und aus dem Glasbergritt ein Pferderennen um die Hand der Tochter des Königs von Preußen macht. Der König von Preußen hält gerade in der Gegend von Bitburg Manöver[8]. Ganz märchenhaft geblieben ist allerdings das Schloß der drei Riesen, in dem sich überdies ein wunderbares Horn findet: Nachklang von Rolands Olifant also, mit dem der Kaiser seinen Adjutanten herbeirufen kann, und ein wunderbares Tischtuch, auch das in der fränkischen Überlieferung beheimatet[9], auf dem der Kaiser des Deutschen Reiches problemlos die vielen Gäste bewirten kann. Dem Volkskundler bleibt freilich die detektivische Arbeit überlassen, ob der zur Zeit der Aufzeichnung 76 Jahre alte Schmied etwa die plattdeutsche Märchenausgabe von Wilhelm Wisser[10] und nebenbei auch noch Johann Karl August Musäus' Volksmärchen der Deutschen studiert hatte[11].

Gewiß, es handelt sich stets um eine erzwungene Ablösung aus einer Mutterbindung, und diese Ablösung entwickelt sich aus der Rivalität zwischen Sohn und Vater. Als heimliche Mitspieler führen uns diese Adoleszenzmärchen nie weiter als bis zum Triumph, selber eine ganz andere Klasse Frau erobert zu haben als Vaddern. Jedem das Seine. Wie sich aus dieser fantasmatischen Partnersuche dann die Lebenswirklichkeit der Söhne entwickelt, das ist eine andere Frage. Obendrein haben die großen Zaubermärchen auf die anschließend folgenden Partnerschaftskonflikte ihre eigenen Antworten.

Von den Schuldzuschreibungen an die Väter

In den Fassungen des wohl weitest verbreiteten Märchentyps von der Auseinandersetzung eines Sohnes mit einer Vater-Deckfigur um die Braut, dem Märchen vom Zauberroß und dem tödlichen Verjüngungsbad[12], ist freilich nicht die Spur von Humor und komischem Mißverhältnis auszumachen, auch wenn der in Sibirien lebende Pëtr Pavlovič Eršov 1834 daraus einen munter daherplaudernden Klassiker in Reimen gemacht hat: Das Höckerrößlein[13]. In der Grimm'schen Sammlung ist es in paderbörnischem Niederdeutsch nachzulesen: Ferenand Getrü und Ferenand Ungetrü[14]. Dieses Märchen, das nicht von ungefähr häufig mit den selbstherrlich vorgetragenen Taten einer Tricksterfigur vom Schlag des Dreißgerls beginnt[15] oder mit dem Kampf des Heldensohnes an der Brücke in die andere Welt[16], führt den Zuhörer am Ende in eine überaus zwiespältige Lage. Der tüchtige Bursche, mit dem wir uns eins wissen und dem bei Todesstrafe immer schwierigere Aufgaben gestellt werden, muß schließlich dem alternden König die Schönste der Welt bringen. Aber sie folgt ihm nur, weil sie den jungen Helden liebt. Der unersättliche Alte hingegen muß sich selbst den Tod einhandeln. Kein Wunder, daß dieser Stoff auch das Epos von Tristan und Isolde gezeitigt hat[17]. Obgleich in der Lebenswirklichkeit, häufiger als man wahrhaben möchte, die frühkindlichen Rivalitäten sich fortsetzen und zu kaum noch auflösbaren Verhaltensmustern erstarren: Die Märchenerzähler schrecken offenbar davor zurück, die späten Folgen nicht aufgearbeiteter Vater-Sohn-Rivalität zu entschlüsseln. Sie lassen die Zauberstute Schicksal spielen und in das Verjüngungsbad aus kochender Stutenmilch Kühle blasen, sobald wir als der junge Mensch nackt vor den Augen des alten Königs und der Geliebten die Probe durchstehen sollen. Steigt aber der auf die Schöne der Welt, unsere Braut, lüsterne Greis in die Stutenmilch, so bläst das Roß aus der anderen Nüster, und der lebenslange innere Rivale muß zerkochen[18].

Dort, wo es ernst wird für uns als Zuhörer, hilft der Erzähler, die Vater-Deckfigur zu einem jedes Maß überschreitenden Popanz aufzubauen – aber er vermeidet es, die Kette der Deckfiguren zurück bis zum eigenen Vater der frühen Kindheit allzu deutlich werden zu lassen. Die letzte Sohn-Vater-Aufrechnung mündet zwar in das Glück zweier betont eigenständiger Liebenden. Aber wir haben auch an der Trauer um die Unversöhnlichkeit des Endes teil. Haben wir als Söhne begriffen, was wir unserem Vater seit der Kindheit zugemutet haben? Haben wir, ganz abgesehen von seinem tatsächlichen Schuldanteil an unserem Konflikt, je begriffen, was wir ihm an Schuld zugeschoben haben?

Von der Anwendung des einmal gelernten Umgangs mit den Vätern

Wesentlich witziger und gewitzter werden die Erzähler, wenn sie die vortrefflich erlernten Sohn-Vater-Verhaltensmuster der Heranwachsenden im Kampf um die Braut und gegen den eifersüchtig hütenden Vater der Braut einsetzen. Dann wächst das fantasmatische Vergnügen am Austricksen bis in die Rabelaissche Groteske. Von diesem Gelächter über den ungleichen Krieg gegen den Brautvater lebt eine ganze Reihe von Erzähltypen, angefangen mit den Märchen von der erfolglos versteckten Königstochter bis hin zu den Märchen des Auszugs mit den wunderbaren Helfern, Märchen, in denen sogar die Braut selber als allzu vaterhörige Tochter dem Gelächter preisgegeben wird. Wir bewegen uns eben in den Bereichen knabenhaft selbstüberzogener Vorgriffe, denen der Erzähler groteske Vervielfältigungen unserer natürlichen Fähigkeiten zur Seite zu stellen weiß, etwa unvorstellbare Mengen Brot und Wein zu verzehren, Winzigstes in der Ferne zu erblicken, mit einem Nasenblasen Frost zu erzeugen oder wie ein Gedanke rasch dahinzufliegen und auch den schnellsten Läufer noch zu überholen[19]. Gegen solche Fähigkeiten sind die Vaterpopanze machtlos, und die Erzähler liefern dem sich selbst weit überschätzenden Knaben in uns das nötige Wasser auf die Mühle. Wir trauen uns zu, auch den verborgensten Zugang zu den bestbehüteten Mädchen zu finden, sei es als gerissener Tanzbär[20], im Bauch eines kunstvollen Musikautomaten[21], vermittels unerhörter Flugkünste[22] oder, nunmehr ganz im Motivbereich eigentlicher Zaubermärchen, durch magische Verwandlungsfähigkeiten quer durch alle drei Tierreiche, des Wassers, der Erde und der Luft[23].

Nun komme man bloß nicht auf den Gedanken, diese Sorte Rivalitätsaustrag zwischen Sohn und Vater als narzißtisch extremisierenden Vergnügungsstoff auf noch nicht sonderlich ausgereifte männliche Halbwüchsige zu beschränken. Zu denen, die es nötig haben, bewundert zu werden, gesellen sich sehr bald diejenigen, die das grenzenlose Selbstvertrauen und die unerhörtesten Zielsetzungen bewundern wollen. Es sind also stets beide Geschlechter an diesen Adoleszenzfantasmen beteiligt und meist auch zwei Generationen. Freilich darf man, rückblickend, nie den Humor mit sich selbst verlieren. Die Brautväter werden, halbwüchsig narzißtisch extremisierend, zu lächerlich grausamen Popanzen aufgeputzt, damit die Herausforderung um so unwiderstehlicher erscheint. In einer Oldenburger Fassung erläßt ein angstvoll um seine Tochter besorgter König ein Gesetz, alle ledigen Mütter zu verbrennen, und sperrt seine Tochter mitsamt einer Magd in den Turm eines unzugänglichen Schlosses am Meer[24]. Der Brautvater einer sizilischen Erzählung droht dem, der sich auf die Suche nach seiner Tochter mache, sie aber nicht finde, ihm den Kopf vor die Füße zu legen. Dieser voll gräßlicher Zwänge steckende Vaterkönig hält die Tochter unter seiner Kammer hinter sieben Türen versteckt und hat ihr überdies elf völlig gleich ausschauende Gespielinnen beigegeben[25]. Der grausame Vaterkönig einer siebenbürgischen Fassung hat seine schöne Tchter nicht nur in einen Berg hinter drei Türen versteckt, man muß auch die drei Schlüssel finden, den dritten aus der Mähne eines Löwen zupfen. Und nicht genug damit: Der besessene Vater legt dem jungen Mann noch weitere, unlösbar scheinende Aufgaben in den Weg[26]. Doch wir sollten diese die Auseinandersetzung auf die Spitze treibende Geschichte noch etwas näher besehen.

Vom Aussteiger, der sich zum Tanzbären machte

1856 veröffentlichte der Schäßburger Gymnasiallehrer und Theologe Josef Haltrich, meist nach Erzählung seiner und seiner Freunde Schüler, die Deutschen Volksmärchen aus dem Sachsenlande in Siebenbürgen – durch Vermittlung Jacob Grimms beim Verlag Julius Springer in Berlin. In der dritten, vermehrten Auflage von 1882, nach der gewöhnlich zitiert wird, steht eine in mehrerer Hinsicht bemerkenswerte Fassung des Märchens von der versteckten Königstochter. Es stammt von einem der besten Erzähler Haltrichs: von Martin Lautner aus Trappolt in Siebenbürgen.

Ein Kaufmann hat einen Sohn, der nichts anderes tut als geigen. Auf der Gasse sieht dieser Sohn einen kleinen Buben, der auf zwei Hölzchen geigt. Er nimmt ihn mit, lehrt ihn das Geigen richtig und kauft einen Bären, um den Bären das Tanzen zu lehren. Halten wir fest: Der Sohn will seinen eigenen Weg gehen. Von der Kaufmannswelt des Vaters will er nichts wissen. Er gibt sich aber nicht nur seinem Traum hin, sondern versetzt sich auch in die von ihm erträumte Vaterrolle und führt ein Kind, das Kind in sich, in die eigene Traumwelt ein.

Auch die nächste Begegnung ist eine Sohn-Vater-Auseinandersetzung: Er kauft einem Mann seinen Bären ab. Die Episode endet allerdings mit einem Schock für den Zuhörer: Der Kaufmannssohn erschlägt den Bären, weil der Bär nicht tanzen will. Dann schlüpft er selbst in das Bärenfell, und der Bub kann zum Tanz aufspielen. Es dauert eine Weile, bis man begreift, wer eigentlich erschlagen und aus der inneren Auseinandersetzung einer endlos verfolgenden Vorwurfskette genommen werden soll: der in seinem kaufmännischen Beruf erstarrte Vater, der seinen Sohn in diese Rolle zwingen hat wollen. Damit, so dürfen wir als Strukturanalytiker kaltblütig schließen, ist der Verhaltensmechanismus unseres sogenannten Helden geprägt. Und richtig, schon steuert er das nächste, vergleichbare Ziel an: den Vaterkönig, der seine schöne Tochter nicht freigeben will. Unser Tanzbär ist bester Laune – während wir Zuhörer uns vielleicht noch von diesem Stellvertreter-Totschlag erholen müssen. Er tanzt, läßt sich von dem Knaben, dem Kind in sich, aufspielen und bringt sogar den lebensgefährlichen Vaterkönig dermaßen zum Lachen, daß er stracks den Bären seiner Tochter zur Aufheiterung vorführt. So kann man sich täuschen! Der Vaterkönig gibt sich dem Wahn hin, seiner Tochter gute Laune bescheren zu können – als väterlich verkappter Liebhaber. Aber das erste Wort, das der vermeintliche Tanzbär an die in ihrem Gefängnis Zither spielende und singend ihren eigenen Träumen nachhängende Tochter richtet, lautet: Ich bin ein Mensch wie du.

Die beiden jungen Leute sind sich auf der Stelle einig. Der Erzähler sagt: Ihr pochte das Herz vor Freude. Sie schnürt das Fell auf, blickt dem jungen Mann ins Gesicht – und bekommt es mit der Angst beim Gedanken an den Vater. Sie warnt ihn vor des Vaters Grausamkeit. Doch auch das verschlägt dem jungen Mann weder die gute Laune noch die Zielsicherheit. Ja, er spottet der rachsüchtigen Fristsetzung des alten Vaterkönigs. Natürlich hat er längst das Bärenfell abgelegt und dem König in ziemlicher Aufmachung seine Absicht gezeigt, den Zugang zur Tochter zu finden. Du Narr, fährt ihn der König an, es ist dein Tod! Damit ist deutlich genug gesagt, wie unversöhnlich die Sache steht. Die Zaudernden und Ängstlichen sind nun eher wir, die Zuhörer. Es scheint, als vertue der junge Mann seine Zeit – dieser junge Mann, der uns so viel bedeutet, zu dem wir, uns identifizierend, selber geworden sind und dessen Wesen wir doch nicht zu ermessen wissen. Er geht auf die Jagd. Aber er verschont der Reihe nach ein Wildschwein, einen Adler und sogar den schlafenden Tod. Dafür verspricht jeder der drei Hilfe. Erst jetzt, eine halbe Stunde vor Ablauf der Frist, öffnet er die geheimen Türen in den Berg, nimmt die Königstochter bei der Hand und geht mit ihr zu dem alten Vaterkönig. Da übermannt den König der Zorn. Er türmt zwei unmögliche Aufgaben vor dem jungen Mann auf – und muß erleben, daß sie spielend, mit der Hilfe von Wildschwein und Adler bewältigt werden. Als der alte Mann aber in rasendem Zorn mit „Nie und nimmer!" die Zustimmung verweigert, nimmt der, mit dem wir uns eins wissen, den

Knochen, den ihm der verschonte Tod gegeben hat, und dreht ihn um. Da erscheint der Tod und nimmt den alten Vaterkönig fort. Die Liebenden heiraten einander. Aber dem Ende dieser aufs höchste gesteigerten und plötzlich in völlige Stille sich wandelnden Szene folgt noch ein kurzes, aber denkwürdiges Nachspiel. Der junge König trägt seinem kleinen Bärenführer und von ihm gelehrten Geiger das Amt eines Ministers an. Aber der Knabe, der ja auch ein Stück von ihm und mithin auch von uns ist, zieht es vor, in ein anderes Land zu gehen.

Eingliedrige Adoleszenzmärchen als Durchgangserzählungen?

Viele Märchen sind nicht fertig mit ihrem Ende. Die Adoleszenzmärchen von der Sohn-Vater-Auseinandersetzung zeigen das besonders kraß. Sie enden mit dem Untergang der Vaterfiguren. Ob aber der junge Mann noch ein wenig mehr im Leben lernt, als sich mit seinem Vater oder, einmal gelernt, sich auch mit dem Vaterkönig seiner Braut auseinanderzusetzen, das freilich steht auf einem anderen Blatt. Die Partnerin ist jedenfalls keine Trophäe vom Kriegszug gegen die Väter. Wir sollten uns deshalb genauer umschauen bei den voll ausgebauten, zweigliedrigen Zaubermärchen. Da bietet sich ein besonders einprägsames Stück auf der inneren Bühne an, in welcher die Reifungsgeschichte zweier junger Menschen aufeinander bezogen und ineinander verschränkt ist.

Der Erzähler weiß, wie es um unsere Lebensgeschichten bestellt sein dürfte. Aus heiterem Himmel holen uns die längst überwundenen Verhaltensmuster ein und bescheren uns, was der Analytiker der Erzählstrukturen den tiefsten Fall nennt. Sind die beiden Liebenden wirklich aufeinander eingestellt, so sind auch Humor und Einsicht wieder am Zuge. Freilich, ohne einen Totschlag geht es nicht. Doch getrost, das Blutbad wird nur zum Schein angerichtet, um einen zutiefst erbitterten Vater mit seinem Sohne zu versöhnen. Er geht um die mehrfach belegte Verschmelzung zweier Märchentypen: um die Erzählung vom beinahe mißratenen Sohn und die Erzählung von der männerfressenden Königstochter im Sarg. Von den drei Paradestücken aus dem Tschechischen[27], Rätoromanischen[28] und Pommerschen[29] wähle ich die letztere nach der Aufzeichnung von Ulrich Jahn.

Vom Gemetzel vor dem Schweinestall

Gleich mit dem ersten Griff versetzt uns der Erzähler in den Gegensatz zum Paradestolz des Vaters: zu den beiden tüchtigen älteren Söhnen, die es als Soldaten zu etwas bringen. Beim Grafen zählen nichts als Gutsbesitz und Karriere: ein bekanntes Muster. Kein Wunder, daß wir heimlich Verständnis für seinen jüngsten Nichtsnutz hegen und den Vater, als er sich hinreißen läßt, den Jungen als Schweinehirten aufs tiefste zu demütigen, etwas aus schrägen Augen anschauen. Doch wer sich in diesen Rollenverteilungen zurechtfinden will, kennt sehr genau auch die Schwächen des Vaters. Der Vater glaubt an die Karriere, also greifen wir zu. Der Jüngste zieht, scheinbar endlich strebsam und vernünftig geworden und deshalb dank der Begeisterung des Vaters wohlversorgt, ebenfalls in die Residenz zu den Soldaten. Er braucht nicht lange zu warten, bis ihm die neuen Freunde beim Verzehren und Vertrinken behilflich sind. Geht das Geld aus, so braucht man dem Vater nur die nächste Beförderung zu melden. Da zahlt er gern für seinen Stolz und zahlt gern jedesmal mehr. Als der Liederjan gar den Hauptmannsrang meldet und die Nebenkosten aufrechnet, weiß der Alte sich vor Freude nicht zu lassen. Das muß ich sehen! So zieht er mit tausend Talern und zwei stattlichen Rossen als standesgemäßes Geschenk in die Residenz. Nur leider kann ihm niemand den Weg zu dem neugebackenen Hauptmann Hans weisen. Aber die Ignoranten sind für den Alten natürlich nicht maßgebend. Er wendet sich an den General. Und von dem erfährt er, daß es einen Hauptmann Hans nicht gibt, wohl aber einen Liederjan namens Hans. Und der sitze im Loch. Einleuchtender läßt sich der früh eingeübte Sohn-Vater-Konflikt mit seiner wechselseitigen Herausforderungskette nicht schildern. Und sein Handwerk als extremisierender Stilist versteht dieser Erzähler ausgezeichnet. Nur trifft es sich, daß der König dieses Landes, nicht ohne eine merkwürdige, im Märchen verschlüsselt erfaßbare Beziehungsstörung des königlichen Paares, sich in einen unauflösbaren Konflikt mit seiner Tochter verrannt hat. Sie ist schwarz am ganzen Leib geworden, hat sich in der Domkirche aufbahren lassen und frißt in der Nacht ihre Wachen. Der Liederjan Hans, mit dem wir uns, wohl etwas zögernd noch, für diese abenteuerliche Aufgabe identifizieren, soll Wache halten. Es gibt sonst keine gemeinen Soldaten mehr. Hans versucht jedoch, was man verstehen kann, auszureißen. Aber ein freundlicher alter Graukopf, das genaue Gegenbild zum ebenso aufbrausenden wie sinnlos in Sohnsfetische vernarrten Vater, rät ihm dreimal, wie er sich gegenüber dieser

Wachen zerfetzenden und nur Haut und Knochen zurücklassenden Jungfrau verhalten soll. Recht betrachtet heißt das, die mit sich selbst verzweifelte Königstochter, stumm und ohne in Panik zu geraten, auflaufen zu lassen, ja ihr am Ende gar das Bett im Sarg aus Eisen wegzunehmen. Nun könnten wir uns ausgiebig mit den mörderischen Tochter-Vater-Auseinandersetzungen aufhalten – aber unsere Themensetzung sollte sich doch, zumindest vorerst, an die dramatische Linie der Sohn-Identifikationen halten. Und da geschieht vor unseren Augen das Erstaunlche, daß dieser jedenfalls aus der Sicht seines Vaters völlig und zu allem untaugliche Knabe die heillose Vaterbeziehung des Mädchens auffängt. Hans und die Königstochter werden ein glückliches Paar. Und man kann hinzufügen: Das Glück ist ihnen nicht in den Schoß gefallen. Hans hat seinen großen Einsatz durchgestanden. Das Märchen hat schon recht, wenn es solchen Leuten die Königswürde zuerkennt.

Aber die alte Sohn-Vater-Rechnung ist noch immer offen, der Erzähler hat es ganz schön hinter den Ohren. Er muß ein guter Psychologe gewesen sein, denn er läßt es die junge Königin merken, daß da vielleicht noch etwas aufzuarbeiten wäre. „Willst du nicht einmal deinen Vater besuchen?“ fragt sie. Der Anstoß war schon lange fällig. Hans zieht an der Spitze seines Gefolges und im königlichen Gewand (ein bißchen Angabe und Gedankenlosigkeit stellt sich da, auch bei unsereinem, ein) heim zu seinem Vater. Er gerät in eine Räuberherberge, so pflegt das dann zu gehen, und kann sich nur mit knapper Not im bloßen Hemd zum Gutshof des Vaters retten. Die alte Wirklichkeit ereilt ihn. Auf das Wort, er, Hans, sei König, kann der alte Graf, der die Hochstapeleien des Sohnes gut im Gedächtnis bewahrt hat, nur mit kaltem Hohn antworten und je nach Fassung gelegentich auch mit dem inzwischen wohl etwas verpönten Erziehungsmittel des Prügelns. Und abermals findet sich Hans als Schweinehirt wieder. Doch nicht einmal das ist der tiefste Fall. Denn die Pfeife, die der alte Graukopf Hans schenkt und mit deren Hilfe er seine Schweine das Tanzen lehrt und über sich selbst und die Lage, in die er sich gebracht hat, zu lachen lernt – der erbitterte Vater nimmt ihm gerade diese Pfeife weg und stößt Hans in bare, kalte Hoffnungslosigkeit.

Aber die junge Königin läßt ihn nicht im Stich. Sie findet ihn, erkennt, was hier gespielt worden ist, und inszeniert die dazu gehörige Komödie. Der alte Graf offenbart sogleich seine Unterwürfigkeit vor der Königlichen Hoheit, seinen närrischen Stolz auf die Karriere-Söhne und seine haßvolle Besessenheit, mit der er den Jüngsten demütigen will. Er würde sich zerreißen, um diese Schande loszuwerden. Da läßt die Königin nachts den Stall aufbrechen, ihren Mann herausholen und die Schwelle mit Schweineblut besudeln. Unerkannt fragt der plötzlich in der Frühe auftauchende Mann der jungen Königin, der junge König also, den alten Grafen nach seinem jüngsten Sohn. Da wird das Blut auf der Schwelle des Schweinekobens entdeckt. Entsetzt ruft die junge Königin: „Man hat ihn gefressen!" Der alte Graf aber läßt sich von seinem Haß hinreißen. „Gott sei dafür bedankt!" spricht er das Schlußwort über ein vermeintlich verpfuschtes Leben.

Doch die groteske Verzerrung, meint der Erzähler wohl, müßten wir uns alle vor Augen führen. „Ihr kennt Euren Sohn nicht", stellt die Königin fest. – „Unter tausend würde ich ihn kennen!" behauptet der Vater – und meint doch nur das Zerrbild, das er sich aufgebaut hat. Da gibt sich der junge König als seinen verlorenen Sohn zu erkennen. Allerdings läßt er den Vater nicht aufs Knie fallen. „Ich habe es wohl auch etwas arg getrieben", sagt er. Das hinwiederum erinnert an des jungen Mannes Wort, als er traurig unter den Schweinen auf der Weide saß und gar nicht erst aufblickte, als seine Frau ihn fand und zu ihm trat. „Du bist klüger als ich", hatte er ihr damals geantwortet.

Genug von Trickstern und Liederjanen, Popanztotschlägern und Anrichtern von Drachenkopf-Massakern. Die Mädchen können das auf ihre Weise auch ganz schön. Da braucht man bloß im abruzzeischen Märchen von Diavolo al naso d'argente, dem Teufel mit der Silbernase[30], nachzulesen. Doch bei diesem Spiel darf man nie vergessen, daß unsere großen Märchenherausgeber in ihrem Literarisierungsbemühen die ursprünglichen, oft recht drastischen Tonarten mündlicher Überlieferung und alltäglicher Erzählpraxis auf ihre Weise verwandelt haben. Sie haben stilisiert und domestiziert, mythisiert und ironisiert. Wie breit dieses Spektrum sein kann, lehrt bereits der Vergleich zwischen Basiles Schimpfkanonaden und Wilhelm Grimms Herzenseinfalt, zwischen Perraults amüsanten Distanzierungen, Afanasevs' Heldentaten-Grotesken und Wilhelm Wissers unverhohlenem Beim-Namen-Nennen.

Solange das Gelächter der jungen Leute die Herausforderung ihrer Popanzväter beflügelt, ist Hoffnung für beide Seiten, denn der junge Mensch ist in uns allen verborgen. Einsatz für den geliebten anderen, Verständnis für die Konflikte des anderen und Einsicht in die eigenen Schwächen, zumindest so viel, daß man über sich selbst lachen kann, das soll, angeblich, Sache ausschließlich des reiferen Alters sein? Schade wäre es. Das Zaubermärchen jedenfalls und der hinter ihm verborgene Dramaturg meinen es anders.

Anmerkungen

1 AT 450: Das Rehbrüderlein. In: Ortutay: Ungarische Volksmärchen. Budapest 31966. UVM 10.
2 AT 328 C*: Jack und die Bohnenranke. In: Briggs, Michaelis-Jena: Englische Volksmärchen. Köln, Düsseldorf 1970. EngVM 14.
3 W. Scherf: Raubzug in das Dämonenland. In: Die Herausforderung des Dämons. München 1987. S. 200 - 207.
4 Kennzeichen der Kindermärchen ist die Heimkehr in das Elternhaus - aber als ein Kind, das einen wesentlichen Schritt zu sich selbst getan und als nächsten Schritt sich endgültig ablösen wird.
5 Als Trickster- oder als Schelmenmärchen läßt sich eine bestimmte Gruppe von Erzählungen zwischen eingliederigen Kindermärchen (AT 700, 327 B, 327 C und 328 C*) und zweigliedrig ausgebildeten Zaubermärchen der Selbst- und Partnerfindung verstehen (dann steht der Hauptgestalt gewöhnlich ein alter ego zur Seite, wie im Gestiefelten Kater, AT 545 B). Dazwischen liegen die Prototypen der Banden- und der Einzelgängererzählungen (AT 328: Der Dreißgerl oder Corvetto, und AT 325: Der Zauberlehrling).
6 AT 530: Simson, tu dich auf! In: Wisser: PlattdeutscheVolksmärchen. Jena 1914 (Bd. 1, S. 230 - 240). Neu hrsgg. von Ranke. Düsseldorf, Köln 1970. Dort Nr. 61. Hochdeutsch in: Der Wunderbaum. S. 208 - 214. PV 1.70
7 K. Ranke: Die Prinzessin auf dem Glasberg. In: Ranke: Schleswig-holsteinische Volksmärchen. Bd. 2. Kiel 1958. S.146 - 177.
8 M. Zender: Die Riesen im Malberger Wald und das Wettrennen mit der Königstochter. In: Zender: Volksmärchen und Schwänke aus Eifel und Ardennen. Bonn 1984. S. 54 - 57.
9 AT 566. Eine der von den drei versprengten Knappen Rolands durch ein Beilager mit einer uralten Hexe erworbenen wundersamen Gaben ist ein Tuch, das die erlesensten Speisen herbeizuzaubern vermag: parodistisch ausgespielt in J. K. A. Musäus: Rolands Knappen. In: Volksmährchen der Deutschen. Bd. 1. Gotha 1782. VdD 1,3.
10 W. Wisser: wie Anm. 6. Zuerst unter dem Titel: Berg Sinai, tu dich auf. In: Wat Grotmoder vertellt. Jena 1906 (Bd.2, S.55-65).
11 J. K. A. Musäus: wie Anm. 9.
12 AT 531: Mit dem Zauberpferd die Goldhaarige gewinnen.
13 Das Höckerrößlein (Konëk-Gorbunok), Verserzählung von Pëtr Eršov (1834, vollständig dann 1856). Nachdichtung in deutscher Sprache durch E. H. Straßburger. Berlin 1922 (vor 1933 weit verbreitet in Kindergärten, Horten und Schulen mit den Bildern von Georg Schlicht).
14 Ferenand Getrü und Ferenand Ungetrü. Grimm KHM 126.
15 AT 328: Der Dreißgerl. In: K.Haiding: Märchen und Schwänke aus dem Burgenlande. Graz 1977. MSB 15.
16 AT 300 A: Königssohn Katt. In: E. Lemke: Volksthümliches in Ostpreußen. Bd. 2: Mohrungen 1887. Nr. 28. Auch in: Der Wunderbaum. S. 169 - 171.
17 Rolf Bräuer: Tristan und Isolde. In: Dichtung des europäischen Mittelalters. München 1991. S. 370 - 383.
18 AT 531: Juliana Kosseschana. In: Schott: Walachische Märchen. Stuttgart, Tübingen 1845. Nr. 17. Nachdr. Hildesheim, New York 1979. WM 17.
19 AT 513: Die sechs Diener. Grimm KHM 134. Und: Sechse kommen durch die ganze Welt. Grimm KHM 71.
20 AT 854: Die versteckte Königstochter. In: J. Haltrich: Deutsche Volksmärchen aus dem Sachsenlande in Siebenbürgen. Wien ^{3}1882. Neuausgabe von H. Markel:

Bukarest 1973. DVSS 41.

21 Vom goldenen Löwen. In: L. Gonzenbach: Sicilianische Märchen. Leipzig 1870. SM 68. Auswahl von H. M. Enzensberger: Nördlingen 1989. Nr. 38.

22 AT 575: Von dem Königssohn, der fliegen konnte. In: J. Jech: Tschechische Volksmärchen. Berlin ^{2}1984. CVM 40.

23 AT 665: Der schnelle Soldat. In: A. Ey: Harzmärchenbuch. Stade 1862. HMB 51. Auch in: Der Wunderbaum. S. 74 - 77.

24 AT 575: Vom Königssohn, der fliegen gelernt hatte. In: L. Strackerjan: Aberglaube und Sagen aus dem Herzogtum Oldenburg. Oldenburg ^{2}1909. Nachdruck Leer 1972. ASO 632 (Bd. 2, S. 490 - 493).

25 AT 854: Vom goldenen Löwen. Wie Anm. 21.

26 AT 854: Die versteckte Königstochter. Wie Anm. 20.

27 AT 935: Von Jura Pacúch. In: J. Jech: Tschechische Volksmärchen. Berlin 21984. CVM 60.

28 Gion der Geißhirt (Hans Tgavrêr). In: L. Uffer: Rätoromanische Märchen. Köln 21983. RRM 36.

29 AT 935 + 307: Hans, der Grafensohn, und die schwarze Königstochter. In: U. Jahn: Volksmärchen aus Pommern und Rügen. Norden, Leipzig 1891. Nachdruck Hildesheim, New York 1973. VPR 16. Auch in: Der Wunderbaum S. 154 - 161.

30 AT 311: Die Silbernase (Il diavolo al naso d'argente). In: F. Karlinger: Italienische Volksmärchen. Düsseldorf, Köln 1973. IVM 1. Auch in Karlinger: Italienische Märchen. Reinbek 1991.

Dieter Goergen

DIE HEILENDE KRAFT DES KOMISCHEN

-aufgezeigt an Beispielen aus Humanwissenschaften und belegt mit Beispielen aus Volksglauben, Mythen und Märchen

„Die heilende Kraft des Komischen" – dieser Titel, fast plakativ wirkend, ist eingängig und läßt nach der hier angesagten Heilwirkung „des Komischen" fragen; doch in den nachfolgenden Ausführungen werden wir uns dann mehr und fast ausschließlich mit der Wirkung des Lachens als sichtbare Reaktion auf das Komische, auf eine als komisch erlebte Situation hin beschäftigen; wir werden zeigen, daß diese Wirkung es ist, die heilt. Das Komische als Auslöser für eine weitgehend körperliche Reaktion mit seelischen Auswirkungen, die dann zur Entlastung, zur Heilung führt. Nicht das verordnete, verabreichte Medikament hilft, sondern die Wirkung vollzieht sich im Empfänger; er entscheidet weitgehend unbewußt, ob und wie er auf das angebotene Therapeutikum – hier das Komische – reagiert und Heilung in sich zuläßt. Also wird uns die Kraft des Komischen in seiner heilenden Wirkung durch das Lachen vornehmlich beschäftigen. Hier ist das Lachen in seiner spontanen reaktiven Form gemeint – ausgegrenzt werden muß auch die Auseinandersetzung mit dem Lächeln (speziell dem des Kindes), dem Lachen des Irreseins, dem toxisch verursachten Lachen.

Die Beschäftigung mit dem Komischen, dem Lachen, dem Humor kann kaum mit traditionellen Methoden und erst recht nicht hier in diesem Rahmen geleistet werden. Jeder noch so ernst gemeinte Versuch wird kläglich vor der Vielfalt der Aspekte scheitern; zumal die alte Spruchweisheit „Lachen ist gesund" so allgemeingebräuchlich und selbstverständlich geworden ist und in ihrer scheinbaren Banalität kaum mehr reflektierenswert erscheint. So kann in den folgenden Ausführungen nur ein Versuch unternommen werden, einzelne Aspekte puzzleartig zusammenzutragen, was u. U. beim einzelnen Rezipienten ein verständiges Lächeln hervorbringen wird – ob der sich allzu ernstnehmenden Bemühungen, dem Thema gerecht zu werden.

Ausgehend von einigen medizinischen und psychologischen Aspekten des Lachens sollen die hier zu beschreibenden Wirkungen an Beispielen aus dem Bereich der Volkserzählungen veranschaulicht werden. Dies erscheint aber von der geringen Anzahl an vorliegenden Beispielen her gesehen zunächst gar nicht so einfach. Daher möchte ich einen Weg beschreiten, der sich als ganz reizvoll erweisen könnte, nämlich den Weg über den Volksglauben (Aberglauben). Das ursprüngliche Verhältnis des Menschen zum Lachen, wie es im Volksbrauch, im Volksglauben und in verschiedenen Volkserzählungen in Erscheinung tritt, ermöglicht einen guten Zugang zu der Abhängigkeit des Lachens vom Komischen. Der Anstoß, der Auslöser für das Lachen setzt, so wie das Lachen selber, das Komische voraus.

Zur medizinisch- therapeutischen Wirkung des Lachens

„Lachen ist gesund „! - Vermag es zu heilen? - Der Philosoph Nietzsche weiß: „Das leidende Tier (der Mensch) auf Erden erfand sich das Lachen." - Befragen wir daher diejenige der Humanwissenschaften, die sich mittels naturwissenschaftlicher Methoden seit altersher mit Krankheit und Heilung befaßt - die Medizin. Sie hat das, was Volksweisheit wie selbstverständlich als Erfahrungswissen tradierte, verifiziert und mit eigenen Beschreibungssystemen objektiviert.

Wir wollen nun, einer groben historischen Chronologie folgend, Belege für unser Vorhaben aus unterschiedlichen Quellen heranziehen. In der Antike tritt der griechische Heilgott Asklepios lächelnd zu den Menschen heran und zeigt damit eine Wendung zum Besseren an (Lamer, S. 554). Die Bibel weiß im Alten Testament im Buch der Sprüche, daß ein fröhliches Herz der beste Arzt ist. Im 13. Jahrhundert empfiehlt der Wunderarzt Henri de Mondevill (Rubinstein, S. 47) das Lachen als Hilfe für die Genesung der Operierten. Er wußte noch nicht, welche fundamentale Erkenntnis er fast 800 Jahre vorweg genommen hatte. „Richard Mulcaster, ein englischer Arzt im 16. Jahrhundert, vertrat die Meinung, das Lachen sei eine Körperübung und als solche gesund. Er war auch der Ansicht, daß das Lachen „denen hilft, die melancholisch sind und deren Brust und Hände kalt sind, denn das Lachen verdrängt in der Brust viel Luft und erzeugt eine Hitze, die das Blut peitscht" (Rubinstein, S. 48). Im 19. Jahrhundert sieht ein deutscher Arzt Gottlieb Hupland im Lachen die wichtigste Verdauungshilfe. Kein geringerer als Immanuel Kant wußte, daß durch das Lachen „das beförderte Lebensgeschäft im Körper, der Affekt, der die Eingeweide und das Zwerchfell bewegt, mit einem Wort das Gefühl der Gesundheit ... entsteht." Zu Beginn des 20. Jahrhundert ordnete James Sully das Lachen unter die „Leibesübungen" ein; es erzeuge ein starkes Anwachsen der Lebensaktivität, indem es die Nervenreizung verstärke. William McDougall entdeckte zwei Vorteile des Lachens: Es entspanne und lenke die Aufmerksamkeit ab, außerdem bewirke es eine Belebung des Kreislaufs und der Atmung, was ein angenehmes

Gefühl des Wohlbefindens mit sich bringe. Der amerikanische Arzt James J. Walsh veröffentlichte 1928 ein enthusiastisches Buch, „Laughter and Health", in dem er eine mathematische Gleichung aufstellte: Die Gesundheit eines Individuums ist proportional zur Häufigkeit seines Lachens." (Rubinstein, S. 49)

R. A. Moody zitiert aus einer wissenschaftlichen Zeitschrift um die Jahrhundertwende die folgende physiologische Definition des Lachens, in der wir die physischen Voraussetzungen für seine Heilwirkung finden, die dann auch in neuester Zeit experimentell nachgewiesen wurden:

„Beim Lachen und mehr oder weniger auch beim Lächeln gibt es klonische Spasmen des Zwerchfells, gewöhnlich etwa achtzehn an der Zahl, und eine Kontraktion der meisten Gesichtsmuskeln. Der obere Teil des Mundes und die Augenwinkel werden nach oben gezogen. Das obere Augenlid wird hochgehoben, wie in einem gewissen Maß auch die Brauen, die Haut über der mittleren Fläche des Stirnbeins und die Oberlippe, während die Haut an den äußeren Augenwinkeln sich charakteristisch runzelt. Die Nüstern sind mäßig erweitert und nach oben gezogen, die Zunge ist etwas gestreckt, und die Wangen sind gebläht und leicht nach oben gezogen; bei Personen mit stark entwickelten Ohrmuscheln tendieren die Ohrmuscheln nach vorn. Der Unterkiefer vibriert oder ist zurückgezogen (zweifellos, um möglichst viel Luft in die sich aufblähenden Lungen zu lassen), und der Kopf wird bei sehr starkem Gelächter zurückgeworfen; der Oberkörper streckt sich und neigt sich sogar etwas zurück, bis (und das tritt bald ein) Ermattung und Schmerz im Zwerchfell und der Bauchmuskulatur den Körper sich zur Entlastung deutlich beugen lassen. Das ganze arterielle Gefäßsystem weitet sich, so daß durch die Wirkung der Hautkapillaren Erröten des Gesichts und des Halses und manchmal auch der Kopfhaut und der Hände eintritt. Aus demselben Grund treten die Augen oft etwas hervor, die Tränendrüse tritt in Aktion, aber gewöhnlich nur so weit, daß die Augen ‚glänzen', oft jedoch auch so stark, daß die Tränen ihre Kanäle ganz überschwemmen." (Dearborn, zit. b. Moody, S. 17 f)

Altes Wissen, in Märchen (siehe unsere späteren Beispiele) und Volksweisheiten zum Motiv geronnen, finden heute Beweis und wissenschaftliche Erklärung. Die Medizin beschreibt die Wirkung des Lachens auf die immunologischen, endokrinen, kardiovaskulären, neurologischen und die die Atmung kontrollierenden Systeme im Menschen. W. Fry von der Stanford University weist auf die Aktivierung bestimmter Enzyme, der Endorphine zur Schmerzreduzierung hin (Nuber). Spektakuläres Aufsehen machte 1976 der Eigenbericht des amerikanischen Journalisten Norman Cousins, der an einer schmerzhaften und als unheilbar geltenden Gelenkkrankheit litt und sich - nach Absetzen der verordneten Medikamente - durch gezielt eingesetzte Lachanlässe zeitweise Schmerzfreiheit verschaffte und schließlich Heilung herbeiführte (Cousins 1981).

Lachen gilt als Vorbeugung gegen Herzkrankheiten, Krebs, Depressionen, streßbezogene Krankheiten. In Japan wird es sogar als Therapie bei Tuberkulosepatienten eingesetzt (s. Nuber, S. 30).

Das psycho-physische Außer-Kontrolle-Geraten beim Lachen (hierzu die sehr bildhaften Redewendungen „Ich kann mich nicht mehr halten vor Lachen" - „sich vor Lachen schütteln" - oder gar das regressive „Ich mache mir in die Hose vor Lachen"), die wellenartigen An- und Entspannungen der inneren Organsysteme - oft verbunden mit entsprechenden physischen Folgeerscheinungen -, die kurzzeitige Aufgabe der Herrschaft über das ich-bestimmende Bewußtsein, das Emporschießen subkortikaler Manifestationen entspannen auch die seelischen Muskelverkrampfungen, erfüllen mit wohliger Wärme; der Körper wird zum Schauplatz einer psychologischen Inszenierung; das Individuum sprengt oft mit nachhaltiger Wirkung für wenige Augenblicke seine Grenzen.

Zur Psychologie der komischen Wirkung und des Lachens

Das Lachen selbst, die Fähigkeit zum Lachen, in den vorhin beschriebenen Verhaltensformen auf das Komische, auf eine als komisch erlebte Situation erkennend zu reagieren, ist eine urmenschliche Eigenschaft, ist an das Menschsein aufs engste gebunden. Der Mensch als ganzheitliches Wesen ist in seiner psychophysischen Organisiertheit immer zugleich Soma und Psyche. Beide Bereiche werden durch Sensationen wie das Lachen angesprochen, bestimmt und verändert. Das Lachen wird als „ein angeborenes Instinktverhalten des Menschen" bezeichnet, „herbeigeführt durch lusterregende Situationen mit humoristischem, spaßigem, heiterem Aspekt, in Verbindung mit einer entsprechenden Grundstimmung." (Hehlmann, S. 281)

Gerade in einer Zeit wie der unseren, einer streßgeplagten, hochtechnisierten, verkopften, gefühlsentleerten, verkrampften Zeit, nehmen psychosomatische Störungen zu, lebenszerstörende Depressionen herrschen vor, deren Ichbezogenheit kein Platz für das soziale Du lassen. Hier könnte das Lachen als Reaktion auf das Komische im Sinne der oben genannten Implikationen helfen. Gerade in einem Alltag, der offensichtlich vielfach nur noch Raum läßt für organisierte Fröhlichkeit („Wir amüsieren uns zu Tode"), könnte das Lachen gerade in seiner entlastenden und entkrampfenden Wirkung in sozial schwierigen Situationen zwischenmenschliche Bindungen schaffen. Das Wesen des Humors besteht darin, „daß man sich Affekte erspart, zu denen die Situation Anlaß gäbe und sich mit einem Schmerz über die Möglichkeit solcher Gefühlsäußerungen hinwegsetzt". (Freud a. a. O.) Die in unserem Alltag üblich gewordene Betonung der negativen Gefühle spielt eine entscheidende Rolle bei der Entstehung unserer großen Gefühlskrankheiten, bei Krebs, bei Herzinfarkten usw. Das Lachen als Ausdruck von Lebensfreude, des Willens zu leben, Vertrauen, Freude und Liebe zu entwickeln, kann hoffnungsvoll psychosomatische Veränderungen hervorrufen. Lachen als Therapieform! In der Psychotherapie wird das „Humor-Drama" (O'Conell) als Sonderform des Psychodramas praktiziert. Dabei ist jedoch die Frage zu stellen, ob es sinnvoll ist, das Lachen als eine spontane Lebensäußerung zu institutionalisieren und damit zwanghaft zu binden, denn eine reintegrierende Regression ist so kaum mehr möglich. Lachen ist gefährlich, antiautoritär, anarchisch, grenzüberschreitend, stellt die Rationalitäten auf den Kopf – wirkt kontraindiziert zu organisiertem Lachen!

Im Hinblick auf unsere später anzuführenden Textbelege erscheint es sinnvoll, eine psychologische Begriffsbestimmung bezüglich des Erkenntnisprozesses bei der Wahrnehmung eines komischen Konfliktes heranzuziehen. (F. G. Jünger [1936] referiert m. E. die für unseren Zusammenhang geistvollste und brauchbarste Analyse: „Alles Komische geht aus einem Konflikt hervor. Ohne ihn ist nichts Komisches denkbar, und nur insofern er uns bewußt wird, sind wir fähig, das Komische wahrzunehmen ... Erst dort, wo ein Streit ausbricht, wo sich Parteien bilden, wo der Mensch im Gegensatz zu sich selbst, mit anderen oder mit der Umwelt gerät, werden wir auf etwas Komisches hoffen können. Da der Konflikt seinem Begriffe nach Bewegung voraussetzt, finden wir in aller Komik ein Verhältnis von Bewegung und Gegenbewegung... Das Komische ergibt sich durch die Beziehung auf eine Regel, der es widerstreitend entgegentritt." [Jünger, S. 13/14])

Jünger gibt vier Grundbedingungen an, die der komische Konflikt erfüllen muß (Anmerkung: In unseren Beispielen werden wir ihnen immer wieder begegnen).

1. Das Mißverhältnis in den Kräften der streitenden Parteien: Der unterlegene Gegner kommt trotz der offensichtlichen Überlegenheit des anderen auf den Gedanken, eine Auseinandersetzung zu

beginnen.

2. Die Provokation des Unterlegenen: Der Unterlegene muß den Streit beginnen; die Initiative für die Auseinandersetzung darf nicht beim Überlegenen liegen.
2. Die Unangemessenheit der Provokation: Der Widerspruch ist es, der den Streit zu einem nicht ernsthaften macht.
4. Die Replik: Hierunter versteht der Autor die angemessene Entgegnung des Überlegenen. „Diese Entgegnung ist ihrem Begriffe nach nichts anderes als das Sich-geltend-machen der Regel, des Gesetzes, eines Kanons und Nomos, der von dem Urheber des komischen Konfliktes außer acht gelassen wurde.“ (Jünger, S. 25)

Das Erleben des Komischen vollzieht sich als psychischer Vorgang nach den Gesetzen der Wahrnehmung. Ein als „komisch“ empfundenes Objekt wirkt als Auslöser und Reiz für einen psychischen Vorgang – hier vollzieht sich dann die Hauptleistung des gesamten Geschehens – und löst durch Assoziation und Phantasie, durch das bewußte Abstandgewinnen vom Objekt eine Reaktion, meistens eben das Lachen, aus. Aber nicht jedes Objekt ist geeignet, eine solche Reaktion auszulösen, da nicht unbedingt jedes als etwas Komisches erlebt werden muß. Es wurde gesagt, daß zum Erleben des Komischen der bewußte Abstand gehöre, daß das beobachtete Objekt in einem bestimmten Verhältnis zu etwas Bestehendem gesehen wird. Das Bestehende sind die gelebten Ordnungen der Wirklichkeit, in der bestimmte Objekte „aus dem Rahmen fallen“ (Staiger, S. 192). Das Abweichen von der gelebten Ordnung wird mit einem Objekt empfunden, „welches wir erstens für etwas Verkehrtes halten und darum zweitens mit einem Gefühl der Überlegenheit betrachten“ (Helmers, S. 161). In einer bestimmten Situation erscheint ein Objekt als komisch, wenn es aus der normalen Ordnung heraustritt, und damit wird es zum Auslöser des Lachens. Es wird nicht gelacht, wenn nicht gewußt ist, was normal ist (Santucci, S. 150).

Wenden wir uns noch kurz dem zu, was die Psychoanalyse, vor allem die Kinderpsychoanalyse zurückgehend auf die Theorie Freuds über das Lachen gesagt hat. Wir werden feststellen, daß das Verhalten des abergläubischen Menschen hierdurch verständlich wird, zumal frühe Entwicklungsstadien des Kindes Entsprechungen im magischen Weltbild des Volksglaubens haben. Während des Erfahrungserwerbs in der frühkindlichen Entwicklung erlebte der kleine Mensch die Plötzlichkeit einer reizauslösenden Bewegung (meist ein motorisches Erlebnis), er bekommt Angst vor dem Ungewohnten und Unbekannten, gleichtzeitig oder kurz danach jedoch löst sich die Spannung in reines emotionales Vergüngen durch die Erkenntnis, daß der Vorgang eigentlich harmlos ist. Zur endgültigen Entspannung kommt es durch ein Überraschungsmoment, das durch die plötzliche Erleichterung der motorischen Entspannung erzielt wird. Wurde beim Erwerb dieser Erfahrung der Vorgang als ein bedrohlicher erwartet und hat er sich dann als harmlos erwiesen, so löst in späteren entsprechenden Situationen die Erinnerung an vergangene ähnliche Lacherlebnisse oder an Gemeinschaftsfaktoren eine heitere, fröhliche und verheißungsvolle Haltung des Menschen aus. Das Lachen kann so als ein Mechanismus beschrieben werden, der mit der Lösung von Konflikten einhergeht, die das einzelne Individuum kürzere oder längere Zeit in Schwierigkeiten gesetzt haben (Jacobsen, S. 33 - 43). So helfen die komischen Phänomene dem Ich, seinen Sieg (über die Angst) zu wiederholen und dadurch die Furcht noch einmal zu überwinden. Durch dieses Erfahrungslernen wird die Entwicklung des Menschen vorwärtsgetrieben; er braucht also das Lachen und das Komische zu seiner „Lebensgewinnung“ (Schneider, S. 202). Der Mensch wird durch diese Entwicklung befähigt, die in einer schweren Lebenslage auftauchende tiefe Unlust abzufangen. Das Abstandnehmen von der Bindung an ein Objekt ist eine Befreiung, Loslösung, ein Weg von und hin zum Erkennen. Diese geistige Entbindung löst den erkennenden Menschen im Akt des Lachens von der verkrampften Bindung an ein Objekt, führt ihn befreiend zu sich selbst, öffnet ihn für eine vielseitige Weltaufnahme. Lachen ist Erkennen. In diesem Vorgang, den man als einen existentiellen bezeichnen darf, liegt die Wirkung des Komischen auf dem Weg über das Lachen. Im Lachen, im Erleben des bewußt gewordenen Komischen erfährt der einzelne Heilung im weitesten Sinne.

Das Lachen in Mythus, Sage und Volksglauben – Beispiele aus Mythen und Sagen

Haben wir bei den vorhin betrachteten humanwissenschaftlichen Belegen für bestimmte Wirkungen des Lachens auf überlieferte Spruchweisheiten hingewiesen, so sollte jedoch dabei nicht übersehen werden, daß in dem recht positiv dargestellten Verhältnis zum Lachen sich bereits Entwicklungen vollzogen haben, deren Anfänge im magisch-mythischen Bereich zu suchen sind. Da auf frühen kulturellen Entwicklungsstufen das gesamte Weltbild des Menschen vom

Magischen her bestimmt ist, sind auch alle Erscheinungen - wie in unserem Fall das Lachen - für den einzelnen rätselhaft und damit magisch wirksam. Dem Niederschlag dieser Wirksamkeit begegnen wir vor allem in mythischen Überlieferungen, in den Sagen der Völker, in den verschiedenen Formen des Volksglaubens und nicht zuletzt in den Märchen der Welt.

In einem griechisch-ägyptischen Weltschöpfungsmythus vollzieht sich die Schöpfung durch das Lachen eines Gottes. Als dieser Gott siebenmal gelacht hatte, wurden die sieben weltumfassenden Götter geboren. Als er zum siebten Male lachte, wurde Psyche geboren. (H. v. Beit, S. 258)

In einer der Lieblingssagen der Japaner zieht sich die gekränkte Sonnengöttin Amaterasu in eine Höhle zurück, verwehrt den Menschen und den Göttern Licht und Wärme. Durch Gesang und Gelächter der anderen Götter kann sie aus ihrer Isolation herausgelockt werden, und alles erstrahlte wieder in natürlichem Sonnenschein, und alle riefen: „ ... oh bitte nie mehr!" (B. Schulz, S. 64 ff)

In Sparta befand sich sogar eine Bildsäule, die das personifizierte Lachen in der Gottheit des Gelos oder des Risus darstellte. In der griechischen und auch der germanischen Mythologie läßt sich die Vorstellung nachweisen, daß das Donnergeräusch als ein Lachen aus dem Jenseits aufgefaßt wurde (HDA, S. 884)

Beispiele aus dem Volksglauben

Verlassen wir die Welt des Mythos und der Sage, wenden wir uns nun dem Volksglauben zu und tragen einige Beispiele zusammen, die uns unmittelbar auf die magische Wirksamkeit des Lachens treffen lassen. Auch hier aufzufindende magische Praktiken lassen sich erklären aus dem Gefühl der Ohnmacht des Menschen gegenüber dem übermächtigen, unerklärlichen Numinosen. Viele dieser Praktiken finden wir wieder als Anteile äußerer Wirklichkeit verarbeitet in den Märchen (s. d. Röhrich).

Lachen als Äußerung der Lebenslust kann den Bann des Todes brechen. In Westböhmen sollen am Pfingstsonntag Mädchen und Burschen auf dem Weg zur Kiche laufen und scherzen, damit das Vieh recht munter bleibt (HDA, S. 868). - Das Fröhlichsein ist ein Anrecht der Lebenden und zugleich eine Abwehr dem Tode gegenüber. So wird in vielen Auffassungen des Volksglaubens, das Lachen, das die Macht des Todes bricht, zum Symbol des Lebens. In der Gegend von Mosbach soll beim Pflanzen der Petersilie gelacht werden, sonst geht sie nicht auf. Durch die enge sympathische Verbundenheit des Menschen mit der Pflanze muß jemand im Hause sterben, wenn die Petersilie nicht aufgeht. (HDA, S. 871)

Hier zeigt sich die enge Verbindung des Lachens mit dem Tode, in dem alles Lachen aufhört. Der Tote gehört nicht zum Reich des Lebendigen, denn nur hier ist das Lachen möglich. Tote, die erscheinen, lachen nicht. Erscheint ein Toter einem Lebenden, so wird dieser nie mehr lachen können, denn in dieser Begegnung verließ der Lebende das Diesseits und hatte den Eingang ins Jenseits vollzogen. Das Grauen des Numinosen läßt alles Lachen ersterben. „Unheimlich muß es dem Volksglauben vorkommen, wenn ein Toter die Augen offen hält und lächelt. Damit zeigt er an, daß er dem Leben noch nicht gänzlich abgeschieden ist und vermöge dieser Lebenskraft nochmals zurückkehren kann, um jemand aus dem Hause nach sich zu ziehen." (HDA, S. 876)

1746 erschien eine Dissertation über große Männer, die sich zu Tode lachten. (So lachte Aretino über die lockeren Streiche seiner Schwester, daß er vom Stuhl fiel und sich das Genick brach). In den Redensarten, daß man sich zu Tode lacht, sich vor Lachen krümmt, scheckig wird oder gar in Stücke geht, findet man den Hinweis, daß der Erreger des Lachens als ein Kobold aufgefaßt wurde, der am Körper diese Veränderungen bewirkt. (HDA, S. 876) – In enger Beziehung zu dieser Auffassung steht der Glaube, daß das frühe Lachen eines Kindes (Baden, Schwaben) dessen Tod bedeutet oder gar das Kind als Dämon verdächtig macht. „Eine Mutter ließ das Kind an die Brust mit dem Fluche: ‚Da trink dir alle Teufel hinein!' Sogleich fing das Kind, kaum acht Tage alt, zu lachen an und zwickte beim Trinken den Mund so sehr zusammen, daß ihm die Brustwarze im Mund blieb." (HDA, S. 871)

Verliert man in der Begegnung mit einem Jenseitigen das Lachen, so ist es erst recht verständlich, daß man im Verkehr mit Geistern das Lachen unterlassen muß. Aus Tirol wird berichtet: Wer sich in der Osternacht von elf bis zwölf auf einem Kreuzweg nicht durch lächerlich-schreckliche Erscheinungen des Teufels aus der Fassung bringen läßt, dem verleiht der Teufel Gewinn beim Karten- und Würfelspiel, Sieg beim Raufen, Unverwundbarkeit und die Gabe, sich unsichtbar zu machen (HDA, S. 880).

In bestimmten volksgläubischen Praktiken finden wir eine gewisse Lösung des Lachens von seiner engen Bindung an Tod und Jenseits. Beim Diebssegen der Zigeuner muß man während des Zauberspruchs auf das Lachen eines Kindes achten, wenn dieses lächelt, so ist der

Dieb ein Bekannter oder Verwandter des Bestohlenen, oder das gestohlene Gut befindet sich in der Nähe. (HDA, S. 879)

In Westböhmen muß alles Spitzige, wie Messer, Nadeln und Schere, lachend übergeben werden, damit die Liebe nicht zerschnitten oder zerstochen wird. (HDA, S. 881) Eine Wäscherin im Erzgebirge soll dreimal in die Unterhosen hineinlachen, damit sie gutes Wetter zum Bleichen und Trocknen hat. – In einem auch heute noch verbreiteten Spiel darf der Mitspieler beim Kitzeln nicht lachen, sonst muß er ein Pfand geben. Diese Regel hat ihren möglichen Ursprung in dem Brauch, ein Kind dreimal über einen Strich springen zu lassen, ohne daß es lacht. Wenn es lacht, so stammt es aus dem Geisterreich. (HDA, S. 874) – In den Grimm-Märchen findet sich hierzu eine Entsprechung in den „Wichtelmännern" (KHM 30).

In seiner geschichtlichen Entwicklung erlebt der Mensch die langsame Auflösung der Weltdeutung durch magische Vorstellungen; dies bewirkt auch ein Abstandnehmen vom Unheimlichen im Lachen. Übrig bleibt noch ein Ahnen der ursprünglichen Wirksamkeit in Sprichwörtern und Märchen. In allem zeigt sich aber stets immer wieder die enge Zugehörigkeit des Lachenkönnens zum Leben.

Beispiele aus Märchen

Märchen als unendliche Quellen und Speicher kollektiven Wissens und tradierter Weisheiten bieten uns eine reichhaltige Anzahl eindrucksvoller Beispiele, anhand derer wir das vorhin Aufgezeigte wiederfinden können. Die unterschiedlichsten Aspekte des Lachens – soziale, psychologische, medizinische, volkskundliche –, seine vielfältigen Erklärungsversuche zu Ursache, Verlauf und Wirkung, auch im Sinne einer naturwissenschaftlich akzeptablen (sprich: katamnestischen) Überprüfbarkeit der therapeutischen Wirkung (physiologisch und psychologisch) treten uns in der Bildsprache der Märchen der Welt entgegen. Nicht die komische Wirkung, die vom Schwankmärchen und verwandten Gattungen ausgeht, soll untersucht werden, sondern die Gruppe der Volksmärchen, in denen das Lachen, die Reaktion auf das Komische und die hieraus resultierende „heilende Kraft" eine eigene motivische Rolle spielen.

Die wichtigste Bedeutung gewinnt das Lachen, damit auch das Komische, wenn es dadurch unmittelbar zu einer Erlösung oder Heilung des Märchenhelden/-heldin kommt. Nicht immer wird die Bedingung gestellt, daß der Prinz oder die Prinzessin zum Lachen gebracht werden müssen. Oft entsteht eine komische Situation, die dann zum Lachen anreizt und so eine Heilung herbeiführt. Möglicherweise ist sogar die Form der Erzählungen, in denen die Forderung gestellt wird, daß der Held zum Lachen gebracht wird, die ursprünglichere.

Zunächst ein Beispiel, das den medizinischen Aspekt unserer Betrachtungen gut zu illustrieren vermag. Erinnern wir uns an die Beschreibungen zum physiologischen Ablauf des Lachens, mit seinen Spasmen und seiner explosionsartigen Entkrampfung. Mit Sicherheit ist hier ursprüngliches Wissen der Volksmedizin in das Märchen eingegangen. Bei der Interpretation all dieser Texte sei jedoch niemals der psychisch begleitende Anteil auch einer rein somatisch imponierenden Krankheit zu vernachlässigen.

Auf der Insel Malta erzählt man das Märchen von „der Frau, die den kranken König heilte“, in dem eine direkte heilende Wirkung vom Lachen ausgeht. Das Maultier einer armen Frau, ihr einziges Hab und Gut, war am verenden. Der König des Landes, immer zu Scherzen aufgelegt, verrät ihr ein Mittel, das Tier zu retten. „Du mußt wissen, daß das ein Zaubermittel ist, das immer hilft! Also: entkleide dich vollständig und sieh darauf, daß du nicht mehr Kleider auf dir trägst, als dir der Schöpfer bei deiner Geburt verliehen hat! Dann mußt du fünfzigmal um das Tier herumlaufen und dabei den Zauberspruch murmeln: Drei Maultierskräfte, drei menschliche Dummheiten und drei geschmorte Würmer! Rühr alles zusammen und nimm es ein! – Dein Maultier wird dann sicher durch diesen Spruch geheilt!“ (Karlinger, S. 109) In ihrer Naivität glaubt die Frau an die Wirksamkeit des königlichen Mittels, zieht sich aus und springt nackt um das Tier herum, das ein solches Schauspiel noch nie gesehen hatte und aus seiner Apathie erwacht und geheilt ist. Nach einigen Jahren erkrankt der König an einem Halsgeschwür. Da die Ärzte keinen Rat mehr wußten, gab man bald alle Hoffnung auf Genesung auf. Auch die Frau hatte von der Krankheit des Königs gehört und wollte ihm nun ihre Dankbarkeit erweisen. Sie schlich zum Sterbezimmer des Königs, in dem bereits die Großen des Landes und die hohe Geistlichkeit versammelt waren, riß sich mitten im Saal die Kleider vom Leib, rannte wie besessen um das Bett des Königs und rief: „Drei Maultierkräfte, drei menschliche Dummheiten und drei geschmorte Würmer! Rühr das alles zusammen und nimm es ein!“ Als der König durch das seltsame Gebaren der Frau, die splitternackt um sein Lager lief, an seinen verflossenen Scherz erinnert wurde, schüttelte ihn ein Lachkrampf so sehr, daß sein Geschwür aufplatzte, und die Lebensgefahr beseitigt war. (Karlinger a. a. O.)

Zunächst wird der König durch die Erinnerung an seinen frühen Scherz zum Lachen gereizt, aber gleichzeitig erkennt er die Unangemessenheit im Verhalten der Frau, die in ihrer Naivität das Mittel, das ihr Maultier geheilt hat, ebenso wirksam für den König meint. Auch die Heilung von einer Krankheit bedeutet ein Freiwerden für die Umwelt, eine neue Hinwendung zum Leben. Hier zeigt sich die heilende Wirkung des Komischen in der befreienden psychischen Entlastung unmittelbar.

Ein weiteres Beispiel aus dem Orient belegt ebenfalls die vordergründige, im Somatischen liegende Wirkung. Dabei ist ohne weiteres an die bekannte Redewendung „Das Lachen bleibt ihm im Halse stecken" zu denken.

Im persischen „Märchen von Sänäma" (Christensen, S. 87) wird von einer Biene erzählt, die die Tochter einer Waschfrau war. Als der Königssohn die Stimme der Biene hörte, er glaubte ein Mädchen zu hören, verliebte er sich so in sie, daß er lieber sterben wollte, als das Mädchen aufzugeben. Endlich ward die Hochzeit ausgerichtet. Kurz davor verunglückte aber der Prinz auf der Jagd. Als die Biene von dem Unglück hörte, hüllte sie sich in eine Zwiebelschale als großen Schleier, und als Gesichtsschleier nahm sie eine Knoblauchschale; dann flog sie zu ihrem Prinzen. In der Nähe hielt sich gerade die Tochter des Pärî-Königs auf, die schon viele Jahre einen Schwertfisch im Halse trug. Durch das seltsame Auftreten der Biene mußte sie so lachen, daß ihr der Schwertfisch aus dem Halse fuhr. Aus Dankbarkeit schenkt sie der Biene eine menschliche Gestalt. – In der Menschwerdung der Biene vollzieht sich ein paralleler Akt der Erlösung zur Befreiung der Pärî-Prinzessin. Durch deren Heilung wird sie erst frei für den anderen.

Wohl das bekannteste Beispiel für die heilende Kraft des Lachens ist „Die goldene Gans" (KHM 64) aus der Grimmschen Sammlung mit ihren Erzählvarianten.Ein graues Männlein schenkt dem Dummling für dessen Hilfsbereitschaft eine goldene Gans. Drei Wirtstöchter, die eine Feder der Gans stehlen wollten, bleiben daran hängen, ebenso der Pfarrer und der Küster und schließlich noch zwei Bauern. Mit dieser seltsamen Gefolgschaft kommt der Dummling in eine Stadt, die von einem König regiert wird, dessen Tochter so ernsthaft ist, daß sie niemand zum Lachen bringen konnte. Der König hatte ein Gesetz erlassen, daß derjenige seine Tochter heiraten solle, der sie zum Lachen bringe. Der Dummling wußte von dem Gesetz und ging mit seinem Anhang vor die Königstochter, die so darüber lachen mußte, daß sie kaum mehr aufhören konnte. Auch hier wird durch die bewußte

Abweichung von der Norm eine affektive Reaktion, das Lachen provoziert. Diese Situation war der der Prinzessin bekannten und gewohnten Realität inadäquat, daher konnte sie lachen, denn das Geschehen stellt in sich keine Gefahr oder verurteilenswürdige Handlung dar. Im Sinne des Märchens wirkt sich hier die Reaktion des Lachens magisch aus, die Prinzessin wird dem Leben wieder zugeführt, aber die Heiterkeit beruht doch letztlich „auf einem verständlichen Urteil, das zur gegebenen Situation Stellung nimmt". (H. v. Beit, S. 131) Befreit von der stummen Ernsthaftigkeit, kann die Prinzessin sich, durch die Lösung aus der Verkrampfung, der Umwelt wieder zu wenden, zu sich selbst gelangen. Die enge Verbundenheit der Menschen wird ihr im seltsamen Anhang des Dummlings demonstriert, und durch ihr Lachen bejaht sie unbewußt das Zusammensein, ihre Vereinsamung wird aufgehoben. (M. Lüthi, S. 83) Sie kann ihre innere Immigration in die tödliche Depression aufgeben, sich sozial öffnen – das bedeutet: leben. In der Entladung ihrer spontanen Gefühlsreaktion leistet sie die Wiederherstellung des lebendigen Zusammenhangs mit den Mitmenschen, im Sinne der Jungschen analytischen Psychologie die Integrierung der eigenen Anima in das menschliche Leben (s. H. v. Beit II, S. 482).

In Finnland erzählt man ein ähnliches Märchen. Hier ist es ein rotes Schaf, an dem ein Mann und seine Frau und deren Tochter hängen bleiben. Auch hier weiß der Besitzer des Schafes, ein Hirte, um das Gesetz des Königs, daß derjenige, der die Prinzessin zum Lachen brächte, sie zur Frau bekomme und noch dazu das halbe Königreich. Auch hier wird die immer traurige Prinzessin zum Lachen gereizt. Die Erlösung vollzieht sich wie bei dem Grimmschen Märchen in der bewußten Stellungnahme zur gegebenen Situation. Lösung und Befreiung bedeuten die Wiedergewinnung des Kontaktes zur Umwelt. (Löwis of Menar, S. 84)

Hinzuweisen wäre noch auf die Mundartfassungen zu unserem Grimmschen Märchen: das sudetendeutsche „Die goldenen Anten" (E. Moser-Rath, S. 160) und das von Wisser überlieferte plattdeutsche „Hack an" (W. Wisser, S. 19). Diese köstlichen, sehr beweglichen und voller Lebenslust steckenden Märchenvarianten stehen möglicherweise in enger Verbindung mit alten Fruchtbarkeitsriten. Denken wir nur an den Bericht aus der griechischen Mythologie, in dem der eifersüchtige Hephaistos zur Belustigung der anderen Götter Aphrodite und Ares, die miteinander schliefen, in einem unsichtbaren Netz fing, so daß die beiden nicht mehr von einander loskamen. Welch herrliche Götterkomödie! Die griechische Antike kannte wohl noch die lachenden

Götter. Hierbei scheint es mir, daß unsere Theologen von keinem lachenden Gott mehr berichten. Vielleicht lacht er über keinen oder nichts mehr.

Später wurde das Festgebanntsein an einem Gegenstand zu einem beliebten Schwankmotiv, über das nicht nur die Personen der Erzählung, sondern auch die Hörer herzlich lachen. „In einem französischen Märchen hext ein Zauberstäbchen einen ehebrecherischen Pfarrer an sein Nachtgeschirr fest und eine Reihe von Frauen dazu, so daß der Schloßherr, als er das sieht, sich vor Lachen krümmt". (v. d. Leyen, S. 82)

In der Gascogne (R. Soupault, S. 204) wird das Märchen „Halt fest!" erzählt. Hier kann ein armer Müller mit einem Holunderzweig alles zusammenhexen, was er mit ihm berührt, so unter anderem die Magd des Pfarrers an dessen Nachtgeschirr. Für die Befreiung verlangt der Müller eine hohe Bezahlung. Das Motiv der Heilung durch das Lachen über die Komik des Festgebanntseins fehlt hier, es kann bei entsprechender Disposition auf den einzelnen Hörer dieses Märchenschwankes übertragen und in ihm bei individueller Bereitschaft wirksam werden.

*

Hier sei es erlaubt, in einem kleinen Exkurs einen Märchentyp zu betrachten, der nicht die Heilung durch Lachen beschreibt, aber der – wie vorher an Beispielen aus der Volkskultur aufgezeigt – über das gesetzte Verbot des Lachens zu dem später dann zu beschreibenden Zusammenhang von Tod und Trauer mit dem rettenden Lachen führt.

Im Märchen von den zwölf Brüdern" (KHM 9) muß ein Mädchen sieben Jahre stumm bleiben, ohne zu lachen, damit es seine durch einen Sympathiezauber in Raben verwandelten Brüder erlösen kann. Auch hier wird das Lachen als Lebensäußerung gesehen. Das Mädchen verpflichtet sich, stumm zu bleiben und nicht mehr zu lachen, das heißt: Es scheidet für eine bestimmte Zeit aus dem Leben und bleibt symbolisch im Jenseits. Dieses symbolische Sterben und Wiederauferstehen vollzieht sich mit der Erlösung der Brüder, die auch als Verwandelte im Jenseits gebunden waren. So wird die Erlösung zur Befreiung, zum Wiedergewinnen des Selbst.

In vielen Tierbräutigam-Märchen (AaTh 425) darf die Heldin bei ihrer kurzzeitigen Rückkehr ins Reich des Diesseitigen, beim Besuch ihrer Eltern und Geschwister nicht lachen. Die Erlösung des Tierbräutigams ist noch nicht vollzogen – also trägt sie Zeichen dieses

Bereiches, des Noch-nicht-ganz-Menschlichen mit sich.

Die konzentrierte Distanzierung vom „Nur-Menschlichen" im Schweigen und Trauern war ursprünglich heilige rituelle Aufgabe noch nicht initiierter Novizen antiker Mysterienkulte. – Denken wir dabei an Prinz Taminos Prüfungen in Mozarts „Zauberflöte".

Das Lachen als Überwinder von Tod und Trauer

Tod und Trauer verbieten oft das Lachen, lassen es in Zivilisationsriten als unangemessen erscheinen, machen es unmöglich. Wie peinlich betroffen macht uns das hysterisch anmutende ausbruchsartige Lachen eines vom Schock außersichgeratenen Trauernden. Unbewußtes, Tiefmenschliches bricht sich Bahn, stellt die erstarrten, vielfach von entleerten und kaum mehr als menschlich zu bezeichnenden Ritualen bestimmten Situationen in Frage.

In einem irischen Zaubermärchen (Mühlhausen, S. 24) wird dem Helden die Aufgabe gestellt, herauszubekommen, warum der „Gruagach des Gelächters" in den letzten sieben Jahren nicht mehr gelacht habe, wo man doch sein letztes Gelächter bis in die Ostwelt vernommen habe. Der Held zwingt dann auch schließlich den Gruagach, sein Geheimnis preiszugeben. Dieser hatte nicht mehr gelacht, seit seine zwölf Burschen umgebracht worden waren. Durch Zauberkraft werden die Burschen wieder zum Leben erweckt, und der „Gruagach des Gelächters" stößt ein Gelächter aus, daß man es in der Ostwelt hören kann. – Auch hier finden wir wieder, daß beim Tod von Nahestehenden das Lachen aufgegeben wird, aus der Melancholie muß zum lebenbejahenden Selbst zurückgefunden werden.

Im Buddhistischen Märchen (Lüders, S. 348) vom „Lachenden und weinenden Widder" lacht ein Opferwidder zum Erstaunen des Brahmanen, der ihn töten soll; gleichtzeitig beginnt er aber auch zu weinen. Als er nach seinem seltsamen Verhalten gefragt wird, erklärt er, er habe seine Erlösung in seiner 500sten Wiedergeburt gesehen und vor Freude gelacht. Geweint habe er aber über den Brahmanen, dem ein gleiches Schicksal wie ihm bevorstehe, 500 Geburten hindurch das Leid des Kopfabschlagens erleiden zu müssen.

In den beiden mongolischen Märchen „Der schwarze Hundsbulle und die schwarze Rohrdommel" und „Der Sohn vom Berg" (Heissig, S. 11/S. 16), beides Varianten des gleichen Märchens, errettet ein junger Bursche drei junge Mädchen vor dem Gefressenwerden durch eine Riesenschlange. Bevor er auf die Mädchen trifft, hört der Held eines von ihnen lachen, eines singen und eines weinen. Als er sie nach ihrem Verhalten im Angesicht des drohenden Todes fragt, antworten sie ihm mit folgender interessanter und reizvoller Formel: „Die von uns dreien heute verschlungen wird, weint, die morgen verspeist wird, singt, und die am nächsten Tag veschlungen wird, lacht." (Heissig, S. 19)

Noch-lachen-können bedeutet, dem Leben noch am nächsten sein, während Trennung, Abschied von der Welt, „Trauerarbeit" keinen Platz für das Lachen haben; kurz vor dem gewissen Tode und in ihm selbst erstirbt es. Gleichzeitig übernimmt in unserem mongolischen Märchenbeispiel die Heldin in der persönlichen Auseinandersetzung mit der Katastrophe – in ihrem ob der Ausweglosigkeit der Situation uneinfühlbaren Verhalten – auch für ihre todgeweihten Mitopfer stellvertretende Funktionen. Die beiden anderen Mädchen können nicht mehr nachdenken, zugewandte menschliche Reaktionen zeigen – nicht mehr lachen. Im Lachen aber reflektiert die Heldin die durchstandene und für sie selbst noch bevorstehende Katastrophe, die einer „harmonisierenden Lösung des Konfliktes widerspricht" (s. Kamper/Wulf) und damit das Bedrohliche, schier Verrücktmachende der Situation ins eigene Ich integriert, um nicht in Angst davor zu erstarren. – Angst als die Kehrseite des Lachens!

*

Ausgehend von Belegen aus humanwissenschaftlichen Disziplinen wurde anhand verschiedener Beispiele aus dem Volksglauben und aus Volkserzählungen gezeigt, wie eng das Lachen im Bewußtsein der Menschen an das Wesen des Menschseins gebunden ist. Das Lachen ist nur dem Menschen eigen. Es wird als affektives Antworten auf eine bewußt erlebte Abweichung von der Realität wirksam. Das Komische, die Unangemessenheit der Situation, gesehen im Bezug zur gewünschten Grundordnung der Welt, wird zum Auslöser einer befreienden Reaktion im Lachen. Der Erkenntnisakt des Komischen beinhaltet eigentlich die heilende Wirkung, die im Lachen sich vollzieht. Nicht nur der Held der Erzählung, der über das Komische lacht, wird geheilt, sondern auch der Leser, der sich mit dem Helden zu identifizieren weiß, erfährt die heilende Kraft des Komischen. Das Lachenkönnen bedeutet dann Loslösen aus einer Verkrampfung, Zurückfinden zur Gemeinschaft; das heißt letztlich zu sich selbst. Das Abstandgewinnen von einer einseitigen, daher tödlichen Bindung bedeutet Leben.

Die Fähigkeit, das Komische zu erkennen, ist lebensnotwendig. Dazu müssen aber die Bedingungen des komischen Konfliktes erfüllt sein. Die heilende Wirkung des Komischen ist dort am größten, wo die Entgegnung, die Replik auf die Provokation am angemessensten ist, verbunden mit dem Bewußtsein der Überlegenheit, d.h des Wissens um die Norm. Die Lebensnotwendigkeit des Komischen macht es uns zur Aufgabe; die Kraft und Freiheit des Bewußtseins verlangt es auch dort aufzudecken, wo es niemand vermutet, denn:

> Wie gewisse Kräuter das stehende Wasser,
> in dem sie wuchern, gesund und frisch
> erhalten, so bewahrt uns die Fähigkeit,
> das Komische zu erkennen, davor, Krüppel
> und Ungeheuer zu werden."
>
> (Georg Friedrich Jünger, S. 79)

Literatur

Antii Aarne: The Types of the Folktale, Helsinki 1973.
Hanns Bächtold-Stäubli: Handwörterbuch des Deutschen Aberglaubens,(=HdA), Band V, Berlin und Leipzig 1932/33.
Hedwig v. Beit: Das Märchen, Bern 1965.
Hedwig v. Beit: Symbolik des Märchens, 3. Aufl. Bern 1967.
Henri Bergson: Das Lachen. Ein Essay über die Bedeutung des Komischen, Darmstadt 1988.
Johannes Bolte, Georg Polívka: Anmerkungen zu,den Kinder- und Hausmärchen, Band 2, 2. Aufl. Hildesheim 1963.
Arthur Christensen: Persische Märchen (MdW), Düsseldorf.
Norman Cousins: Der Arzt in uns selbst, Reinbek 1981.
Sigmund Freud: Pschologische Schriften (Freud Studienausgabe Band IV), Frankfurt am Main 1970.
Walther Heissig: Mongolische Märchen (MdW), Düsseldorf 1963.
Wilhelm Hehlmann: Wörterbuch der Psychologie, 2. Aufl. Stuttgart 1962.
Hermann Helmers: Sprache und Humor des Kindes, Stuttgart 1965.
Edith Jacobson: Das Lachen des Kindes; in: Praxis der Kinderpsychologie und Kinderpsychiatrie, Göttingen 1961.
Georg Friedrich Jünger: Über das Komische, Frankfurt am Main 1936.
Renate Jurzik: Die zweideutige Lust am Lachen; in: Lachen - Gelächter - Lächeln - hrsgg. von Dietmar Kamper und Christoph Wulf, Frankfurt am Main 1986.
Dietmar Kamper, Christoph Wulf (Hrsg.): Lachen - Gelächter - Lächeln. Reflexionen in drei Spiegeln, Frankfurt am Main 1986.
Felix Karlinger: Inselmärchen des Mittelmeeres (MdW), Düsseldorf 1962.
Hans Lamer: Wörterbuch der Antike, 5. Aufl. Stuttgart 1933.
Friedrich von der Leyen: Das deutsche Märchen und die Brüder Grimm, Düsseldorf 1964.
August v. Löwis of Menar: Finnische und estnische Märchen (MdW), Düsseldorf 1964.
Else Lüders: Buddhistische Märchen (MdW), Düsseldorf 1961.
Max Lüthi: Das europäische Volksmärchen, 2. Aufl. Bern 1960.
Raymond A. Moody: Lachen! Über die heilende Kraft des Humors, Reinbek 1979.
Elfriede Moser-Rath: Deutsche Volksmärchen (MdW) Düsseldorf 1966.

Ludwig Mühlhausen: Diarmuid mit dem roten Bart. Irische Zaubermärchen, Eisenach 1956.
Ursula Nuber: Lachen: „Das beförderte Lebensgeschäft im Körper"; in: Psychologie heute Heft 4, Weinheim 1986.
Friedrich Panzer: Kinder- und Hausmärchen der Brüder Grimm (Urfassung), Wiesbaden o. J.
Eckart Peterich: Götter und Helden der Germanen, München 1963.
Robert v. Ranke-Graves: Griechische Mythologie, Quellen und Deutung, Band I, Reinbek 1960.
Lutz Röhrich: Märchen und Wirklichkeit, Wiesbaden 1956.
Lutz Röhrich: Der Witz. Figuren, Formen, Funktionen, Stuttgart 1977.
Uwe Rosenfeld, Doris Pfeiffer: „Ich lach' mich tot" Zur Sprache des Lachens; in: Psychologie heute; Heft 4, Weinheim 1986.
Henri Rubinstein: Die Heilkraft Lachen, Bern/Stuttgart 1985.
Luigi Santucci: Das Kind, sein Mythos und sein Märchen, Hannover 1964.
Walter Scherf: Lexikon der Zaubermärchen, Stuttgart 1982.
Erich Schneider: Vom lauten Lachen des Kindes und vom Humor; in: Praxis der Kinderpsychologie und Kinderpsychiatrie, Göttingen 1956.
Berndt Schulz (Hrsg.): Sagen aus Japan, Frankfurt am Main 1979.
Ré Soupault: Französische Märchen (MdW), Düsseldorf 1963.
Emil Staiger: Grundbegriffe der Poetik, 7. Aufl. Zürich 1966.
Michael Titze: Heilkraft des Humors. Therapeutische Erfahrungen mit Lachen, Freiburg 1985.
Wilhelm Wisser: Plattdeutsche Märchen (MdW), Düsseldorf 1970.

Friedrich Hechelmann „Begegnung“

Friedrich Hechelmann

... wurde 1948 in Isny (Allgäu) geboren. 1965 bis 1969: Höhere Graphische Staatsschule in Wien; 1969 bis 1972: Akademie der Bildenden Künste, Wien. Preis der Wiener Akademie. Zahlreiche künstlerische Aktivitäten, darunter 1976 Verfilmung „Das Riesenspielzeug" für die ARD beim SDR. Zwischen 1978 und 1984: Filmberichte zu Büchern des Künstlers, Filmportraits usw. 1984 Verfilmung „Ein Weihnachtstraum" für die ARD: Drehbuch, Ausstattung, Szenenbilder, Gesamtleitung; ebenso 1987 Verfilmung seines Traumtheaters beim SDR Stuttgart. 1990 Ausstellung im Schloß Peters des Großen in Leningrad. Seit 1968 zahlreiche Ausstellungen und Publikationen im In- und Ausland. Friedrich Hechelmann bezeichnet sich selbst bewußt als Romantiker.

*

„Er ist einer der großen Märchenerzähler unserer Zeit. Seine Geheimnisvolle Bildwelt blüht auf aus einem unerschöpflichen Reichtum koloristischer und figurativer Einfälle ... Unter Romantik versteht Hechelmann mehr als nur eine zeitlich begrenzte Stilepoche des 19. Jahrhunderts. Romantik ist für ihn, so sagt er, ein Lebensgefühl, wie es im 19. Jahrhundert kurze Zeit lebendig war. Es ließ den Künstler sein Verwobensein mit der Schöpfung intensiv empfinden und befähigte ihn durch eine metaphysische Schau aller Dinge zu einer außergewöhnlichen Toleranz im Geistigen wie im Emotionalen." (Gisela Lindner)

Wolfram Ellwanger

SIEBEN AN EINER GANS

- Zur Psychoanalyse der Situationskomik im Märchen

„An das Problem des Komischen selbst wagen wir uns nur mit Bangen heran", schreibt Freud 1905 und meint, es „wäre vermessen zu erwarten, daß unsere Bemühungen etwas Entscheidendes zu dessen Lösung beitragen könnten, nachdem die Arbeiten einer großen Reihe von ausgezeichneten Denkern eine allseitig befriedigende Aufklärung nicht ergeben haben." (Freud [4]1969, 215)

Was aber ist das Komische? Freud sagt, es sei zunächst „ein unbeabsichtigter Fund aus den sozialen Beziehungen der Menschen" (Freud 19694, 215), und grenzt es damit gegen den Witz ab. Das Komische wird gefunden, der Witz wird gemacht. Gefunden wird das Komische an Personen, an ihren Formen, Bewegungen, Handlungen, an ihren körperlichen, aber auch an ihren seelischen Eigenheiten und Eigenschaften. Die Komik der Form findet sich auch im Märchen: „Besonders machte sie sich über einen guten König lustig, der ganz oben an stand und dem das Kinn krumm gewachsen war, da sagte sie: ‚ei, der hat ein Kinn wie die Droßel einen Schnabel', und seit der Zeit bekam er den Namen Droßelbart. Als nun der alte König sah, daß seine Tochter nichts that, als über die Leute spotten, erzürnte er ..." (Grimm, 1812, I, 223 f.) Ein Beispiel für die Komik der Bewegung bietet Rumpelstilzchen; in der Urfassung des Märchens ist es der König selbst, der, von der Jagd heimkehrend, berichtet: „... und als ich tief in den dunkelen Wald kam, war da ein kleines Haus und vor dem Haus war ein gar zu lächerliches Männchen, das sprang auf einem Bein davor herum ..." (Grimm 1812, I, 254 f.) In beiden Fällen reizen die „komischen Personen" zum Lachen (zumindest den Augenzeugen, wenn auch nicht unbedingt den Leser oder Hörer).

Freud erklärt den Eindruck des Komischen an der Person und den „Ursprung der komischen Lust aus der Vergleichung der anderen Person mit dem eigenen Ich – aus der Differenz zwischen dem Einfühlungsaufwand und dem eigenen ..." (Freud 19694, 223). Die Differenz liegt entweder in einem Zuviel oder Zuwenig z. B. an Bewegung oder Gefühl im Vergleich zu dem Aufwand, den sich der Betrachter der komischen Person dafür vorstellt oder in ähnlicher Situation zu brauchen glaubt. So wirkt Charlie Chaplin komisch, wenn er für das Betreten eines Hauses ein Zuviel an Bewegung benötigt, weil er mit der Drehtür nicht zurechtkommt und dabei in eine Art von

„Bewegungssturm" gerät. In umgekehrter Weise wirkt Buster Keaton komisch, weil er den mißlichsten und bedrohlichsten Situationen mit unbewegter Miene und stets den gleichen stereotypen Bewegungen begegnet und somit ein deutliches Zuwenig an Gefühlsaufwand im Vergleich zum als inneres Bild „gefühlten" Vorstellungsaufwand des Betrachters zeigt. So sind im Märchen die sieben Schwaben durch ein Zuviel an Aufwand komisch: Sie halten das Brummen einer Hornisse für das Trommeln von Soldaten und den Stiel eines Rechens für einen angreifenden Feind. Es folgt die bekannte Szene der Begegnung mit dem schlafenden Hasen – „der hatte die großen gläsernen Augen starr aufstehen. Da erschraken sie bei dem Anblick des grausamen und wilden Tieres insgesamt und hielten Rat, was zu tun das wenigst gefährliche wäre." (Grimm 1922, II, 308) Sie entscheiden sich schließlich, das Untier anzugreifen: „ ‚so zieht denn herzhaft in den Streit / hieran erkennt man tapfre Leut.' Da gingen sie insgesamt auf den Drachen los ...", und der Herr Schulz als Anführer schrie „in großer Angst: ‚hau! hurlehau! hau! hauhau.' Davon erwachte der Has und sprang eilig davon". (Grimm 1922, II, 310).

Voller Freude erkennen die sieben Schwaben, daß das Ungeheuer nur ein Hase ist. An dieser Stelle zeigt sich, daß die Komik nicht nur in einem Zuviel an Vorstellungs- und Bewegungsaufwand besteht, sondern auch zugleich in einem Zuwenig an „psychischem" Aufwand, in diesem Fall an Einsicht, Intelligenz. Und wenn die sieben Schwaben schon als Personen – zu siebt an einem Spieß – mit ihrer Absicht, „die Welt zu durchziehen, Abenteuer zu suchen und große Taten zu vollbringen" (Grimm, 1922, II, 307), komisch sind, so erhöht sich die Komik durch die jeweilige Situation. Der Schluß des Märchens bringt eine Übersteigerung der Komik von Personen und Situation, welche die Komik aufhebt, weil der Betrachter oder Hörer des Märchens den „Einfühlungsaufwand" verweigert: Durch ein Mißverständnis mit einem Frosch springen sie ins Wasser und ertrinken, so daß „niemand von dem Schwabenbund wieder nach Hause kam". (Grimm, 1922, II, 311)

Von der Komik der Person ist eine Komik der Situation zu unterscheiden, und das „Komische ist indes der Ablösung von den Personen fähig, indem die Bedingung erkannt wird, unter welcher eine Person komisch erscheint. So entsteht das Komische der Situation, und mit solcher Erkenntnis ist die Möglichkeit vorhanden, eine Person nach Belieben komisch zu machen, indem man sie in Situationen versetzt, in denen ihrem Tun diese Bedingungen des Komischen anhängen". (Freud [4]1969, 215). Die Komik entsteht in solchen Situationen häufig aus dem Verhältnis zur übermächtigen Außenwelt mit ihren Konventionen, Regeln und Notwendigkeiten der Gesellschaft, aber oft auch durch die Beziehung des Menschen zu seinen eigenen leiblichen Bedürfnissen. Die Person wird komisch durch ihre Unterlegenheit, aber nur im Vergleich zu ihrem früheren Ich, nicht im Vergleich zum Beschauer, der sich im gleichen Fall nicht anders verhalten könnte. „Es ist aber bemerkenswert, daß wir dieses Unterliegen des Menschen nur im Falle der Einfühlung, also beim andern komisch finden können, während wir selbst im Falle solcher und ähnlicher Verlegenheiten uns nur peinlicher Gefühle bewußt würden". (Freud 19694, 224) Solche Situationskomik ist ein wesentliches Merkmal auch vieler Filme, und häufig besteht sie im Kampf des Menschen mit seinen körperlichen Bedürfnissen oder auch mit der von F. Th. Vischer so benannten „Tücke des Objekts". Das Lachen über komische Situationen dieser Art ist der Schadenfreude verwandt und kann „mikroaggressive" Züge tragen. Es leuchtet deshalb ein, wenn Freud sagt: „Die Menschen haben sich nicht damit begnügt, das Komische zu genießen, wo sie im Erleben darauf stoßen, sondern danach gestrebt, es absichtlich herzustellen, und man erfährt mehr vom Wesen des Komischen, wenn man die Mittel studiert, welche zum Komischmachen dienen". (Freud ^{4}1969, 227)

Solche Mittel kann man auf die eigene Person anwenden, z. B. wenn man sich dumm stellt und dadurch komisch wirkt, wie das auch manche Märchenhelden tun (und wie dies auch eines der spannungssteigernden Mittel des Hakawati Karl May ist), oder auf andere Personen, wenn diese in Situationen versetzt werden, „in denen man infolge der menschlichen Abhängigkeit von äußeren Verhältnissen, insbesondere sozialen Momenten, komisch wird, ohne Rücksicht auf die persönlichen Eigenschaften des Betroffenen". (Freud 19694, 227 f.) Das heißt: der Betroffene gerät in eine Situation, in der er mit Konventionen oder eigenen Bedürfnissen in Konflikt kommt und dabei unterlegen ist. Eine solche Situation finden wir z. B. im Märchen von der goldenen Gans. (Grimm 1922, II 17 – 22) Dort wird gleich im ersten Satz eine offenbar komische Person vorgestellt: „Es war ein Mann, der hatte drei Söhne, davon hieß der jüngste der Dummling und wurde verachtet und verspottet und bei jeder Gelegenheit zurückgesetzt." (Grimm, 1922 II, 17) Dieser Dummling wird im Verlauf der Geschichte von einem alten grauen Männlein für seine Güte mit einer „Gans, die hatte Federn von reinem Gold", belohnt. Im Mythos gehört die Gans dem Gott Hermes oder Merkurius zu, der ein Symbol des Schelms ist. „Im alchemistischen Prozeß wird der Drache in den Adler, den Pfau, die Gans des Hermes ... verwandelt. (Jung [3]1978, 397)

In vielen Märchen der Welt wandelt sich der Schelm oder Dummling in den König, d. h. der „unfertige" Mensch entwickelt sich zur „reifen" Persönlichkeit. Eine der Prüfungen auf dem Weg zur Reife erfolgt in der Begegnung mit dem Weiblichen. Der Dummling begegnet den drei Töchtern des Wirts, bei dem er mit seiner Gans einkehrt, die Mädchen bleiben beim Versuch, der Gans eine goldene Feder herauszurupfen, kleben – und „am nächsten Morgen nahm der Dummling die Gans in den Arm, ging fort und bekümmerte sich nicht um die drei Mädchen, die daran hingen". (Grimm, 1922 II, 19) Unterwegs bleiben noch der Pfarrer, der Küster und zwei Bauern kleben „und waren ihrer nun sieben, die dem Dummling mit der Gans nachliefen ..." (Grimm, 1922 II, 20) Aber dann kommt der Dummling in eine Stadt, „da herrschte ein König, der hatte eine Tochter, die war so ernsthaft, daß sie niemand zum Lachen bringen konnte. Darum hatte er ein Gesetz gegeben, wer sie könnte zum Lachen bringen, der sollte sie heiraten. Der Dummling ... ging mit seinem Anhang vor die Königstochter, und als diese die sieben Menschen immer hintereinander herlaufen sah, fing sie überlaut an zu lachen und wollte gar nicht wieder aufhören. Da verlangte sie der Dummling zur Braut." (Grimm, 1922 II, 20). Freud sieht im Affekt des Lachens eine Beziehung zwischen dem „Ich des Erwachsenen und dem Ich als Kind". (Freud 19694, 256). Erst aus der distanzierten Haltung einer bestimmten komischen Situation gegenüber kann die Wirkung des Komischen im Affekt des Lachens erlebt werden, und die (situations)komische Situation gründet sich zumeist auf „Verlegenheiten, in denen wir die Hilflosigkeit des Kindes wiederfinden; die ärgste dieser Verlegenheiten ist die Störung anderer Leistungen durch die gebieterischen Anforderungen der natürlichen Bedürfnisse ..." (Freud [4]1969, 258).

Somit ist die goldene Gans mit ihrem Anhang ein deutlicher Fall von Situationskomik, und die Komik beruht dabei auf einem grundlegenden Bedürfnis: dem Bedürfnis nach freier Bewegung. Die Behinderung der Bewegung bewirkt beim Betroffenen Unlust, Verlegenheit und Zorn, beim distanzierten Betrachter Lachen; sie betrifft ein (wie auch die Behavioristen einräumen) angeborenes (instinkthaftes) Bedürfnis. Man braucht nur einmal ein kleines Kind, das man auf dem Arm hat und das herunter will, festhalten, um zu sehen, in welch heftigen Affekten (Schreien, Sich-Steif-Machen) sich dieses Bedürfnis äußert. Das tägliche Leben des Kindes ist reich an solchen Situationen der Bewegungs- und Expansionsbehinderung. Sie reichen vom „Eingesperrtsein" im Ställchen bis hin zum Eingeschlossensein in überstarke mütterliche Obhut, welche das Kind nicht in eigene Entscheidung und Verantwortung entläßt und so die seelische Entwicklung behindert. Das Lachen der Prinzessin, das ihre Gefühle „löst", zeigt symbolisch auch ihre Distanzierung zur Kindheit und die Fähigkeit, die Herausforderung des Männlichen anzunehmen.

Der Dummling, der die Begegnung mit der Prinzessin gemeistert hat, ist nun seinerseits fähig, die Herausforderung des Weiblichen anzunehmen: Er ist in der Lage, die komische Situation herbeizuführen, und macht sich so zum „Herren der Situation" (Freud 1940, 14 f.) und verlangt die Prinzessin zur Braut. Ehe er sie aber bekommt, muß er zeigen, daß er für die Vereinigung mit dem Weiblichen „reif" ist, er muß Prüfungen bestehen, die ihn jetzt nicht zum Herren der Situation, sondern zum Herrn seiner eigenen animalischen (oralen) Natur machen. Er muß einen Mann finden, der einen Keller Wein austrinken und einen Berg Brot essen kann. Mit Hilfe seiner positiven unbewußten Seelenkräfte, die durch das Männchen im Wald verbildlicht werden, löst er die Aufgaben, die der König ihm stellt, und zeigt, daß er mit seinem Willen über die eigenen infantilen Impulse verfügt.

Der oben angedeutete Reifungsaspekt des Märchens wird besonders in der dritten Aufgabe deutlich, die der König dem Dummling stellt. Er „verlangt ein Schiff, das zu Land und zu Wasser fahren könnte: ‚sowie du aber damit angesegelt kommst,' sagte er, ‚so sollst du gleich meine Tochter zur Gemahlin haben.' Der Dummling ging gerades Weges in den Wald, da saß das alte graue Männchen ... und sagte: ‚ich habe für dich getrunken und gegessen, ich will dir auch das Schiff geben...' Da gab er ihm das Schiff, das zu Land und zu Wasser fuhr ..." (Grimm 1922, II, 217 f.) Das Schiff, das zu Land und zu Wasser fährt, kann ein Symbol der reifen Persönlichkeit sein, die alle bewußten und unbewußten Kräfte und Funktionen in sich selbst integriert hat (vgl. Aeppli 1943, 265 f.) Auch die unbewußten weiblichen Komponenten in der Seele des Dummlings könnte man entwicklungspsychologisch darin sehen (vgl. Jacobi 1972, 179) oder auch ein Symbol der Peregrinatio, der „großen Reise" um die ganze Erdkugel herum, worin der ganzheitliche Charakter der Lebensreise, die am Ende zu ihrem Anfang zurückkehrt, angedeutet wird. (Vgl. Jung 1972, 235; vgl. Ellwanger/Grömminger 1980, 69 f.)

Die Situationskomik oder komische Situation mit den „Sieben an einer Gans" (über deren Auflösung das Märchen nichts berichtet) zeigt somit über das bloß Komische hinaus eine entscheidende Stelle im menschlichen Reifungsprozeß.

Andere „komische" Verlegenheiten, die vor allem peinliche

Situationen für den Betroffenen darstellen, sind z. B. Probleme der Beherrschung der eigenen Körpermuskulatur, etwa der analen Phase der frühen Kindheit und der damit verbundenen Erziehung zur Sauberkeit. In einem französischen Schwankmärchen wird die böse Stiefmutter in eine solch peinlich-infantile Situation verwünscht, „daß sie bei jedem Wort, welches sie spricht, einen Wind lassen muß". Die Stiefmutter fällt darauf in einen solchen infantilen Zorn, daß sie daran stirbt. In derartigen Geschichten ist die komische Situation nicht Zeichen und Impuls der Reifung, sondern – erfüllt von aggressiver Schadenfreude – Ausgangspunkt für eine negative Entwicklung.

Eine andere Art von Situationskomik finden wir im Märchen „Die kluge Else". „Es war ein Mann, der hatte eine Tochter, die hieß die kluge Else..." (Grimm 1922, I, 195) Als sie erwachsen ist, soll sie heiraten. Wir erfahren noch von ihr: Sie hat Zwirn im Kopf, sieht den Wind auf der Gasse laufen und hört die Fliegen husten. Als sie mit Familie und Bräutigam am Tisch sitzt, soll sie aus dem Keller Bier holen. Während das Bier aus dem Faß einläuft, sieht sie oben an der Wand eine Kreuzhacke. Sie fängt an zu weinen: „Wenn ich den Hans kriege, und wir kriegen ein Kind, und das ist groß, und wir schicken das Kind in den Keller, daß es hier soll Bier zapfen, so fällt ihm die Kreuzhacke auf den Kopf und schlägt's tot." (Grimm 1922, I, 196) – Nacheinander gehn Magd, Knecht, Mutter und Vater in den Keller, um nach Else zu schauen. Schließlich sitzen alle fünf da und weinen. Bis zu dieser Stelle ist die Situation komisch und kann lächerlich wirken. Aber im weiteren Verlauf des Märchens überschreitet die kluge Else durch ein Zuviel an Aufwand von Vorstellung und Gefühl die Grenze des Komisch-Lachhaften. Ihre Entwicklung führt zum Verlust von Realitätsbezug und Identität: Während sie auf dem Felde schläft, hängt ihr Mann ein Vogelgarn mit kleinen Schellen um die schlafende Else. Beim Erwachen hört sie die Schellen klingeln und zweifelt, ob sie selbst auch die Else sei, klopft zu Hause ans Fenster und fragt, ob die Else drinnen sei. Als ihr Mann antwortet, ja sie sei drinnen, „da erschrak sie und sprach: ‚ach Gott, dann bin ich's nicht' ... da lief sie fort zum Dorfe hinaus und niemand hat sie wieder gesehen" (Grimm 1922, I, 198). Die hier dargestellte Desorientierung und Depersonalisation sind Zeichen abnormer, psychotischer Entwicklung, und beim Vergleich des Dummlings mit der goldenen Gans und der klugen Else zeigt sich die Ambivalenz des Komischen: einerseits Ausgangspunkt für eine positive Entwicklung, Reifung des Helden, andererseits für Identitätsverlust und Zerfall der Persönlichkeit.

Nun könnte der Sinn einer komischen Situation aber auch darin bestehen, daß weder eine Reifung, noch ein Zerfall aus ihr hervorgeht, sondern daß alles bleibt, wie es ist, daß der Dummling-Held, der die komische Situation herbeiführen kann, nicht „reift", sondern dabei bleibt, auch weiterhin solche Situationen herbeizuführen. Till Eulenspiegel - zwar kein Märchenheld, aber diesem verwandt, ist eine solche Figur, die am Anfang ihres Lebens in komische Situationen gerät, als „Ulenspiegel ... zu drey malen getaufft ward" und, als seine Mutter ihm beim Seiltanzen das Seil durchschneidet, Eulenspiegel in die Saale fällt und ausgelacht wird. Danach setzt Eulenspiegel selbst sein Leben lang andere Personen in komische Situationen, schädigt sie und macht sie lächerlich, bis er am Ende seines Lebens - makabrerweise schon als Leiche - in komische Situationen gerät: Schweine werfen seinen Sarg um, und - als man den Sarg ins Grab senken will - „da brach das Seil entzwey ...vnd der baum schoß ynn das grab das Ulenspiegel kam auff die fueß zu steen ynn dem Stock. Da sprachen sie all lasset yhn steen, wann er ist wunderlich gewesen ynn seinem leben, wunderlich will er auch sein ynn seinem todt ..." (von Ulenspiegel 1532)

Ob und wieweit das Komische ein Wesenszug oder eine „Seinsweise" des Menschen überhaupt ist, würde uns zu anthropologischen und philosophischen Überlegungen führen, zu den Gestalten des göttlichen Schelms, des christlichen Narren, zum Clown Gottes oder zum Tod im Gewande des Narrenkönigs - Überlegungen, die über das hier behandelte Thema hinausweisen.

Bei den hier dargelegten Gedanken zur Situationskomik im Märchen wurde unter den verschiedenen möglichen Aspekten ein tiefenpsychologischer Gesichtspunkt herausgegriffen: Die Situationskomik in ihrer Beziehung zur Entwicklungs- und Reifungssymbolik im Märchen. Auch in dieser Beschränkung auf nur einen Aspekt sind Komplexität und Ambivalenz des Komischen deutlich geworden. Die Frage nach dem Wesen des Komischen bleibt dabei weiter bestehen und findet bisher nur Teilantworten, und vom Blickpunkt der Psychoanalyse aus und zu seinen eigenen Bemühungen zu diesem Thema meint Freud, daß „wir zu einer erschöpfenden Darstellung der Natur des Komischen ... uns weder die Fähigkeit noch die Befugnis zusprechen können." (Freud 19694, 248)

Literatur

Aeppli, E.: Der Traum und seine Deutung. Erlenbach- Zürich ^{2}1943
Ellwanger, W./Grömminger, A.: Märchen- Erziehungshilfe oder Gefahr. Freiburg ^{3}1980.
Freud, S.: Der Witz und seine Beziehung zum Unbewußten. GW VI. London ^{4}1969.
Freud, S.: Jenseits des Lustprinzips. GW XIII. London 1940.
Grimm, Brüder: Kinder- und Hausmärchen, I, II. Marburg 1922.
Grimm, Brüder: Kinder- und Hausmärchen, I, II. Berlin 1812.
Jacobi, J.: Die Psychologie von C. G. Jung. Olten ^{6}1972.
Jung, C. G.: Psychologie und Alchemie, GW 12, Olten 1972.
Jung, C. G.; Über Mandalasymbolik. GW 9/I. Olten Freiburg ^{3}1978.
Wunderlich, W. (Hrsg.): Von Vlenspiegel eines bauren sun des lands Braunschweick. Erfurt 1532/Hildesheim 1990.

Helga Zitzlsperger

LUSTIGE BILDERBUCHILLUSTRATIONEN - UND WAS KINDER DAVON HALTEN

1. Einführende Gedanken über das Bilderbuch

1.1. Bilderbücher - Bücher nur für Kinder?

Bilderbücher haben eine lange Geschichte. In einer Jahrhunderte währenden Entwicklung - wenn man auch erst seit etwa 150 Jahren vom eigentlichen Kinderbilderbuch sprechen kann - wendeten sich „Bilder-Bücher" (mit und ohne Text) zuerst an Erwachsene, dann zunehmend an Kinder und heute wieder gleichermaßen an Große und Kleine. Sie vermitteln ein Wissen von der Welt - anschaulich, realistisch oder phantastisch geboten.

Der heutige Bilderbuchmarkt bietet eine Fülle von Stilrichtungen, Ideen und künstlerischer Qualität. Als gute Bilderbücher werden sie gerade auch von Erwachsenen geschätzt: Immer mehr Erwachsene gönnen sich das ästhetische Vergnügen, Bilderbücher zu sammeln. Das allgemeine Kaufverhalten allerdings entscheidet häufig weniger nach pädagogischen und künstlerischen Ansprüchen als nach „schnellem Einkauf" (man nimmt sich nicht genug Zeit für eine sorgsame Auswahl); nach möglichst günstigem Preis bei attraktiver Aufmachung (es soll möglichst viel hermachen, ohne teuer zu sein), und nach Bekanntheit („Das gefiel mir früher auch schon..."}.

Das Buchniveau pendelt nach unten und oben: Sogenannte „triviale Bilderbücher" schildern vereinfachte Kinderwelt, die dem Kind eine realistische Auseinandersetzung mit Umwelt und Problemen kaum ermöglichen. Gleichermaßen überschwemmen billige Bildergeschichten und Comics den Markt.

Dem stehen anspruchsvolle Bilderbücher zeitgenössischer Künstler entgegen. Verschiedene Stilrichtungen und Techniken; Originalität in ihrer textillustrierenden oder textergänzenden Funktion regen an, fordern heraus, provozieren gar oder lassen den Beschauer ratlos zurück. Erwähnt sei für eine ungewöhnliche, düstere, zugleich faszinierende Darstellungsweise das preisgekrönte Bilderbuch „Der gestiefelte Kater" mit dem von Kurt Baumann bearbeiteten Märchentext von Charles Perrault. Die ungewöhnlichen Illustrationen in verdeckten, dunklen Farben bis auf ein ab und zu auftauchendes grelles Rot stammen von dem Polen Stasys Eidrigevičius.[1] In ihrem erfrischenen Kommentar in „Die Zeit" (Nr. 41 von 1990) merkt Christine Nöstlinger hierzu an, daß es sich bei diesen Kunstwerken von Eidrigevičius nicht um die brave

Gruppe der „pädagogisch-psychologisch-ästhetisch-kindertümlichen" Bücher im Sinne von „Kunsti" handele, sondern um „Kunst". Christine Nöstlinger weiter: „Diesem Bilderbuchkater fehlt das kleine ‚i', das Leute fordern, die kindliche Wirklichkeit nicht sehen wollen, weil sie sonst verwirrt wären, sich schön wundern müßten, eine Gänsehaut bekommen und ihnen das Lachen im Hals steckenbliebe. In das artige Bild, das sich Erwachsene vom Nachwuchs zu machen belieben, paßt es eben nicht, daß Kinder nicht bloß ‚Kunsti', sondern auch mit Kunst etwas anfangen können..."[2]

Außerdem: „Solche Bilderbücher stellen Bildungsangebote dar, indem sie aktuelle Entwicklungen widerspiegeln. Sie sprechen verschiedene Persönlichkeitsbereiche des Menschen an und sind nicht nur für Kinder, sondern auch für Erwachsene interessant ..."[3].

1.2. Didaktische Aspekte

Der Einfluß eines guten Bilderbuches auf die Entwicklung des Kindes ist unübersehbar. Bilder werden vom kleinen Kind als „Zeichensystem erlernt wie die Sprache. Für beide ist das Symbolverständnis die Voraussetzung. Das Bild wird vom kleinen Kind rascher als die Sprache verstanden, weil die Entschlüsselung direkter als bei den durch Konventionen festgelegten Zeichen der Sprache gelingt: Für das Erkennen der Bilder tritt die Wahrnehmungsfähigkeit unmittelbar in Tätigkeit. Dennoch ist es eine hohe Leistung, wenn ein Kind zu Beginn des zweiten Lebensjahres Bilder als Symbole der Realität erfaßt und sie lustvoll betrachten lernt. Es muß ja die Entsprechung des Bildes zur realen Erscheinungswelt erkennen, die aus der Dreidimensionalität in die Fläche projiziert wurde und deren charakteristische Merkmale durch Linien, Farbe und Form repräsentiert werden ..."[4]

Bilderbücher haben sich längst einen festen Platz in der Grundschule erobert, und fast jedes Kind, das in der Leseecke schmökert, hat Vorerfahrungen aus Kindergarten und Elternhaus, die sein Seh- und Leseverhalten prägen. So schwingen im Betrachten auch subjektive und emotionale Momente mit: Bildersprache und sprachliches Zeichensystem verbinden sich und werden zugleich subjektiv von jedem einzelnen Leser und Beschauer erlebt.

Im zitierten Artikel von Ottilie Dinges (Anm. 4) liest man unter III. „Übersicht über Bedürfnisse und Interessen der Kinder bei der Bilderbuchbetrachtung" folgende kindliche Bedürfnisse:[5]

1. Emotionale Bedürfnisse: Freude, Spannung, Spaß, intensive Gefühlserlebnisse
2. Soziale Bedürfnisse: Geborgenheit, Bestätigung, Möglichkeit zur

Identifikation (und Projektion), emanzipatorische Chancen;

3. Kognitive Bedürfnisse: Unterhaltung, Ablenkung, Anregung der Phantasie, Befriedigung des Frage- und Neugierverhaltens, ästhetische Bedürfnisse, sprachliche Interessen ...

Die Gespräche, die die Kinder bei den noch zu zitierenden „lustigen" Büchern führten und die ich mitgeschrieben habe, offenbaren in ihrer ungelenkten, spontanen Form bereits eine enge Integration emotionaler, sozialer und kongnitiver Bedürfnisse. Um diese Ebenen z. B. in der Schule - sinnvoll aufzuarbeiten, bedarf es schöpferischer, kindorientierter didaktischer Planungen, um Unterrichtsstunden oder gar Modelle zu schaffen, die den Kindern ermöglichen, an Hand von Bilderbüchern verschiedene Kompetenzen zu vertiefen und zu erweitern.[6]

1.3. Bildliche Weltvermittlung - und wie sie auf Kinder wirkt

Aufmerksamen Erziehern entgeht nicht, daß die immer kompliziertere Umwelt und unsere Gesellschaft mit ihren Wertvorstellungen und Ansprüchen kindliche Entwicklung verunsichern oder gar bedrohen können. Bilderbücher sind heute mehr denn je ein wertvolles und zugleich ästhetisches Mittel, das Hineinwachsen in diese Welt zu erleichtern. Kinder sind von Natur aus neugierig und wissenshungrig. Sie beobachten, suchen Details, versenken sich in Einzelheiten, wiederholen erzählend Vertrautgewordenes, sichern in erzählender und fabulierender Weise das neu Erfahrene, lassen sich faszinieren, verzaubern und auch erschrecken. Gerade Sprache und Sprechen werden durch Bilderbücher besonders angeregt. Der Künstler übernimmt unter diesem Aspekt mit seiner bildlichen Weltvermittlung eine hohe Verantwortung. Er will Kinder und Jugendliche informieren, belehren, unterhalten; er will aber auch in seinem eigenen Stil seine persönlichen Eindrücke und Vorstellungen zum Ausdruck bringen.

„Betrachtet man das breite Angebot von Illustrationen unter bildnerischem Aspekt, so nimmt man eine breit angelegte Palette gestalterischer Möglichkeiten wahr; sie reicht auf der künsterlischen Ebene von Anleihen beim Jugendstil bis zum Fotorealismus, unter qualitativem Aspekt vom Stereotyp bis zur originalen Lösung und unter moralisch-pädagogischem Aspekt von der traditionellen, kindertümelnden Darstellung bis zum kritisch engagierten Bild..."[7].

Eine Form, sich künstlerisch mitzuteilen, ist der Ausdruck durch Witz, Humor und Komik. Bei einer Auswahl entsprechend illustrierter Märchenbücher reicht die Palette von feiner, humorvoller Überzeichnung über deftig-folkloristischen Stil bis zur Groteske. Man überlegt sich dabei manchmal wirklich, ob der Künstler nur für sich gemalt und das Kind als Rezipienten überhaupt ernsthaft im Auge gehabt hat.

Und hier liegt der Angelpunkt der folgenden Überlegungen: Wie nehmen Kinder solche Bilder auf? „Mögen“ sie das Pastellig-Zarte oder Humorvoll-Feine oder das Karikaturhafte bis Groteske? Erkennen sie jene Spannung zwischen Wirklichkeit und ihrem Anspruch einerseits und dem Verfehlen dieses Anspruchs andererseits – einer Spannung, die sich durch Lachen befreit? Und ist das Lachen dann fröhlich, teilnehmend und „heilend“; oder spannungsvoll, vielleicht verlegen oder schadenfroh; zum Beispiel wenn Sprachbilder in Illustrationen umgesetzt und Gier, Gefräßigkeit oder Machthunger offengelegt werden (z. B. in der „Goldenen Gans“ oder im „Fischer und seiner Frau“)?

2. Was Kinder über lustige Bilderbuchillustrationen denken

Anmerkung zur Entstehungssituation: Beim Internationalen Märchenkongreß 1990 in Freiburg mit dem Thema „Witz, Humor und Komik im Märchen“ wurde eine Arbeitsgemeinschaft (AG) angeboten mit dem Titel: „Lustige Bilderbuchillustrationen – und was Kinder davon denken“. Diese AG wurde von Prof.Dr. Ottilie Dinges und Dipl.Päd. Helga Zitzlsperger geleitet. Im ersten Teil stellte Ottilie Dinges „komische“ Märchenbilderbücher vor und erstellte dazu Klassifikationen. Im zweiten Teil trug Helga Zitzlsperger Details und Erkenntnisse aus ihrer einjährigen Schülerbefragung zu diesem Thema vor. Die folgenden Ausführungen haben diesen Ertrag zum Inhalt.

2.1. Zielvorstellungen

Keine Bilderbuchanalyse steht im Vordergrund – darüber und über das Bilderbuch allgemein gibt es längst ausführliche Literatur.[8] Im Vordergrund steht die Beobachtung der Wirkung von lustigen und witzigen Illustrationen auf Kinder. Wie äußern sie sich dazu; wie verhalten sie sich im Gesprächskreis; was kommt an, was nicht?

2.2. Zielgruppe

Im Laufe eines Schuljahres befragte ich, teilweise Themen wiederholend und vertiefend, zahlreiche Schüler. Die Befragung war im voraus im Stoffverteilungsplan als Projekt festgehalten, verteilt auf Religion, Stützkurs Deutsch, Deutsch und Kunst. Teilnehmer: neun Erstkläßler, acht Zweitkläßler, sieben Viertkläßler, zwei Drittkläßler; 15 (von 29) Zweitkläßler, dazu acht Kinder zwischen neun und 14 Jahren aus einem Literaturkreis.

2.3. Befragungsform

Ich wechselte den Modus. Kinder sahen in Ruhe Bilderbücher an und beantworteten dann stichwortartig schriftlich und mündlich entsprechende Fragen. Oder: Kinder äußerten sich nach der

Schmökerphase mündlich, ich schrieb die Aussagen mit. Schließlich: Durchschnittlich sieben bis neun Kinder saßen gemeinsam um einen Tisch oder im Gesprächskreis. Langsam blätterten wir das jeweilige Buch durch, die Kinder äußerten sich frei, und ich schrieb mit. Dieses Verfahren verlangte von mir die höchste Konzentration, es war aber das rationellste, und die Meinungen kamen im Gruppenrahmen vielfältiger und spontaner zum Ausdruck. Die meisten Bücher sahen wir zweimal an, außerdem lagen sie stets griffbereit aus.

2.4. Darstellung

Die Mitschrift ist nur stichwortartig und gibt Situationen, Handlungen oder direkte Reden wieder. Der Gesamtertrag war sehr umfangreich. Die wenigen hier noch fixierten Aussagen sind repräsentativ im Rahmen der Befragung ausgewählt, d. h. sie kamen so oder in ähnlicher Art öfters vor. Im folgenden eine kleine repräsentative Situationsbeschreibung von sieben Viertkläßlern (in Religion):

Die vier Buben und drei Mädchen reagieren schnell, spontan, teils emotional, teils überlegt. Heiko will gleich alle an seinen als lustig empfundenen Bildern teilhaben lassen. Markus hat nur etwas von lustigen Bildern, wenn er die Texte dazu liest – die anderen sollen bei ihm zuhören. Bernd reagiert verärgert auf „sein" Buch, er mag die Bilder nicht und möchte die anderen sofort von seiner Meinung überzeugen. Die Schüler akzeptieren aber untereinander ihre unterschiedlichen Meinungen zu gleichen Bildern. „Hiii, wie der die Krone schleppt! ... Guck mal, da! Wie findest du den? ... Bäh, ist der doof! Schaut der häßlich aus! ... Warum, ich finde das lustig!" ...usw. Bess sagt nichts, sie sieht ihr Buch still und gründlich an. Angelika betont, daß sie nur ihre eigene Meinung sage; sie finde die Bilder zum Lachen, andere vielleicht nicht ... Simon teilt sich sehr ausgewogen mit; er betont, daß er sich vorstelle, wie der Künstler das gemalt habe und was der sich dabei vielleicht gedacht habe. Agnes assoziiert bei fast jedem Bild Erinnerungen an ihre rumänische Heimat. Allgemein arbeiten die Kinder gerne mit; sie freuen sich, daß sie um ihre Meinung gebeten werden.

2.5 Buchauswahl

Ausgewählt wurden Bücher, die in Stil und Aufmachung witzig, lustig wirken. Ich stelle auch stilistische Kontrastpaare zusammen, da sie die Erkenntnisvielfalt profilieren.

2.6. Einschränkung

Solche Befragungen lassen sich nur mit größter Vorsicht als repräsentativ betrachten. In einer gelockerten Stimmung und im persönlichen Umgang miteinander können sich Aussagen beträchlich ändern.

Es gibt beispielsweise große Unterschiede im ersten und zweiten Ansehen, etwa im Sinne von: erst ansehen, dann anschauen. Zeit und Gruppenatmosphäre spielen eine wesentliche Rolle, dazu Lese- und Betrachtungsgewohnheiten des Kindes bereits von Hause aus: Sieht es z. B. seine Bücher alleine oder im Gespräch mit Eltern, Geschwistern, Freunden an? Betrachtet es mit Muße oder blättert es schnell durch? Sieht es mit Symbolverständnis und Leseerfahrung?

Das relativiert alle Aussagen. Man kann bei Beobachtungen wie der vorliegenden wohl Tendenzen und einige markante Sachverhalte feststellen, aber sicher keine allgemeinverbindliche Aussagen machen. Die Aussagen sind Diskussionsbeiträge oder auch kleine Bausteine für umfassendere Untersuchungen. Beobachtungen und Erkenntnisse fasse ich in „Erkenntnispaketen" zusammen, z. B. gleich in das

1. Erkenntnispaket: Bilderbücher sollten über Anleitung erschlossen werden. Leider kommt unsere gesellschaftliche Wirklichkeit – trotz des schönen Angebotes – diesem Auftrag nur mühsam nach. Die Einstellung zu einem Buch kann sich bei öfterem Anschauen oder in einem jeweils anderen Rahmen und mit einer anderen Bezugsperson ändern. Erste Bucherfahrungen prägen dabei Seh-, Betrachtungs- und Lesegewohnheiten.

3. Befragung und Erkenntnisse

„Die goldene Gans" (von Jacob und Wilhelm Grimm, illustriert von Dorothée Duntze; Nord-Süd-Verlag): Die Blocktexte stehen im Wechsel mit ganzseitigen Bildern, die sich mit kleineren Bildeinlagen, mit seitenüberschreitenden Bildern, Schmuckbändern und Vignetten abwechseln: zartfarbig, dekorativ, phantasievoll, mit einer Fülle origineller Ideen. Diese Bilder ergänzen die Texte auch in erzählender Weise und fordern zum Suchen, Schauen und Erzählen auf.

Reaktionen: Die Kinder aller zitierten Alterstufen blättern, schauen – eher schweigend. Semi (3. Kl.): „Die Bilder sind schön, man kann sich alles aus der Geschichte gut vorstellen, aber die Farben ... also: Wie wenn es geregnet hätte." Schweigen... Andreas (3. Kl.): „Hm, sieht nicht schlecht aus. Ich muß mal in Ruhe schauen. Ja, da sind ..." Diese Gesprächsstücke sind im gesteckten Rahmen repräsentativ für Kinderäußerungen zum Buch: Sie betrachten die Bilder, aber Sprechfreudigkeit kommt nicht auf. Auch bei den anderen: Erst im wiederholenden Durchsehen beginnen sie, immer Neues in den Bildern zu entdecken. Sie sind dann überrascht, machen sich darauf aufmerksam. Diese Bilder scheinen erst bei längerem Gebrauch „entdeckt" zu werden. Die zarten Farben fordern nicht heraus, und die Gestaltung regt die Kinder wenig zum Gedankenaustausch an. Andererseits stimmt das Bilderbuch eher besinnlich, auch originelle Details lassen „leise" reagieren. Das originelle, phantasievolle Buch scheint erst mit der Zeit seine Wirkung zu entfalten.

Die goldene Gans (von Jacob und Wilhelm Grimm, illustriert von Montserrat Ginesta, 1984 erschienen in Barcelona, 1987 im Verlag Herold):

Dieses Buch fällt auf eigene Weise auf: Bilder und Texte stehen auf getrennten Seiten, die kurzen Blocksätze sind auf karierter Lineatur geschrieben, unauffällig illustrativ umspielt. Die ganzseitigen, textillustrierenden Bilder zeigen kräftig-farbige Figuren: karikiert, verzerrt bis grotesk, mit Riesenzähnen, Punkerfrisuren, Schnapsnasen, unförmigen Leibern, alle Figuren „großmäulig" – außer dem Dummling, dem Männlein und der Prinzessin. Diese seltsame Figurenschar ist „mit flottem Stift" auf eher zartem Hintergrund gezeichnet. Bei allen phantastischen und skurrilen Ideen bleiben die Figuren identifizierbar.

Reaktionen:

„Hier sind die Farben stärker, wie wenn die Sonne draufscheint. Das macht lustig!" Die Kinder lachen, blättern vor und zurück; suchen bekannte Szenen. Dabei sprechen sie nicht viel, eher klopfen und schlagen sie mit Fingern und Handflächen auf die gemeinten Bildteile. Solche körpersprachlichen Äußerungen, Interjektionen, kurzen Sätze, Lachen und Hin- und Herblättern kennzeichnen die Stimmung bei allen Kindern. Ich frage neugierig: „Stören euch nicht solche Frisuren und Zähne und dicken Bäuche?" Andreas nach einigem Schweigen: „Das ist Kunst! Manche mögen's halt so." Entgegen meiner Annahme stören sich die meisten Kinder nicht an den grotesken Bildern. Auf meine Frage, welches Buch sie lieber aussuchen würden, formulieren viele in ähnlichem Sinne: „Richtige Bilder, wo man etwas erkennt; so, wie im Leben; so, wie bei (Duntze-Illustrationen), aber mit Farben, wie wenn die Sonne scheint ...".

2. Erkenntnispaket: „Farben und richtige Bilder, wo man etwas erkennt, wie im Leben eben ..." Neben einem Realismus wird das klar Groteske akzeptiert, wenn die Aussage dabei verständlich bleibt. Neben Klarheit in Farben und Zeichnung werden Details beachtet, besonders, wenn die Kinder als Anstoß darauf aufmerksam gemacht werden: Vignetten, Bänder, Einzelszenen. Diese werden aber genau auf Konsequenz überprüft: ob Merkmale wie Kleider, Frisuren usw. gleich bleiben. Diese Details wirken dann im Anschauen wie Halt und Stütze im stetigen Wiedererkennen im Handlungsstrang – vielleicht wie die Reime, Sprüche und Wiederholungen im Märchen? Verschiedene Sehgewohnheiten und unterschiedliche Lerntypen zeigen

auch, daß manche Kinder klare Konturen und Flächen als ersten Blickfang brauchen; andere kommen gleich mit differenzierten Gestalten zurecht.

Der Froschkönig oder der eiserne Heinrich (von Jacob und Wilhelm Grimm, illustriert von Antonella Bolliger - Savelli, Parabel Verlag 1982):

Texte und Bilder wechseln in lesefreundlicher Aufmachung ab. Die Textblöcke sind nicht groß, die Bilder meistens ganzseitig, sehr farbenfroh, mit stark dekorativer, wenig perspektivischer Darstellung, mit kindlich steif, aber auch origninell wirkenden Details in Mimik, Gestik, Bewegungsablauf und buntem, ornamentalem Zubehör.

Reaktionen:

(Sie sind äußerst komprimiert zusammengefaßt und stehen in etwa für die Gesamtstimmung und die verbalen Reaktionen).

Klasse 1: Innenbild: „Der Frosch weint ja, der hat niemanden zum Spielen! Den muß man streicheln ...Ah, die Prinzessin; die struppigen Haare sind doof. Solche Haare gibt's doch gar nicht. Das sieht eklig aus ... der Köpfer vom Frosch, wie süß! - Die Kugel ist aber klein ... Der Frosch wird einmal ein Prinz! Ja, ja, wenn man ihn hingeschmissen hat ... Also, die schaut so komisch aus ...äh. Die hat doch Angst vor ihrem Vater ... Ja, weil der Frosch dem Vater sagt, was los ist ... Schon wieder die scheußlichen Haare, da geht doch keine Haarbürste durch. Der Eßtisch ist schön ... (längere Zeit Schweigen und Lachen). „Wie der Frosch kleckert, schlapp, schlapp! Oh, eine Katze; und Mäuse. Die Katze freut sich sicher auf ein Stück Frosch ... Die Krone auf den Strubbelhaaren ist schön ..." (Schweigen). „Iiih, sieht der Prinz blöd aus, nein! Haare wie die Prinzessin so dick, die Krone zu klein; und blaue Hände! Quatsch, das sind Handschuhe. Und früher hatten alle Männer lange Haare ... Der ist grün, ist er von Beruf Jäger? (Schweigen). „Ach, der Brunnen im Wald wieder, und da fahren sie mit der Kutsche weg. Los, zählen wir die Pferde! ..."

Zwischen den fixierten Äußerungen liegen immer wieder wortreiche Beschreibungen und Inhaltsangaben - jedes Kind kennt das Märchen. Auch in Klasse 2: Eingangsbild: Schweigen. Inhaltsangabe. „...Die Haare sind wie ein dicker Pelz! Der Frosch ist aber süß... Die heult wegen dem bißchen Frosch ... Nein, wegen der goldenen Kugel! Gold ist was Teures ... Ach, das Popochen vom Frosch! Wie Eva-Maria von hinten ... Jetzt ist sie wieder fröhlich, aber nachher, ja, ja, da schmeißt sie ihn an die Wand; das würde ich nie mit meinem Meerschweinchen machen! ... Peng, die knallt die Tür zu ... Wo ist jetzt der Frosch? Der kommt noch. Die Prinzessin hat ein Fell auf dem

Kopf, igitt ... Hmmm, das Essen sieht gut aus. Aber die ist vielleicht sauer! Und hat einen Bart! (Gelächter) ... Das ist gut, der Frosch mit der Pfote in der Soße ... Jetzt geht sie gleich ins Bett und hebt den Frosch an der Hand. Iiih, ein toller Haarschnitt. Und ja, eine Katze und zwei Mäuse. Die Katze tut denen nichts ... Da, jetzt wirft sie ihn auf den Boden. Wie der König aussieht! Nein, der Prinz ... Nee, den wollte ich nicht als Vater, der ist ja nicht mal groß ..."

Witz und Komik im Bild wirken hier selten. Die Kinder der Klassen 1 und 2 halten sich an Einzelheiten auf und äußern teils beschreibend, teils emotional bewertend. Für den schönen Hintergrund (Wald usw.) haben sie wenig übrig. Die Personen zählen. Die Kinder sprechen und erzählen in Bezug auf die Hauptfiguren, die sie so nicht besonders mögen. Das Vorverständnis ist da, das Märchen bekannt, die abwehrende Haltung zu diesen Illustrationen aber regt die Sprache nicht wirklich an.

Klasse 4: Unter dem Einfluß von Bernd wird das Buch fast aggressiv kommentiert: Prinzessin und Prinz gelten als doof, kindisch; „die sehen aus wie beknackt...": Die Sprache wird oberflächlich kommentierend und grob, beim Nachfragen, was denn da so ärgerlich sei, werden die Bilder noch einmal kritisch betrachtet und erläutert: Die Haare und die Babymütze, das rote Vollmondgesicht, die steifen Finger und Bewegungen ... „Also, aber der Frosch ist schon recht," tröstet Markus in die kritische Stimmung hinein.

Von den Leseratten des Literaturkreises lehnen vier das Buch ab, zwei sind unentschieden und zwei mögen es, wobei sie Farben, Hintergund und dekorative Details besonders positiv herausstellen.

Sechse kommen durch die ganze Welt (von Jacob und Wilhelm Grimm, illustriert von Lilo Fromm): Texte und Bilder stehen in gefälligem Wechsel. Die Bilder sind von leuchtenden Farben, recht realistisch, aber auch dekorativ mit naivem, originellem Einschlag. Die „Sechse" sind als Typen gut identifizierbar, die Gesamtszenen voller anregender, farbenfreudiger Details.

Am Anfang des Jahres reagierten bei einem ersten Ansehen die Viertkläßler eher ablehnend. Nach fast einem Jahr, im vertrauensvollen Gesprächsrahmen der Religion, kommen differenziertere Meinungen und vor allem eine vorbehaltlose Begegnung mit dem Märchen zustande. Überraschende Reaktion gleich am Anfang: Begeisterung! „Das kenn ich! Ja, schau .." (sie blättern los). In erster Linie gibt es Beschreibungen der Szenen, Inhaltsangaben zum Märchenablauf; dann zunehmend kindliches Vergnügen mit Gelächter, Spaß ohne Spott, einfach vergnügt. Da sie vom Textlesen ungebunden sind, entfalten sie eine lockere Sprechbereitschaft beschreibender und kommentierender Art, z. B. „Der kann ja Bäume ausreißen, wie Obelix – Mann, der sieht super aus ... Der da, der fordert alle zum Mitkommen auf – wie bei den Bremer Stadtmusikanten .. Der Starke da! Der wickelt sicher einen Gummibaum, ha ha! ... Wenn Jesus gelebt hätte, der hätte den König versohlt ...“ Nach weiteren Handlungs- und Bildbeschreibungen: „Der Windmacher windet zum Nasenloch raus“ (Martin ahmt das Schnaufen nach, bei den Buben setzen Sturmphantasien ein); „Au ja, der Windmacher bläst die Schule zu einem Knoten, und der Jäger schießt dem Lehrer ein Auge aus ... Nein das darf man nicht... Ich möchte auch so ein Torwächter sein; ein Wächter oder ein Soldat... Ein Zwiebelturm – die Geschichte spielt sicher in Rußland.. Der da schläft auf einem Pferdeschädel. Hat ihn die Prinzessin kaltgemacht? Nein, der schläft echt nur ... Der Brunnen hat eine Perspektive. Mei, wie der rennt! Der wäre gut beim Turnverein .. Klar, der rennt wie Beckenbauer ... (immer wieder auch Stille, Betrachtungen, Vor- und Zurückblättern). Dann Simon: „Lies mal vor, was da steht, aber genau!“ Später: „Mensch, so viele Kühe! ... Nein, Ochsen ... Schau mal, ob sie Hörner oder Euter haben ... Toll! Jeder hat etwas Gutes gemacht. Da stimmt alles ..“ Sie rekapitulieren den Inhalt und stellen fest, das Buch habe schöne Bilder, tolle bunte Farben; „das leuchtet wie in einer Phantasiewelt“, meint Bess. Markus will die Bilder noch einmal durchsehen, dabei werden die Eindrücke vertieft und viele Details entdeckt: verrußter Koch, das Eiszimmer und die heiße Etage darunter, Kostüme usw.

Ich hörte den Kindern gerne zu, es klang nach einem Stück unbekümmerter Kindheit im Bild. Vom Lesen freigesetzt, genießen sie die humorvollen Darstellungn: nicht brav, nicht grotesk, aber bunt, phantasievoll, einprägsam und informativ. Viele Kinder wählen sich Identifikationsfiguren aus (am meisten den Jäger oder Soldaten).

Klasse 1: (Klasse 2 ähnlich): Sofort macht sich eine interessierte, vergnügte Stimmung breit. Wir sehen die Bilder an, ich lese vor, dann gehen wir noch einmal auf die Bilder ein. Sogleich setzen Identifikationen ein: „Ich bin Soldat ... Das da ist ein Sklave. Dem befehle ich ...Ist das eine Vogelscheuche? Der steht auf einem Bein; das kann ich auch .... So eine kleine Person! .. Quatsch, der ist nur weiter hinten,, drum ist er kleiner...“ Die Kinder überlegen, ob es sich im Bild um ein Schloß oder einen Palast handelt; wo der König steckt, immer wieder wird der Soldat erwähnt. Die Kinder teilen sich Rollen zu, ärgern sich damit, lachen wieder, steigen erneut in Inhaltsangaben ein, kommentieren wie Sportreporter den Wettlauf, vermuten

Lösungen, überlegen, was gewesen wäre, wenn ... Die Kinder sind nicht nur gesprächig, sondern verwenden einen guten Wortschatz, spielen mit ihrer Phantasie und gehen in der Bilderbuchgemeinschaft intensiv aufeinander ein.

3. Erkenntnispaket: Beim „Froschkönig" kommt der Stil nicht an; bei den „Sechsen..." umso mehr! Beide Bücher sind nicht grotesk gestaltet, die Farben leuchten. Vermutung: Gesichter und Ausduck der Figuren sollten mit den Vorstellungen und dem Verständnis der Kinder von der jeweiligen Rolle übereinstimmen. Auch „feiner Humor" kommt in diesem Alter vorerst nicht gleich an – doch lernen Kinder, ihn unter Begleitung Erwachsener wahrzunehmen. Der Gedanke drängt sich auf: Entweder realistisch oder grotesk, dabei klare, kräftige Farben- das wird spontan aufgegriffen. Die Kinder nehmen die Bildinformationen ernst. Wenn sie sie ablehnen (in Ausage und Darstellungsform), wird die Sprache grob und verarmt auch in der Gruppendynamik. Bei ansprechenden, klaren, auch witzigen Bildern, die das Phantastische zur Geltung bringen, werden sprachliche Äußerungen reicher, anregender – auch auf kommunikativer Ebene. Die Kinder äußern sich wortreicher, wenn sie Freude oder Interesse an den Bildern haben. Man hat auch den Eindruck, daß zu viele Bildteile auf einer Doppelseite oder zu große Bilder manche Kinder eher verwirren. Das Auge will eingeladen werden, sich an Details gleich festzusaugen. So, wie es einem Handlungsstrang folgt, folgt es auch lieber einem einladenden Bild- und Darstellungsstrang. Lustige Bilderbuchillustrationen: Der Schwerpunkt liegt offenbar weniger auf dem Lustigen als auf der Qualität: der Illustration, die die Inhalte – ob realistisch, humorvoll oder grotesk – gut erkennbar und farbfreudig darstellt. Ein sogenanntes „Kindgemäß" bedeutet zugleich, daß man den Kindern keine kindische, naive Welt anbietet; sie wollen ernstgenommen werden: Neben den Stilmitteln spielt offensichtlich auch die Einstellung des Künstlers zu seinen kindlichen Rezipienten eine Rolle.

Die Bremer Stadtmusikanten (von Jacob umd Wilhelm Grimm, illustriert von Josef Palaček, Neugebauer Salzburg, München 1990):

Das Buch ist gefällig und offenkundig für Kinder gestaltet, mit klaren Figuren in warmen Farben. Die drolligen Figuren werden schrittweise auf dekorativem Hintergrund vorgestellt. Sie steigern sich im Bildverlauf in Ausdruck und Dynamik vor ästhetischen, bewegten Rot- und Blauvariationen.

In einem ersten Durchgang zeigen die Kinder aller Klassen wenig Interesse. In einem zweiten Durchgang beginnt das Buch zu gefallen. Die Kinder plaudern zum Inhalt und teilen Beobachtungen mit. Die

Farben finden alle schön – „so warm“, „wie im Herbst ..“ Der Wortschatz ist angemessen, ohne verbale Provokationen. Humorvolle Details werden kommentiert, doch fehlt die Begeisterung beim Betrachten; die Kinder verhalten sich „artig“, „brav“. Vielleicht müssen sie für diese ausdrucksvollen Bilder etwas älter werden ...

Die Bremer Stadtmusikanten: (von Jacob und Wilhelm Grimm, illustriert von Gerhard Binder):

Hier ergötzen sich die Viertkläßler an den Bildern, sie erzählen dazu auswendig; kein Lesen bindet. Gelächter auf jeder Bildseite: Bei fröhlicher Atmosphäre kommentieren sie, übertreiben, machen Geräusche nach, klatschen gar vor Spaß dabei in die Hände. Die Sprache wird vielfältig, wenn auch nicht gerade differenziert angewendet. Vor allem wird das Bilderbuch mit seinen karikaturhaften Zeichnungen zum Gemeinschaftserlebnis. Es stimmt nicht besinnlich, dafür setzen sich die Kinder mitten in die Geschichte und lesen eifrig gemeinsam mit. Grotesk gestaltete Details ziehen die Aufmerksamkeit an.

Bei den Erstkläßlern schien es wichtig zu sein, sich als Kenner einzubringen. Sie gingen beschreibend vor, regten sich gegenseitig an, griffen den Ablauf erzählend voraus. Beobachtungen geraten telegrammstilartig: „Der Räuber mit der Augenklappe. Der Hundehals wie ein abgemagerter Aussichtsturm .. die magere Katze ist wie ein Strichmännchen .. der Räuber mit der Knarre im grauen Nebelwald ...“; emotional ansprechende Bildteile werden betont. Insgesamt wird die Sprache für diese Altersstufe „brav“ und recht gut angewendet.

Die Zweitkläßler behaupten gleich, die Bilder seien in Öl oder Aquarell gemalt. Dann albern sie mit Vergnügen herum und stürzen sich auf alle überzeichneten und originellen Details: Auf den „Pudel mit den angeknabberten Ohren .. den Esel mit dem komischen Schwanz ... abgemagert wie ein dürrer Elefant .. und dann haben die alle Schweinenasen und Kratzer, einfach toll! ...“ Alle fangen an zu schreien, wie der gekratzte Räuber wohl schreien würde. Beim Räuberbild zeigt sich sprachliche Fülle, zugleich wird diese recht vulgär. Das Komische und Groteske wird wahrgenommen und kommentiert; die Stimmung ist vergnügt, die Sprache dabei etwas mager, aber angeregt. Anschließend fabulieren sie sogar: Wie ging es den Räubern weiter? Überfälle auf Kutschen, Tiere jagen, Wohnung in einer Kutsche ... Das könnte man auch malen, wünscht sich Peer. Emotionale Details packen wieder, die Bilder gefallen den Kindern. So spontan wie die Viertkläßler sind sie (noch) nicht, und Vorlesen bringt auch keine Vertiefung mehr.

4. Erkenntnispaket: Immer wieder drängt sich die Frage (hier unter

dem zitierten Erkenntnisinteresse) auf: Wo und warum regen die Bilder lebhaft und positiv zum Sprechen an, wo wird die Sprache lebhaft, aber eher derb und klischéehaft; und wo fällt sie eher aus? Letztere Frage impliziert nicht etwas Negatives: Bilder können auch faszinieren, besinnlich machen, konzentriert und still beobachten lassen. Erzählende Bilder regen an und machen neugierig; bei vielen Bildern wünschen die Kinder aber ein ergänzendes und vertiefendes Vorlesen - was den Pädagogen natürlich auch freut. Nach meiner bisherigen Beobachtung müssen Kinder für das Groteske erst reif werden. Die jüngeren Schüler orientieren sich lieber an realistischen Bildern. Wortschatz und Satzgestaltung, auch in zusammenhängender Rede, stehen offenkundig in Relation zur Bildqualität: als Geschwätz, als reine Aufzählung; als Beschreibung oder differenzierte Aussagen: diese arm, angemessen oder klischéehaft; derb oder den Humor im Bild geistreich aufgreifend. Gruppenatmosphäre und Grupppendynamik sind dabei wichtige Größen.

Bemerkenswert unter den vielen, hier nicht weiter aufgeführten Büchern war „Jack und die Bohnenranke" (von Joseph Jakobs; illustriert von Anne Wilsdorf; Diogenes Kinderbuch 1987).

Die bildintegrierenden Texte sind sehr lesefreundlich - mit kleinen Textblöcken meist zwischen halbseitigen Bildern. Die differenziert gestalteten Bilddetails wirken wie rundliche, heitere Karikaturen, körperlich unproportioniert und drollig überzeichnet. Das Märchen sprengt den üblichen Rahmen von Welt und führt mit der wuchernden Bohnenranke bis in den Himmel. Sobald dieses Motiv eintritt und die Riesen ins Spiel kommen, platzen die Motive förmlich aus dem Rahmen, wuchern auch über die Seiten und zeigen bei den Riesen vor „Platzmangel" nur noch originelle Bildausschnitte. Die phantasievollen Bilder erzählen ganze Abfolgen, als Erwachsener betrachtet man sie amüsiert. Für die Erstkläßler scheint es aber im ersten Durchsehen Schwierigkeiten zu bereiten, sich bei den seltsamen Größenverhältnissen zurechtzufinden. Dann jedoch suchen sie solche Szenen sehr interessiert. - Die Zweitkläßler übersehen das Buch anhaltend. Schließlich holt Michael ein paar Freunde und erzählt ihnen die Geschichte. Die Bildanreize genügten nicht; aber jetzt, da sie die Geschichte kennenlernen, wächst das Interesse. Das Buch wirkt wie ein „Zeitzünderchen", und nach einiger Zeit interessieren die verborgenen Hintergründe des Märchens mehr als die Bilder: Warum die Bohnenranke bis in den Himmel wachsen kann; warum das Huhn goldene Eier legt; warum der Riese „Mammutzähne" hat und Oger heißt, und warum die Harfe singen kann... Die Bilder leiten in allen

Altersstufen über zwei Stufen: In der ersten führen sie zu einer zögernden, etwas erstaunten Bildbetrachtung, im zweiten zu Diskussionen über die inhaltlichen Hintergründe, die offenbar nicht gleich zu verstehen sind und Nachwirkungen zeigen, aber auch Phantasie freisetzen.

Vom Fischer und seiner Frau (von Jacob und Wilhelm Grimm; illustriert von Volker Ernsting; Lappan 1986 Oldenburg):

Originalfassung (Plattdeutsch von Runge) und Übersetzung stehen in parallelen Blöcken nebeneinander, locker begleitet von ganz- und halbseitigen, auch seitenübergreifenen farbigen Zeichnungen. Im Klappentext heißt es: „Eine frische Brise weht durch die Märchenwelt. Und Kinder schon vom ersten Lesealter an werden eine Menge Spaß daran haben", jubelten die Medien, als Volker Ernsting seine „Bremer Stadtmusikanten" bei uns veröffentlichte. Genauso gekonnt sind seine ideenreichen, persiflierenden Bilder zu dieser Parabel von der Habgier des Menschen." Und entsprechend anregend und heiter gestalteten sich tatsächlich die Bilderbuchbetrachtungen bei allen Altersstufen. Eine Weile dauert es, bis sich die Kinder „eingesehen" haben, aber dann beginnen sie zu betrachten, zu erzählen, immer wieder vor- und zurückblättern. Nach und nach entdecken und deuten sie immer weitere Einzelheiten. Kleine Krabben, ein dicker Seehund, eine Blechdose und eine griesgrämige Möwe begleiten die Bilder; Gartenzwerge, ein Froschkönig und ein arbeitsamer Maulwurf wühlen sich durch die Szenen mit dem immer dunkler werdenden Meer, der ansteigenden Flut, die den Fischer zum Schwimmring greifen und schließlich auf den rettenden Leuchtturm steigen läßt. Daneben die Frau, die in ihrem verfehlten Anspruch auf Wirklichkeit und Selbstverwirklichung grotesk, lächerlich und irgendwie tragisch wirkt. Mimik, Gestik, Farben, zahllose geistreiche und pfiffige Details verführen zum Schmökern, Sichmitteilen ... Viele „Zeitzünderchen" verleiten zum Hören und Lesen; das soziale Klima in der Lesegemeinschaft ist freundlich, kritisch und heiter.

5. Erkenntnispaket: Kinder müssen zum Betrachten von Bilderbüchern – ob humorvoll oder ernstgemeint – angeleitet werden. Dann bemerken sie auch feinen Witz und versteckte Komik neben den Karikaturen, phantastischen Ausmalungen und dem Grotesken. Dazu brauchen Kinder aber Zeit. Dann entdecken sie auch „Zeitzünderchen", an denen sie sich gerne aufhalten und die zu Vertiefung der Bildbetrachtung und des Textverständnisses beitragen. Übertreibungen bis zur Groteske verleiten häufig zu grober, platter, klischéehafter Sprache: Da wird gefressen und gesoffen, gehauen und gekratzt; man

tritt sich in die Eier, knutscht oder haut sich die Birne an: Schädigende Motive werden auch mit Schadenfreude verbalisiert. Als „blöd“ empfundene Darstellungen vergröbern dabei auch das Sozialverhalten. Der Vorteil im Verbalisieren liegt darin, daß die Kinder ihre Beobachtungen präzisieren und Empfindungen verdeutlichen. Positiv wirken sich Echo und Reaktionen in der Gemeinschaft aus: als Bereicherung durch und für andere. In dieser Gemeinschaft entwickelt sich auch Meinungsvielfalt und Informationszuwachs. Allerdings gehen feine Szenen, stille, besinnliche Prozesse beim Betrachten in der Gruppe und beim Reden auch verloren. Neben dem Gruppenerleben braucht das Kind sinnvollerweise eigene, stille Zeit zum Schauen und Betrachten.

4. Abschließende Betrachtungen

Aufgrund der verschiedenen Reaktionen von Kindern auf „lustige Bilderbuchillustrationen“ muß man annehmen, daß die Frage der Reaktionen auf solche Darstellungen zweitrangig ist gegenüber der Frage, was Kinder an Bildern überhaupt mögen: Sie wollen als Bildbetrachter ernstgenommen werden!

Kinder wollen informiert werden. Neues erfahren, sich auch in gemütvoll-anregende Details versenken. Bilder, die Informationen bieten – ob witzig oder realistisch oder abstrakt gemalt –, stellen offenbar das übergeordnete Prinzip dar vor der Frage nach dem Stil. Auf jeden Fall sollte das Kind das Gefühl haben, daß es ernst genommen wird. Ein solcher Imperativ wird ein Kriterium bei der Frage nach der „Kunst für Kinder“ sein.

Sprache und Reaktionen werden bei manchen Abbildungen vielleicht auch deshalb derb, weil das Kind unterschwellig ein Mißbehagen spürt, daß seine Motive, für die es sich doch interessiert, im Bild veralbert werden. Dieses Argument ergab sich mehrfach aus Gesprächen mit älteren Kindern und Erwachsenen.

Michael Neugebauer vom Verlag Neugebauer Press (München-Salzburg) sagt: [9]

„Von Kindern haben wir eine sehr hohe Meinung. Unterschätzen sollte man sie niemals. Sie verdienen die allerbeste Gestaltung, die besten Texte und besten Illustrationen. Ich bin davon überzeugt, daß guter Geschmack nicht vererbt wird, sondern gelehrt werden kann ...“

Auf viele Formen des Lustigen, Komischen, Humorvollen im Bilderbuch sprechen die Kinder an. Schweigend oder sprechend und handelnd setzen sie sich mit verschiedenen Stilarten auseinander, wobei zu fragen bleibt, ob sie künstlerische Bilder auch schon würdigen können. Auf jeden Fall brauchen sie Zeit, um sich in die Bilder vertiefen zu können. Sie scheinen immer dann etwas von lustigen Bilderbuchillustrationen zu halten, wenn sie sich vom Inhalt der Bilder und/oder deren Texte betroffen fühlen. Die künsterlische Aussage akzeptieren sie dann, wenn sie sie für sich erschließen können. Kunst für Kinder stellt an den Künstler Herausforderungen!

„Ein Künstler, der für Kinder schreibt oder malt, sollte selbst noch etwas vom Kindlichen in sich bewahrt haben: Die Freude am Spiel, die Fähigkeit zum Staunen und viel Phantasie. Ein solcher Künstler wird sich niemals „kindisch" gebärden, wenn er Kinder ansprechen will. Er achtet den phantastischen Spielraum des kindlichen Denkens und Sehens, er füllt und erweitert ihn mit seinen Bildern und Worten und gibt der kindlichen Phantasie mit seinen Darstellungen Nahrung und Anregung ... Kindertümlichkeit bedeutet ..., daß ein Bilderbuch oder eine Bildergeschichte an die Erlebnis- und Phantasiewelt der Kinder anknüpft, so daß diese innerlich Anteil nehmen und sich in die Darstellung einleben können."[10]

Dieses Zitat rundet die Erfahrungen aus der Befragung ab. Ob sachlich, lustig oder skurril, zart oder deftig, heiter oder aggressiv: Die Kinder akzeptieren solche Bilder, wenn sie sich dabei ernst genommen fühlen. Heiterkeit und Ernst stehen nebeneinander.

Anmerkungen

1 Der gestiefelte Kater (Charles Perrault, Stasys Eidrigevičius.
2 Christine Nöstlinger in: „Die Zeit", Nr. 41/5.10.1990; Kinder- und Jugendbuch 39 (Die Jury von Zeit und Radio Bremen stellt Luchs 49 vor).
3 Buch - Partner des Kindes (Wissenswertes über Bücher für die ersten acht Lebensjahre); Sonderausgabe. Redaktion: Waltraut Hartmann/Walter Heginger/Albert Rieder; hrsgg. vom Österreichischen Bundesministerium für Unterricht und Kunst. Ravensburg 1979. Zitat S. 12.
4 Ottilie Dinges: Fragen über Fragen um das Bilderbuch - und eine Spielregel dazu; oder: Hermeneutische Fragestellungen zu einer umfassenden Ästhetik und Didaktik des Bilderbuches; in: Helmut Fischer/Reinhard Staach (Hrsg.): Aspekte der Vermittlung von Jugendliteratur. Arbeitskreis Das gute Jugendbuch e. V. Essen 1980, Seite 63.
5 Ottilie Dinges, ebenda Seite 67.
6 Möglichkeiten zu solcher Gestaltung z. B. in: Helga Zitzlsperger: Kinder spielen Märchen, Beltz praxis 31989, Weinheim/Basel. Dieselbe: Ganzheitliches Lernen, Beltz praxis [2]1991, Weinheim/Basel.
7 Jens Thiele: Zwischen Kunst und Klischée; in: Kinderliteratur in der Bundesrepublik Deutschland (Sonderheft der Informationen des Arbeitskreises für Jugendliteratur); Redaktion: Winfried Kaminski/Franz Meyer 1983; Seite 15/16.
8 Weiterführende Literatur:Hermann Hinkel: Wie betrachten Kinder Bilder? Untersuchungen und Vorschläge zur Bildbetrachtung; Lahn-Gießen 1972; Geralde Schmidt-Dumont: Rezeptionsprobleme beim Bilderbuch; in: Jugendliteratur und Medien (Jugendschriften- Warte) 2/81; Alfred-Clemens Baumgärtner: Aspekte der gemalten Welt. Weinheim/Basel 1968; Arbeitskreis für Jugendliteratur; Das Bilderbuch. Eine Auswahl von alten und neuen Bilderbüchern aus aller Welt, München [4]1975; Klaus Doderer/Helmut Müller: Das Bilderbuch; Weinheim/Basel 1973.
9 Michael Neugebauer in: Jugendbuch heute, hrsgg. von der Arbeitsgemeinschaft von Jugendbuchverlegern (avj), 1988, München, Seite 79.
10 Buch - Partner des Kindes (a. a. O.): Seite 134 und 135.

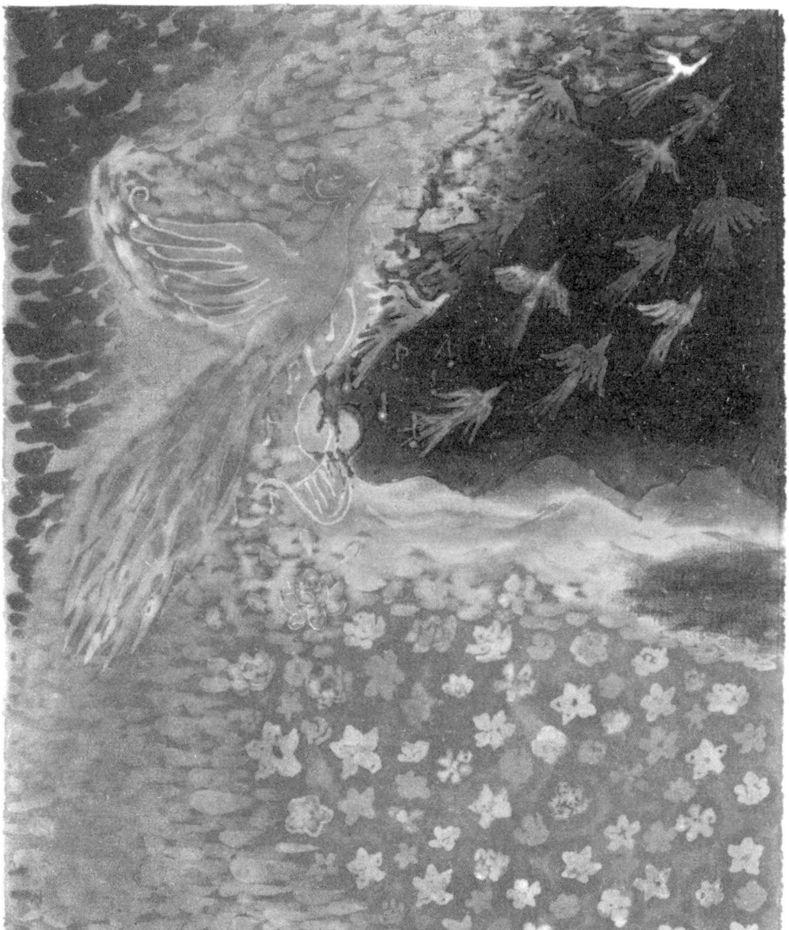

Ursel Oboth „Das Lied von Angus und das Lachen der Etaïn“

Ursel Oboth

... entwickelte im Verlaufe von fast 20 Jahren aus der traditionellen Batikkunst ihre eigene Wachs- und Färbetechnik, wobei nicht das Stoffefärben oder die typischen Batikstrukturen im Vordergrund stehen, sondern eher die künstlerisch freie Handhabung mit Wachs und Farbe auf Stoff mit all ihren Überraschungen. Seit der Kindheit mit gehörten und gelesenen Märchen vertraut, waren diese aus dem Leben von Ursel Oboth nicht mehr wegzudenken. So tauchten später Märchenmotive oder -symbole in den Batiken der Künstlerin wie von selbst auf und wurden ihr oft erst dadurch bewußt.

✳

Zu dem umseitigen Bildmotiv, das von der irischen Mythe „Die goldene Fliege“ inspiriert ist, erzählt Ursel Oboth:
„Nichtlachenkönnen wird im Märchen als Fluch, Bann, Verzauberung oder schlimme Krankheit dargestellt - die Entzauberung, das Lachen nämlich, als tiefe Befreiung, als Erlösung. - Etaïn, die Überdruß in den Welten der Götter empfand, wird als goldene Fliege in die Welt der dunklen Schatten (Erde) verbannt: Eine Königin verschluckt sie und bringt ein Mädchen zur Welt, das niemals lacht. Über dem ganzen Land liegt es wie Bedrückung und Trauer. Auch später, als Königin von Irland, kann sie nicht lachen - bis eines Tages ein Narr am Hofe auftaucht und ein seltsames Lied singt. Es ist Angus aus der Götterwelt, der die Erinnerung an ferne Zeiten wachruft. Seine Lieder können sich in Vögel verwandeln. Später taucht Midiir, ein anderer Unsterblicher, als Gaukler auf, und Etaïn lacht zum erstenmal in ihrem Leben über seine Kunststücke. Das Lachen breitet sich wie ein Meer von duftenden Blumen über das ganze Land aus: Lachen als Geschenk der Götter.“

Otto Betz

DIE RÄTSELFRAGE

Sokratische Ironie im Volksmärchen

Vermutlich macht sich kaum einer darüber Gedanken, daß unser Wort „Rätsel" mit „Rat" zusammenhängt. Und dieses Wort bedeutet – so sagen uns die Etymologen – Schutz, Hilfe, Beistand. Wer Rat sucht, der möchte sich belehren lassen, erwartet Vorschläge für sein Leben, damit er mit sich ins Reine kommt und vielleicht einen Sinn in seinem Dasein findet. Merkwürdigerweise bedeutet aber „Rat" auch das zum Leben Notwendige, wir legen einen Vor-rat an, brauchen Haus-rat und Gerät. Und wenn eine Hei-rat fällig ist, dann geht es um die Hausbesorgung. Hat sich Un-rat angesammelt, dann muß er wegbesorgt werden.

Stehen wir vor einem Rätsel, dann wollen wir damit sagen: Eine ungelöste Frage steht vor uns, uns verfolgt ein Problem, wir werden dadurch zum Nachdenken angeregt und setzen nun alles daran, eine Deutung zu finden. Ge-rät uns die Lösung, dann haben wir den Sinn des Rätsels erfaßt, vielleicht brauchen wir auch den Rat-schlag eines anderen, um die Nuß knacken zu können. Es kann auch sein, daß unser Versuch einer Lösung miß-rät, dann sind wir in die Irre gelaufen oder sind falschem Rat gefolgt.

Ein Rätsel ist, so hat es schon Harsdörfer 1650 definiert, „eine dunkle Frage oder Aufgabe, deren Deutung erraten werden soll". Und es gibt herrlich verknotete Rätsel, kunstvoll geknüpft und mit hintergründigen Andeutungen gespickt, die erst nach einigem Grübeln oder nach einem Erkenntnisblitz gelöst werden können. Es mag sein, daß wir Menschen deshalb so erpicht sind auf das Rätsellösen, weil uns die Welt und das Dasein und die eigene Existenz so rätselhaft erscheinen. Wer kann leben in einem Dschungel ungelöster Probleme und unbeantworteter Fragen? Also müssen wir in diesen Urwald Schneisen schlagen, damit uns wenigstens einiges verstehbar wird und ein paar Zusammenhänge erkennbar werden.

*

Schon der antike Mythos kennt die Rätselfrage: Ödipus muß das Rätsel der Sphinx lösen.[1] Bekanntlich ist die Antwort: der Mensch, was die alte Weiheit bestätigt: Wenn wir unser eigenes Rätsel lösen, dann lichtet sich auch das Dunkel der Welt. Die Macht des

Rätselstellers ist gebrochen, wenn der Befragte die Antwort geben kann. Die Rätsellösung ist ein Befreiungsakt, der eine neue Ebene des Daseins heraufführt.

Auch das Volksmärchen kennt die Rätselfrage. Als der König von der klugen Bauerntochter[2] hört, läßt er sie zu sich rufen und gibt ihr die Aufgabe: „Komm zu mir, nicht gekleidet, nicht nackend, nicht geritten, nicht gefahren, nicht in dem Weg, nicht außer dem Weg, und wenn du das kannst, will ich dich heiraten." Das ist eine unlösbare Aufgabe, möchte man denken, aber die kluge Bauerntochter findet doch eine Möglichkeit. „Da ging sie hin und zog sich aus splitternackend, da war sie nicht gekleidet, und nahm ein großes Fischgarn und setzte sich hinein und wickelte es ganz um sich herum, da war sie nicht nackend, und borgte einen Esel fürs Geld und band dem Esel das Fischgarn an den Schwanz, darin er sie fortschleppen mußte, und war das nicht geritten und nicht gefahren; der Esel mußte sich aber in der Fahrgleise schleppen, so daß sie nur mit der großen Zehe auf die Erde kam, und war das nicht in dem Weg und nicht außer dem Wege. Und wie sie so daherkam, sagte der König, sie hätte das Rätsel getroffen und es wäre alles erfüllt." – Auch nach der Hochzeit mit dem König bleibt sie die Kluge, die ihren scharfen Geist mit viel Mut und Ironie einsetzt, so daß sie die Liebe des Königs zunächst verliert, schließlich aber wieder zurückgewinnt.

Wer ist dazu befähigt, die Rätsel zu lösen? Im Märchen ist es meist der Unbefangene, der sich nicht ins Bockshorn jagen läßt, sondern couragiert auch dem König oder dem Zar Rede und Antwort steht. In einem russischen Märchen[3] wird ein alter Soldat vom Zaren gefragt: „Und nun, Kamerad, antworte mir: Wie weit ist es vom Himmel bis zur Erde?" – „So weit, daß wir hier hören, wenn es dort kracht." – „Und wie breit ist die Erde?" – „Dort geht die Sonne auf, und dort geht sie unter – so breit ist die Erde!" – „Und wie tief ist die Erde?" – „Ich hatte einen Großvater, der starb vor gut neunzig Jahren, wurde in die Erde gelegt und ist seitdem nicht wieder aufgetaucht: demnach muß die Erde sehr tief sein!" Diese Antworten machen dem Kaiser einen solchen Eindruck, daß er dafür Sorge trägt, dem Soldaten auch zu seinem materiellen Glück zu verhelfen. Ob die Antworten „richtig" sind, ob man sie nachprüfen kann, das ist nicht die Hauptsache. Wichtiger ist die Pfiffigkeit der Antworten, ihre Originalität und ihr schlagfertiger Witz. Wer sich von der Unlösbarkeit des Rätsels einschüchtern läßt, der wird keine Antwort finden, wer dagegen forsch eine überraschende Lösung herbeizaubert, der wird seinen Weg machen. Das Turandotmotiv wird im Märchen auf vielfältige Weise variiert. Im persischen Original will die Prinzessin nur den heiraten, der ihre drei Rätsel zu lösen imstande ist.[4] Dabei geht es um Leben und Tod, denn wenn einer der heiratslustigen Prinzen die Antworten nicht findet, wird ihm der Kopf abgeschlagen. Es ist also kein heiteres Gesellschaftsspiel, sondern eine todernste Angelegenheit, wo Kopf und Kragen der Mindesteinsatz sind. Auch in einem deutschen Märchen[5] wird diese Geschichte erzählt, nur muß sich hier der Freier so gut verstecken, daß ihn die Prinzessin nicht findet. Nun hat aber die heiratsunwillige Prinzessin einen Saal mit zwölf Fenstern, und weil sie mit magischen Kräften begabt ist, kann sie alles, was über und unter der Erde verborgen ist, erblicken. Wo soll man sich da noch verstecken können? Obwohl ihm hilfreiche Tiere beistehen, wird auch der letzte Freier zweimal entdeckt, beim dritten Versuch wird er in ein Meerhäschen verwandelt und bekommt den Rat: „Wenn die Königstochter ans Fenster geht, so krieche schnell unter ihren Zopf." – Zunächst beunruhigt, schließlich aufgeregt, geht die Prinzessin von einem Fenster zum anderen, kann aber den Freier nicht entdecken, so daß sie voller Angst und Zorn all ihre Zauberfenster zerschlägt. Damit ist aber ihre magische Kraft zerstoben, das Meerhäschen nimmt seine wahre Gestalt wieder an, und die Hochzeit kann gefeiert werden. Alles konnte die Prinzessin sehen, aber bei ihr selbst, in ihrem Rücken, auf ihrer Schattenseite, da war ein „toter Punkt", den konnte auch sie nicht herausfinden. Vielleicht war ja dort – in dem geheimen Abseits ihrer Person – auch der verborgene Wunsch versteckt, daß noch einer kommen möge, der sie heiraten könne. Im vorderen Reich ihres Bewußtseins, da mußte sie sich gegen alle Freier zur Wehr setzen, bis dann einer kam, der die „geheime Stelle" unter ihrem Zopf fand. Eine heitere Variante dazu finden wir in dem Märchen „Die goldene Gans"[6]: Hier stellt die Prinzessin keine kniffligen Rätselfragen, will auch nicht die versteckten Heiratskandidaten aufsuchen, sondern ist in eine so abgründige Traurigkeit geraten, daß nur der sie heiraten kann, der in ihr auch die Fröhlichkeit wachruft. „Die war so ernsthaft", heißt es in dem Märchen, „daß sie niemand zum Lachen bringen konnte. Darum hatte der König ein Gesetz gegeben, wer sie könnte zum Lachen bringen, der sollte sie heiraten." – Das bringt weder der große Komiker zustande noch der hinreißende Witzeerzähler, als aber ein Dummling daherkommt, an dessen goldener Gans alle möglichen Leute kleben geblieben sind, drei Mädchen, der Pfarrer, sein Küster und zwei Bauern, da „fing sie überlaut an zu lachen und wollte gar nicht wieder aufhören". – Was ist das für ein Mensch, so sagt es unser Märchen, der nicht lachen kann? Erst wer in der Lage ist, in ein fröhliches Gelächter auszubrechen, entfaltet seine Menschlichkeit. Deshalb bewirkt der Dummling einen erlöserischen Vorgang, er holt das Mädchen aus seinem dumpfen Brüten heraus, so steht ihm auch wirklich die Prinzessin zu: „Er lebte lange Zeit vergnügt mit seiner Gemahlin."

Noch merkwürdiger geht es in einem Balkanmärchen zu.[7] Hier ist die launische Prinzessin erst dann zur Hochzeit willig, wenn einer sie in Grund und Boden hinein lügt. Wenn sie sagt: „Ja, das mag schon sein" oder „Das ist wohl schon einmal dagewesen", dann hat der Wettlügner verloren, erst wenn sie ihm entgegenruft: „Du lügst!", hat er gewonnen. Ein junger Hirte traut sich zu, solche hanebüchenen Lügen der Prinzessin aufzutischen, damit ihr Hören und Sehen vergeht. Aber auch bei seinen blühenden Unsinngeschichten sagt sie mit unerschütterlichem Gleichmut: „Das mag schon sein", „das ist aber schade", „das ist aber gut", bis der Hirte mit seinem Knüller herausrückt: „Euer Vater, der jetzige König, war bei meinem Vater zehn Jahre als Schweinehirte in Dienst!" – Jetzt kann sich die Prinzessin nicht mehr halten und ruft: „Du lügst, das ist nicht wahr!" – „Ja, wenn es so steht, dann gebt mir nur eure Hand – dann seid Ihr meine Braut." Hier muß offensichtlich die Königstochter vom Thron ihres Dünkels heruntersteigen, muß verunsichert werden in ihrem Standesbewußtsein, um begegnungsfähig und geeignet für die Ehe zu werden.

*

Mußte der persische Prinz die Kaisertochter Turandot durch seine Rätsellösungen gewinnen, der Dummling im deutschen Märchen die Prinzessin zum Lachen bringen, dann unternimmt es ein indischer Fürst, eine Prinzessin zur Ehe zu bewegen, die sich in die Stummheit zurückgezogen hat. Wenn sie nicht in einer Nacht viermal zum Reden gebracht wird, ist alle Mühe vergebens, dann muß der Bewerber Knechtsdienste übernehmen. Wie kann die junge Frau aus ihrer selbstgewählten Schweigsamkeit (die ja immer auch eine Verweigerung zur Begegnung einschließt) herausgelockt werden?

Der König Wikrama[8] nimmt seinen geheimnisvollen Diener, ein Geistwesen, als magischen Helfer, auf die Reise mit, der die Fähigkeit hat, sich auch in den kleinsten Gegenständen zu verstecken. Dieser Wetala sucht nun im Zimmer der Prinzessin sein Versteck in einer Lampe, so daß sich Wikrama scheinbar mit der Lampe unterhalten kann. Die erste Geschichte, die er dieser Lampe erzählt, handelt von den vertauschten Köpfen, einem Motiv, das Thomas Mann zu seiner Novelle angeregt hat. Eine junge Frau ist mit ihrem Mann und ihrem

Schwager auf einer Reise, bei einem Besuch in einem Tempel enthauptet sich zuerst der Mann, dann auch noch der Schwager selbst. Die Frau geht nun ebenfalls in den Tempel und sieht zu ihrem Schrecken die Leichen der beiden Männer. Von Gott Shiwa bekommt sie die Möglichkeit, die beiden Männer wieder lebendig zu machen, vertauscht aber in der Eile deren Köpfe. Nun ist die Frage, welchen von den beiden Männern wird sie als ihren Ehemann anerkennen, den mit dem Kopf ihres Mannes oder den mit seinem Rumpf? Der Wetala in der Lampe ruft vorlaut: Sie wird den Mann heiraten, der ihres Gatten Haupt trägt. Da kann sich die Prinzessin nicht mehr halten und ruft: „Lüge nicht, elende Lampe!" Weil der Mann bei der Trauung seiner Frau die rechte Hand reicht, wird sie den Mann mit dem Rumpf ihres Gatten als Ehemann anerkennen. – Ja, aber nun hat sie zum ersten Mal ihr Schweigen gebrochen. Sie wird es auch nach den nächsten Geschichten brechen, weil sie immer wieder den Wetala mit seinen „falschen" Antworten korrigieren will. So kommt sie allmählich aus ihrer Isolation heraus, nimmt Anteil am Schicksal anderer – und wird der Hochzeit mit dem König Wikrama zustimmen.

*

Werden wir vielleicht erst dann zu wirklichen Menschen, wenn wir zu fragenden Wesen werden, uns fragend und antwortsuchend in die Welt begeben, uns aber auch fragen lassen, ja, uns in Frage stellen lassen? Durch Fragen werden wir herausgefordert, müssen wir oft genug die alten Antworten hinter uns lassen und uns ins Neuland des Frag-würdigen begeben. Jede neu gestellt Frage weist auch wieder in eine neue Richtung, läßt einen möglichen Weg erkennen. Im Disput stellen wir uns gegenseitig Fragen, um einen anderen Horizont zu erreichen, ein gewandeltes Bewußtsein. „Im Gedankenkampf muß der Fragende immer dastehen als der tätig Angreifende, der Antwortende als der, der sich nichts gefallen läßt", so heißt es schon in der Topik des Aristoteles. Erkentnisse können nur im Dialog (mindestens im inneren) gewonnen werden. Wer sich nicht fragt oder sich nicht fragen läßt, kann auch keine Antworten finden.

Der erste Großmeister des kritischen Fragens ist Sokrates gewesen. In den platonischen Dialogen tritt Sokrates aber nicht als Wissender und Lehrender auf, der andere unterweist, sondern eben als Fragender, der selber sucht und um Klarheit ringt. Im Dialog „Menon"[5] kommt diese Fragehaltung besonders eindrucksvoll zum Vorschein. Menon will von Sokrates wissen, ob Tugend lehrbar ist oder nicht. Sokrates gibt zunächst überhaupt keine Antwort, sondern wundert sich darüber, daß andere furchtlos und freimütig Antworten geben, im ungebrochenen Bewußtsein ihres eigenen Wissens. Er selbst betont, daß er keine Antwort geben könne, weil er nicht einmal wisse, was Tugend eigentlich sei. „Ich bin in dieser Hinsicht so arm wie meine Mitbürger und muß mich selbst darüber beklagen, daß ich so gar nichts von der Tugend weiß." Im Laufe des Gesprächs wird dann deutlich, daß die Vorstellungen Menons unklar sind, daß er sich in Widersprüche verstrickt und schließlich überhaupt nicht mehr weiß, wie er zur Klärung seiner Gedanken kommen kann. Er vergleicht Sokrates mit einem Zitterrochen, der alle, die in seine Nähe kommen und ihn berühren, zum Zittern bringt. „Und so kommt es mir vor, hast du mit mir etwas Ähnliches gemacht, mich nämlich erzittern lassen. Wahrhaftig, ich zittere an Seele und Leib, und ich weiß nicht, was ich antworten soll ..." Sokrates greift das Bild vom Zitterrochen auf und macht es sich zu eigen, allerdings weist er darauf hin, daß er nicht nur andere zittern mache, sondern selbst zittere. „Nur weil ich selbst über alles ratlos bin, mache ich auch andere ratlos." – Wer nämlich glaubt, er wisse etwas, der setzt sich zur Ruhe und hat keine Lust mehr, weiter zu suchen und weiter zu fragen. Erst wer in Verlegenheit geraten ist und seine Überzeugungen in Frage stellen kann, sehnt sich nach weitergehenden Antworten.

Wir nennen diese dialogische Kunst der Verunsicherung „sokratische Ironie"[10], weil sie von der Weisheit und der Menschenliebe getragen ist. Der Gesprächspartner soll nicht bloßgestellt und blamiert werden, die Einsicht in die begrenzten Zonen des Wissens soll helfen, die eigenen Barrieren zu überwinden und offener zu werden. Es ist wirklich Ironie, aber der Meister erhebt sich nicht als Besserwisser über seinen Gesprächspartner, er will nicht zerstören, sondern das geistige „Erdreich" lockern. Eine Frage-partnerschaft entsteht, wobei Sokrates nur den einen Vorzug hat, daß er um sein „Nichtwissen" weiß, während sein Gegenüber zunächst noch überzeugt ist, eine Fülle von Wissen zu besitzen. Wer sich selbst kennt und um seine unbeantworteten Fragen weiß, kann verständnisvoller mit anderen umgehen. Keiner wird lächerlich gemacht, höchstens, daß gemeinsam über das Nichtwissen gelacht wird.

„O löst mir das Rätsel des Lebens,
das qualvoll uralte Rätsel,
worüber schon manche Häupter gegrübelt!

so hat es Heinrich Heine – als Stoßseufzer – ausgesprochen.

Das Märchen hat keine philosophischen Absichten, keine aufklärerischen Tendenzen, es kommt zu uns als heiter-nachdenklich-machende Geschichte. Aber es ist doch auffällig, wie häufig und vielfältig von Rätseln und von Fragen die Rede ist. Es scheint nicht möglich zu sein, diesen Fragen zu entkommen, wir müssen uns ihnen stellen und werden – wenn wir uns mit den Märchen einlassen – selbst in die Fragesituation einbezogen.

„Es war einmal ein großer König", so heißt es in einem georgischen Märchen,[11] „der hatte drei Söhne. Der König sagte: „Ich will meine Söhne prüfen, welcher von ihnen den Verstand eines Königs besitzt." – Er fragte alle drei: „Was ist am schönsten, was am fettesten und was am schnellsten?" Der ältere Sohn sagte: „Meine Frau ist schön, mein Pferd ist fett und mein Habicht schnell. Besseres als sie gibt es nicht." Der König sagte: „Dich wird das Reich nicht als König sehen!" – Der mittlere Sohn schmeichelt dem Vater: „Es gibt nichts Schöneres als die Königin, nichts Fetteres als das Pferd des Königs und nichts Schnelleres als den Falken des Königs." – Auch zu ihm sagte der König: „Das Königreich wird dir nicht zufallen." – Er fragte auch den jüngsten Sohn, und der sagte: „Es gibt nichts Schöneres als den Frühling, nichts Fetteres als den Herbst und nichts Schnelleres als die Augen auf der Welt." – Das gefiel dem König, und er bestimmte, daß das Königreich ihm zufallen solle.

Wer die Frage nur in seinem eigenen kleinen Horizont zu beantworten sucht, greift zu kurz, er bleibt im Binnenbereich seines Ichs und hat keinen Blick für das Ganze: Wie könnte er als König Verantwortung tragen? – Wer dem Fragenden nach dem Mund redet und sich nur nach dessen Erwartungshorizont richtet: Wie könnte er herrscherliche Aufgaben übernehmen und nicht den Lobrednern und Schmeichlern verfallen? – Nur wer die Wirklichkeit vernehmen, wer auch das Leben der vielen im Blick hat und von seinen eigenen Absichten absehen kann, kann als Berufener gelten. Ist das nicht eine nachdenkenswerte Kunde, die das Märchen vermittelt?

Aber es soll sich jeder hüten, ein Märchen so zu enträtseln, daß es jetzt ein für allemal verstanden, gedeutet und katalogisiert wurde. Immer wieder stellt es an den Hörer und Leser Fragen. Und die Antworten, die wir geben, sind immer wieder neu, aus der Situation geboren. Gibt es nicht Fragen, die uns ein Leben lang begleiten? Und alle Antworten machen uns vielleicht deutlich, daß sie unbeantwortbar sind.

Anmerkungen

1 „Den Menschen hast du gemeint“, ruft Ödipus aus, „der, da er noch auf der Erde herumkriecht, kaum geboren, zuerst vierfüßig ist, wenn er aber alt wird und mit gekrümmtem Nacken unter der Last des Greisentums zum dritten Fuß den Stock gebraucht, auch dreifüßig“. Vgl. dazu: Karl Kerényi: Die Mythologie der Griechen. Bd. II: Die Heroengeschichten. dtv 1346, München [9]1987, S. 83 f.
2 Die kluge Bauerntochter, KHM 94.
3 Die richtigen Antworten; in: A. N. Afanasjew: Russische Volksmärchen (übertragen von Swetlana Geier), München 1985, S. 779.
4 Die Geschichte vom Prinzen Kalaf und der Prinzessin Turandot; in: Märchen aus Persien (hrsgg. von Inge Hoepfner), Frankfurt 1982, S. 11 - 44. Vgl. auch Nizami: Die sieben Gschichten der sieben Prinzessinnen (vor allem: Die Geschichte von den Rätseln der Turandocht), hrsgg. von Rudolf Gelpke, Zürich 1959.
5 Das Meerhäschen, KHM 191.
6 Die goldene Gans, KHM 64.
7 „Du lügst“; in: Vilma Mönckeberg-Kollmar: Die Märchentruhe, München [2]1969, S. 248 - 250.
8 König Wikrama, oder: Die Freigebigkeit; in: Indische Märchen (hrsgg. von Johannes Hertel), Düsseldorf 1967, S. 175 - 184.
9 Platon: Menon; in: Sämtliche Werke, Erster Band, Heidelberg o. J., S. 413 - 467.
10 Vgl. dazu: Helmut Kuhn: Sokrates, München 1958; Romano Guardini: Der Tod des Sokrates, Hamburg 1956; Heinrich Rombach: Über Ursprung und Wesen der Frage; in: Symposium III, 1952; Hans Dieter Bastian: Theologie der Frage, München 1969.
11 Der König und seine drei Söhne; in: Sulchan-Saba Orbeliani: Die Weisheit der Lüge (aus dem Georgischen von Heinz Fähnrich), Frankfurt 1974, S. 71.

Franz Vonessen

„DIESE SEHR ERNSTEN SCHERZE“

Vom verborgenen Lächeln des Märchens

Ernst und Scherz – man muß es kaum sagen – sind Gegensätze, aber keine schroffen wie „kalt“ und „warm“, von denen der eine den anderen verneint, sondern von der Art jener, die einander brauchen und fordern – ja, die sich gegenseitig enthalten.

Beim Scherz ist das offenkundig. Ein Scherz, dem gänzlich der Ernst fehlte, wäre kein Scherz mehr, sondern einfach albern, eine Blödelei ohne Sinn. Er enthielte nichts, was wirklich Lachen zu erregen vermöchte. Aber genau so braucht auch der Ernst den Begleiter. Ein Ernst, der nicht seinen Gegensatz in sich hätte, wäre finster, verbohrt und in fataler Art gravitätisch. Er würde durch seine Einseitigkeit den Spott herausfordern – das heißt: ein Gelächter, das diesem falschen Ernst wenigstens sekundär das wünschbare Gleichgewicht gäbe. Was dem falschen Ernst fehlt, ist die Muse – jedenfalls das Musikalische. Musik ist der höchste Ausdruck eines Ernstes, der durchdrungen von Leichtigkeit und Heiterkeit ist. Musik wird, so ernst sie auch sein mag, nur immer „gespielt“ werden. Harmonie ist nur lächelnd zu denken.

Den Scherz, der im Ernst wohnt, hat die Antike Charis genannt, eine Anmut, die selbst dem Schmerz und der Trauer noch einwohnen sollte. Das ist bis heute verständlich. Goethe hat nach dem Tod der „edlen Hofsängerin“ Corona Schröter berichtet, „daß in ernster Heiterkeit der schönen Freundin gedacht wurde“[1]. Aber wir brauchen nicht von Trauer zu reden. Selbst der ernsteste Text, wofern er Stil hat, enthält unbedingt beides, den Ernst und die *serenitas*, ein Wort, das gleichzeitig Klarheit und Heiterkeit heißt. Also der Ernst ist hier nicht etwa mit Unernst vermischt, sondern wird durch jene schöne, hohe Scherzhaftigkeit ausgewogen, die zum Beispiel, um nicht mehr zu sagen, jede gelungene Metapher einem Satze hinzufügt. In derselben Meinung, in der wir von einer „lachenden Wiese“ sprechen, hat Jean Paul die Metapher eine poetische Blume genannt. Wo solche Blumen wachsen, lächelt die Rede, auch wenn sie an ihr selber ganz ernst ist. In diesem Sinne hat Goethe sich noch zwei Wochen vor seinem Tod über den Faust geäußert – im allerletzten Brief, den wir von ihm besitzen; Empfänger war Wilhelm von Humboldt. Goethe nannte die Szenen seiner berühmten Dichtung „diese sehr ernsten Scherze“[2].

Die Gegensätze zu ihrer Einheit zusammenfassend, dürfen wir

sagen: Es gibt eine ernste Heiterkeit so gut wie einen lächelnden Ernst. Wir haben den Scherz „ernst zu nehmen", aber im Ernst nach jener Heiterkeit zu suchen, auf der seine Würde beruht.

Natürlich ist Lächeln kein Lachen. Aber niemand sollte meinen, der Scherz, der im Ernst liegt, müsse sozusagen unsichtbar sein. Im Gegenteil, die Freude kann vorherrschen und dennoch ganz dem Ernst zugehören. In seiner höchsten Ausprägung, als Zusammenklang eines vorbehaltlosen Lachens mit einem dennoch ungeteilten und ungeminderten Ernst, mag die Verbindung beider für Menschen unerreichbar sein. Der volle Ernst des Lachens ist göttlich. Dazu besitzen wir eindrucksvolle Belege. Vor hundert Jahren hat Albrecht Dieterich eine Weltschöpfungslehre aus hellenistischer Zeit publiziert, die in griechischer Sprache abgefaßt ist, aber, wie leicht zu bemerken ist, eine altorientalische Vorstellung spiegelt. Der Schöpfergott erschafft durch siebenmaliges, lautes Lachen die Welt: „Laut lachte er zum ersten Mal, und es erschien das Licht und der Gott der Welt und des Feuers; laut lachte er zum zweiten Mal, und es teilte sich das Wasser: der Gott der Tiefe erschien". So bringt er in sieben Schöpfungsschritten durch Lachen die Elemente und den ganzen Kosmos hervor, und als er am siebenten Tag wiederum laut lacht und laut lachend weint, bleibt unsicher, ob er Tränen lacht, oder ob die siebente Schöpfungstat aus Schöpferjubel und dem Weinen des Mitleids gemischt ist[3]. Womöglich gilt beides; denn es erscheint das zweideutigste Wesen des Weltalls: Psyche, die Seele[4].

Sicher ist dieses Schöpfungslachen unmittelbar verwandt mit dem göttlichen Lachen der Freude über die Schönheit des Seins, das so viele Welterschaffungsberichte erwähnen. In seiner Theogonie besingt Hesiod als allererstes, noch vor dem Götterkönig, die Musen, deren Stimme immerzu, ohne Ermüdung, ertönt, und

„Es lacht das Haus des Vaters
Des machtvoll donnernden Zeus,
Wenn der Göttinnen lilienklarer
Schall sich ausbreitet"[5]

Dieses Lachen ist so groß und mächtig wie die Freude der Sonne. Diese lacht ja bekanntlich, indem sie scheint, also immer, und ihr Schein erfreut auch die Erde: Die Blumen lachen, die Vögel singen, und die Herzen aller lebenden Wesen tun sich auf. Dieser Art Lachen also läßt sich begreifen. Aber es gibt auch andere, schwerer verständliche Äußerungsformen des Lachens – solche nämlich, in deren Erscheinung der Ernst so vorherrschend ist wie bei der Schöpfungsfreude das Lachen. Und da ich, mit Jacob Grimm, von der wesenhaften

Zugehörigkeit des Märchens zum Mythos tief überzeugt bin, darf ich, bevor ich auf das engere Thema zu sprechen komme, das Vorbild auch hierfür aus dem mythologischen und religiösen Bereich nehmen. Die befremdlichste – ja, fast schon bestürzende Form eines Lächelns, das im tiefsten Ernste erscheint, finden wir in mehreren, analog gebauten buddhistischen Lehrerzählungen. Ich zitiere aus der 37. Legende des Divyávadána. Dort ermorden zwei gedungene Täter den König Udráyana, der seine Würde abgelegt und die Heimatlosigkeit des Asketen gewählt hatte, aber dennoch, schon durch seine Existenz, seinem Erben im Weg war: „Darauf zog einer von den Mördern, der ein mitleidsloses Herz besaß und die jenseitige Welt aufgegeben hatte, das Schwert aus der Scheide, schlug des Udráyana Haupt bis zur Wurzel ab und ließ es zur Erde fallen." Und dann folgt, ohne jeglichen Übergang, ein Satz, der auch in anderen, ähnlich gebauten Erzählungen wörtlich so vorkommt: „In diesem Augenblick geruhte der Erhabene (Buddha) zu lächeln"[6].

Es gehört ausdrücklich zum Inhalt der Lehre, daß Buddha nicht lacht; denn Lachen ist ein Affekt, und Buddha hat jeden Affekt in der Wurzel vernichtet[7]. Aber seinem Blick entgeht nichts, was auf Erden geschieht. Und dieses Geschehen bedenkt er mit einem Lächeln. Warum? Nach uraltem religiösem Glauben der Menschheit bleibt keine Tat unvergolten, keine böse ohne Strafe und keine gute ohne Lohn. Den gewöhnlichen Betrachter muß demnach die Verblendung eines Bösewichtes, der um kurzfristiger Vorteile willen eine, wie der Buddhismus lehrt, unabsehliche Reihe leidvoller Wiedergeburten in Kauf nimmt, mit Furcht und Mitleid erfüllen. Buddha hingegen sieht die Gerechtigkeit, die sich in allem Geschehen vollzieht; denn jedes Unrecht straft ein anderes, bringt ein früheres wieder ins Lot, so daß, trotz der unabsehlichen Kette des Bösen, die Gerechtigkeit dennoch das wahrhaft Herrschende bleibt. Sie ist die weltregierende Macht, die alle Konfusion auf Erden, alle Störungen, alles Böse immer wieder zurechtrückt. Und dieser Sieg der Gerechtigkeit, der alle Ungerechtigkeit sukzessiv wieder aufhebt, ist erstens notwendig – denn sonst ginge die Welt unter; aber zweitens ist er auch schön, ästhetisch schön, wie mehr oder weniger jede Romanhandlung zeigt. Mit direkter Anspielung auf diese Tatsache hat Hölderlin sein berühmtes Epigramm über die Tragödie verfaßt:

„Viele versuchten umsonst, das Freudigste freudig zu sagen,
Hier spricht endlich es mir, hier in der Trauer sich aus"[8].

– Im gleichen Sinne, so glaube ich, geruht Buddha zu lächeln. Einen Menschen, der jedem Glauben an die Gerechtigkeit – und das heißt nicht nur: an den Sinn des Daseins, sondern auch: an die Freude (nämlich im ernsten Sinn dieses Wortes!) – abgesagt hat, muß die Lehre der Legende freilich sehr befremdlich anmuten. Aber spätestens seit Sebastian Brant, in dessen „Narrenschiff" die Sünder konsequent als Narren dargestellt werden – Sebastian Franck in seiner „Geschichtsbibel" nennt sogar die Welt im ganzen kurzerhand „Gottes faßnachtspil"[9] – ist dieser Gedanke auch unser Besitz. Zum mindesten ist es der Inhalt vieler alter Texte geworden von jener Gattung, die wir als Volkserzählung bezeichnen.

Damit komme ich auf das Lächeln des Märchens. Gewiß hat dieses nicht den erhabenen Rang, den die Legende dem Lächeln Buddhas zuspricht, aber ich würde mich wohl getrauen zu sagen, es sei diesem Lächeln verwandter als die meisten anderen Erscheinungen dieser Art sonst. Denn auch das Märchen in seinen eindrücklichsten Beispielen steht fest im Glauben an die Gerechtigkeit, und es lehrt sie uns kennen. Sein Lächeln ist leise, oft mißzuverstehen. Aber nur der, den es anrührt, der mitlächeln kann, hat den wahren Genuß dieser Texte. Teils taucht es in Märchen auf, die weit entfernt sind, auch nur im geringsten zum Lachen reizen, teils aber auch in Märchen, die so lautes Gelächter erregen, daß der wahre Humor, um den es zu tun ist, unsichtbar bleibt, so daß jene Heiterkeit, die sich am Wesentlichen entzündet, vom Lachen über Unwesentliches zugedeckt wird.

Ich möchte das Lächeln des Märchens an drei Beispielen zeigen, wobei ich vorausschicke, daß es natürlich auch Märchen gibt, die das Lächeln, das ich meine, nicht enthalten. Das heißt, ich will den Artenreichtum der Märchen nicht einengen auf eine besondere Art. Allerdings ziehe ich diese eine allen anderen vor, und ich halte auch für sicher, daß sie wesentlich größeren Umfang hat, als man meinen könnte. Dafür stehen meine Beispiele ein. Aber andererseits werden sie auch zeigen, daß die Erzähler, die die mündliche Traditionskette der Märchen bilden, das, was sie erzählten, in seinem tiefsten Kern oft selbst nicht verstanden und dadurch verfälscht haben.

„Die Wichtelmänner" (KHM 39/I)

In dem ersten der drei Grimmschen Märchen mit dem Titel „Die Wichtelmänner" ist ein armer Schuster zu Wohlstand gekommen, weil jeden Morgen, wenn er aufsteht, all sein Leder mit höchster Kunstfertigkeit zu Schuhen verarbeitet ist. Eines Tages wird er neugierig zu erfahren, was nächtlich in seiner Werkstatt geschieht, und legt sich mit seiner Frau auf die Lauer. Nachts kommen „zwei kleine niedliche nackte Männlein“ und tun so behend ihre Arbeit, daß es ganz staunenswert ist. Am anderen Morgen spricht die Frau: „Die kleinen Männer haben uns reich gemacht; wir müßten uns doch dankbar dafür bezeigen“. Gesagt, getan: sie näht Kleiderchen, und ihr Mann macht zwei Paar Schühlein dazu. Abends legen sie statt des zugeschnittenen Leders, wie sonst, die Geschenke hin. Die Männlein kommen und zeigen „eine gewaltige Freude. Mit der größten Geschwindigkeit zogen sie sich an, strichen die schönen Kleider am Leib und sangen

‚Sind wir nicht Knaben glatt und fein?
was sollen wir länger Schuster sein!‘“

tanzten zur Tür hinaus und kamen nicht wieder.

Das Märchen endet mit den Worten: „Dem Schuster aber ging es wohl, solange er lebte, und es glückte ihm alles, was er unternahm“. Dieser Schlußsatz ist offenkundig hinzufabuliert; er paßt dem Märchen gar nicht „glatt und fein“ auf den Leib. Der entscheidende Umstand ist hier geschönt; das Lächeln dieses Märchens wird zu einem behaglichen Wohlstandsgrinsen verfälscht. In seiner Deutschen Mythologie hat Jacob Grimm den wahren Sinn des Vorgangs durch eine Reihe von Belegen verdeutlicht. Mit der Auszahlung endet die Arbeit, die Zwerge rufen „Ausgelohnt, ausgelohnt!“ und verschwinden für immer. Ein „Seemännlein“ bei Rippoldsau warnte, obwohl es in abgetragenen Kleidern ging, den Bauern, dem es half, ihm andere anzuschaffen. Aber als dies endlich doch geschah, sprach es: „Wenn man ausbezahlt wird, muß man gehn“, und war nie mehr gesehen[10].

Wie sollen wir diese Pointe verstehen? Mir scheint, das Phänomen ist auch diesmal die Lehre. Die Hilfe der Zwerge ist freie Gunst, ein Glücksgeschenk, das grundsätzlich, wie alles Glück, unverdient ist und, wie alle Geschenke, nicht bezahlt werden darf. Wer sich anders für ein Geschenk des Schicksals bedanken will, als indem er es dankbar empfängt – mit anderen Worten: wer sich das Glück verdienen will, das ihm gewährt wird, der tritt in ein Kaufmannsverhältnis zum Schicksal, und dann wird eben gerechnet. Und dann zeigt sich: die Gabe war Gunst, aber die Rechnung kann nicht „zu Gunsten“ des Beglückten ausgehen; sein Konto ist längst überzogen. Die Gaben des Glücks können nicht finanziert werden, schon gar nicht mit Almosen; denn das sind ja die Kleiderchen im Verhältnis zum gewonnenen Reichtum. In demselben Moment, wo der Mensch sein vermeintliches Recht auf das Glück durch Bezahlung festschreiben will, wo er anfängt, auf das Glück, das ihm hold ist und das ihm, wie man sagt, lächelt, zu rechnen, ist es vorbei; das Glück lächelt nicht mehr. Aber darüber lächelt das Märchen, und nur ein Erzähler, der es in Wahrheit schon nicht mehr versteht, kann ihm den Schluß hinzuerfinden, daß der Auszug der beschenkten Wichtelmänner das richtige Glück erst ins Haus bringe. Im Gegenteil, die zeitlose Lehre des Märchens ist die, daß schon der Versuch eines Menschen, seinem Glück auf den Grund zu kommen, und erst recht, diesen Grund nach Möglichkeit noch zu stabilisieren, genügt, um es zu zerstören. Gewiß kennt jedermann die Versuchung, sich Gunst zu erkaufen, sich des Glücks, das er hat, versichern zu wollen, es festzuhalten, so gut es nur geht. Aber wer so handelt, läuft hohe Gefahr, daß Schluß mit dem Glück ist. Für den Betroffenen ist das eine herbe Enttäuschung – ja, es sieht wie eine Beleidigung aus. Aber für den verstehenden Zuschauer ist es ein Quell der Belehrung und Anlaß zu einem leisen und fröhlichen Lachen.

„Knoist un sine dre Sühne" (KHM Nr. 138)

Auf den ersten Blick scheint es sich bei der Geschichte von Knoist um ein Lügenmärchen zu handeln, also um etwas ohne großen Belang. Aber bei genauerem Zusehen drängt sich eine andere Annahme auf. Ich glaube, daß wir es mit der märchenhaften Ausgestaltung eines Rätsels zu tun haben – eines, das von der Art der ältesten ist, die wir kennen. Eine Reichenauer Handschrift des 9. Jahrhunderts enthält in lateinischer Sprache Aenigmata risibilia, lachhafte Rätsel, darunter das berühmte vom „Vogel federlos"[11]:

„Es flog ein Vogel federlos
Auf einen Baum blattlos.
Da kam Frau fußlos
und fraß den Vogel federlos mundlos".

Die Auflösung lautete: Schnee und Sonne. Nicht unähnlich steht es mit dem Märchen von Knoist, das keine Lügen reiht, sondern ein Rätsel aufgibt.

Knoist hat drei Söhne, und jeder von ihnen hat einen Schaden. Neben dem Mangel an Sehkraft und an Gehvermögen ist der Mangel an Kleidung offensichtlich nichts Momentanes, nichts, was sich ändern ließe, sondern erscheint als eine unaufhebbare Eigenschaft, die die Person charakterisiert. Schon dieser Umstand erregt die Aufmerksamkeit: die Blöße, die gemeint ist, ist nicht zu bedecken, sie ist konstitutionell. Kleider nützen ihr so wenig wie dem Blinden die Brille und dem Lahmen ein Kompaß. Aber zunächst muß ich fragen: Wer ist Knoist? Grimms Deutsches Wörterbuch erklärt den Namen, mit Hinweis auf unser Märchen, unter dem Stichwort Knaust, Knust. Das

Wort bedeutet erstens einen Knorren, zweitens den Brotknust, drittens einen knotigen Auswuchs am Körper, z. B. am Hals, und schließlich einen ungestalten, kurzen, dicken Mann, der mithin schon dem Namen nach in Verdacht steht, als Karikatur eines Menschen Gegenstand der Erzählung zu sein - aber nicht etwa, weil er körperlich dick wäre, sondern weil das Feiste, Auswüchsige, Knotige sein Wesen ausdrücken soll. Mit Knust wortverwandt sind u. a. Knirps, Knoten, Knolle, Knödel - lauter Ausdrücke, die in Schimpfworten und verächtlichen Bezeichnungen vorkommen.

Dazu paßt nun, was von Knoists Söhnen gesagt wird. Ich folge hier einer Deutungsformel, die schon dem Mittelalter vertraut war. Alle Eigenschaften eines Menschen, die im Lauf des Lebens aus seinem Wesenskern hervortreten, die sich entwickeln, gelten als Ausgeburten der Seele, als ihre Kinder. Paracelsus nannte diese Kinder, sofern ein Mensch seiner inneren Artung nach gut und fromm war, „ehelich"; aber beim gottlosen Menschen sprach er von „Bankerten" und „Hurenkindern"[12] - fast so, als hätte er Meister Eckhart gelesen, der dieses Bild noch überzeugender ausgemalt hat. Eckhart legt eine Bibelstelle, wo die Rede ist von einer Frau und ihren zwei Söhnen (2. Kön.4), so aus: Die Frau sei die Seele, und die Söhne der Seele seien - der älteste Vernunft, der zweite Wille[13]. Ich folge dieser Auslegung um so lieber, als sie eine Tradition besitzt, die bis in unsere Tage hineinragt. Noch Schopenhauer hat diese zwei Seelenorgane, Intellekt und Wille, als die Grundkräfte des menschlichen Wesens verstanden, und als wolle er unser Märchen interpretieren, beschrieb er ihr Verhältnis als das eines Blinden zu einem Lahmen: „In Wahrheit. .. ist das treffendste Gleichnis für das Verhältnis beider der starke Blinde, der den sehenden Gelähmten auf den Schultern trägt"[14]. Also der Intellekt ist sehend, aber lahm, und der Wille ist zwar mobil, aber er hat keine Augen. Das ist das Problem der menschlichen Natur allgemein. Jedoch bei einem Menschen, der zuinnerst verkehrt ist, steht die Sache noch schlimmer. Bei ihm müssen wir damit rechnen, daß der Intellekt gerade nicht sieht und der Wille ohne Impuls ist. Offenbar ist unser Knoist von genau dieser Art. Natürlich hat er leiblich intakte Augen und ist auch beweglich, vielleicht sogar flink auf den Beinen; das heißt, die Triebe funktionieren im Zweifelsfall gut. Nur der Wille, diese Instanz der inneren Führung und Selbstregulierung, ist lahm; und wenn die Psychiatrie der letzten Jahrhundertwende in Bezug auf gewisse Rückfalltäter von „moralischem Schwachsinn" sprach, so deutet das Märchen an, Knoist sei nicht nur schwachsinnig, sondern geradezu blind. Mit anderen Worten, soweit es darum geht, Gewinn und Vorteil zu erkennen und auszunutzen, ist Knoist geschickt und agil. Aber in jeder anderen Hinsicht ist er unfähig zu Erkenntnis und Einsicht und ohne sittliche Antriebe, also blind und lahm in einem Sinne, der Schopenhauers Skepsis in Bezug auf den Menschen noch übertrifft. Von hier aus versteht sich dann auch die Eigenschaft, die den dritten Sohn auszeichnet, die unaufhebbare Nacktheit.

Nacktheit ist Zeichen äußerster Armut, und da ja der Nackte, von dem hier die Rede ist, Taschen hat, also keineswegs Mangel an Kleidern, um die leibliche Blöße zu decken, ist klar, daß es sich um ein Elend handelt, das innerlich ist. Das heißt, Knoist könnte durchaus wohlhabend oder gar reich sein; dennoch bleibt er, wie wir im Deutschen sagen, ein „elender Bursche". Sein größtes Unheil ist, daß er gute Augen für willkommene Beute besitzt und darum nicht auf den Verdacht kommt, er könne stockblind sein; daß er kregel und flink ist, wenn Beute verfolgt werden muß, und darum nicht einmal ahnt, er könne lahm sein und der Hilfe bedürftig; daß er Vermögen in großen Taschen zu sammeln versteht und darum gar nicht auf die Idee kommt zu prüfen, ob er in Wahrheit nicht wohl sehr arm, ein armseliger Wicht genannt zu werden verdiente.

So stellt das Märchen uns Knoist vor, einen Mann ohne aufrechten Gang, jedoch von bedenkenloser Durchsetzungskraft. Sein Wesen wird noch verdeutlicht durch das, was weiter geschieht. Er wählt das Schiff ohne Boden, ein uraltes Bild. Bekannt ist der mittelalterliche Holzschnitt, der zeigt, wie etliche Narren ein solches Schiff über Land tragen: Oben schauen die Köpfe, unten die Beine heraus, und so laufen sie querfeldein – überzeugt, es sei nützlich, zu Lande Schiffahrt zu treiben. Der wahre Narr aber macht es noch schlimmer. Wie Geiler von Kaisersberg in seiner Predigtreihe über das Narrenschiff von Sebastian Brant sagte, wählen die Narren ein leckes Boot für ihre Fahrt über das Meer des Lebens, nämlich das „schiff irer begird", und fahren damit, wo die Winde sie hinwehen, „on ein compasz .. vnd ohn ein meisterschafft des schiffmans", und darum gehen sie unvermeidlich „in" der Welt „unter"[15].

Zu diesem Bilde ist festzustellen, daß es von denkbar höchstem Altertum ist. Einer der ältesten griechischen Komödiendichter, Epicharm, der ungefähr Zeitgenosse des Aischylos war, hat in seinen Lustspielen märchenhafte Stoffe verarbeitet. Sogar das Schlaraffenland spielt bei ihm eine Rolle. Von einer seiner Komödien sind nur zwei Zeilen erhalten. Sie lauten: „Lüste sind für den Menschen gottlose Seeräuber; denn stracks ins Meer versenkt ist der Mann, der von Lüsten gefangen wurde „ (B 44 a). Dabei wird darauf angespielt, daß im Griechischen Seeräuber wörtlich „der ins Meer Versenkende" heißt. Immerhin – selbst wer in der Weltlichkeit ertrunken ist, wird vom Pfarrer begraben. Aber wie es ihm danach ergeht, erzählt uns das Ende des Märchens; denn es ist im christlichen Geist überformt. So steht im allmächtig großen Wald der allmächtig große Baum und darin die allmächtig große Kapelle, und in dieser treiben zwei strafende Instanzen ihr Wesen, zwei Büttel, die nach der Art eines Knecht Rupprecht tätig werden, nur daß die Szene offensichtlich im Fegfeuer oder noch einen Stock tiefer zu denken ist. „Sielig is de Mann, der nicht blind, lahm und nackt ist und solche Reinigungen vermeiden kann". Das lehrt uns, in Form eines Rätsels, das Märchen.

Gewiß kann man verschiedener Meinung darüber sein, wie diese Geschichte den unvorbereiteten Zuhörer anspricht[16]. Aber sein wahrer Humor liegt jedenfalls tiefer als die Lächerlichkeit, die die Darstellung an und für sich hat. Sofern wir uns lediglich über die auf den Kopf gestellte Realität amüsieren, wenn wir darüber lachen, lacht das Märchen nicht mit; denn dann ist es gar nicht verstanden. Die ausgelassene Schilderung von Unmöglichkeiten ist bloß seine äußere Schale. Wer sich nur über diese erheitert, hat, einem Wort Platons zufolge, „die Frucht des Lächerlichen unreif gepflückt"[17]. Worüber aber lacht denn das Märchen? Natürlich über die Dummheit, die in der Schlechtigkeit liegt, aber vielleicht auch ein bißchen über eine Märchenforschung, die sich klug vorkommt zu wissen, was ein Lügenmärchen ist, und wie man es korrekt definiert, und die doch weit entfernt ist, das einzige, worauf es hier ankommt, zu sehen: nämlich daß hinter den Lügen eine Wahrheit steht, die man gut täte, sich keinesfalls entgehen zu lassen. Denn für jeden, der das tut, der über seinem kindischen Vergnügen an bunten Lügen die Wahrheit, um die es geht, übersieht, gilt die Warnung der Alten, man solle nicht derart lachen, daß man sich selber lächerlich mache[18]. Diese Wahrheit aber liegt beim Märchen von Knoist auf der Hand. Es enthält eine Kapuzinerpredigt, aber ohne das entrüstete Sittengeschrei eines Abraham a Santa Clara, so daß sie dem Verständigen um so besser ins Ohr gehen mag. Und dann wird er es sein, der mit seiner Erheiterung das Lächeln des Märchens begleitet.

„Der Gevatter Tod" (KHM Nr. 44)

Das dritte Märchen, das ich gewählt habe, ist von äußerster Herbheit. Man könnte geneigt sein, ihm den Humor ganz abzusprechen. Aber es hat ihn in reichem Maße, es lacht sogar laut, allerdings auf unsere Kosten.

Der arme Mann sucht einen Paten für sein dreizehntes Kind. Gott, Tod und Teufel bieten sich an. Gott wird abgewiesen, weil er ungerecht sei, mit den Worten: „Du gibst dem Reichen und lässest den Armen hungern". Der Märchenerzähler geniert sich ein bißchen für einen Christen, der die Güte Gottes so wenig begreift, und fügt in belehrendem Tonfall für die Hörer und Leser von Kinder- und Hausmärchen hinzu: „Das sprach der Mann, weil er nicht wußte, wie weislich Gott Reichtum und Armut verteilt", so als ob er selber und desgleichen seine Zuhörer in dieses dunkelste aller Mysterien eingeweiht wären. Er ahnt nicht, daß das Märchen gerade auf diese Frage eine Antwort bereit hält, daß es ein Lehrstück über das Wesen der Gerechtigkeit ist.

Als nächster kommt der Teufel. Er wird erst recht abgewiesen; denn er ist vielfältig ungerecht, verführt und betrügt die Menschen, wie es im Text heißt. Aber dann kommt der Tod, und der wird akzeptiert; denn er ist gerecht, er macht alle gleich. Diese Beziehung des Todes zur Gerechtigkeit ist uralt. Wir finden sie in Mythologien und Religionen, zum Beispiel im Hinduismus, wo der Gott des Todes zugleich auch der der Gerechtigkeit ist. Insofern dürfen wir sagen, der arme Mann will die Gerechtigkeit selbst zum Schutzherrn des Kindes bestellen.

Aber im folgenden zeigt sich, daß der Knochenmann genau das tut, was Gott und dem Teufel zum Vorwurf gemacht worden war: Er verteilt Reichtum und Armut offenbar unweislich, und zwar in folgender Art: Erstens eröffnet er seinem Patensohn den Weg zu unermeßlichem Reichtum und gibt ihm, wie die Schmähung gegen Gott lautete, „noch dazu", nämlich Ehren und Ruhm. Zweitens aber verführt er ihn, wie es der Teufel nicht besser könnte, durch die Beschaffenheit seiner Geschenke mehr oder weniger direkt zum Betrug; mindestens hält seine Gerechtigkeit der Kritik eines Sterblichen am Ende nicht besser Stand als die „weislichen Fügungen" Gottes. Auf jeden Fall wird der Jüngling „der berühmteste Arzt auf der ganzen Welt", aber auf die unrühmlichste Weise; kein Arzt ist zu denken, der weniger wüßte als er. Er hat nur das Glück, der Patensohn des Todes zu sein.

Hier stellt sich, angesichts der Personifikation der Gerechtigkeit, die Frage: Mit welchem Recht handelt der Tod so? Schon die Alten hatten betont, es sei unrecht, also gegen das Recht, die Götter zu bitten, daß man im Reiten siege, wenn man kein außergewöhnlich guter Reiter sei, oder daß man beim Bogenschießen gewinne, wenn man sich diese Kunst nicht völlig zu eigen gemacht habe[19]. Aber in diesem Fall hat ein Gott (bzw. der Tod) dem völlig Kenntnislosen den Sieg in die Hände gespielt. Nicht anders als würde ein Mensch, der, wie wir sagen, „von Tuten und Blasen keine Ahnung hat“, zum Starkomponisten gemacht, so ist der Jüngling ohne Neigung, ohne Wissen, ohne Bemühung, wie zu seinem Beruf, so auch zum Ruhme gekommen. Was wird daraus folgen? Die Dankbarkeit des jungen Mannes für das unverdiente Glück, das ihm zuteil wurde, müßte grenzenlos sein; und sie müßte ihn lebenslang zur Bescheidenheit anhalten – ja, geradezu in Furcht halten vor einem so unverdienten Geschenk.

Natürlich ist Glück immer unverdient, aber welcher Mensch, dem es hold ist, erinnert sich dieses Umstandes zwei Tage später? Das heißt, er fängt rasch an, sich selbst zu betrügen, und wahrscheinlich wird er auch früher oder später versuchen, diese Kraft des Betrugs, an sich selber geübt, an anderen Leuten auszuprobieren. Unser Jüngling jedenfalls tut das – ja, er scheut sich nicht, sogar seinen Gönner selbst betrügen zu wollen. Er bettet den kranken König, zu dessen Füßen der Tod steht, mit dem Kopf ans Fußende und verhilft mit diesem Schelmenstück einem Patienten, dem das Sterben bestimmt war, zur Genesung. Der Tod könnte natürlich dieses Spiel mitmachen; er brauchte nur, während der Kranke umgebettet wird, auch seinerseits das Bett zu umwandeln. Jedoch das wäre unter der Würde des Todes. Die Gerechtigkeit wird doch mit einem Lümmel nicht Nachlaufen spielen! Aber seltsamerweise duldet der Tod nicht nur die Errettung des Königs, sondern verzichtet auch darauf, den ungehorsamen und undankbaren Patensohn zu bestrafen, obwohl dies leicht genug zu bewerkstelligen wäre. Denkbar wäre zum Beispiel, daß er sich einfach nicht mehr am Krankenbett zeigte; dann wäre der Ruf des Wunderarztes rasch genug ruiniert. Aber der Tod braucht nicht zu strafen; denn die Gerechtigkeit waltet, die Tat bestraft sich von selbst. Dem Lebenslicht des Königs, das am Verlöschen war, muß neuer Brennstoff zugeführt worden sein – offenbar aus dem Lebenslämpchen des jungen Betrügers. Wenn dieser jetzt, wie sich das nach Märchenlogik gehörte, die Königstochter bekäme, so würde er sich seines Glücks mit dieser nicht so lange erfreuen können, wie sein Lebensalter und seine Gesundheit es an sich zu erhoffen erlauben; denn einen Teil seiner Lebensenergie hat er unwissend bereits für das Leben des Königs – nicht geopfert, aber hergegeben, zu fremden Gunsten verloren. Jedoch nun droht auch die Königstochter zu sterben, und abermals wagt der auf die Nachsicht seines Paten vertrauende Jüngling den frechen Betrug. Damit sind nun schon zwei Leben gerettet, aber auf Kosten des seinen; sein Lebenslicht ist am Verlöschen. Dennoch begreift er immer noch nichts. Und als ob der Tod sein Kumpan bei diesem Betrug sei, hat er die unausdenkliche Dreistigkeit, ihn um ein neues Lebensflämmlein zu bitten, „damit ich meines Lebens genießen kann“ und „König werde“.

Wir sehen, in diesem Märchen vom Gevatter Tod wird uns ein Beispiel grenzenloser Hybris geboten. Unser „Arzt“ hat maßlose Forderungen sowohl an das Leben als auch, im wörtlichen Sinn, an den Tod – vor allem die Forderung, daß jene Gerechtigkeit, um deretwillen sein Vater ihm den Tod zum Paten gewählt hatte, zu seinen Gunsten gänzlich abgeschafft werde. Allerdings wäre an dieser Stelle zu fragen: Machen andere Menschen es anders? Wir müssen begreifen, daß es bei Lichte besehen gar nichts Besonderes, keine Auszeichnung ist, ein Patenkind des Todes zu sein. Nicht nur für jenes dreizehnte Kind steht der Tod „ganz ordentlich Gevatter“, sondern für jeden von uns. Alle Menschen sind gleicherweise Patenkinder des Todes. Der Tod hat an jeder irdischen Wiege gestanden, und es gibt niemanden, dem er nicht Geschenke, und zwar des Lebens, und für das Leben, gemacht hätte. Der Tod, als Grenze des Lebens, als Ende oder als Ziel, ist von Anfang an in jeder blühenden Jugend erhalten. Lächelnd fragt uns das Märchen, ob auch wir so unbedacht, so betrügerisch und frech mit unserer Lebenskraft und unserem Tode umgehen wollen, wie jener Jüngling es tut: nämlich Leben heischend und dennoch gleichzeitig Lebenskräfte und Lebenszeit mit vollen Händen verschleudernd.

Der Logik der Erzählung zufolge ist es eine Irreführung von seiten der Erzähltradition, zu sagen, der Tod habe sich, wie es im Text heißt, „rächen wollen“, indem er das Lebenslicht des Jünglings ausgehen ließ. Im Gegenteil liegen die Glaubhaftigkeit des Gedankens und der innere Zusammenhang der Motive gerade darin, daß der Betrug des Arztes keine Rache erfordert, weil er sich selbst rächt, weil dieser Mann sich auf eigene Rechnung betrügt. Und da der Betrug nur um des Genusses und der Befriedigung seiner Eitelkeit willen verübt wurde, ist die Tatsache, daß am Ende ein betrogener Betrüger dasteht, so gerecht wie erfreulich – ein Komödienstoff, dessen Ende wir (sofern wir nicht selbst von der Art dieses dreizehnten Kindes sind) nicht versäumen sollten, mit Zustimmung und Erleichterung – ja, mit Heiterkeit zu begrüßen. Diese Heiterkeit aber liegt im Märchenstoff selbst. Der arme Mann hatte einen banalen Begriff von Gerechtigkeit, und der unsere taugt vielleicht nicht sehr viel mehr. Aber das Märchen erklärt uns, wie man Gerechtigkeit besser versteht. Solon hatte in der Meeresstille das Bild der vollkommenen Gerechtigkeit gesehen[20].

Jedoch das Leben ist keine Meeresstille; Ungerechtes geschieht unentwegt. Doch jede Welle wiegt sich ganz genau mit jedem Wellental aus; alles Ungerechte wird korrigiert. Insofern ist es der Glaube der Menschheit seit ältesten Zeiten, daß Gott mitsamt Teufel und Tod die Gewähr der Gerechtigkeit sei und uns Sicherheit gebe, daß sie, so oft sie auch verletzt wird, sich wieder herstellen kann. Und dieses Ja zur Gerechtigkeit, dieser zuversichtliche und tröstliche Glaube, hat alle Züge der Fröhlichkeit und eines lautlosen Lachens.

Die Menschen zweifeln, daß es Gerechtigkeit gibt, darum hadern sie, und die Armen beneiden die Reichen. Hier will uns das Märchen belehren. Aber es teilt uns seine Meinung nur undeutlich, in Form einer Geschichte mit, über die man nachdenken muß. Und in dem Abstand zwischen der erzählten Geschichte und ihrer heimlichen Lehre liegt die Erkenntnisaufgabe. Die Lehre lautet: „Entweder Ihr haltet fest an dem, was ein so dummer und widerspruchsvoller Mensch wie jener arme Mann für wahr hält, oder ihr durchdringt den Buchstaben der Geschichte und erfaßt ihren wahrhaften Sinn!"

Die Gerechtigkeit gehört mit der Ungerechtigkeit zusammen wie mit dem Dunkel das Licht; beide sind nicht ohne einander zu denken. Darum gilt, daß, wer die Gerechtigkeit fälschen, ein Unrecht zu seinen Gunsten durchsetzen will, sich am Ende der Gerechtigkeit aussetzt. Das ist der Glaube, der die Menschen in früheren Zeiten getröstet hat über alles, was nicht gerecht ist auf Erden; und es ist auch der tröstliche Glaube des Märchens. In der Sicherheit dieses Glaubens lächelt es über jeden Versuch, der Falschheit, der Bosheit, dem Betrug und der Täuschung Dauer zu geben.

Folgerungen

Die moderne Gesellschaft platzt vor künstlichem Frohsinn: Freizeitspaß, Reisespaß, Badespaß, Lesespaß, demnächst gewißlich auch Märchenspaß - wir kennen die heutige Spaßwelle, man verfolgt uns damit. Bekannt ist der Titel von Neil Postmans Buch: „Wir amüsieren uns zu Tode". In diese Richtung weist in der Tat manches. Frohsinn gilt beinah als Pflicht, Unernst will Leidenschaft werden, Albernheit und Blödelei werden heftig beklatscht. Und das Grinsen, vormals ein untrügliches Kennzeichen aller unrasierten und rasierten Banditen, ist zur wichtigsten Form der Selbstdarstellung eines Menschen, der Geltung beansprucht, geworden. Am meisten gilt das für die Politiker, die bekanntlich, um besser verkäuflich zu sein, sogar Unterricht darin nehmen und das breite Lachen trainieren.

Insofern ist überaus fraglich, ob wir heute die richtige Voraussetzung haben, um über Humor und Witz im Märchen zu urteilen. Die Frage nach dem, was wir Scherz nennen dürfen, verschiebt sich zu der anderen, was wir uns überhaupt noch rühmen können, davon zu verstehen. Denn eines ist sicher: Die Märchen sind voll von Humor, aber sie grinsen nicht. Viele Märchen sind ernst, auch wenn sie lachen. Auf jeden Fall lachen nicht nur wir über gewisse Märchen. sondern viele Märchen lachen über den Menschen; und sie lachen besser als wir. Die Aufgabe lautet also, nicht über das Märchen zu lachen, sondern mit ihm lachen zu lernen.

Ich erinnere an das Motto, das Nietzsche seiner Lehre von der rechten Heiterkeit, der „Fröhlichen Wissenschaft", vorangestellt hat:

„Über meiner Haustür:
Ich wohne in meinem eignen Haus,
Hab niemandem nie nichts nachgemacht
Und - lachte noch jeden Meister aus,
Der nicht sich selber ausgelacht"[20].

In der Tat, über sich selber lachen zu können, ist eine Aufgabe, die dem Menschen mehr als manche andere gestellt ist.

Diesem Ziel näherzukommen, hilft nicht zuletzt eine möglichst ernsthafte und vertiefte Lektüre der Märchen.

Anmerkungen

1 Tag- und Jahreshefte auf das Jahr 1802, in: Werke, Vollständige Ausgabe letzter Hand, Bd. 31, S. 131.

2 Brief vom 15. März 1832 (= Goethes Briefe, Hamb. Ausg., Band IV, S. 481).

3 Albrecht Dieterich: Abraxas. Studien zur Religionsgeschichte des späteren Altertums. Leipzig 1891, S. 17 ff.

4 Reinhold Merkelbach, der übersetzt: „... und im Lachen weinte er", bringt das Motiv mit der religionsgeschichtlich bekannten (und speziell auch für das alte Ägypten belegten) Vorstellung zusammen, daß die Menschen aus Gottes Tränen entstanden. Allerdings handelt es sich um die Schöpfung der Göttin Psyche, der Weltseele; insofern bleibt der Sinn der Stelle m. E. nach wie vor unsicher. Vgl. R.Merkelbach, Abraxas. Ausgewählte Papyri religiösen und magischen Inhalts. Papyrologica Coloniensia XVII, Bd. 3, S. 41.

5 V. 37 ff. Übers. W. Marg.

6 Johannes Nobel: Udrayana, König von Roruka. Eine buddhistische Erzählung. Wiesbaden 1955, S. 86 ff; dort auch die weiteren Stellenangaben. Eine dieser Parallelstellen hat Heinrich Zimmer übersetzt; Buddhistische Legenden, itb 820, S. 94 und 103.

7 Das Wörterbuch der Mythologie, Hg. H. W. Haussig, Bd. IV, S. 254 (s. v. Aka Manah), berichtete von Zarathustra, der Sieg über den Versucher Aka Manah habe „sein Lächeln bewirkt". Was Jesus betrifft, so erklärt Johannes Chrysostomos im Kommentar zum Matthäus-Ev., 6. Homilie, c.6, man habe ihn oft weinen, aber nicht lachen sehen: „Wenigstens hat kein Evangelist so etwas berichtet". Der letztere

Satz zeigt zur Genüge, auf wie schwachen Füßen diese Ansicht des Kirchenvaters steht. Natürlich ist das Evangelium, als Frohbotschaft, nicht unfroh; und natürlich gehört auch zu Jesus das Lächeln. Ich erinnere nur an das Gleichnis vom Zinsgroschen. Wer die uralte, schon heidnisch überlieferte Auffassung kennt, daß die Welt Gottes Eigentum ist und die Menschen auf Erden zu Gast sind, wird damit rechnen, daß über dieser Geschichte ein vieldeutiges Lächeln schwebt, welches nicht allein mit dem klugen Ausweichen Jesu vor der Fangfrage des Pharisäers erklärt werden kann.

8 Vgl. meine Abhandlung „Furcht und Mitleid bei Platon"; in: Zeitschr. für philos. Forschung, Band 28 (1974), S. 499 ff.

9 Chronica, Zeitbuch und Geschichtsbibell von anbegyn bisz in diß gegenwertig jar verlengt (1536), reprograph. Nachdruck, Darmstadt 1969, Vorrede S. a VI v.

10 Band I (4. Ausg.) S. 401, mit Anm.

11 Mathilde Hain: Rätsel. Sammlung Metzler 1966, S. 4 ff; dort weitere Literatur.

12 Liber de fundamento (2. Tractat „Vom grunt der weisheit"), Sämtliche Werke, 1. Abtlg., Band XIII, S. 301 ff.

13 Deutsche Werke, Band II, Predigt 37, S. 218 f, mit Berufung auf Augustinus, der „von zwein antlützen der sêle" gesprochen habe. Vgl. auch Predigt 43, S. 322 ff.

14 Die Welt als Wille und Vorstellung, Ergänzungen zum zweiten Buch, Kapitel 19 (= Sämtliche Werke, Wiesbaden 1948 ff, Band III, S. 233). Von Blinden, Lahmen und Dummen im übertragenen Sinn spricht schon Xenophon, Kyropaidia III 1,19.

15 Friedrich Zarncke: Sebastian Brants Narrenschiff, Leipzig 1854, Einl. S. LVII.

16 Aus dem Aspekt der Erzählkunst trägt zu dieser Frage vieles bei die Untersuchung von Jürgen Janning: Reim und Weise als Klangspiel und ihre inhaltliche Resonanz; in: Siegwart Berthold (Hrsg.): Grundlagen der Sprecherziehung. Düsseldorf 1981, ab S. 103, bes. 107 ff.

17 Staat 457 b.

18 Heraklit B 130 (Zuschreibung an H. gilt als zweifelhaft).

19 Xenophon, a. a. O. I 6,6.

20 Fragment 11, Diels.

Helga Gebert „Die gefangenen Seelen"

Helga Gebert

... ist geboren 1935; Studium an der Kunstakademie in Freiburg im Breisgau. Sie lebt dort heute als freischaffende Künstlerin und veröffentlichte bisher Illustrationen, Bilderbücher, Comics und Märchenbücher. Helga Gebert ist Märchensammlerin, Herausgeberin, Übersetzerin und Illustratorin in einer Person.

*

„In den alten Volksmärchen ist die Schwelle noch durchlässig, die Verbundenheit zwischen Sichtbarem und Unsichtbarem, Körper und Geist, Mensch und Natur noch aufzufinden - und dieses bündnisbedingte Zwiegespräch miteinander. Und das raunt und raunt in den alten Märchen ..." (Helga Gebert)

Joseph Hoymann

PARODIEREN VON MÄRCHEN, PARODISTISCHES IM MÄRCHEN, MÄRCHEN ALS PARODIE ...

Über eine närrisch-weise Art, mit alten Geschichten umzugehen:

Das zur Diskussion gestellte Thema soll mit einem kleinen Spiel eröffnet werden. Dieses Spiel besteht aus zwei Fragen, die in etwa auch Anfang und Ende der Abhandlung bildhaft charakterisieren.

Die erste Frage lautet: „Liebe Kinder, wißt ihr wo, Fingerhut zu Hause?“ Wer dieses Spiel kennt und es mitspielen will, kann die „richtige“ Antwort geben. Sie lautet: „Tief im Tal von Acherlo hat er Herd und Klause.“ Mit dieser Antwort wäre dann der Anfang der Märchenballade FINGERHÜTCHEN von Conrad Ferdinand Meyer richtig weitergeführt worden.

Viele wissen, daß diese Ballade FINGERHÜTCHEN eine verändernde Bearbeitung eines alten irischen Märchens ist, das die Brüder Grimm übersetzten und herausgaben. An dieser Stelle werden wir schon auf ein wichtiges Phänomen aufmerksam gemacht, daß nämlich das Märchen nicht in erster Linie eine feste Gestalt, sondern ein lebendiger Prozeß, eine bewegte Form ist. Nicht nur in der Literaturwissenschaft geht man leicht davon aus, daß eine Gattung – wie z. B. das Märchen – eine feste Gestalt, eine geprägte Form hat, die man mehr oder weniger präzise definieren kann. Dabei wird leicht übersehen, daß diese Gattungen aus einer Tätigkeit entspringen. In seinen Ausführungen zur Morphologie schreibt Goethe 1817: „Der Deutsche hat für den Komplex des Daseins eines wirklichen Wesens das Wort Gestalt. Er abstrahiert bei diesem Ausdruck von dem Beweglichen, er nimmt an, daß ein Zusammengehöriges festgestellt, abgeschlossen und in seinem Charakter fixiert sei. Betrachten wir aber alle Gestalten, ... so finden wir, daß nirgend ein Bestehendes, nirgend ein Ruhendes, ein Abgeschlossenes, sondern daß vielmehr alles in einer steten Bewegung schwanke ... Wollen wir also eine Morphologie einleiten, so dürfen wir nicht von Gestalt sprechen; sondern, wenn wir das Wort brauchen, uns allenfalls dabei nur die Idee, den Begriff oder ein in der Erfahrung nur für den Augenblick Festgehaltenes denken.“

Auch wenn Goethe hier in erster Linie von den „Gestalten“ in der Natur spricht, so läßt sich dieser Gedanke wohl auch auf kulturelle „Gestalten“ übertragen. Wer aber setzt diese „Bewegung“ immer wieder in Gang? Dies kann jeder mündliche oder schriftliche Erzähler tun. So kann man in der Fortsetzung des begonnenen Spiels die Frage nach dem Wohnort des Korbflechters mit Namen FINGERHÜTCHEN auch ganz anders beantworten als dies Conrad Ferdinand Meyer tut. Man könnte z. B. folgende Variation bringen: „Überall und nirgendwo hat er Herd und Klause." (anstatt: Tief im Tal von Acherlo hat er Herd und Klause.") Damit entstünde vielleicht eine ganz andere Geschichte.

Die zweite Spielfrage lautet: „Schön Hühnchen, schön Hähnchen, und du, schöne bunte Kuh, was sagst du dazu?" Die eigentliche Antwort in der Tiersprache lautet im Märchen DAS WALDHAUS knapp und einfach „duks!" Die Kenner des Märchens wissen, daß dieses „duks!" mancherlei heißen kann. Würde nun ein Spieler beispielsweise diese Frage einem hörenden oder lesenden Publikum stellen, einem Publikum, dessen Zustimmung er gerne erringen möchte, dann könnte seine Wunschantwort lauten: „Duks! Du hast zu uns gesprochen, du hast mit uns gelacht, das hat uns Licht und Spaß gebracht. Wir wünschen dir einen guten Tag." Nicht so glücklich wäre er wahrscheinlich, hörte er folgende Antwort: „Du hast über uns gesprochen, du hast über uns gelacht, das hat uns keinen Spaß gemacht... nun sieh auch, wo du bleibst die Nacht." Was für ein Spiel ist hier gespielt worden? War das schon ein par-odistisches Spiel? Bevor darauf eine Antwort gegeben werden kann, soll eine Art „Definition" der PARODIE gegeben werden. Sie lautet: Die Parodie ist ein „garstiges Gezücht", welches „das Schöne, Edle, Große herunterzieht, um es zu vernichten." Wäre das eine voll zutreffende Antwort, dann sollte nicht weiter über einen möglichen Sinn des Parodierens gesprochen werden, zumal wenn man bedenkt, daß diese Hinweise von Goethe stammen. Er schrieb nämlich 1824 an seinen Freund Zelter: „Daß ich ein Todfeind sei von allem Parodieren und Travestieren hab ich nie verhehlt. Aber nur deswegen bin ich's, weil dieses garstige Gezücht das Schöne, Edle, Große herunterzieht, um es zu vernichten."

Trotz der Gewichtigkeit dieser Meinung sei eine Art Ergänzungsdefinition versucht. Sie lautet: „Das Parodieren ist auch eine vergnügliche, ja, eine notwendige Tätigkeit.

Das Wort PAR-ODIEREN bzw. PAR-ODIE stammt nicht nur aus dem Griechischen, sondern ist vielleicht sogar eine griechische „Spezialität". Es heißt einfach „daneben singen". Nun könnte jemand einwenden, daß man das dem Parodieren nahezu ansähe. Doch muß gleich ergänzend angemerkt werden, daß dieses „daneben", dieses „para", eher räumlich-zeitlich zu verstehen ist und mit „falsch singen" nicht unbedingt etwas zu tun hat. Die Parodie wäre demnach ein Neben-Gesang, ein Hinterher-Lied. Es ist – wenigstens in seinen Anfängen- nicht ohne ein „Original", nicht ohne ein Vor-Bild lebensfähig. Es ist demnach ein Zweitgeborenes, das unter Umständen dem Erstgeborenen seinen Rang streitig machen kann. Diese kleine Untersuchung über das Parodieren will nun keinen Beitrag zu einer immer subtiler werdenden Unterscheidungslehre leisten. Sie fragt also nicht, ob dieses oder jenes „Lied" eine Parodie oder Travestie oder Persiflage ist, oder was immer für unterschiedliche Ausdrucksformen es auch in dieser Hinsicht geben mag, sondern hier geht es nur darum, die Grundtätigkeit des Parodierens herauszustellen, den „Sitz im Leben" dieser Tätigkeit zu erhellen.

Der Gang der weiteren Argumentation soll im folgenden so verlaufen: Zunächst wird eine „Auseinandersetzung" mit einer Behauptung moralischer Art versucht, die am Ende einer mehr oder minder gelungenen Parodie steht. Sie lautet: „Es ist heutzutage nicht mehr so leicht wie ehedem, kleinen Mädchen etwas vorzumachen." (James Thurber: Das kleine Mädchen und der Wolf.)

Es folgt dann ein „Weg" vom RUMPELSTILZCHEN bzw. von der schönen Müllerstochter zur KLUGEN BAUERNTOCHTER. Es werden im Anschluß daran sechs Männer betrachtet, die nach anfänglichen Mißgeschicken schließlich recht erfolgreich durch die ganze Welt kommen. Am Ende dieses Weges wird gefragt, warum in aller Welt HANS IM GLÜCK glücklich genannt wird. In einem dritten und letzten Punkt wird über die Qualität von zweimal drei Wünschen nachgedacht. Ein Abstecher in die Hölle und ein kleiner Gang in den Himmel runden die Überlegungen ab. Sie enden schlußendlich in „Warteinweil, wo die frommen Soldaten sitzen und sich lustig machen."

Das Parodieren von Märchen

„Eines Nachmittags saß ein großer Wolf in einem finsteren Wald und wartete, daß ein kleines Mädchen mit einem Korb voller Lebensmittel des Weges käme. Endlich kam auch ein kleines Mädchen des Weges, und es trug einen Korb voller Lebensmittel: ‚Bringst du den Korb zu deiner Großmutter?' fragte der Wolf. Das kleine Mädchen sagte ‚ja', und nun erkundigte sich der Wolf, wo die Großmutter wohne. Das kleine Mädchen gab ihm Auskunft, und er verschwand in den Wald. Als das kleine Mädchen das Haus seiner Großmutter betrat, sah es, daß jemand im Bett lag, der ein Nachthemd und eine Nachthaube trug. Es war noch keine drei Schritte auf das Bett zugegangen, da merkte es, daß es nicht ihre Großmutter war, sondern der Wolf, denn selbst in einer Nachthaube sieht ein Wolf einer Großmutter nicht ähnlicher als der Metro-Goldwyn-Löwe dem Präsidenten der Vereinigten

Staaten. Also nahm das kleine Mädchen einen Browning aus seinem Korb und schoß den Wolf tot.

Moral: Es ist heutzutage nicht mehr so leicht wie ehedem, kleinen Mädchen etwas vorzumachen."

Es soll jetzt nicht darüber gesprochen werden, ob es sich hier um eine besonders gelungene Parodie handelt. Hier soll es nur um den, respektive um einen Typus des Parodierens gehen.

„Es ist nicht mehr so leicht wie ehedem, kleinen Mädchen etwas vorzumachen" - In dieser These liegt eine andere enthalten: Es war einmal leichter - und vielleicht sogar sehr leicht - kleinen Mädchen (und damit auch allen anderen, die man für klein und unbedeutend hielt) etwas vorzumachen.

Es gibt nun eine Fülle von Geschichten der verschiedensten Art, in denen Erzählerinnen und Erzähler anderen etwas vormachen. Dieses „Vormachen" ist zunächst durchaus positiv gemeint. Man kann solche Geschichten auch als Vorbilder bezeichnen, denen Nach- oder Abbilder folgen können oder sollen.

Nun haben es die menschlichen Vorbilder so an sich, daß sie oft nicht für alle Zeiten und Umstände ausreichen. Ja, es soll, vor allem unter den jungen Menschen - und somit auch bei den kleinen Mädchen - manche geben, die über alte Geschichten, über alte Vor-Bilder ein wenig lächeln oder gar laut zu lachen beginnen. Das Lachen ist nun ein ganz eigenartiges Phänomen. Wir alle lachen gerne und manchmal auch viel. Leider gelingt es uns oft am besten, wenn wir über andere lachen. Andere und anderes können wir sogar aus-lachen. Uns selber lachen wir freilich sehr selten aus. Aber wir wollen uns ja auch nicht aus-lachen.

Es soll hier keine Phänomenologie des Lachens gegeben werden, aber das Lachen hat u. a. (also beileibe nicht ausschließlich) die Funktion, uns von etwas zu distanzieren, besonders dann, wenn wir über etwas oder über jemanden lachen, vor allem, wenn es zum Auslachen kommt. In dieser Distanz finden wir dann ein Stück Freiheit. Wer in diesem Sinne zu lächeln, zu lachen beginnt, hat Zweifel an der Gültigkeit des Überlieferten und Bestehenden, und er hat den Wunsch nach einer neuen Geschichte. Aber wer nur lacht und zweifelt und wünscht, hat noch nichts Neues hervorgebracht. Weil das auch nicht so leicht ist, fängt ein so Lächelnder oder Zweifelnder tunlichst damit an, aus dem Bestehenden oder Überlieferten das eine oder andere umzustellen, kleinere oder größere Veränderungen vorzunehmen. Dann wohnt meine Wunschgestalt FINGERHÜTCHEN eben nicht mehr in Acherlo, sondern überall. Sie wohnt vielleicht auch hier in diesem Raum. Vielleicht ändert der lächelnde und wünschende Zweifler auch nur den Ton, die Vortragsart. Alles andere bleibt mehr oder minder erhalten. Damit haben wir die Tätigkeit des Parodierens und auch die Umstände beschrieben, unter denen das Parodieren zu beginnen pflegt. Ein Vorbild muß da sein. Auch der Zweifel an diesem Vorbild und der Wunsch, Veränderungen einzuleiten, muß gegeben sein. Nun wurde schon angedeutet, daß es verschiedene Arten des Lachens gibt. Das Lächeln und Auslachen wurden schon erwähnt. Man kann auch herablassend und fein lächeln. Schließlich kann man frech lachen und grinsen, und was immer es sonst noch für Formen des Lachens geben mag. Und so gibt es je nach der Art des Lachens ganz unterschiedliche Nebengesänge oder Parodien. Und dabei kann durchaus auch mal ein „garstiges Gezücht“ entstehen.

Doch nicht nur das Lachen ist eine der möglichen Erscheinungs- und Begleitweisen des Parodierens, sondern auch eine bestimmte Art des Weinens kann am Ursprung eines Nebengesanges, einer Parodie stehen. Aber das ist eine andere Sache und soll ein andermal behandelt werden.

Es ist nun sehr verständlich, daß alle diejenigen, denen die alten Vorbilder noch genügten oder genügen, sich über die mehr oder minder konstruktiven Zweifel nicht freuen. Sie können nicht mitlachen. Alle diejenigen zum Beispiel, die gerne und oft auch erfolgreich kleinen Mädchen etwas vormachen wollten und konnten. Dazu gehören u. a. die Wölfe. Nun gibt es ja ganz unterschiedliche (literarische) Wölfe. Der Wolf bei Charles Perrault z. B. wird sich vermutlich nicht über den Wolf bei den Brüdern Grimm freuen können. Denn wenn der Grimmsche Wolf auch nicht schon vor dem Fressen des ach so zarten Rotkäppchens getötet wird, wie bei James Thurber, so kommt er doch bald darauf durch das Gewicht der Steine in seinem Bauche zu Tode. Dank der Erzählkunst von Charles Perrault ist einer der ältesten literarischen Wölfe der große Sieger. Darum ist die Perraultsche Geschichte für viele wölfische (oder „böse“) Wölfe das große Vorbild. Für alle nichtwölfischen (oder lieben) Wölfe freilich steht die ideale Geschichte noch aus. Diese Art des parodierenden Distanzierens gibt es heute zuhauf (aber natürlich nicht erst heute). Man muß sie nicht mögen. Aber man/frau wird wohl nicht auf sie verzichten können, es sei denn, man halte die Entwicklung der Märchen für abgeschlossen und die Veränderung alter Märchen und die Erfindung neuer Märchen für völlig überflüssig. Dann freilich brauchten wir nur noch Museumswärter, Archivare, Gralshüter, Rezitatoren ewiger und heiliger Geschichten und schließlich unfehlbare Deutologen. Dann brauchten wir allenfalls noch die Gegenwart der Vergangenheit. Eine offene Zukunft bräuchten wir nicht.

Aber neben dieser Art von Parodien, die man einmal die offenen oder Anfangsparodien nennen könnte, gibt es auch die eher verborgenen oder die „erfolgreichen", (erfolgreich deswegen, weil sie neben den Anfangsgeschichten einen eigenständigen Platz gefunden haben).

Dieses soll im folgenden Abschnitt für das Märchen exemplifiziert werden:

Parodistisches im Märchen: Rumpelstilzchen – Die kluge Bauerntochter

Die beiden hier anzusprechenden Geschichten haben eine sehr ähnliche Ausgangssituation: Arme und offenkundig alleinerziehende Väter haben jeweils eine Tochter, die am Ende Königin wird. Diese Königsmetapher – oder dieses Königssymbol – gehört ja zu den beliebtesten Aufstiegsbildern. Wer möchte nicht Königin oder König werden? Wer möchte nicht wenigstens aufsteigen und dabei reich werden?

Doch schon an diesen Beispielen läßt sich unschwer erkennen, daß es mehr unterschiedliche Wege gibt, ein solches Ziel zu erreichen. Bei der ersten Geschichte muß noch eine Zaubermacht eingreifen. Schönheit allein hilft da nicht weiter, so angenehm sie für den königlichen Bräutigam auch gewesen ist. Bei der zweiten Geschichte ist dagegen keine Magie mehr im Spiele, sondern die Klugheit. Die Klugheit einer jungen Frau. Man kann nun diese letzte Geschichte als einen erfolgreichen Nebengesang oder eine erfolgreiche Parodie zum einen bislang alleingültigen Vorbild verstehen. Diese Art von „parodie" kann erst dann und dort entstehen, wo sich das Bewußtsein verändert hat, wo z. B. ein neues Frauenbild entstanden oder ein vielleicht schon älteres sich wieder hat durchsetzen können. Diese Geschichte ist sicher noch nicht an ihr Ende gekommen. Vielleicht wird sich eines Tages der König nach dem Aufwachen im Haus der KLUGEN BAUERNTOCHTER dafür entscheiden, nicht mehr in sein königliches Schloß zurückzukehren, sondern eine neue Lebensweise zu beginnen. (Er müßte ja nicht unbedingt ein blaublütiger Ökobauer sein.)

Aber daß es auch in der Sammlung der Brüder Grimm schon andere Modelle gibt, reich und angesehen zu werden, wird im Märchen SECHSE KOMMEN DURCH DIE GANZE WELT erkennbar. Hier wird schlichtweg darauf verzichtet, durch eine Heirat mit einer Königstochter sein Glück zu machen. Nur auf das Gold des Königs können die sechs Männer noch nicht verzichten. Vielleicht ist sogar die „neue“ Geschichte schon erfunden, wo eine Gruppe von Frauen sich den Teufel weder um einen Prinzen noch um dessen goldene Mitgift schert...

Aber ähnlich Utopisches ist in Ansätzen schon bei den Grimms zu finden. HANS IM GLÜCK beschreibt diesen Weg. Er beginnt mit dem Gold und endet mit leeren Taschen. „ ‚So glücklich wie ich,‘ rief er aus, ‚gibt es keinen Menschen unter der Sonne.‘ Mit leichtem Herzen und frei von aller Last sprang er nun fort, bis er daheim bei seiner Mutter war.“ Ist das nicht ein mutiger und sogar „realistischer“ Nebengesang zu allen strahlenden Aufstiegsgeschichten? Realistisch u. a. deswegen, weil wenigstens mit den leeren Taschen auch unser Leben einmal zu Ende gehen wird. (Ich bin mir freilich nicht sicher, ob ich dann wie HANS IM GLÜCK noch zu jubilieren verstehe.)

An diesen Beispielen wird erkennbar, daß neue Lieder und neue Geschichten fast immer als Gegenentwürfe zu alten entstehen, und es kommt wohl nicht von ungefähr, daß wir bei dieser Art von neuen Geschichten so oft lachen oder doch lächeln dürfen. Vielleicht ist das Lachen (oder Weinen) sogar ein Indiz für einen Gegenentwurf. Noch etwas anderes ist bei solchen Geschichten auffällig: Das Wunderbare tritt in den schwankhaften Geschichten entweder ganz zurück oder es wird – wie bei den sechs Männern – von ganz und gar nicht jenseitig angehauchten Gestalten ausgeübt.

Die letzte „Hypo-These“ ...

... lautet: Das Märchen selbst ist schon ein Neben-Gesang und somit eine Parodie. Märchen als Parodien zum Mythos oder zu Mythen!

Man kann wohl davon ausgehen, daß alle schon einmal gedacht haben, wie schön es wäre, wenn ihnen eine gute Fee oder gar der „liebe Gott“ persönlich drei Wünsche erfüllen würde. Vielleicht reicht auch schon einer. In der scheinbar sehr frommen Geschichte DER ARME UND DER REICHE wünschen sich die armen Leute zunächst „nur“ ewige Seligkeit und lebenslange Gesundheit. (Als Johann Peter Hebel seine Geschichte von den drei Wünschen konzipierte, war es schon nicht mehr der liebe Gott, sondern die Bergfei Anna Fritze. Bei einer solchen Bergfei braucht man auch nicht so fromm reagieren.) Die beiden Wünsche der armen Leute sind freilich mehr auf die Zukunft bezogen. Das aber will der Märchenerzähler nicht so stehen lassen. Und so muß noch etwas direkt Greifbares und Sichtbares, das obendrein dem unfreundlichen Nachbarn direkt ins Auge und ins gierige Herz fallen kann, durch den lieben Gott herbeigezaubert werden. Hier zeigt sich schon eine märchengemäße Tendenz: Der Spatz in der Hand ist besser als die Taube auf dem Dach, und das funkelnagelneue Haus hat mehr Gewicht als die so weit wegliegende ewige Seligkeit. Es ist ein kleiner Himmel auf Erden. Wer erbaulich-fromme Geschichten kennt, spürt die Gegenbewegung in vielen Märchen. Himmelsselig und höllenschrecklich sind die Märchen höchst selten, selbst dort nicht, wo Gott und Teufel in ihren jeweiligen Wohnungen geschildert werden.

Dazu wieder ein paar Beispiele: Fangen wir mit dem Gegenspieler Gottes an. DER TEUFEL MIT DEM DREI GOLDENEN HAAREN hat zwar eine ungeheuer feine Nase. Er ist in dieser Hinsicht sogar Gott überlegen, der es nicht einmal sofort merkt, daß ein neuer Himmelsbewohner angekommen ist. „Ich rieche, rieche Menschenfleisch. Es ist nicht richtig hier." Aber viel Dämonie und zu fürchtende Macht ist dennoch nicht bei ihm zu finden. Die „Ellermutter" wird's schon richten. Auf eine trickreiche Weise verliert der Herr der Unterwelt nicht nur seine ihn auszeichnenden drei goldenen Haare, sondern auch sein Wissen. Auch dies wiederum muß vor dem Hintergrund von anderen ganz und gar nicht lustigen Höllengeschichten gesehen werden, gegen die die Märchenerzähler angehen.

Nicht viel besser kommt zuweilen der sogenannte „liebe Gott" in den Märchen weg. DER SCHNEIDER IM HIMMEL beschreibt uns eine recht seltsame Himmelswelt und entwirft ein eigenartiges Gottesbild. „Es trug sich zu, daß der liebe Gott an einem schönen Tag (es muß also im Himmel auch weniger schöne geben) in dem himmlichen Garten sich ergehen wollte und alle Apostel und Heiligen mitnahm, also daß niemand mehr im Himmel blieb als der heilige Petrus." Das ist eine nicht unbedingt anziehende Idylle, die eher an einen nicht sonderlich vergnüglichen Familienspaziergang erinnert. Aber das ist nicht das Entscheidende. Es wurde schon erwähnt, daß der Herr des Himmels es nicht merkt, daß die himmlische Familie Zuwachs gekriegt hat, auch wenn ein windiger Schneider vielleicht wirklich nicht groß ins Gewicht fällt. Er muß ausdrücklich nachfragen, um diesem Schneider auf die Schliche zu kommen. Hätte ihm nicht sein goldener Fußschemel gefehlt, dann wüßte er vermutlich heute noch nicht, daß ein nicht ganz reuiger Sünder das ewige Heil erreicht hat. Doch auch in diesem Umstand liegt noch nicht das eigentlich Schockierende. Der Schneider – wir wissen es – muß die ewige Seligkeit leider (oder zum Glück) wieder verlassen. Aber er kommt offensichtlich doch nicht wieder auf die Erde zurück, sondern in ein höchst seltsames Zwischenreich. „Petrus mußte den Schneider wieder hinaus vor den Himmel bringen, und weil er zerrissene Schuhe hatte und die Füße voll Blasen, nahm er einen Stock in die Hand und zog nach Warteinweil, wo die frommen Soldaten sitzen und sich lustig machen."

Man könnte wohl sagen, wenn der Himmel wirklich so langweilig wäre wie in diesem Märchen oder in ähnlichen Geschichten, dann möchten vielleicht viele doch auch lieber nach „Warteinweil". Dort kann man sich ja die Zeit offensichtlich auf lustige Weise vertreiben.

Was sind das eigentlich für Geschichten, in denen der Teufel nicht zu fürchten und der liebe Gott nicht sehr verehrungswürdig ausschaut? Hat nicht das Märchen die Dimensionen des Tremendum und Fascinosum schlicht unterschlagen? Wird nicht hier wieder einmal deutlich, daß die Märchen nur herabgesunkene, ja, parodierte Mythen sind? Diese Frage läßt sich sicher nicht auf eine schnelle und schlüssige Weise beantworten. Eine mögliche Antwort lautet so: Nahezu alle Jenseitsvorstellungen tendieren entweder zu feierlichen Alleluja-Szenarien oder zu furchterregenden Höllenvisionen. Da ist es vielleicht doch angebracht, sie auf je eigentümliche Weise daneben-singend, parodierend wenigstens zu relativieren.

Zu unserem Glück sind sicher auch diese märchenartigen Parodien nicht das letzte Wort. Selbst Märchen sind für mich nicht das letzte Wort. Aber Märchen und Parodien oder Märchen als Parodien können etwas in Bewegung setzen. So gehört diese Art des Parodierens mit zu den Tätigkeiten, die aus endlichen Spielen unendliche und aus endlichen Geschichten unendliche machen. Bei unendlichen Spielen und unendlichen Geschichten weiß man das Ende zum Glück – und auch leider nicht. Wir hätten oft gerne mehr Sicherheit, gerne absolute Zusagen. Im Märchen finden wir sie nicht. Ob wir sie überhauopt finden, ist für das menschliche Wissen wohl nicht zu entscheiden.

Den Abschluß dieser Überlegungen bilden drei Zitate. Das erste stammt aus den Liedern, die der Prinz Vogelfrei in der Fröhlichen Wissenschaft (Nietzsche) von sich gibt. Es lautet:

„An Goethe.
Das Unvergängliche
Ist nur dein Gleichnis!
Gott der Verfängliche
Ist Dichter-Erschleichnis ...
Welt-Rad, das Rollende,
Streift Ziel auf Ziel;
Noth – nennt's der Grollende,

Der Narr nennt's Spiel
Welt-Spiel, das herrische,
Mischt Sein und Schein: -
Das Ewig-Närrische
Mischt uns - hinein!"

Das zweite Zitat, das nicht so direkt den Prozeß des Parodierens betrifft, findet sich bei Joseph von Eichendorff in seinem Roman DICHTER UND IHRE GESELLEN. Dort ist von einer seltsamen Gestalt die Rede, einem Doktor Dryander, der sich in den Gasthäusern Lieder vorsingen und Märchen erzählen läßt. Dieser zwielichtigen und närrischen Gestalt legt nun Eichendorff ein sinniges Lied in den Mund, das fast zu einem Volkslied geworden ist. Es beginnt:

„Mich brennt's an meinen Reiseschuhn..."

In der dritten Strophe dieses Liedes heißt es dann:

„Und aus den Wolken langt es sacht,
Stellt alles durcheinander,
Wie sich's kein Autor hat gedacht:
Volk, Fürsten und Dryander."

Es mag vielleicht manch geneigtem Leser so vorkommen, daß ein Parodist auch alles durcheinander stellt. Ob es ihn dann tröstet, daß ein solcher in der Tradition dessen stehen könnte, der aus den Wolken sacht hinunterlangt, um völlig neue Geschichten und Lieder in die Welt zu setzen, muß offen bleiben:

„Schön Hühnchen, schön Hähnchen, und du, schöne bunte Kuh, was sagst du dazu?" - „Duks!"

Gerd Kadzik „Das tapfere Schneiderlein“

Gerd Kadzik

... wurde geboren 1929. Studienjahre in Berlin, danach Grafiker im Verlagswesen, später Zeichentrickfilm. Seit 1962 freischaffend als Maler und Grafiker. Bevorzugte Themen: Landschaft, Stilleben, Portrait.

*

„Die menschliche Natur ist im Grunde über die Jahrhunderte dieselbe geblieben, so daß literarische Texte - vor langer Zeit geschrieben - oder auch mündliche Überlieferung oft eine verblüffende Aktualität besitzen. Dies trifft besonders auf Märchen zu, da sie die Wesenszüge des menschlichen Verhaltens auf den Punkt bringen. Wie das Märchen durch Übertreibung, durch einfache und drastische Ausdrucksweise Problemstellungen des Lebens sichtbar macht und um Abhilfe bemüht ist, gibt mir die kontrastreiche Technik des Holzschnittes - sprichwörtlich: „die Schwarz-Weiß-Malerei" - eben diese Mittel in die Hand, das Gesagte optisch zu verdeutlichen. Dazu gehören: schnelle Erfaßbarkeit, Klarheit der Farbgebung durch Flächenwirkung, karikaturistische Übertreibung der Formen." (Gerd Kadzik)

Lutz Röhrich

MÄRCHEN UND CARTOON

Cartoons sind witzige Zeichnungen, Bildwitze – ursprünglich ohne Worte –, eine Kategorie von Karikatur, wie sie sich nach dem Zweiten Weltkrieg von England und Amerika ausgehend auch in Deutschland eingebürgert hat und sich bis heute großer Wertschätzung erfreut. Nun sind keineswegs alle Märchen im Bereich des Cartoons wiederzufinden, sondern nur etwa ein Dutzend der bekanntesten. Diese allerdings sind so verbreitet und allgegenwärtig, daß sie beständig, auf moderne Situationen bezogen, in Witz und Werbung hinüberwechseln können. Erzählmotive waren und sind ja nie gattungsgebunden gewesen.

Im Cartoon wird die vielepisodige Märchenerzählung in wenige Bildfolgen oder gar in eine einzige Momentaufnahme gerafft. Fast immer besteht die Pointe darin, daß das traditionelle Element des Zaubermärchens in einen unerwarteten Kontrast zu rationalen Überlegungen tritt. Das Märchen wird verkürzt und auf den Kopf gestellt. Dabei erlebt das naive Märchengeschehen eine psychologische Reflexion und Brechung. Komische Wirkungen treten ein durch Verfremdungseffekte, z. B. durch Vertauschung von Geschlechterrollen, durch Verkehrungen des Großen ins Kleine, des Schönen ins Häßliche und umgekehrt, Veränderungen des Milieus, durch die Vermischung unterschiedlicher Erzähltypen, vor allem aber durch die Abwandlung der Pointe, die zu einem Zusammenbruch des Erwartungshorizontes führt. Es macht Spaß, das Vertraute und schon allzu Bekannte verändert zu erleben. Oft gibt es einen komischen Konflikt zwischen der Wundergläubigkeit des Märchens und der Wirklichkeit. Der Cartoon korrigiert die Phantastik des Märchens; er stellt die Werte ebenso wie die Wahrheit des Märchens in Frage und spottet über den Optimismus märchenhafter Wunscherfüllung. Der Lustgewinn beruht nicht selten auf dem Prinzip der Schadenfreude. Sie setzt einen wirkungsvollen Kontrapunkt zum traditionellen „happy ending".

Normalerweise identifiziert sich der Märchenleser oder -hörer mit dem Helden der Geschichte. Im Cartoon tut er das häufig mit dem Gegenspieler: Nicht Schneewittchen, sondern die Zwerge, nicht die Prinzessin, sondern der Frosch, nicht Rotkäppchen, sondern der Wolf geraten in den Mittelpunkt des Interesses und erlangen die Sympathie des Betrachters, wobei die Rezepte der Cartoonisten häufig auf einer Art Popularpsychoanalyse beruhen.

Obwohl jeder einzelne Cartoon die individuelle und unwiederholbare künstlerische Hervorbringung eines Zeichners ist, lassen sich Serien zusammenstellen, gibt es Varianten, was nicht nur damit zusammenhängt, daß ein bekanntes Märchen inhaltlich vorgegeben ist, sondern auch damit, daß sich bestimmte gesellschaftliche Probleme bestimmte Märchen suchen und umgekehrt.

Märchencartoons können für Zwecke der Unterhaltung ebenso wie für Zwecke der Werbung relativ leicht konstruiert und fabriziert werden, wenn man die Märchen auf ihre einfachsten Strukturen reduziert. Zu den simplen Bauformen des Märchens gehört z. B. die Polarisierung von Gut und Böse (Abb.1). Jeder gute, schöne und strahlende Märchenheld hat einen bösen, aber letztlich erfolglosen Gegenspieler. Dies läßt den Märchencartoon für die politische Karikatur besonders geeignet erscheinen, vor allem dann, wenn es um die „Verteufelung" oder auch „Verdrachung" des Gegners geht (Abb. 2 u. 3). Ebenso kann jeder Widersacher in die Rolle des bösen Wolfs verwiesen werden. Für den Wolf als politischen Gegenspieler bietet sich natürlich das Märchen vom Wolf und den sieben jungen Geißlein an (Abb. 4). Aber noch ergiebiger hierfür sind die Cartoons mit dem Rotkäppchen-Thema. Immer sind es Antagonistenrollen, die für die Rolle von Rotkäppchen und Wolf herhalten müssen. Jeder politische Gegner wird zum Wolf, der das Rotkäppchen bedroht (Abb. 5). Oft symbolisiert das rote Käppchen eine Linkspartei: Die Roten. Aber es gibt auch eine Umkehr der Rollen. Das Rotkäppchen ist dann im Grunde viel gefährlicher als der Wolf. Es hat den Wolf aufgefressen und beteuert nun heuchlerisch seine Unschuld.

Die Antagonistenrollen verlangen nach einer Identifikation. Zumeist ist es die mit der Heldin; aber der Cartoon kehrt die Verhältnisse psychologisch um: Der Wolf liegt auf der Couch des Psychiaters . Seinen Motivationen und Trieben wird nachgespürt, und der Wolf bekennt schließlich: „Ich schlüpfe gern in die Kleider alter Frauen und habe Mädchen zum Fressen gern." (Abb. 6)

Cartoon bedeutet immer Anknüpfung an Gegenwartsprobleme. Dazu gehört auch die Modernisierung der Requisiten. Beliebt sind dabei vor allem Fernsehen und Computer. Rotkäppchen, Großmutter und Wolf sehen sich das Fernsehprogramm an. Das entspannt offenbar, denn alle drei sind friedlich im Bett vereint. Vielleicht wird gerade die Märchenkinderstunde gegeben. Alle Aggression ist jedenfalls aus dieser Story verbannt.

In einem anderen Fall wird der Computer eingeführt, denn der Haushalt der Großmutter ist up to date (Abb. 7). Die bekannte Frage Rotkäppchens wird abgewandelt: „Und warum hast du einen so grossen Computer, Oma?", und die Antwort des Wolfes lautet: „Damit ich dich besser erfassen kann."

Aus dem Schneewittchen-Märchen haften im Gedächtnis der Zuhörer am nachhaltigsten die Verse, mit denen die böse Königin ihren Zauberspiegel befragt:

„Spieglein, Spieglein an der Wand,
Wer ist die Schönste im ganzen Land?"

mit der berühmten Antwort:

„Frau Königin, ihr seid die schönste hier,
aber Schneewittchen hinter den Bergen
bei den sieben Zwergen
ist noch tausendmal schöner als Ihr". (Abb.9)

Strukturell gesehen handelt es sich um eine simple Umkehrung des Überlegenheits-Unterlegenheits-Schemas: Der Ältere und rangmäßig Höhere, der sich auch für den Schönsten, Besten, Stärksten, Beliebtesten etc. hält, wird durch einen Unparteiischen in die Rolle des Unterlegenen gebracht und damit nicht nur quantitativ und qualitativ disqualifiziert, sondern auch moralisch ins Unrecht gesetzt. Dies läßt sich nun leicht auf die unterschiedlichsten politischen Rivalitätskämpfe beziehen, egal, ob es sich um Kohl und Stoltenberg, um Strauß und Kohl, um Barzel und Willy Brandt oder andere handelt. (Abb. 10)

Es ist natürlich kein Zufall, daß dieses Motiv eine solche Durchschlagskraft hat: Ein Spiegel, der mit uns redet, der mehr weiß als wir, den wir sogar als Richter über uns ansehen - hier liegt etwas Archetypisches, das von der Politpropaganda nutzbar gemacht wird. (Abb. 11)

Schneewittchen und Dornröschen (Abb. 8) haben eine strukturelle Gemeinsamkeit: In beiden Fällen geht es um die Wiedererweckung eines Mädchens aus einem todesähnlichen Schlafzustand durch die Aktion eines Mannes. In der Metaphorik des politischen Cartoons ist die Erweckung des schlafenden Dornröschens ein sprachliches Bild für mancherlei Wiedererweckungen geworden: So weckt mit dieser Metapher etwa der ehemalige Wirtschaftsminister Karl Schiller die Kauflust oder der französische Ministerpräsident Giscard d'Estaing die eingeschlafene Europaidee wieder zu neuem Leben (Abb. 12).

Die deutsche Industrie, die angesichts internationaler Konkurrenz die Zukunft verschläft, wird ebenfalls als Dornröschen dargestellt.

Wie in Dornröschen, geht es auch im Froschkönig (KHM I) um einen erlösenden Kuß. In knappen Umrissen wird das wohlbekannte Märchen wiedergegeben: Eine Prinzessin findet einen Frosch und küßt ihn. Da verwandelt er sich in einen schönen Prinzen, und sie leben glücklich und zufrieden (Abb. 13); bis sich herausstellt, daß der Prinz im Grunde doch ein Frosch geblieben ist, der mit seiner langen Zunge - ein Relikt seiner Froschexistenz - noch immer den Fliegen nachstellt. Die Humanisierung des Frosches bewirkt zugleich eine „Verfroschung" des Menschen.

In anderen Versionen findet die Prinzessin einen Frosch. Sie küßt ihn. Es gibt einen großen Knall, aber statt zweier liebender Menschen sitzen nun zwei Frösche im Gras. Die allzu große Annäherung an das Niedrige führt dazu, daß die Erlöserin (oder auch der Erlöser) selbst zum Frosch wird.

Froschkönig-Cartoons (Abb. 14) machen oft die unbewußt erotischen Vorgänge des Märchens bewußt. In einem Cartoon ist der Frosch nur halb erlöst worden, und er beklagt sich bei der Prinzessin: „Und sowas nennst du einen Kuß?!"

In anderen Fassungen möchte der Frosch doch lieber ein Frosch bleiben. Er springt entsetzt ins Wasser, als er feststellen muß, daß seine „Erlöserin" dick, fett und alt ist. In einer weiteren Version bleibt der Frosch ein Frosch. Auch nachdem die Prinzessin ihn mit sich ins Bett genommen hat, verwandelt er sich zu ihrem Leidwesen noch immer nicht in den erhofften schönen Prinzen (Abb. 15). So denkt sich die moderne Karikatur einen völlig anderen als den gewohnten Märchenausgang. Mit dem Zusammenbruch des Erwartungshorizontes wird eine komische Wirkung erzielt. Die frustrierte Prinzessin, die sich in ihren Hoffnungen getäuscht sieht, ist Gegenstand unseres schadenfrohen Lachens.

Diese Witze sind einerseits Ausdruck einer Sehnsucht nach märchenhafter Liebe und echter Kommunikation. Sie spiegeln - wie das Märchen selbst - die dauernde Sehnsucht des Menschen, das Schöne an die Stelle des Häßlichen setzen zu können, den utopischen Wunsch nach Kommunikation im Sinne einer materiellen wie ideellen Phantasieerfüllung. Andererseits führt der Froschkönig-Witz die Erlösungssehnsucht ad absurdum. Er verrät eine desillusionierende, blasphemische Skepsis gegen das Wunder und gegen die romantische Idee der „wahren Liebe". Der Witz korrigiert die Phantastik des Märchens. Witze sind eine massive Kritik an einer Zeit, die nicht mehr an das Wunder glaubt. Der Witz stellt das Märchen in Frage. Er zweifelt an dem, woran das Märchen noch glauben möchte. Der Witz rüttelt an dem Glauben, daß eine gelungene Erlösung gleichzeitig auch alle anderen Probleme glücklich löst. Er stellt die skeptische Frage. Ist es im Leben nicht oft so, daß der Wunschpartner, der sich anfänglich so vorteilhaft gezeigt hat, in der Ehe sein wahres, häßliches Gesicht wieder hervorkehrt? Sehr häufig entpuppt sich der Frosch dabei als ein unterlegener, schwacher oder impotenter Mann.

Soweit es sich um politische Cartoons handelt, aktualisiert der Märchenwitz das zeitlos-ubiquitäre Märchen durch die Übertragung auf Personen der Zeitgeschichte (Abb. 16). In vielen Cartoons verkörpert der zu küssende Frosch ein politisches Versprechen auf eine bessere Zukunft. So sind es insbesondere dicke, großsprecherische oder schleimige, vielschillernde Politiker, die in Karikaturen als Frösche oder Froschprinzen auftreten, die sozusagen nur vom Wähler geküßt zu werden brauchen, um sich in sympathische und attraktive Kanzlerkandidaten zu verwandeln.

In neuen politischen Cartoons (Abb. 17) erscheint der Froschkönig nicht selten als eine Art Symbolfigur der „Grünen". Ein Politiker, der eine Koalition mit den Grünen beabsichtigt, erklärt dem grünen Frosch: „Schluß mit dem An-die-Wand-Geschmeiße, jetzt wird einfach geheiratet!"

Eine moderne englische Version The Frog Prince schildert den Anfang wie immer: Die Prinzessin findet den Frosch und küßt ihn. Aber nach dem großen Knall steht da zu ihrem Entsetzen: Prinz Charles (Abb. 18). Man hat das vermehrte Auftauchen von Bildwitzen vom Typ Froschkönig (auch Cinderella) oder auch von Schlagern vom Typ „One Day Your Prince Will Come" in einen aktuellen politischen Kontext zur englischen Königsheirat von 1981 (Prinz Charles und Lady Di) gebracht. Das ist sicher eine Denkmöglichkeit. Aber es muß noch andere Gründe für die Beliebtheit von Märchenwitzen in unserer Zeit geben als nur der vorübergehende Anlaß einer Prinzenhochzeit. Vor allem muß es einen Grund dafür geben, warum der geliebte oder ungeliebte, geküßte, verwandelte oder auch nicht verwandelte Froschkönig so oft Gegenstand von Witzen, Kurzgeschichten, Gedichten, Comicstrips oder Cartoons geworden ist. Hier sei auf mein Buch verwiesen „Wage es, den Frosch zu küssen" (Köln 1987), worin dieser Frage näher nachgegangen wird.

Inbegriff märchenhafter Wünsche ist nicht nur Liebeserfüllung, sondern auch Reichtum und Geld. Da bietet sich als Bild immer das vom Goldesel an, zu dem man bloß zu sagen braucht: „Esel streck dich!" (Abb. 19)

Der Goldesel aus dem Märchen Tischleindeckdich kommt fast ausschließlich in Polit-Cartoons vor (Abb. 20). Von ihm ist immer die Rede, wenn in der Politik von mangelndem Geld die Rede ist, das auf unrealistische Weise beschafft werden soll oder leichtsinnigerweise versprochen worden ist. Ein Politiker – häufiger aber der Wirklichkeit näher: der Steuerzahler – wird zum Esel gemacht. Auch der skatologische Touch mag dieses Märchen so beliebt gemacht haben. Schon Sigmund Freud hat bekanntlich auf diese fäkale Gleichung von Geld und Exkrementen hingewiesen.

Das Grimmsche Märchen KHM 36 drückt sich in dieser Beziehung wertneutral aus. Von dem Goldesel heißt es dort: „Er speit Gold (...) wenn du ihn auf ein Tuch stellst und sprichst: Bricklebrit, so speit dir das gute Tier Goldstücke aus, hinten und vorne."

Daß es gerade ein Esel ist, ist sicher auch kein Zufall. Ein Esel ist normalerweise mit Disteln und Heu als Futter zufrieden. Um so wunderbarer ist die Verwandlung dieser Billignahrung in Gold. Deutlich findet man hier wieder die Requisitenverschiebung ins Moderne: zum Computer (Abb. 21). Dazu die typische Verwandlung des Organischen ins Mechanische und Maschinenhafte.

Bilder von Wohlstand, viel Geld und satter Zufriedenheit vermitteln Märchen wie Tischleindeckdich, Sterntaler (KHM 153) oder Schlaraffenland (KHM 158). Hierzu gehört auch das Knusperhäuschen der Hexe, worin Hänsel und Gretel hoffen, sich nach Herzenslust einmal sattessen zu können (KHM 15). Da heutzutage mit Süßigkeiten niemand mehr hinter dem Ofen hervorzulocken ist, denkt sich der moderne Cartoon andere Jugendbedürfnisse aus, mit denen die Hexe die Kinder verführt, wie z. B. „Alle Tage Hasch und LSD, so viel ihr wollt!"

Den Bereich politischer Verführung bringt eine weitere Darstellung. Das Bild zeigt ein ausgehungertes Kinderpaar, offenbar in der afrikanischen Wüste (Abb. 23). Schließlich – es ist keine Fata Morgana – stoßen sie auf das Haus der Welthungerhilfe e. V. Doch bei näherem Zusehen ist es ein Hexenhaus, das – wie der Bildbetrachter weiß – erst recht lebensbedrohend ist. Ein kritisches Blatt gegenüber der Entwicklungshilfe in der Dritten Welt.

Ein Cartoon aus der Freiburger Uni-Presse zur Wohnungsnot der Studenten: Der Student fragt im Knusperhäuschen der Hexe an: „Haben Sie wohl ein Zimmer für mich frei?" Alles andere wird aus dem Märchen unausgesprochen vorausgesetzt, daß man nämlich bei einer Hexe nicht allzu gerne wohnt, aber auch, daß Hänsel und Gretel die unangenehme Hausbesitzerin schließlich in ihrem eigenen Backofen verbrennen, um sich für die unmenschliche Behandlung zu rächen, und daß sie schließlich zu „Hausbesetzern" werden (Abb. 22). Außer dem Pfefferkuchenhaus sind aber auch noch andere Motive des Märchens für den Cartoon fruchtbar geworden. Wie finden Hänsel und Gretel aus dem Wald ins Elternhaus zurück?

Das Problem regelt sich im Zeitalter der Umweltverschmutzung leicht: „Da nahm Hänsel Gretel an die Hand und ging den Plastiktüten und Cola-Flaschen nach; sie zeigten ihnen den Weg – zurück in die Zivilisation!“ (Abb. 24)

Angesichts des Umweltmülls von weggeworfenen Konservendosen und Plastiktellern sagt Gretel: „Du brauchst keine Kieselsteine zu streuen, Hänsel, wir finden auch so wieder nach Hause.“ So finden Cartoons immer wieder die Verknüpfung, den Kurzschluß – möchte man fast sagen – zwischen traditionellem Märchen und höchst aktuellen gesellschaftlichen Problemen. Für Hänsel und Gretel können dies sein: Wohnungsprobleme, Drogenszene und Umweltverschmutzung. Überall offenbart sich im Cartoon eine Auseinandersetzung zwischen dem schönen Märchenhaften und der meist unschönen Wirklichkeit.

Das Märchen ist allgemein bekannt, und der Karikaturist darf seine Kenntnis stillschweigend voraussetzen. So wird das Märchen vom Wettlauf zwischen Hasen und Igel (KHM 187), d. h. dem langsamen und dem schnellen Tier, als bekannt vorausgesetzt, beim Wettlauf zwischen Aufwertung und Preissteigerung (Abb. 25 u. 26).

Ähnliche Wettläufe kann es zwischen konkurrierenden Industriekonzernen geben, wie zwischen Bayer und BASF: Der Wettlauf zwischen Hase und Igel als Wettlauf der Konkurrenz.

Im politischen Cartoon ist es der Außenminister, der sich in seiner Reisehektik zu Tode hetzt; oder der Bundeskanzler, der mit seiner Katalysator-Gesetzgebung immer zu spät kommt, weil die Bäume ohnedies schon tot sind – so in dem Cartoon mit der Überschrift „Hase und Igel 1989“ (Abb. 27).

Die Bremer Stadtmusikanten symbolisieren z. B. auch den Zusammenschluß der EG zu einer Währungseinheit. In einer weiteren Darstellung wird die Konzernbildung und Konzentration innerhalb der europäischen Automobilindustrie als das Zusammengehen verschieden großer Tiere im Denkmuster der Bremer Stadtmusikanten gesehen. Das Märchenbild, die Vereinigung der verschieden Großen, bleibt das gleiche. Der Zusammenschluß der Schwachen lehrt die Mächtigen das Fürchten. Im Cartoon erscheint der amerikanische Kapitalismus als Räuber, dem gegenüber nur der Zusammenschluß der Kleinen und Schwachen das Überleben garantiert.

Mit einem Poster wirbt die Bundesbahn für billige Gruppenfahrten: „Grüppchen bilden zahlt sich aus.“ Immer entspricht die Nutzanwendung des Cartoons der vorgegebenen Märchenstruktur: Einigkeit macht stark; Zusammenschluß – auch von verschieden Starken und verschieden Großen – ist praktisch und vernünftig. Gelegentlich kehrt der moderne Cartoon die Reihenfolge der Tiere einfach um, und damit bricht nicht nur die Pyramide der Tiere, sondern auch die innere Struktur des Märchens zusammen: „Wir müssen etwas falsch gemacht haben, die Basis rührt sich nicht mehr" – was immer als politische Anspielung zu verstehen ist. Oder der Cartoon verfremdet die aus den Kinder- und Hausmärchen wohlbekannten Tiere zu Schwein, Huhn, Fisch und Schmetterling. Die Unterschrift besagt: „Bremer Stadtmusikanten – B-Mannschaft!" (Abb. 28)

Stellt man zum Schluß die Wertfrage, so muß zugegeben werden: Der Cartoon ist kein mündlich erzähltes Märchen mehr. Er zeigt das Märchen nicht mehr in einem primär-authentischen „Naturzustand", sondern in einem pervertierten und zersetzten „zweiten" oder „dritten Dasein". Die Bildgeschichte bedeutet nicht nur die Zerstörung der Erzählung. In seinem Telegrammstil signalisiert der Cartoon eine bis aufs äußerste durchgeführte Reduktion und Schrumpfung. Der Zeichenwitz ist nur noch eine „Schwundstufe" des Märchens. Gleichwohl bleibt die Grundstruktur des jeweiligen Märchens immer noch zu erkennen. Witz (was etymologisch zu „Wissen" gehört) verlangt ein Vorwissen: die Kenntnis der Basiserzählung. Dieses Vorwissen kann aber allgemein vorausgesetzt werden, weil jeder die genannten einschlägigen Grimmschen Märchen kennt.

Im Cartoon werden Märchen vermarktet und manipuliert; sie werden ökonomischen wie politischen Interessen unterworfen oder dienen der bloßen Unterhaltung und Erregung von Lachen. Das Märchen wird entzaubert und weicht oft vordergründiger Ernüchterung, Rationalisierung und Materialisierung. Jede Gesellschaft hat die Märchen, die sie verdient. So wenden sich Cartoons mehr an ein intellektuelles und aufgeklärtes, d. h. an ein erwachsenes Publikum als das eher naive Märchen für Kinder. Im Cartoon haben Märchen ihre orale Unschuld verloren. Hinzu kommt: Die Rezeption von Cartoons ist ein individuelles Erlebnis der Zeitungslektüre. Es gibt da kein Gemeinschaftserlebnis mehr wie beim Erzählen von Märchen. Cartoons bürsten das Märchen gegen den Strich. Und die Wirklichkeit ist allemal härter als das Märchen.

Doch gibt es auch durchaus positive Aspekte der Märchen-Bildgeschichten: Phänomene und Probleme der modernen Gesellschaft, wie z. B. Arbeitslosigkeit, Wohnungsnot, Konkurrenzkampf, Umweltverschmutzung, Mangel an zwischenmenschlichen Kontakten finden im Märchen einfache Modelle und Strukturen, mit denen sie nicht nur illustriert, sondern auch kritisch aufgegriffen werden können. Cartoons bilden einen wirkungsvollen, witzig-spritzigen

Kontrapunkt zur Verkitschung und Sentimentalisierung des Märchens, wie man sie gleichfalls als Gegenwartsphänomen z. B. in Kinderfilmen, im „Weihnachtsmärchen“ der Theater, in den Märchengärten oder in manchen süßlichen Buchillustrationen findet. Im Cartoon wird das Kindermärchen für die Erwachsenenwelt wieder aktuell gemacht, insbesondere durch die Entdeckung und Hervorkehrung erotischer Inhalte. Cartoons sind Zeugnisse von Phantasie, Kreativität, Witz und Innovationsfreude. Sie bieten Interpretationshilfe an vor allem für die vielen, die im Märchen mehr sehen wollen als die bloß faktische Story des erzählten Märchenablaufs. Cartoons wecken die Lust, einer altvertrauten Sache immer neue Reize abzugewinnen (Abb. 29); und sie beweisen letztlich erneut Dauerhaftigkeit und Wandlungsfähigkeit des Märchens. Märchen-Cartoons beweisen, daß sozusagen alles schon einmal dagewesen ist und daß auch scheinbar zeitlose Märchen einem Problemwandel unterliegen. Wenn Cartoons die Langzeitwirkung der alten Märchen bis in die Gegenwart zeigen, kann man diese These auch umkehren: Die modernen Bildmedien tragen zur Kenntnis und Tradierung von Märchenvorgängen bei. Sie haben Märchen revitalisiert, neu verarbeitet und etabliert, sie neu problematisiert und damit wieder interessanter gemacht. Insofern sind die Massenmedien letztlich auch ein Teil der Folklore, vielleicht sogar ihr größter.

Literatur

Rolf Wilhelm Brednich: Artikel „Comics". In: Enzyklopädie des Märchens III. S. 88 - 191.
Uta Claus und Rolf Kutschera: Total tote Hose, 12 bockstarke Märchen. Frankfurt 1984.
W. P. Fahrenberg: Der Grimm auf Märchen. Die beliebtesten deutschen Volksmärchen in der Karikatur. Hamburg 1989.
Larry Gonick: The Cartoon History of the United States. New York 1991.
Horst Haitzinger: Archetypen. München 1979.
Eva Heller: Küss mich, ich bin eine verzauberte Geschirrspülmaschine! Oldenburg 1984.
Katalin Horn: Märchenmotive und gezeichneter Witz. Einige Möglichkeiten der Adaption. In: Österreichische Zs. für Volkskunde 86 (1983). S. 209 - 237.
Heinz Langer: Grimmige Märchen. München 1984.
Rosemarie Lauer, Wolfgang Mieder: Kein Hänsel ohne Gretel. Da lachen selbst die Grimms im Grab. Frankfurt 1988.
Wolfgang Mieder: Grimms Märchen modern. Prosa, Gedichte, Karikaturen (Arbeitstexte für den Unterricht). Stuttgart 1979.
Wolfgang Mieder: Modern Anglo-American Variants of the Frog Prince (AaTh 440). In: New York Folklore 6 (1980). S. 111 - 135.
Hans Ritz: Bilder vom Rotkäppchen. Das Märchen in 100 Illustrationen, Karikaturen und Cartoons. München 1986.
Lutz Röhrich: Der Witz. Figuren, Formen, Funktionen. Stuttgart 1977 (Taschenbuchausgabe: München 1980).
Lutz Röhrich: Der Froschkönig und seine Wandlungen. In: Fabula 20 (1979), S. 170 - 191.
Lutz Röhrich: Wage es, den Frosch zu küssen. Das Grimmsche Märchen Nummer Eins in seinen Wandlungen. Köln 1987.
Hans-Jörg Uther (Hrsg.): Märchen in unserer Zeit. München 1990, S. 11 - 26. Der vorliegende Beitrag erschien bereits. Der Verfasser dankt für freundlich gewährte Abdruckerlaubnis.

Abb. 1 Die Unternehmer bedienen sich der bekannten Ungeheuer aus dem Märchenbuch (Riese, Teufel, Drache), um die Gewerkschaften das Fürchten zu lehren. Die irrealen Figuren repräsentieren dabei reale Probleme wie Inflation, Lohn-Preis-Verhältnis etc.

Abb. 2 Drachen können alle nur möglichen politischen und gesellschaftlichen Probleme symbolisieren, gegen die ein Politiker angehen will. Hier kämpft der Innenminister (Baum) gegen das BKA (Bundeskriminalamt).

Abb. 3 Der vielköpfige Drache verkörpert die englischen Gewerkschaften (Unions). Ihm zum Fraß ausgeliefert und hilflos am Marterpfahl angebunden ist Großbritannien. Auf seinen Hilferuf erscheint schwertschwingend als mutige Drachenkämpferin die englische Premierministerin „Maggie" Thatcher.

Abb. 4 Der verführerische, aber darum doch nicht weniger gefährliche politische Gegner erscheint in der Rolle des Wolfs aus dem Märchen von den sieben jungen Geißlein.

Abb. 5 Zum „Wolf“ kann jeder gefürchtete politische Gegenspieler werden. Der (SCHWARZE) CDU/CSU-Wolf wird dem SPD-ROT-käppchen bei den Bundestagswahlen gefährlich.

Abb. 6 Gerne bezieht sich die Karikatur auf popular-psychoanalytische Märchendeutungen. Hier liegt der Wolf – er steht für den Mann generell – auf der Couch des Psychiaters und gesteht: „Ich ziehe so gerne Kleider von alten Frauen an und vernasche junge Mädchen.“

Abb. 7 Cartoons arbeiten gerne mit der Einbeziehung der modernen Technik (Fernsehen, Computer etc.). Die „Daten-Erfassung" durch den Computer ist durchaus doppeldeutig im Sinne des Märchens.

Abb. 8 Für die „Wiederbelebung" einer totgeglaubten Idee dient als Bild häufig das scheintote Schneewittchen im Glassarg.

Abb. 9 „Spieglein, Spieglein an der Wand ...“
Nachdem die indische Ministerpräsidentin Indira Gandhi die Bürgerrechte mit Gewalt niedergeknüppelt hat, bleibt sie (zunächst) einzig überlebende Siegerin in der innenpolitischen Auseinandersetzung.

Abb. 10 „Spieglein, Spieglein an der Wand ...“
Beim Blick in den Zauberspiegel muß Kohl erkennen, daß ein anderer beliebter ist als er.

Abb. 11 Der bayerische „Märchenkönig“ Ludwig II. braucht im Zauberspiegel keine Konkurrenz zu fürchten.

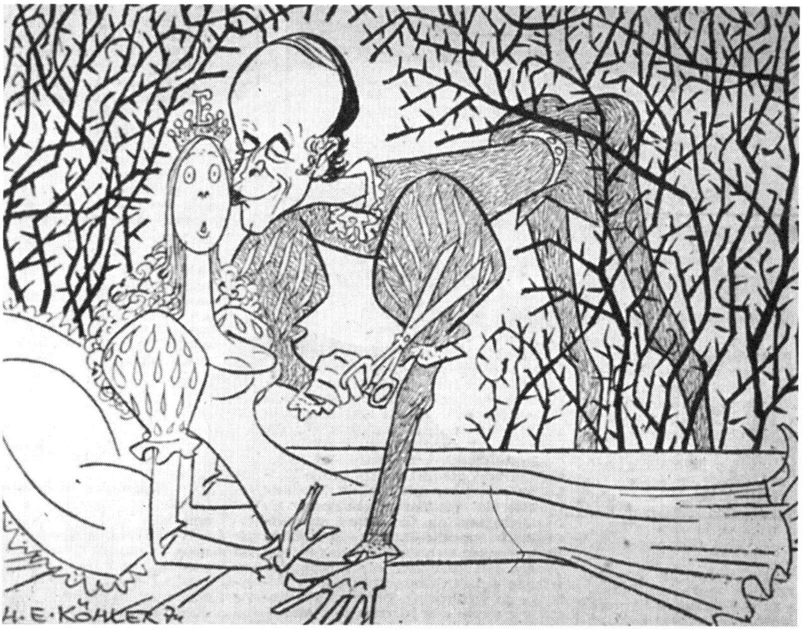

Abb. 12 Die eingeschlafene Idee eines vereinigten Europa wird von dem französischen Staatspräsidenten Giscard d'Estaing wachgeküßt.

"You can take the Prince out of the frog, but you can't take the frog out of the Prince!"
„Man kann den Prinz aus dem Frosch herausholen, aber nicht den Frosch aus dem Prinzen!"

Abb. 13 Die äußere Gesatlt und die Krone machen einen Frosch noch nicht zum Prinzen. Seinem Wesen nach ist er ein Frosch geblieben.

Abb. 14 „Nennst Du das vielleicht einen Kuß?!" beklagt sich der nur halb in einen Menschen verwandelte Froschkönig.

Abb. 15 Nachdem der Frosch sein Vergnügen mit der Prinzessin gehabt hat, packt er sich wieder zusammen. Er ist ein Frosch geblieben und hat ihre Hoffnung auf eine menschliche Begegnung enttäuscht.

Abb. 16

Abb. 17 In der politischen Karikatur symbolisieren Frosch und Prinzessin häufig eine Mesalliance. Darum gibt es hier kein glückli-

Abb. 18 Die Häufigkeit von Froschkönig-(Frog-Prince-)Cartoons im angelsächsischen Raum ist mit der Hochzeit von Prinz Charles und Lady Di (1981) erklärt worden.

Abb. 19 Der „Goldesel“ aus dem Märchen „Tischlein-deck-dich“ kommt immer ins Bild, wenn es um fehlende Finanzmittel geht, wobei die Rolle des „Esels“ meist der Steuerzahler zu übernehmen hat.

„Ob der Weinberger jetzt einen Knüppel aus dem Sack holt?“
Zeichnung: Haitzinger

Abb. 20

„Man muß ihn nur richtig füttern“

Abb. 21

Abb. 22 In den modernen Versionen von „Hänsel und Gretel" endet die Hexe nicht mehr im Backofen, sondern in ihrem Mikrowellenherd.

Abb. 23 Das für die Dritte Welt nur scheinbar lebensrettende Gebäude der Welthungerhilfe erweist sich als ein wahres Hexenhaus, in das die Hungernden hinterhältig gelockt werden.

„. . . da nahm Hänsel Gretel an die Hand und ging den Plastiktüten und Cola-Flaschen nach, die zeigten ihnen den Weg zu ihres Vaters Haus.“ Abb. 24

„Bin schon da!“ Zeichnung: Haitzinger

Abb. 25 Der Wettlauf zwischen Hase und Igel liefert das Bild für den Wettlauf zwischen Aufwertung und Preissteigerung, Löhnen und Preisen oder auch für jede Konkurrenz zwischen Industriezweigen oder politischen Ideen.

„I bin scho do!“

Abb. 26

Hase und Igel 1989 **Zeichnung: Haitzinger**

Abb. 27

Abb. 28 Die Auswechslung der Tiere verfremdet den Erwartungshorizont des Märchens und führt es in der Parodie ad absurdum. Eine fette Sau scheint sich mit Fisch und Schmetterling nur „stumme“ Mitmusikanten ausgesucht zu haben, um nicht überschrien zu werden.

...und wer ist Dein Lieblings-schriftsteller?
... die Brüder Grimm!

Abb. 29

Notizen über die Autorinnen und Autoren

OTTO BETZ (*1927), Dr.theol., Professor für Allgemeine Erziehungswissenschaft und Religionspädagogik an der Universität Hamburg (bis 1985). Zahlreiche Publikationen zu Fragen der Anthropologie und Religionspädagogik, zur Symbolforschung und zum Verständnis der Märchen, u. a.: „Tausend Tore in die Welt. Märchen als Weggeleit“ (1985), „Vom Schicksal, das sich wendet. Märchen von Freiheit und Glück“ (1987), „Lebensweg und Todesreise. Märchen von der Suche nach dem Geheimnis“ (1989), „Ich will in die weite Welt gehen. Vom Abenteuer des Lebens. Deutsche Märchen seit Grimm“ (1991), „Elementare Symbole“ (4. Aufl. 1992), „Das Geheimnis der Zahlen“ (2. Aufl. 1992), „Der Leib als sichtbare Seele“ (1991), „Bettine und Arnim. Briefe der Freundschaft und Liebe“, zwei Bände, herausgegeben mit Veronika Straub (1986/1987), „In geheimnisvoller Ordnung. Urformen und Symbole des Lebens“ (1992). Ehrung: Preis der Märchen-Stiftung Walter Kahn (Gelsenkirchen 1987).

WOLFRAM ELLWANGER (*1928), Dr.phil., Diplompsychologe, Professor für Psychologie an der Pädagogischen Hochschule Karlsruhe. Veröffentlichungen auf dem Gebiet der Psychologie, Pädagogik, u. a.: „Märchen – Erziehungshilfe oder Gefahr“ (mit Arnold Grömminger, 3. Aufl. 1980), „Das Puppenspiel“ (mit Arnold Grömminger, 1989), „Seelische Entwicklung des Schulkindes“ (1979), „Die Zauberwelt unserer Kinder. Vom rechten Umgang mit den magischen Gestalten und Vorstellungen“ (1980), „Eisrosen für St. Nikolaus“ (Fernsehspiel, 1988).

DIETER GOERGEN (*1943), Studium der Pädagogik, Sonderpädagogik und Psychologie, Psychotherapieausbildung, Keramikstudium, Tätigkeit als Sonderschullehrer, Wissenschaftlicher Assistent an der Erziehungswissenschaftlichen Hochschule Rheinland-Pfalz, Fachseminarleiter in der Sonderschulreferendarausbildung, seit zwölf Jahren Lehraufträge für Töpferei, Keramisches Gestalten und Bildhauerei an Weiterbildungsinstitutionen, Museumspädagoge am Rheinland-Pfälzischen Freilichtmuseum Sobernheim, Mitglied der Gesellschaft für therapeutisches Puppenspiel, der Arbeitsgemeinschaft Ausdruckspiel (Jeux-Dramatiques-Leite), Dozententätigkeit in der Erwachsenenbildung. Veröffentlichungen: „Wirklichkeit und Nichtwirklichkeit – Aspekte volksgläubischer Elemente in den Märchen der Brüder Grimm“

(1968), „Die heilende Kraft des Komischen im Märchen", „Wirklichkeit und Nichtwirklichkeit" (1968-1971), „Konzepte der Verhaltensgestörtenpädagogik in Rheinland-Pfalz" (1974); ab 1989 kleinere Veröffentlichungen zur Museumspädagogik, u.a.: „Mäuseschloß und Mäuseturm - Märchen, Sagen, Fabeln u. a. - eine Anthologie zur Kulturgeschichte der Maus" (1989).

KATALIN HORN (*1934), Bibliothekarin und Erzählforscherin, studierte Bibliothekswissenschaften an der Budapester Universität (ELTE) und an der London University. Lebt seit 1957 in Basel, mit Unterbrechungen in London und Bloomington, Indiana. Veröffentlichungen: „Der aktive und der passive Märchenheld" (1983), zahlreiche Artikel und Aufsätze zur Märchenforschung, u. a. in „Ethnologie française", „Schweizerisches Archiv für Volkskunde", „Fabula", „Österreichische Zeitschrift für Volkskunde", „Orbis litterarum", „Acta ethnographica", „Enzyklopädie des Märchens", „Märchenspiegel" und in verschiedenen Sammelwerken der Europäischen Märchengesellschaft.

JOSEPH HOYMANN (*1933), Dr.päd., Privatdozent für Deutsche Sprache und Literatur sowie Akademischer Oberrat an der Universität Münster, Edition u. a.: „Spielwerk Märchen" (1989).

WOLFGANG KUHLMANN (*1941), Ass. iur., Studium der Rechts- und Staatswissenschaften, Volkskunde und Geschichte, als Volljurist in der Geschäftsleitung eines Unternehmens in Freiburg im Breisgau, Fachjournalist für Kultur, „Medizin und Recht", Pressereferent der Europäischen Märchengesellschaft (1987 - 1993) Begründer der Zeitschrift „Märchenspiegel" mit Walter Kahn 1989 und verantwortlicher Redakteur dieses Periodikums. Veröffentlichungen auf dem Gebiet der Regionalen Landeskunde (Badische Revolution 1848/1849, Friedrich-Hecker-Lore, Salpeterer), der Medizingeschichte („Struwwelpeter-Hoffmann") und der medizinisch-sozialen Rehabilitation. Editionen und Bearbeitungen u. a.: „Chronicke der Stadt Freyburg im Brisgaw" (mit Robert Feger, 1979), „Gustav Struve: Geschichte der drei Volkserhebungen in Baden 1848/1849" (1849/1980), „Die badischen Landleute. Trachten und Bräuche im Schwarzwald" (1860/1987), Loseblattwerk zur Mukoviszidose (mit Hermann Schumacher, 1988 ff.), „Europäische Märchengesellschaft - Weg und Ziel" in: „Rheine: gestern, heute, morgen", Band II/1989.
(Herausgeber dieses Sammelwerkes mit Lutz Röhrich)

LUTZ RÖHRICH (*1922), Dr.phil., em. Professor für Volkskunde an der Universität Freiburg im Breisgau, Direktor des Deutschen Volksliedarchivs. Zahlreiche Veröffentlichungen auf dem Gebiet der Erzählforschung, u. a. „Märchen und Wirklichkeit“ (1956, 4. Aufl. 1979), „Erzählungen des späten Mittelalters und ihr Weiterleben in Literatur und Volksdichtung bis zur Gegenwart“ (1962/1967), „Sage und Märchen. Erzählforschung heute“ (1976), „Lexikon der sprichwörtlichen Redensarten“ (1977, 6. Aufl. 1988), „Der Witz. Figuren, Formen, Funktionen“ (1977, 2.Aufl. 1980), „Sprichwort“ (mit Wolfgang Mieder, 1977), „Wage es, den Frosch zu küssen. Das Grimmsche Märchen Nummer Eins in seinen Wandlungen“ (1987). Mitherausgeber der „Enzyklopädie des Märchens“. Ehrungen: Chicago Folklore Prize 1974, Oberrheinischer Kulturpreis (Basel 1984), Brüder-Grimm-Preis (Marburg 1985), Preis Pitrè (Palermo 1985), Preis der Märchen-Stiftung Walter Kahn (Wetzlar 1991).
(Herausgeber dieses Sammelwerkes mit Wolfgang Kuhlmann)

HEINZ RÖLLEKE (*1936), Dr.phil., Professor für Germanistik und Volkskunde an der Universität Wuppertal. Zahlreiche Veröffentlichungen auf dem Gebiet der Erzählforschung, u. a. „Der wahre Butt. Die wundersamen Wandlungen des Märchens vom Fischer und seiner Frau“ (1978), „Nebeninschriften. Brüder Grimm, Arnim und Brentano, Droste-Hülshoff. Literarhistorische Studien“ (1980), „Wo das Wünschen noch geholfen hat. Gesammelte Aufsätze zu den Kinder- und Hausmärchen der Brüder Grimm“ (1985), „Die Märchen der Brüder Grimm. Eine Einführung“ (1985, 3. Aufl. 1992). Herausgeber mehrerer kritischer und kommentierter Ausgaben der „Kinder- und Hausmärchen“ der Brüder Grimm, „Des Knaben Wunderhorn“ von Achim von Arnim und Clemens Brentano sowie des „Jedermann“ von Hugo von Hofmannsthal; Herausgeber der kritischen Hofmannsthal-Ausgabe in der Zeitschrift „Wirkendes Wort“. Ehrungen: Hessischer Staatspreis 1985 für die Grimm-Forschung, Großer Preis der Akademie für Kinder- und Jugendliteratur für die Märchenforschung 1985.

WALTER SCHERF (*1920), Dr.phil., Studium der Fächer Mathematik, Physik, Mineralogie, Musikwissenschaft, Volkskunde, Psychologie und Pädagogik in Danzig, Aachen, Göttingen und München; 1957 - 1982 Direktor der Internationalen Jugendbibliothek München (UNESCO-Projekt), Dozent für Kinder- und Jugendliteratur, Gründungsvorsitzender der Münchener Vereinigung für Volkskunde (1982), seit 1982 im wissenschaftlichen Beirat der Europäischen Märchengesellschaft, seit 1982 Lehrbeauftragter der Universität München. Zahlreiche Veröffentlichungen auf dem Gebiet der Erzählforschung, speziell auch der Kinder- und Jugendliteratur, u. a.: „Kindermärchen in dieser Zeit?" (1961), „Charles Perrault: Märchen aus vergangener Zeit" (1965), „Ludwig Bechstein: Sämtliche Märchen" (1965, Überarbeitung 1988), „Strukturanalyse der Kinder-. und Jugendliteratur" (1978), „Räuber- und Landsknechtslieder" (1981), „Lexikon der Zaubermärchen" (1982), „Die Herausforderung des Dämons. Form und Funktion grausiger Kindermärchen" (1987). Ehrungen u. a.: Deutscher Jugendbuchpreis (1960), Goldene Medaille für kulturelle Zusammenarbeit (Prag 1964), Großer Preis der Deutschen Akademie für Kinder- und Jugendliteratur (Volkach 1976), Bohumíl-Říha-Medaille (Prag 1989).

WILHELM SOLMS (*1937), Dr.phil., Professor für Neuere deutsche Literatur und Medienwissenschaft an der Universität Marburg, Vorstandssprecher der „Arbeitsgemeinschaft literarischer Gesellschaften", Vizepräsident der Europäischen Märchengesellschaft (1989 - 1993). Zahlreiche Beiträge zur Literatur des 19. Jahrhunderts und der Gegenwart sowie zu den Kinder- und Hausmärchen der Brüder Grimm, Aufsätze über Goethe, Brentano, Büchner, Fontane, Musil, Langgässer, Fassbinder, Literatur- und Hochschuldidaktik; Herausgeber von „Literaturwissenschaft heute. 7 Kapitel über ihre methodische Praxis" (mit Friedrich Nemes, 1979), „Das selbstverständliche Wunder. Beiträge germanistischer Märchenforschung" (1986), „Geschichten aus einem ereignislosen Land. Schweizer Literaturtage in Marburg" (1989), „Nachruf auf die rumäniendeutsche Literatur" (1990), „Dichtung und Heimat. Sieben Autoren unterlaufen ein Thema" (1990), „Tiere und Tiergestaltige im Märchen" (mit Arnica Esterl, 1991), „Begrenzt glücklich. Kindheit in der DDR" (1992).

HANS-JÖRG UTHER (*1944), Dr. phil., Erzählforscher. Seit 1971 tätig an der „Enzyklopädie des Märchens", einer Arbeitsstelle der Göttinger Akademie der Wissenschaften. Zahlreiche Veröffentlichungen auf dem Gebiet der historischen und komparatistischen Erzählforschung im In- und Ausland, u. a. „Behinderte in populären Erzählungen" (1981), „Katalog zur Volkserzählung" 1-2 (1987), „Märchen vor Grimm" (1990), „Sächsische Sagen" (1992), „Märchen aus dem Baltikum" (1992). Herausgeber der Reihe „Die Märchen der Weltliteratur" (seit 1988) sowie Mitherausgeber der „Fabula", Internationale Zeitschrift für Erzählforschung (seit 1988). Arbeitsgebiete: Stoff-, Typen- und Motivgeschichte, Tradierung von Märchen, Sagen und Schwänken unter dem Aspekt des Kontextes und des Funktionswandels.

FRANZ VONESSEN (*1923), Dr. phil., Professor für Philosophie an der Universität Freiburg. Veröffentlichungen u. a.: „Gottfried Wilhelm Leibniz: Zwei Briefe über das binäre Zahlensystem und die chinesische Philosophie“ (aus dem Urtext neu ediert mit Renate Vonessen, 1968), „Mythos und Wahrheit. Bultmanns ‚Entmythologisierung‘ und die Philosophie der Mythologie (2. Aufl. 1972), „Was krank macht, ist auch heilsam. Mythisches Gleichheitsdenken, Aristoteles' Katharsis-Lehre und die Idee der homöopathischen Heilkunst“ (1990), „Krisis der praktischen Vernunft. Ethik nach dem ‚Tod Gottes‘ (1988), „Die Herrschaft des Leviathan (2., erw. Aufl. 1991), „Signaturen des Kosmos. Welterfahrung in Mythen, Märchen und Träumen“ (1992); zahlreiche Beiträge in den Sammelbänden der „Veröffentlichungen der Europäischen Märchengesellschaft“. Ehrung u. a.: Preis der Märchen-Stiftung Walter Kahn (Gelsenkirchen 1992).

RAINER WEHSE (*1941), Dr.phil., Mitarbeiter des Deutschen Märchen-Museums Bad Oeynhausen. Zahlreiche Veröffentlichungen u. a. zur Erzählforschung: „Flugblatt und Schwanklied in Großbritannien“ (1979), „Märchenerzähler – Erzählgemeinschaft“ (1983), „Warum sind die Ostfriesen gelb im Gesicht? Die Witze der 11-14jährigen“ (1983), „Es war einmal... Unsere beliebtesten Märchen“ (1984), „Die Frau im Märchen“ (mit Sigrid Früh, 1985), „Seineb, die Spitzbübin. Märchen und Geschichten vom Lügen“ (1987). Ehrungen: Chicago Folklore Prize (1980), Förderpreis der Märchen-Stiftung Walter Kahn (1988).

SABINE WIENKER-PIEPHO (*1946), Dr.phil., Studium der Fächer Germanistik, Anglistik und Volkskunde an den Universitäten Freiburg, Philadelphia (USA) und Göttingen. Promotion über „Frauen als Volkshelden“ (1987). Veröffentlichungen auf dem Gebiet der Erzählforschung: „Storytelling in Contemporary Societies“, herausgegeben mit Lutz Röhrich (1990), Mitglied der Theoriekommission der ISFNR, Mitarbeit am Deutschen Volksliedarchiv in Freiburg im Breisgau, dann im Sonderforschungsbereich 321 „Mündlichkeit/Schriftlichkeit“ der Deutschen Forschungsgemeinschaft. Derzeit Habilitation im Fach Volkskunde über Schriftkompetenz: „Schreiben und Schreiber in Ethnotexten“.

RENATE ZELGER (*1923), Dr.phil., freiberufliche Autor in Olching bei München. Edition: „Vom Teufel, dem die Lust zum Heiraten verging“ (1992). Beiträge für den Bayerischen Rundfunk und verschiedene

Periodika. Zweite (rechtswissenschaftliche) Dissertation an der Universität bei dem Rechtswissenschaftler Professor Hermann Nehlsen mit dem Thema „Teufelsverträge – Märchen, Sage und Schwank als Quelle der Rechtsgeschichte" in Arbeit.

HELGA ZITZLSPERGER (*1941), Dipl.Päd., Fachschulrätin für das Fach Deutsch und seine Didaktik an der Pädagogischen Hochschule Weingarten. Schwerpunkte u. a.: Märchenpädagogik, ganzheitliches und multisensorisches Lernen, Problemfeld Lese- und Rechtschreibschwäche. Veröffentlichungen: „Musik in Linien und Farben" (1976, 2. Aufl. 1980), „Kinder spielen Märchen" (1980, 3. Aufl. 1989), „Ganzheitliches Lernen" (1989, 2. Aufl. 1991). Ferner Beiträge in Fachzeitschriften zur Märchenpädagogik: Praxis Deutsch, 5/1981, Praxis Deutsch, 9/1990; Grundschulmagazin, 2/1990; Beitrag in: „Märchen in Erziehung und Unterricht" EMG, 1986).
(Redaktion der künstlerischen Abbildungen in diesem Sammelwerk)

Verzeichnis der Künstlerinnen und Künstler

Walde-Mar de Andrade e Silva
c/o Brigitte Goller
Im Vogelsang 5
D-7800 Freiburg
(Gemälde auf Leinwand und Buchwiedergabe in „Märchen und Mythen der brasilianischen Indianer": „Wie die neue Welt gefunden wurde")

Gertrud Ennulat
Urachstraße 11
D-7800 Freiburg
(Acryl auf Holz: „Herr Pfarrer, die Gans")

Marie Frey-Richter (1905-1990)
c/o Prof. Dr. Otto-Herman Frey
Schückingstraße 11
D-3550 Marburg
(Scherenschnitt: „Die Bremer Stadtmusikanten")

Helga Gebert
Moltkestraße 19
D-7800 Freiburg
(Radierung: „Die gefangenen Seelen")

Ekkehart Hauser
Primelstraße 23
D-8000 München 21
(Bronzeplastik: „Märchen von einem, der auszog, das Fürchten zu lernen")

Friedrich Hechelmann
c/o Galerie Joseph Baschnegger
Schiedelhof
D-7972 Isny im Allgäu
(Zehn-Farb-Siebdruck „Begegnung" in limitierter Auflage 180)

Gerd Kadzik
Maler und Grafiker
D-2831 Affinghausen 111
(Holzschnitt: „Das tapfere Schneiderlein")

Angelika Kühne
Memeler Straße 19
D-4390 Gladbeck
(Deckelvase/Majolika, Vergoldung: „Hans im Glück")

Ursel Oboth
Büchelhalde 32
D-7170 Schwäbisch Hall 12
(Batik auf Leinen: „Das Lied von Angus und das Lachen der Etaïn")

Anmerkungen:

Die in diesem Sammelwerk enthaltenen Abbildungen von Kunstwerken verschiedener Techniken aus der Hand obiger Künstlerinnen und Künstler wurden beim Internationalen Kongreß der Europäischen Märchengesellschaft und des Instituts für Volkskunde der Universität Freiburg zum Thema „Witz, Humor und Komik im Volksmärchen" (Freiburg 1990) in mehreren Einzelausstellungen exponiert. Sie repräsentieren Bildhaftigkeit und Gegenständlichkeit (als Ergänzung zur Mündlichkeit und Schriftlichkeit) moderner Märchenrezeption unter dem genannten Kongreßthema.

Im Rahmen der Kongreßorganisation wurden diese neun wie ebenso drei weitere, hier nicht repräsentierte Kunstausstellungen (Sergej Goloschtschapow/Moskau, Thomas Prinzmeier/Rheine, Maika de Riese/Bairawies) maßgeblich betreut von Helga Zitzlsperger, die für dieses Werk auch die entsprechende Bildredaktion wahrgenommen hat.